Dietrich Herfurth · Jochen Klauss · Jürgen Klee

Im Zeichen des Weissen Falken

Herausgegeben vom Freundeskreis Goethe-Nationalmuseum Weimar e. V.

Impressum:

© 2012 by BILOBA VERLAG
Marina Herfurth, Überkmünder Straße 5, D–10439 Berlin
www.biloba-verlag.de

Gestaltung/Layout: Marina und Christian Herfurth
Digitale Bildbearbeitung: Christian Herfurth

Erste Auflage

Druck: cs print consulting GmbH

Printed in Cech Republic

ISBN 978-3-00-039112-5

Die Umschlagabbildung zeigt ein Komturkreuz des großherzoglichen Ordens der Wachsamkeit oder vom Weißen Falken aus der Werkstatt des Hofjuweliers Th. Müller, Weimar, um 1900.

DIETRICH HERFURTH · JOCHEN KLAUSS · JÜRGEN KLEE

IM ZEICHEN
DES WEISSEN FALKEN

SACHSEN-WEIMAR-EISENACH
IM LICHTE SEINER
ORDEN UND EHRENZEICHEN

WEIMAR BERLIN 2012

DANK

Besonders herzlich sei denen gedankt, die das Projekt dieses Buches maßgeblich gefördert und begleitet haben – so den Nachfahren der sachsen-weimarischen Großherzöge Prinz Georg (Jörg Brena) †, jüngster Sohn Wilhelm Ernsts, und Prinz Michael, Chef des Hauses Sachsen-Weimar-Eisenach, sowie den Herren Friedhelm Beyreiß †, Cleverns, der den ersten Entwurf des Ehrenzeichenkapitels beigesteuert hat, und Arnhard Graf Klenau, Offenbach, der das Buch vor allem in der frühen Zeit seiner Entstehung fördernd begleitet hat.

Allen, die außerdem mit Rat und Tat dazu beigetragen haben, das Werk in der angestrebten Qualität und Vollständigkeit herauszubringen, sei ebenso herzlich gedankt – so den Damen und Herren Elka Bannicke, Berlin, Gerd H. Becker †, Bremen, Uwe Bretzendorfer, Ludwigsburg, Gisela Bury-Kaiser, Hanau, Hartmut Enger, Weimar, Hubert Erzmann, Weimar, Thomas Frhr. v. Fritsch-Seerhausen †, Schwäbisch Gmünd, Michael Gietzelt, Berlin, Peter Groch, Berlin, Erhardt und Ursula Hansche, Berlin, Jens Henkel, Rudolstadt, Prof. Dr. Eckart Henning, Berlin, Dieter Höhnl, Weimar, Jörg Kebbel, Altenburg, Karsten Klingbeil, Berlin, Daniel Krause, Potsdam, Eike Lehmann, Berlin, Elke Marxer-Klee, Koblenz, Wilfried Matzdorf, Halle (Saale), Klaus-Peter Merta †, Berlin, Holger Mey, Falkensee, Werner Nickel, Gudensberg, Dr. Bernhard Post, Weimar, Dietmar Raksch, Neumünster, Dr. Alf Rößner, Weimar, Hardy Rylke, Weimar, Werner Sauer †, Steinau an der Straße, Detlev Schade, Altenburg, Dr. H. Schadt, Hanau, Dr. Gerd Scharfenberg, Berlin, Prof. Dr. W. Schönherr, Jena, Ingo Strunz, Wersdorf, Hans Eberhard Suck, Bad Berka, Prof. Dr. Dr. Gustav Andreas Tammann, Basel, Andreas Thies, Nürtingen, Ekkehard Wand †, Bielefeld, Karl-Heinz Walter, Weimar, Carsten Zeige, Hamburg und Sascha Zimmermann, München.

Die Verfasser

Inhalt

ZUM GELEIT

Es klingt reizvoll, sich der Geschichte des eher kleinen und politisch weniger bedeutenden Großherzogtums Sachsen-Weimar-Eisenach einmal über das Thema Orden und Ehrenzeichen zu nähern, einem Lande, das sein eigentliches Gewicht der kulturellen und intellektuellen Auseinandersetzung mit der Entwicklung Deutschlands im ausklingenden 18. und im 19. Jahrhundert verdankt.

Im vorgelegten Buch soll nicht nur die sozialpolitische Rolle der Orden und Ehrenzeichen im Allgemeinen dargestellt werden – sie dienten allzu häufig als Stabilisatoren negativer Strukturen, nicht nur in Deutschland. Es wendet sich auch nicht nur an Ordenskundler, Museologen oder Sammler, sondern soll allen an Sachsen-Weimar-Eisenach und seiner Geschichte Interessierten einen originellen Geschichtseinblick unter ungewöhnlichen Aspekten bieten.

Die Geschichte von Orden und Ehrenzeichen ist stets eine Geschichte von Verdiensten, ebenso aber eine Geschichte von Eitelkeit und Neid. Der Volksmund macht dies zutreffend mit der Redensart deutlich: *Es gibt verdiente, erdiente, erdienerte und erdinierte Orden.* Wenn Goethe im Mai 1827 gegenüber Moritz Oppenheim bemerkt, *ein Titel und ein Orden hält im Gedränge manchen Puff ab,* so signalisierte er damit zu derartigen Auszeichnungen eine gelassene Distanz, die er bekanntlich absolut nicht hatte – selbst dem Dichterfürsten schmeichelte es, immer wieder ausgezeichnet zu werden. Für ihn gilt denn eher das Zitat aus Faust I: *Zwar bin ich sehr gewohnt, inkognito zu gehen / Doch läßt am Galatag man seinen Orden sehen.* Folglich gibt es kaum eine Abbildung des älteren Goethes ohne den Falkenorden, der ihm von *seinem* Großherzog verliehen wurde.

Den heutigen Zeitgeist beschreibt Goethe wohl am zutreffendsten, wenn er Carlos den Clavigo fragen läßt: *Und was ist Größe, Clavigo? Sich in Rang und Ansehn über andere zu erheben? Glaub' es nicht! Wenn dein Herz nicht größer ist, als andre ihr's: wenn du nicht im Stande bist, dich gelassen über Verhältnisse hinaus zu setzen, die einen gemeinen Menschen ängstigen würden, so bist du mit all deinen Bändern und Sternen, bist mit der Krone selbst nur ein gemeiner Mensch.* Es wäre schön, wenn sich in diesem Zitat der eine oder andere Würdenträger von heute wieder erkennen könnte.

In diesem Sinne wünsche ich dem geneigten Leser interessante, aber auch amüsante Stunden bei der Lektüre dieses Buches! Den Verfassern danke ich für dieses die Geschichtsliteratur unserer Region bereichernde Werk.

Michael, Prinz von Sachsen-Weimar-Eisenach

Weimar am 16. Februar 2012,
dem 226. Geburtstag Maria Pawlownas

Einführung

Die Weimarer und ihre Gäste zieht es immer aufs Neue in das historische Zentrum der Stadt. Und alle finden etwas, das sie beeindruckt, anregt, erfreut. Sie besuchen die Wirkungsstätten Goethes und Schillers, Herders, Wielands und Nietzsches, Liszts, Wagners und Cornelius', Gentz' und Coudrays. Sie wandeln auf den Spuren des Fürsten Carl August und dessen Mutter Anna Amalia, des Erbprinzen und späteren Großherzogs Carl Friedrich wie dessen Gemahlin Maria Pawlowna, der Großherzöge Carl Alexander und Wilhelm Ernst...
Und sie stoßen auf hohe – mehr oder weniger willkommene – Staatsgäste: Kaiser Napoleon I. und Zar Alexander I., die Könige von Preußen, Sachsen und Bayern, die Humboldt-Brüder und die Musiker-Elite des 19. Jahrhunderts. Sie schauen sich in den ebenso würdigen wie anmutigen fürstlichen Residenzen um, flanieren durch den Park an der Ilm und das Refugium Tiefurt. Sie besuchen Theater und Museen, arbeiten in Archiven und Bibliotheken. Und die Spezialisten unter ihnen freuen sich an gediegener Raumkunst, an erlesenen historischen Möbeln und Gemälden, altem Porzellan, wertvollen Büchern wie auch an kostbaren Münzen und Medaillen des klassischen Weimars.
Nur eine Art von speziell Interessierten wird nahezu leer ausgehen: Die Liebhaber von Orden und Ehrenzeichen, die Phaleristiker – obgleich das Haus Sachsen-Weimar-Eisenach doch zahlreiche qualitätsvolle, weithin bekannte Auszeichnungen gestiftet und verliehen hat. Erst wenn einmal – vielleicht im Residenzschloss – eine spezielle Ausstellung der Orden und Ehrenzeichen des Landes, ergänzt durch die Porträts der Stifter und berühmter Träger, eröffnet würde – erst dann könnte deutlich werden, was Ordenskundler, aber auch allgemein interessierte Besucher heute leider noch entbehren müssen.
Mehr noch: Die Literatur zu Sachsen-Weimar-Eisenach füllt ganze Bibliotheken – mit allgemeinen Darstellungen ebenso wie mit Monographien zu Einzelgegenständen. Selbst einige Bände zu weimarischen Münzen und Medaillen oder zu Medaillen aus Goethes Sammlung sind darunter. Nach Büchern über die Orden und Ehrenzeichen des Landes sucht man allerdings vergeblich. Hierzu sind bisher weder allgemeine populärwissenschaftliche noch spezielle kunsthistorische oder phaleristische Abhandlungen verfasst worden. Dabei spielte der sachsen-weimarische Falkenorden in den knapp 200 Jahren seiner Existenz eine bemerkenswerte Rolle – in der Geschichte des Landes ebenso wie in der des Ordenswesens. Und auch bei der Stiftung und inhaltlichen Bestimmung einiger Ehrenzeichen hat das Großherzogtum im Vergleich mit anderen deutschen Bundesstaaten durchaus Bemerkenswertes geleistet.
Historische Orden und Ehrenzeichen gehören nicht nur zu den Relikten der Vergangenheit, die es auch verdienen, dass man sie bewahrt, dass man über sie forscht und von ihnen schreibt. Sie zeichnen sich vor anderen Gruppen – etwa Graphik, Porzellan, Möbel – durch manches Besondere aus:
Zum einen treten sie uns als kunsthandwerkliche Produkte entgegen; sie wurden in aller Regel von hervorragenden Juwelieren und Medailleuren entworfen und aus edlen Materialien sorgfältig gefertigt, in einigen Fällen sogar mit Brillanten besetzt. Sie tragen den gestalterischen Duktus ihrer Zeit und sind schon aus diesen Gründen Pretiosen mit starker Ausdruckskraft. So ist es geradezu unverzichtbar, sie einem großen Kreis Interessierter zugänglich zu machen.
Zum anderen sind sie Sinnbilder verschiedensten Inhalts: Symbole des Staates, die unmittelbar hinter den Hoheitszeichen rangieren, Sinnbilder von Verdienst und Treue, militärischer Tapferkeit und zivilem Mut, wissenschaftlicher Leistung und künstlerischen Wirkens – und immer auch Zeichen loyaler Haltung zwischen Souverän und Untertan, zwischen Staat und Staatsdiener. Ordensbesitz lässt auf Stand und Rang des Trägers schließen, Orden werden in Staatshandbüchern an vorderer Stelle verzeichnet, erscheinen in Nachrufen und auf Grabsteinen – also dort, wo nur noch ganz wenige Dinge geeignet sind, einen Menschen und sein Werk zu

kennzeichnen. Orden waren in früheren Gemeinwesen wichtig – heute sind sie zumindest des Betrachtens wert.

Da man zurzeit sachsen-weimarische Orden und Ehrenzeichen weder in einer öffentlichen Ausstellung anschauen, noch sich umfassend über sie informieren kann, wird die vorliegende Schrift eine Lücke schließen helfen.

Einige Wünsche werden dabei offen bleiben: Über die Auszeichnungen anderer deutscher Länder sagen die Akten der jeweiligen Ordensbehörden alles Wissenswerte aus: Wie viele Auszeichnungen wann gestiftet oder in ihrer Verfassung verändert wurden; ob die Ordenszeichen nach deren Erledigung auch wirklich der Ordenskanzlei zurückgereicht wurden; welchen Preis der Hof für dieses oder jenes Ehrenzeichen zu bezahlen hatte; welche Juweliere und Prägeanstalten mit der Herstellung der Dekorationen betraut waren; welche Werkstätten zu welcher Zeit Bänder und Etuis lieferten...

Davon erzählen die Akten der sachsen-weimarischen Ordenskanzlei leider nichts mehr, denn sie sind – wie das Thüringische Hauptstaatsarchiv mitteilt – durch Kriegseinwirkungen vernichtet worden. So können die Autoren leider nur auf andere Quellen zurückgreifen – so des Hofmarschallamtes, des Innenministeriums oder der Schatullverwaltung – die die Ordensdinge oft nur nebenher dokumentierten – und sie müssen gedruckte Nachrichten heranziehen, die nur sehr verstreut vorliegen.

Natürlich sind die Stiftungsumstände der Orden und Ehrenzeichen zu rekonstruieren, es liegen die Statuten und deren Änderungsdokumente vor, es sind zahlreiche Ordensverleihungen – z. T. an bedeutende Persönlichkeiten – dokumentiert oder nachvollziehbar. Manche Interna jedoch, die Gründe für manche Entscheidungen oder mögliche Streitpunkte werden wohl für immer verborgen bleiben.

Sieht man von solchen Widrigkeiten ab, wird der Laie wie der Fachmann, nicht zuletzt dank der uneigennützigen Hilfe zahlreicher Sammler, Händler und Museologen, aber auch dank der Mehrarbeit, die die Autoren auf sich genommen haben, im vorliegenden Buch das bereits Bekannte zusammengefasst und chronologisch geordnet vorfinden sowie von vielen bisher unbekannten Tatsachen und Umständen erfahren. Darüber hinaus wird dem Leser das Betrachten der zahlreichen, zum größten Teil farbigen Abbildungen Vergnügen bereiten und unverzichtbare Informationen liefern.

Auch die Anfertigung der Fotos war nicht unproblematisch, existierten doch nirgendwo universelle Sammlungen sachsen-weimarischer Auszeichnungen, die es ermöglicht hätten, die Stücke an einem Ort oder an einigen wenigen Orten zu fotografieren. Da die Autoren jedoch den Ehrgeiz hatten, jeden Orden und jede Medaille eines Grundtyps abzubilden, konnten sie über mangelnden Aufwand nicht klagen.

Sollte ein Spezialsammler sachsen-weimarischer Auszeichnungen bemängeln, dass dies und das an textlichen und bildlichen Informationen in diesem Buche fehle, dann ist dem nicht zu widersprechen. Eine komplette Darstellung des derzeit vorhandenen Detailwissens – so z. B. aller zeitlichen und herstellungstechnischen Varianten der Orden und Ehrenzeichen, die Abbildung aller Urkundentypen oder die Charakterisierung aller Ordenshersteller etwa – ist auf dem verfügbaren Platz einer solchen Überblickspublikation, wie sie hier nun vorliegt, nicht zu leisten. Dazu wären spezielle Untersuchungen und Darstellungen erforderlich, etwa solche, wie die 184 Seiten umfassende Schrift von Richard Lundström und Daniel Krause über die Verleihungen militärischer Orden und Ehrenzeichen des Großherzogtums Sachsen(-Weimar) im Ersten Weltkrieg. Es liegt auf der Hand, dass derartige – durchaus notwendige – Ergänzungen den Rahmen unserer Publikation bei weitem gesprengt hätten.

Speziell Interessierte können seit 2008 zu dem bedeutenden Bildwerk von Karsten Klingbeil *Orden 1700–2000* greifen, das in seinem 2. Band auch zahlreiche Formen und Unterformen des großherzoglich sächsischen Falkenordens in hervorragenden Fotos darbietet. Aber auch hier gelingt es aufgrund des heutigen Forschungsstandes nur in der Minderzahl der Fälle, einzelne Stücke bestimmten Herstellern zuzuordnen und ihre Fertigungszeit genau zu bestimmen.

Allen Beteiligten ist es eine Freude, dass die Klassik Stiftung Weimar wie auch der Freundeskreis Goethe-Nationalmuseum Weimar e. V. die Realisierung des Projekts fördern. Natürlich in erster Linie, weil es der Reputation eines Weimar-Buches zugute kommt, wenn es mit bedeutenden Weimarer Instituten verbunden ist. Zum anderen sehen sich Verlag und Autoren auch durch die gute Tradition der Edition ordenskundlicher Werke am Orte besonders verpflichtet. So ist eines der phaleristischen Standardwerke des 19. Jahrhunderts, Die Geschichte und Verfassung aller geistlichen und weltlichen, erloschenen und blühenden Ritterorden von Ferdinand Freiherr von Biedenfeld nebst Nachträgen zwischen 1841 und 1848 in Weimar erschienen, ebenso wie Carl H. von Gelbkes Ritterorden und Ehrenzeichen Sachsens im Jahre 1838.

Im Übrigen haben thüringische und sächsische Verleger der näheren und weiteren Umgebung – von Erfurt über Leipzig bis Annaberg – eine große Anzahl bedeutender ordenskundlicher Werke jener Zeit herausgebracht: die Werke von Gustav Adolph Ackermann und Kurt von der Aue, Friedrich Gottschalck und Maximilian Gritzner, Pierre Hippolyte Heliot und Aristide Michel Perrot... Nicht zuletzt gehörte der Hofbuchdruckereibesitzer und Verlagsbuchhändler Hermann Böhlau, dessen Name in heutigen Verlagskonstrukten fortlebt, zu den stolzen Trägern des Ritterkreuzes 1. Abteilung des Falkenordens, das ihm 1871 verliehen worden ist.

Da es in der Regel nicht möglich ist, ein Fachbuch in der ersten Auflage bereits makellos darzubieten, werden Verbesserungsvorschläge gern und dankbar entgegengenommen.

Die Verfasser
Berlin, Weimar und Koblenz im Frühjahr 2012

Abkürzungen:

Im Folgenden, vor allem in Bildtexten, Anmerkungen und Tabellen, werden neben den allgemein gebräuchlichen diese speziellen Abkürzungen benutzt:

As. – Avers (Vorderseite)	KSW – Klassik Stiftung Weimar
Br., br. – Bronze, bronziert	MHM – Militärhistorisches Museum Dresden
Dep. – Departement	nt. – nicht tragbar
DHM – Deutsches Historisches Museum Berlin	O – Orden
DOE – Deutsche Orden und Ehrenziechen	OEK – Orden- und Ehrenzeichen-Katalog
E, EZ oder Ez. – Ehrenzeichen	Reg.-Bl. – Regierungsblatt
GK – Großkreuz	RKr. I (II) – Ritterkreuz 1. (2.) Klasse oder Abteilung
GKSt. – Großkreuzstern	Rs. – Revers, Rückseite
GNM – Goethe-Nationalmuseum	Si. – Silber
Go. – Gold	SWE – Sachsen-Weimar-Eisenach
HMA – Hofmarschallamt	ThHStAW – Thüringisches Hauptstaatsarchiv Weimar
HuS – Hessenthal und Schreiber	vg. – vergoldet
Kdr. – Kommandeur	VKr. – Verdienstkreuz
K – Komtur	VM – Verdienstmedaille
KKr. – Komturkreuz	Vs. – Vorderseite
KM – Kriegsmetall	vs. – versilbert
KSt. – Komturstern	ZVM (CVM) – Zivilverdienstmedaille.

Siglen für häufig benutzte Werke der Literatur und Periodika s. S. 303 ff. unter *Literatur und Quellen*.

ZUR GESCHICHTE DES LANDES
Von Ernst August bis Wilhelm Ernst (1709–1918)

Von Jochen Klauß

Im Folgenden wird keine umfassende Landesgeschichte dargeboten. Es geht lediglich um die Einbettung landeseigener Orden und Ehrenzeichen in die allgemeingeschichtlichen Umstände Sachsen-Weimar-Eisenachs.

Deshalb sind zunächst einige Kerndaten und wichtige Ereignisse der Entwicklung des thüringischen (Groß-)Herzogtums berücksichtigt. Zum Zweiten ist der Geschichte des Fürstenhauses Sachsen-Weimar-Eisenach beträchtlicher Platz eingeräumt, da die jeweiligen Landesfürsten den entscheidenden Part bei der Stiftung und Verleihung der Orden und Ehrenzeichen spielten. Eine zweite Gruppe mit bedeutendem Einfluss auf die Ordensangelegenheiten bildeten die leitenden Beamten des Geheimen Consiliums, später des Staatsministeriums, sowie der Ordenskanzlei. Ihnen oblag sowohl die Verwaltung des Auszeichnungswesens, wie sie auch zu den bevorzugten Ordensträgern gehörten.

Da sich Orden und Uniformen magisch anzuziehen scheinen, wird – zum dritten – auch die Militärgeschichte ausführlicher dargestellt, als es ihrer Bedeutung speziell für Sachsen-Weimar zukäme. Natürlich gehörten die Offiziere des Hausregiments stets zu den ersten Anwärtern auf den Falkenorden; und später wurden auch die Unteroffiziere und Mannschaften vielfach mit speziell für sie geschaffenen Auszeichnungen bedacht. Dabei ist für den Ordenskundler die möglichst genaue Kenntnis der jeweiligen (in diesem Falle stets geringen) Truppenstärke von Bedeutung, um abschätzen zu können, in welcher Zahl bestimmte Auszeichnungen verliehen wurden, d. h. wie häufig oder wie selten sie erteilt worden sind.

*

Das Haus Wettin blickt auf eine über eintausendjährige Geschichte zurück. Als Markgrafen von Meißen, als Landgrafen von Thüringen und schließlich als Kurfürsten von Sachsen haben sie die politischen Geschicke des Reiches vom 12. bis zum 16. Jahrhundert maßgeblich mitbestimmt. Mit der Leipziger Teilung des Kurfürstentums im Jahre 1485 unter den Brüdern Ernst und Albrecht, den Söhnen Wilhelms III., *des Tapferen*, wurde das Haus Wettin in zwei Hauptlinien zerrissen: die Ernestiner und die Albertiner. Erstere, welche die Kurwürde erhielten, dominierten zunächst. Der Sohn des Kurfürsten Ernst Friedrich III., der später den Beinamen *der*

Aus Goethes Medaillensammlung: Kaiser Karl VI. (1711–1740) und der Friede von Rastatt. Bronzemedaille 1717.

Weise erhielt, war um die Wende vom 15. zum 16. Jahrhundert einer der mächtigsten deutschen Reichsfürsten, dem 1519 nicht ohne Grund, nach dem Tode des habsburgischen Kaisers Maximilian I., die Krone des Heiligen Römischen Reiches deutscher Nation angeboten wurde; weitsichtig und klug handelnd, lehnte er ab. Friedrich der Weise hatte zuvor viermal das Reichsvikariat inne, er hielt seine Hand über Martin Luther und beförderte, ebenso wie sein Bruder und Nachfolger Johann der Beständige, die protestantische Lehre, die in Sachsen zur Landeskirche wurde.

Des letzteren Sohn Johann Friedrich I., *der Großmütige,* verlor als einer der Führer des Schmalkaldischen Bundes in der Schlacht bei Mühlberg 1547 die Kurwürde und große Teile des Landes, welche beide an die Albertiner Vettern fiel, die auf kaiserlich-katholischer Seite gefochten hatten. Die über ein halbes Jahrhundert fest gefügte Machtfülle der Ernestiner war mit der politischen Katastrophe von Mühlberg unwiederbringlich dahin. Der ohnmächtige Versuch Johann Friedrichs II., *des Mittleren,* mit Hilfe des Abenteurers Wilhelm von Grumbach 1567 das Verlorene zurück zu gewinnen, scheiterte kläglich und beförderte maßgeblich die 1572 beginnenden und sich fast anderthalb Jahrhunderte fortsetzenden Landesteilungen, die die so entstandenen Zwergstaaten in völlige politische Abhängigkeit und Ohnmacht führten, zugleich aber auch in den zahlreichen Residenzen Thüringens kulturelle Blüten hervor trieben, die in dieser Vielfalt und Dichte in Deutschland ihresgleichen suchten.

Die großen Teilungen von 1603, 1640 und 1662 machten Thüringen so zum klassischen Land deutscher Kleinstaaterei. Die Duodezfürsten in den Residenzen Meiningen, Römhild, Eisenberg, Hildburghausen, Saalfeld, Jena, Eisenach, Gotha und Weimar, politisch und militärisch bedeutungslos, suchten, freilich mit wechselnder Intensität und nur zeitweiligem Erfolg, auf kulturellem Gebiet eine Kompensation für ihre fehlende äußere Macht.

Aus Goethes Medaillensammlung: Herzog Wilhelm Ernst I. von Sachsen-Weimar (1683–1728) und das Weimarer Schloss. Silbermedaille 1717.

Das nach dem Dreißigjährigen Krieg dem Kaiser abgetrotzte Bündnisrecht der Reichsstände war ein Zeichen schwindender kaiserlicher Zentralgewalt. Das nutzten auswärtige Mächte, vor allem Frankreich, um sich auf Kosten Deutschlands zu vergrößern. In mehreren Kriegen erweiterte Ludwig XIV., oft verbündet mit deutschen Reichsständen, seine Grenzen nach Osten.

Deutsche Kleinfürsten aller thüringischen Lande hielten sich stehende *Heere,* zum Schutze der eigenen Territorien und um die ausgehobenen Landeskinder zur Repräsentation paradieren zu lassen, noch häufiger, um sie benachbarten oder europäischen Großmächten als Söldner zu offerieren. Denn Geld war überall knapp im zerstörten deutschen Land. Krieg und Plünderung,

Landkarte von Sachsen und Thüringen (Ausschnitt), wie sie für das beginnende 18. Jh. galt.

Brand und Pest hatten die Städte entvölkert und Hunderte Dörfer zu Wüstungen werden lassen. Im Kampf der Reichsstände um das Steuerbewilligungsrecht, das vielfach die Landstände noch beanspruchten, entwickelte sich der Absolutismus.

Der *Fürst von Gottes Gnaden* usurpierte uneingeschränkt die oberste Gewalt im Lande; Gesetzgebung und Kontrollmechanismen waren weitgehend ausgeschaltet. Im Barock und Rokoko dehnte sich dieser Rechtstitel des Monarchen auf alle Bereiche des Daseins aus – auf die Herrschaft über die *Untertanen* wie auch über die Natur.

Dies waren die gesellschaftlichen Bedingungen, als 1672, nach dem Tode Herzog Wilhelms IV., dessen vier überlebende Söhne zu einer erneuten Teilung des Landes schritten. Das Herzogtum Weimar fiel dabei dem ältesten Bruder Johann Ernst II. zu, der 1683 starb und zwei Söhne hinterließ: Wilhelm Ernst und Johann Ernst III. Der Vater hatte eine neuerliche Teilung des kleinen Landes testamentarisch untersagt, da *fürstliche Portionen* nicht zustande kämen, was einen unerquicklichen, permanenten Streit der Brüder zur Folge hatte. Der fand auch mit dem Tode Johann Ernsts 1702 kein Ende, dessen Sohn Ernst August setzte ihn noch ärger fort. Mit ihm, der bis 1728 die Herrschaft mit seinem Onkel Wilhelm Ernst teilen musste, beginnt die Reihe jener sechs Regenten in Sachsen-Weimar(-Eisenach), die mit dem weimarischen Hausorden, dem 1732 gestifteten Orden der Wachsamkeit oder vom Weißen Falken, in Verbindung gebracht werden können. Diese Herrscherpersönlichkeiten seien deshalb hier kurz charakterisiert:

ERNST AUGUST I., HERZOG VON 1709 BIS 1748, ALLEINREGENT SEIT 1728

Der Prinz wurde am 19. April 1688 in Weimar geboren. Sein Vater Johann Ernst III. (1664–1707) galt als melancholisch und verschroben; selbst der dienstliche Umgang mit ihm war kompliziert, was bis zu solchen Abstrusitäten führte, dass er seinem eigenen Kanzler die Fenster einwarf. Vom Bruder Wilhelm Ernst (1662–1728) in der Mitregentschaft zuletzt völlig verdrängt, ergab sich Johann Ernst III. schließlich dem Trunk. Sein ältester Sohn Ernst August, bei dem manche Absonderlichkeit des Vaters gesteigert wiederkehrte, gilt als einer der merkwürdigsten Regenten auf dem Weimarer Thron. Er wurde der Begründer des Falkenordens.

Nach der üblichen Hauslehrerausbildung bezog er 1702 die Universität Halle und wechselte drei Jahre später nach Jena. Mitte 1706 trat er zur standesgemäßen Bildungs- und Kavalierstour in die Niederlande und nach Frankreich an. Als sein Vater starb, weilte er gerade in Paris. Eine zweite Reise schloss sich 1710 an.

Herzog Ernst August I. von Sachsen-Weimar(-Eisenach), Ölgemälde von unbekanntem Künstler, nach 1732.

Der achtzehnjährige Prinz reiste in eine bewegte europäische Wirklichkeit hinaus. Schon wimmelte das weimarische Herzogtum 1706/07 von schwedischen Söldnern, mit denen der abenteuerliche König Karl XII. das Kurfürstentum Sachsen überzog, und August der Starke musste zunächst auf die polnische Königskrone verzichten. Die Niederlande waren Schauplatz einer wichtigen Schlacht des Spanischen Erbfolgekrieges: der Herzog von Marlborough vernichtete im Mai 1706 das französische Rheinheer und restaurierte damit die österreichische Oberherrschaft. Ernst Augusts militärische Vorlieben, die später zu schweren Belastungen des Herzogtums führte, mag u. a. in diesen Reiseeindrücken ihre Wurzeln haben.

Die Streitereien mit dem Onkel, dem mitregierenden Wilhelm Ernst, rissen indes seit 1709 nie ab. Bis vor den Kaiser zog sich der Familienstreit der Weimarer Herzöge, deren unmittelbare Leidtragende die Diener, Beamte und Räte beider Fürsten waren. Ernst August, von Natur aus selbstbewusst und ehrgeizig, aber auch wankelmütig, jähzornig

Wappen der Ernestiner. Farbiges Relief in der Weimarer Stadtkirche St. Peter und Paul, 18. Jh.

und rachsüchtig, schreckte nicht vor Gewalttaten zurück: Der sechzehnjährige Anton Friedrich Wilhelm von Gleichen überlieferte 1721, er sei grundlos von Ernst August geohrfeigt, dann mit dessen Flinte traktiert worden, ehe der Herzog seinen Dachshund erschossen habe. Willkürliche Verhaftungen von tatsächlich oder nur scheinbar unbotmäßigen Beamten gehörten zum Alltag des Fürsten. Als 1728 die zwanzigjährige Alleinherrschaft Ernst Augusts begann, hatte das angstzitternde Herzogtum eine der schwärzesten Perioden seiner Geschichte vor sich.

Zunächst wurden alle Beamte und Diener des verstorbenen Onkels entlassen und mit maßlosem Zorn verfolgt. Zahlreiche Prozesse vor dem Reichshofrat schlossen sich an, die zu Ungunsten des weimarischen Potentaten ausgingen, aber sich für die Betroffenen zu teils Existenz bedrohender Länge ausdehnten. Willkür und Menschenverachtung gingen von der Weimarer Wilhelmsburg aus:

Ein Rittmeister Fensterer, der bei seinem Herrn in Ungnade gefallen war, wurde über fünf Jahre gefangen gehalten, zeitweilig in einem Raum, durch den Rauch zog und der kaum Frischluftzufuhr hatte. Ihm wurde so der Teilverkauf seines Gutes abgepresst. Ein Kammerrat wurde gleichfalls Opfer der Kabinettsjustiz Ernst Augusts: vier Jahre gefangen gesetzt, erpresste der Herzog ein hohes Lösegeld. Diener, die um den Abschied baten, wurden körperlich gezüchtigt: Der Kammermusikus und Waldhornist Adam Andreas Reichardt erhielt bei solchen Gesuchen jedes Mal 100 Prügel und Gefängnis, so dass er schließlich entfloh, dadurch für vogelfrei erklärt und vom Herzog *in effigie* gehängt wurde. Es wird vermutet, dass Ernst August einige Untertanen in praxi hat hängen lassen, z. B. für Obst- und Wäschediebstahl, ohne dass Gerichtsurteile ergangen oder die Schuld nachgewiesen worden wären.

Abbildung der Fürstlichen Saechsischen.   weltberühmten Universitäts. Stadt
            Jena, wie solche von   Nordt-Ost anzusehen

Stadtansicht Jena. Graphik Ende des 18. Jh. Mit Darstellungen des fürstlichen Wappens und des Falkenordens, As. und Rs.

Jahrelange Prozesse, unmäßige Soldatenspielerei und Mätressenwirtschaft zerrütteten die Landesfinanzen Sachsen-Weimars. Seine Truppen vermietete der Herzog an den Kaiser, um die Generalscharge zu gewinnen. Im Lande wurden ständig neue Regimenter ausgehoben und aufgestellt, was zu Arbeitskräftemangel im Handwerk und in der Landwirtschaft und damit zu Steuerverlusten führte. Handwerksgesellen wurde das Wandern untersagt. Meister durften nicht ernannt werden, die Zünfte wurden schikaniert. Hunderttausende Gulden gingen dem Land verloren, indes sich der nach militärischem Ruhm dürstende Herzog *kaiserlicher Feldmarschallleutnant* und schließlich *General* nennen durfte. 1747 umfasste seine *Armee* 2500 Mann, die in Weimar, Eisenach, Jena und Apolda in Garnison lagen. Weitere 800 Mann bildeten ein Städteregiment für Wach- und Polizeidienste.

Neben dem Soldatenwahn war das zweite, fast genauso kostspielige Steckenpferd Ernst Augusts: seine Bauwut. In der Zeit seiner Herrschaft wurden im Herzogtum rund 20 Parkschlösser, Jagdhäuser und letztlich nutzlose Fortifikationen errichtet, was schon Zeitgenossen von des Herzogs *Bauwurm* sprechen ließ. Allein im Lustschloss *Belvedere* südlich von Weimar verbaute er von 1724 bis 1732 rund 250 000 Reichstaler. Alles schmückende Beiwerk, das der fürstliche Zeitgeschmack kannte, ließ der Potentat von seinen Baumeistern Johann Adolf Richter und Johann Heinrich Krohne dem Rokokoschlösschen anfügen: Reithaus, Ballhaus, Orangerie, Menagerie, Zwinger, französischen Park mit Putten, Statuen, Tempel, Grotten,

Pavillons und Goldfischteichen. Weitere umfangreiche Neu- und Umbauten erlebte die
Residenzstadt Weimar.
Einige der Schlossbauten Ernst Augusts ließ
man nach seinem Tode absichtlich verfallen,
weil das Land mit dem Erhalt schlichtweg
überfordert war. Weitere fürstliche Geldaus-
gaben verschlangen, wenngleich nicht in dem
Maße wie Militär und Bauten, das zeitübliche
Bildermalen und -sammeln, die Hofkapelle,
die Ernst August allerdings ab 1735 verfallen
ließ, das Hoftheater, die fürstliche Jagd – er
besaß 1100 Jagdhunde und Hunderte von
Jagdpferden – und der eitle Wahn der Gold-
macherei, dem der abergläubische Herzog mit
besonderem Eifer anhing. Sein Biograf, Freiherr Beaulieu-Marconnay, vermerkte zu Jagd-
sachen ausdrücklich, dass die Falkenjagd *ein
bevorzugtes Vergnügen für den Herzog* bildete,
und es war streng anbefohlen, *verflogene Falken aufzufangen und einzuliefern.*
Zeitgemäßer Fürstenlaune entsprach auch die
Ausstattung des Schlosses Belvedere: neben
einer Sammlung seltener Pflanzen ließ der
Herzog weiße Mäuse und weiße Hasen, Fasa-
nen und Affen, italienische Maultiere, englische Pferde und Parforcehunde anschaffen.
Berühmt waren nicht zuletzt die prächtigen
isländischen weißen Falken, die im Tiergar-
ten zu Belvedere gehalten wurden. In einer
Zeit, da Falknerei, Treib- und Parforcejagden

Wappen der Ernestiner im
Collegienhof der Jenaer
Universität, 17. Jh.

zu unantastbarer Hoftätigkeit gehörten, hat Ernst August diesen isländischen weißen Falken eine besondere Vorliebe entgegengebracht,
was bei der Stiftung des Ordens, neben den Verweisen auf das kaiserliche Hoheitszeichen, den Adler, eine Rolle gespielt haben mag.
Ernst August war in seinem fürstlichen Selbstverständnis ein Kind seiner Zeit. Es entsprach dem seinerzeitigen Denkmodell eines absolu-
ten Herrschers, sich aufgrund seiner Ausnahmestellung auch außerhalb
der Bewertungskriterien der adligen oder bürgerlichen Gesellschaft zu
bewegen, von der bäuerlichen Sphäre ganz zu schweigen. Ernst Augusts Rohheit und sexuelle Ausschweifungen sind auch damit zu erklären. Als dem Herzog 1726 die Ehefrau, die geborene Prinzessin
Eleonore Wilhelmine von Anhalt-Köthen, nach zehnjähriger Ehe, in
der sie ihm sieben Kinder geboren hatte, verstarb, ließ er acht Jahre
verstreichen, ehe er mit Prinzessin Sophia Charlotte Albertine von
Brandenburg-Bayreuth eine neue Ehe einging. In der Zwischenzeit
hielt sich Ernst August in Belvedere zwei adlige Damen als *Ehren-
fräulein* und drei bürgerliche Mädchen als *Kammerfrauen*; im Turm-
zimmer des Schlosses sollen sich Szenen abgespielt haben, die prüdere

Herzog Ernst August II.
Constantin von Sachsen-
Weimar-Eisenach (1748–
1758), Ölgemälde von J. E.
Schuchmann, 1737.

Zeiten als heute mit dem Stempel höchster moralischer Verwerflichkeit versehen haben. Mehrere außereheliche Kinder sind nachweisbar.

Aus seiner zweiten Ehe gingen nochmals vier Kinder hervor, darunter der Erbprinz Ernst August II. Constantin. Auch das Verhältnis des Herzogs zu Frau und Kindern ist nicht mit bürgerlichen Maßstäben zu bewerten. Die Erziehung war streng, mit hohen Anforderungen verbunden, nicht kindgemäß und wurde durch Zuchtmeister und adlige Erzieher bewerkstelligt; persönliche Beziehungen, von Liebe ganz zu schweigen, existierten kaum, wenn man von impulsivischen Eingriffen des herzoglichen *Vaters* in die Erziehung absieht. Erbprinz Ernst August Constantin äußerte 1748 nach seines Vaters Tod, er habe seinen *Papa* nicht gekannt und wisse nicht, was dieser für ein Mensch gewesen sei. In die Privatsphäre seiner Untertanen, die mit 32 Steuern schikaniert wurden, hat Ernst August massiv eingegriffen. Verbote von Heiraten finden sich ebenso wie befohlene Verbindungen. Den Urlaub seiner Diener genehmigte der Herzog selbst, oder er genehmigte ihn nicht, ebenso Entlassungen aus dem Dienst. Die Besoldung blieb er oft jahrelang schuldig. Angesichts solcher Bedrückungen, die von maßlosen Verbalinjurien des Herrschers begleitet sein konnten, wähnte sich derjenige schon glücklich, der *nur* mit dem schwarzen Humor Ernst Augusts konfrontiert wurde: Der Pfarrer von Ramsla erhielt kostenlos herzogliches Brennholz geliefert, musste sich dafür aber den Bart abnehmen lassen. Außerdem hatte er jährlich eine Knackwurst mit einem Gedicht an den Herzog zu liefern. Dass in einer solchen Atmosphäre Duckmäusertum und Unterwürfigkeit wucherten, überrascht nicht.

Es zählt zu den Imponderabilien im Wesen dieses exzentrischen Weimarer Kleinfürsten, dass er zuweilen Männer, die ihm mutig zu widersprechen oder zu widerstreben wagten, mit einflussreichen Ämtern versah. So ernannte er den Hildburghäuser Advokaten Nonne zum Geheimen Rat, nachdem er alle gegen ihn anhängigen Prozesse verloren hatte. Mit der Launenhaftigkeit Ernst Augusts ist auch zu erklären, dass er am 27. Juli 1741 plötzlich beschloss, den Armen von Weimar, Ilmenau, Bad Berka, Magdala, Dornburg, Apolda, Buttstädt, Rastenberg und Bürgel jeweils 100 Reichstaler zukommen zu lassen. Bedeutend für die Landesgeschichte wurde zum einen die Einführung der Primogenitur, die 1724 endgültig vom Kaiser bestätigt wurde und weitere Landesteilungen ausschloss. Der erstgeborene Erbprinz wurde fortan der künftige Herrscher des Landes.

Das zweite gravierende Ereignis war der Heimfall des Herzogtums

Sachsen-Eisenach, da dessen letzter Herzog Wilhelm Heinrich am 26. Juli 1741 kinderlos gestorben war. Ernst August war der nächste Agnat. Die weimarischen Lande vergrößerten sich dadurch auf das Doppelte; die Teilung von 1672 wurde damit wieder korrigiert. Da auch Jena und Allstedt hinzukamen, lag die von Johann Friedrich dem Großmütigen gegründete Universität Jena nun im Herzogtum; Ernst August ließ sich umgehend zum Rektor wählen. 60jährig verstarb er am 19. Januar 1748 in Eisenach. Am 11. Februar d. J. wurde er in der fürstlichen Gruft der Schlosskirche Weimar beigesetzt. Die Untertanen, Diener, Beamte, Räte atmeten auf.

Dem Staate standen 360 000 Taler Schulden zu Buche. Den Herzog überlebten fünf Kinder: drei Töchter aus erster, ein Sohn und eine Tochter aus zweiter Ehe. Sein zehnjähriger Sohn Ernst August II. Constantin, der Erbprinz, war sein gesetzlicher Nachfolger

ERNST AUGUST II. CONSTANTIN, HERZOG VON 1748 BIS 1758

Herzogin Anna Amalia. Ölgemälde von J. E. Heinsius, um 1773.

Sophia Charlotte Albertine, die zweite Gemahlin Ernst Augusts, brachte ihrem Mann in 13 Ehejahren vier Kinder zur Welt, drei Jungen und ein Mädchen. Der spätere Erbprinz Ernst August II. Constantin wurde am 2. Juni 1737 als zweiter Prinz in Weimar geboren. Alle Kinder aus dieser Verbindung scheinen schwächlich gewesen zu sein: die beiden Prinzen Carl August Eugen und Adolf Felix starben im Kleinkindalter, Prinzessin Ernestine Auguste, später dem Herzog Ernst Friedrich III. von Sachsen-Hildburghausen vermählt, starb 1786 sechsundvierzigjährig.

Auch Ernst August II. Constantin war von schwacher Gesundheit. Zunächst, von 1741 bis 1748, der unmittelbaren Obhut der Oberhofmeisterin Anna Henriette von Hohndorff, dann der Mademoiselle Malaisée anvertraut, übte ab 1744 der Hausmarschall von Schardt , der Vater der Charlotte von Stein. die Oberaufsicht in der Erziehung aus. Ernst August II. Constantin erhielt Unterricht in Religion, Latein, Geographie, Mathematik und Geschichte.

Der Gebrauch der französischen Sprache war obligatorisch, Hofgeistliche und adlige Offiziere saßen bei Tisch an der Seite des Kindes, das nach dem Willen des Vaters den ganzen Tag an sich arbeiten sollte. Ein Drohbrief des Herzogs aus dem Jahr 1745 an den aufsichtführenden Schardt bemängelte, dass der Fleiß des Sohnes zu wünschen übrig lasse. Wenn dieser sein Spielen, Pfeifen, Trommeln und die Kindereien nicht lasse, würde er, der Herzog, *dem Juncker Princeps* einen *A...pauker* schicken, der ihm *das Trommelfell einweichen, den Flatter-Geist aus dem*

Kopf bringen und gewißlich keinen Spaß mit ihm vornehmen soll. Ich will keinen Tambour und Quer-Pfeiffer aus ihm ziehen, auch keinen Pfaffen, Schulmeister und Schlaff-Mütze aus ihm haben, sondern einen Printzen.

Mit Ernst Augusts Tod 1748 kam der Erbprinz unter die Vormundschaft Herzog Friedrichs III. von Gotha. Die Erziehung oblag seit Juni 1751 dem hochbegabten Reichsgrafen Heinrich von Bünau, der ein namhafter Gelehrter und Schriftsteller sowie erfahrener Politiker war. Da Bünau in Eisenach lebte, der Erbprinz sich aber in Gotha aufhalten musste, war die Einflussnahme über *Erziehungsbriefe* mehr theoretischer Art. Am 18. Dezember 1755 erhielt der Erbprinz nach anfänglichem Widerstreben des Gothaer Herzogs die *venia aetatis* mit kaiserlichem Reskript. Schon am 29. Dezember wurde Bünau als erster Staatsminister in Sachsen-Weimar-Eisenach berufen, um dem jungen, majorenn gewordenen Fürsten bei den Regierungsgeschäften zur Seite zu stehen. Das anfänglich harmonische Verhältnis begann sich aber 1756 schnell zu verändern, spätestens, als der neunzehnjährige Herrscher am 16. März 1756 die agile Prinzessin Anna Amalia ehelichte, die den selbstbewussten Bünau rigoros ablehnte und 1759 schließlich dessen jähen Abgang von der weimarischen politischen Bühne durchsetzte.

Prinz Constantin und der minderjährige Herzog Carl August, Söhne Ernst August II. Constantins und Anna Amalias, geschmückt mit dem herzoglichen Falkenorden und dem polnischen Weißen Adlerorden. Ölgemälde von J. G. Ziesenis, um 1770.

Ernst August II. Constantin, auch als regierender Herr scheu, blass, ängstlich, zurückhaltend und weiterhin schwächlich, wirkte auf politischem Gebiet wenig. Mehr als die staatlichen Amtsgeschäfte bewegten ihn seine künstlerischen Neigungen: er malte schon als Kind gern, sammelte früh Kupferstiche, Bilder, Medaillen und seltene Münzen, spielte Violine und richtete nach seiner Herrschaftsübernahme eine Hofkapelle ein. Die berühmte Doebbelinsche Theatertruppe zog er schon 1756 nach Weimar und ließ sie in Belvedere spielen, um sie dann sogar als *Hofkomödianten* anzustellen. Die Bibliothek, unter Ernst August I. zuletzt vernachlässigt, erfuhr wieder Zuwendungen, die Straße von Weimar nach *Belvedere* wurde in einen ordentlichen Zustand versetzt.

Das älteste noch erhaltene Stadtwappen Weimars.

Betrachtet man die schmalbrüstige, schmalgesichtige Erscheinung des Herzogs, wie es sein Hofmaler J. F. Löber 1757 festgehalten hat, so bestätigt sich der aus den Quellen erwachsene Eindruck. Ernst August Constantin war zurückhaltend wohlmeinend, aber mit wenig Arbeitskraft und auch keinen besonderen geistigen Anlagen ausgestattet. Seine Gattin Anna Amalia, die Tochter des braunschweigischen Herzogs Carl I. Wilhelm Ferdinand und der Philippine Charlotte von Preußen, einer Schwester Friedrichs II., war als Welfin aus ganz anderem Holz geschnitzt.

Aus dieser Eheverbindung ging jedenfalls am 3. September 1757 der Erbprinz Carl August hervor. Indes nahmen die Krankheitssymptome des noch nicht einundzwanzigjährigen Herrschers rapide zu, die als Erschöpfungszustände oder Auszehrung beschrieben wurden. Am 28. Mai 1758 erlag der Herzog seinen Leiden: Herzoginwitwe Anna Amalia, selbst erst 18 Jahre alt, war zu dieser Zeit erneut schwanger und schenkte am 8. September 1758 einem zweiten Prinzen, Friedrich Constantin, das Leben.

Sachsen-Weimar-Eisenach, seines Regenten beraubt, fiel erneut unter fremde Vormundschaft. Das wirtschaftlich zerrüttete, hoch verschuldete Land schien neuen Wirrnissen entgegenzugehen, zumal 1756 der dritte schlesische Krieg, der als *Siebenjähriger Krieg* in die Geschichte einging, begonnen hatte, aus dessen Folgen sich das unbedeutende Weimarer Herzogtum aus eigener Kraft nicht heraushalten konnte. In den dynastischen und politisch-militärischen Wechselbädern, die das Herzogtum Sachsen-Weimar-Eisenach seit 1748 unentwegt trafen, erfolgten nur wenige Verleihungen des Hausordens, und aus dem *blühenden* drohte ein *quiescierender*, ein ruhender Orden zu werden.

Herzogin Anna Amalia erhielt in einem staatsrechtlich ungewöhnlichen Akt am 9. Juli 1759 die kaiserliche Genehmigung, *ohne Ausnahme und Einschränkung Vormundschaft und Administration* in ihren Landen auszuüben. Die *Tutrix*, noch nicht zwanzigjährig, Mutter zweier kleiner Kinder, Regentin eines leidenden Ländchens, sollte dessen Geschicke in anderthalb Jahrzehnten klug, entschlossen und zu dessen Wohlfahrt leiten.

CARL AUGUST, HERZOG SEIT 1758 UNTER VORMUNDSCHAFT ANNA AMALIAS, REG. HERZOG VON 1775 BIS 1815

Carl August wurde am 3. September 1757 als erster Sohn Ernst Augusts II. Constantin und seiner Gemahlin Anna Amalia geboren. Nach dem Tod des Vaters wurde der Erbprinz von frühester Jugend an als der künftige Herrscher des Landes betrachtet und mit besonderer Delikatesse und Devotion behandelt. Begabt und von schneller Auffassungsgabe, bildete das wachsende Bewusstsein seiner herausgehobenen Stellung den Grund für charakterliche Fehlentwicklungen, an denen spätere Erzieher und Mentoren, Goethe eingeschlossen, mühselig zu stutzen hatten. Johann Eustachius Graf von Schlitz, genannt Graf Görtz, übernahm ab 1761 die heikle Aufgabe der Erziehung und Bildung des heranwachsenden Herzogs, der er sich mit Strenge und Konsequenz unterzog.

Auch der zweitgeborene Sohn der Herzoginwitwe, der am 8. September 1758 erst nach des Vaters Tod geborene Friedrich Constantin, befand sich zunächst in der erzieherischen Obhut von Görtz. Anna Amalia trat ein schweres Erbe an. Das Land, wirtschaftlich und finanziell zerrüttet durch die Misswirtschaft ihres Schwiegervaters, mehrfach heimgesucht von wütender Soldateska in Kriegszeiten und den Schrecknissen landesweiter Hungersnöte, musste administrativ geordnet und in den Finanzen saniert werden. Es bleibt der jungen Regentin hohes Verdienst, diese schwierigen Aufgaben energisch, sparsam und durchsetzungskräftig mit Hilfe treuer Beamter versucht und teilweise auch erfolgreich bewältigt zu haben.

Carl August, gleichfalls in diesem Sinne erzogen, entwickelte früh, geschult im Umgang mit den Intrigen eines kleinen Hofes, eine durchdringende Menschenkenntnis, die ihn später vorzüglich auszeichnen

Das Weimarer Schloss, die Wilhelmsburg, vor 1774. Aquarellierte Zeichnung von J. A. Lonitz, 1837.

und ihm zustatten kommen sollte. Im misstrauischen Glauben, der wachsende Einfluss des Prinzenerziehers Görtz schmälere ihren mütterlichen wie politischen Einfluss auf ihre Söhne, verfügte Anna Amalia die Einstellung weiterer *Instruktoren*: 1772 kam Christoph Martin Wieland nach Weimar, der nicht nur dem fünfzehnjährigen Erbprinzen aufklärerisches Ideengut nahe brachte, sondern durch seine Schriften und sein Wirken dem aufkeimenden geistigen Ruf der Residenz Weimar kräftigen Auftrieb verlieh. 1774 wurde als Instruktor des Prinzen Constantin der ehemalige Offizier Friedrichs II. Carl Ludwig von Knebel berufen, der, ein ausgezeichneter Kenner der zeitgenössischen deutschen Literatur, bei der Kavalierstour der beiden Prinzen 1774/75 nach Paris, in Frankfurt am Main die Bekanntschaft zwischen Carl August und Goethe vermittelte – eine äußerst folgenreiche Tat.

Am 3. September 1775 majorenn geworden, übernahm der achtzehnjährige Herzog die Herrschaft im Land. Die Herzoginmutter Anna Amalia, gerade 36 Jahre alt, behielt politischen Einfluß und widmete sich fortan nicht nur der Förderung der Künste. Weimars Ruf als eines auflebenden geistigen Zentrums in Deutschland bildete sich allerdings erst später heraus. Das geniehafte Treiben des jungen Herzogs und seiner unternehmungslustigen Gesellschaft trug zu diesem Ruf das seine bei, nachdem der schon berühmte Johann Wolfgang Goethe auf Einladung Carl Augusts am 7. November 1775 nach Weimar gekommen und als Günstling des Herzogs sehr schnell Einfluss auf ihn und seine Politik gewonnen hatte. Verantwortungsbewusste Mentorschaft für den acht Jahre Jüngeren ersetzte allmählich das ausufernde Feiern und *Skandalieren*, das Carl August, zum Schrecken seiner devoten Beamten und der philiströsen Bevölkerung, zunächst in Szene gesetzt hatte. Der Jagd, dem fürstlichen Vergnügen par excellence, frönte Carl August von Jugend an. Goethes geistiger Einfluss auf den Herzog endete

Schlossbrand 1774. Aquarellierte Zeichnung von J. A. Lonitz, 1837.

Herzog Carl August mit
dem preußischen Orden
vom Schwarzen Adler.
Ölgemälde von F. A.
Tischbein, 1795.

äußerlich mit der großen Schweizreise, die sie, begleitet von nur wenigen Freunden und Bediensteten, 1779/80 unternahmen. Bereits 1777 war auf Betreiben Goethes Johann Gottfried Herder vom Herzog als Generalsuperintendent nach Weimar geholt worden. Schiller als der jüngste und sozial schwächste der *vier Weimarischen Riesen*, kam erst in den neunziger Jahren endgültig nach Weimar.

Carl August, eingedenk seiner großen Vorfahren, die dereinst die Geschichte des Heiligen Römischen Reiches deutscher Nation mit beeinflusst hatten, verfolgte in den achtziger Jahren den ehrgeizigen Plan, mit einem Fürstenbund eine dritte politische Kraft im Reiche zu schaffen, die zwischen Habsburgern und Hohenzollern hätte agieren können. Politisch unerfahren, geriet der auch verwandtschaftlich eng mit dem Königshaus Hohenzollern verbundene Weimarer Herzog bald in den Sog preußischer Diplomatie, so dass dieser Versuch einer Blockbildung unter den mittleren und kleineren Reichsständen spätestens 1788 als gescheitert anzusehen war. Goethe und andere Berater des Herzogs warnten vor dem Verfolg solcher Pläne, die in keinem Verhältnis zur geografischen Größe, zur Bevölkerungszahl und zur wirtschaftlichen Bedeutung des Ländchens standen und das Interesse des Herzogs von seinen eigenen Landen abzog.

Auch das militärische Engagement Carl Augusts – im September 1787 trat er ins preußische Heer ein, am 25. September wurde er mit königlichem Befehl zum Generalmajor ernannt – fand nicht die Billigung seiner kühler kalkulierenden Umgebung; es entsprach jedoch dem Selbstgefühl des jungen Herrschers, dem eigenen Willen zu folgen. Ein Jahr zuvor war der Fürst mit dem höchsten preußischen Orden, dem vom Schwarzen Adler, geehrt worden.

Die Ereignisse in Frankreich ab 1787/88 ließen innerdeutsche Konflikte, so die Rivalitäten zwischen Preußen und Österreich, in den Hintergrund treten. Der demonstrative militärische Aufmarsch in Schlesien 1790, an dem der Weimarer Herzog als Chef seines Aschersleber Regiments teilnahm, endete friedlich mit dem Reichenbacher Vertrag vom 27. Juli. Carl August, bereits am 16. Dezember 1787 zum Chef des Kürassier-Regiments von Rohr Nr. 6 berufen, trat damit in eine militärische Laufbahn ein, die ihn in der Folge mit den großen Veränderungen konfrontierte, welche die Französische Revolution weltweit bewirkte. Napoleon wurde Carl Augusts bestgehasster Feind, und in dieser Auseinandersetzung wäre der Weimarer Fürst beinahe auch seiner Herrschaft verlustig gegangen.

Zunächst jedoch nahm der Herzog 1792 mit seinen Soldaten am Feldzug nach Frankreich teil, wo die europäischen Koalitionsarmeen vergebens versuchten, die Revolution niederzuwerfen. Goethe, an der Seite seines fürstlichen Freundes selbst Teilnehmer des Unterfangens, hat die Geschehnisse in seiner *Campagne in Frankreich* ausführlich beschrieben, ebenso die Belagerung von Mainz 1793. Nach den Kämpfen bei Pirmasens und Kaiserslautern nahm Carl August seinen Abschied. Die tieferen Gründe dafür dürften darin zu sehen sein, dass der Herzog weiter wirkende Differenzen zwischen Österreich und Preußen erkannt hatte und auf einen nachhaltigen Erfolg der Koalitionstruppen nicht mehr hoffte. Zudem erforderte die allgemeine politische Situation in Deutschland seine Anwesenheit in Weimar, wollte er sich den gesellschaftlichen Wirren des ausgehenden Jahrhunderts gewachsen zeigen.

Der am 5. April 1795 zwischen Frankreich und Preußen geschlossene Sonderfrieden zu Basel, der den Rhein als deutsch-französische Grenze anerkannte, bedeutete de facto das Ende der ersten Koalition. Carl August führte vor diesem Hintergrund sein Land aus dem Reichskrieg gegen Frankreich heraus, womit, den Blick auf sein Land gerichtet, jene als *Frieden des klassischen Weimar* apostrophierte Zeit (1796–1806) eingeleitet wurde, ein Dezennium, das viele großartige wissenschaftliche und künstlerische Leistungen in Weimar und Jena ermöglicht oder vorbereitet hat.

In dieses fruchtbare Jahrzehnt fallen u. a. die Blütejahre des Weimarer Theaters, das unter Goethes und Schillers Einfluss zu einer der bedeutendsten Bühnen Deutschlands avancierte, in diesen Jahren vollzog sich der glänzende Aufstieg der Jenaer Universität, an der berühmte Gelehrte wie die Mediziner Loder und Hufeland, der Chemiker Dö-

Plan des Weimarer Stadtzentrums, 1782.

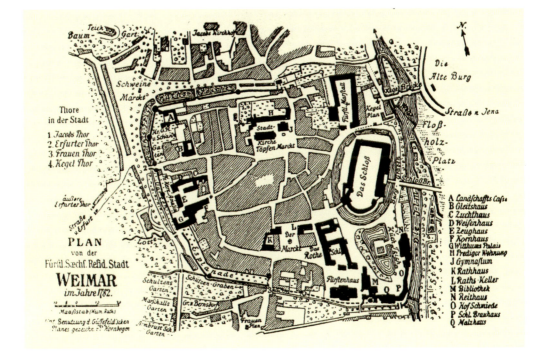

Napoleon I. begegnet im Weimarer Schloss C. M. Wieland. Kolorierte Radierung von J. B. Hössel nach H. V. F. Schnorr v. Carolsfeld, 1809. Wieland wie Goethe erhalten am 12. Oktober 1809 das Ritterkreuz des französischen Ordens der Ehrenlegion.

bereiner, der Historiker Luden und vor allem die Philosophen Reinhold, Fichte, Schelling, Hegel und Fries lehrten. Von der Thronbesteigung Carl Augusts 1775 bis 1800 hatte sich die Zahl der Studenten versiebenfacht. Neben Halle war Jena zur bedeutendsten Universität Deutschlands geworden. Sachsen-Weimar hatte endgültig den Ruf eines geistig-kulturellen Zentrums in Deutschland erlangt.

Herzog Carl August, der seit 1798 als Generalleutnant wieder der preußischen Armee zugehörte, wurde nach 1806 in den Strudel des Untergangs Altpreußens hineingezogen. Die Vermählung seines Sohnes Carl Friedrich 1804 mit der russischen Großfürstin Maria Pawlowna, einer Schwester des Zaren Alexander I., wie auch seine eigene Überzeugung drängten Carl August dazu, wiederholt für ein preußisches Bündnis mit Russland zu werben. Die Berliner Kabinettspolitik folgte dem jedoch nicht. So war Preußen im 1806 ausbrechenden Krieg gegen Frankreich außenpolitisch fast völlig isoliert. Die militärische Überlegenheit Napoleons tat ein Übriges.

Die Schlachten von Jena und Auerstädt am 14. Oktober 1806 leiteten die katastrophale Niederlage Preußens ein. Carl August befehligte die Avantgarde; weitab vom Ort des Geschehens in Arnstadt erreichte ihn am Abend die Nachricht vom Ausgang des Treffens. *Herzog von Weimar und Eisenach wären wir einstweilen gewesen*, soll sein trockener Kommentar gelautet haben. In der Tat wurde seine Herrschaft wohl nur dadurch gerettet, dass seine Familie mit den Romanows verwandt war, so dass Napoleon gewisse politische Rücksichten obwalten ließ.

Dem Herzogtum nützte das freilich wenig: Die französischen Sieger plünderten und brandschatzten die Residenz Weimar, verwüsteten die Universitätsstadt Jena, belegten das Land mit den drückendsten Kontributionen, zogen die jungen Männer zur Armee ein und etablierten eine Besatzungsbürokratie, die den Alltag der Bürger schwer belastete. Es folgte der erzwungene Beitritt Sachsen-Weimar-Eisenachs zum Rheinbund.

Für Carl August begannen demütigende Jahre des Stillehaltens und der äußeren Unterordnung gegenüber dem französischen Kaiser. Es war ihm, dem fünfzigjährigen deutschen Reichsfürsten, nicht erspart geblieben, in einem persönlichen Canossagang am 18. Juli 1807 in Dresden vor Napoleon zu erscheinen und sich in Devotion zu üben. Eine tiefe Antipathie zwischen beiden Herrschern, dem misstrauischen Korsen auf der einen, dem dickköpfigen Herzog auf der anderen Seite, führten in den nächsten zehn Jahren zu zahlreichen zusätzlichen Spannungen.

Als sich nach dem Untergang der *Grande armée* in Russland 1813 der deutsche Widerstand gegen die Besatzungsmacht formierte, wurde auch Carl August wieder aktiv. Die Fremdherrschaft in Weimar wurde am 22. Oktober 1813, wenige Tage nach der Völkerschlacht von Leipzig, mit einem Gefecht vor den Toren der Stadt beendet. Es folgten der Abfall von Napoleon, der Austritt aus dem Rheinbund und am 22. November 1813 ein Aufruf Carl Augusts *An die Freiwilligen*,

Großherzog Carl August (1815–1828) mit dem Stern des erneuerten Falkenordens und der Militärverdienstmedaille *Treuen Kriegern*. Ölgemälde von J. J. Schmeller, 1816.

dem sich die weimarische Jugend und besonders die patriotisch gesinnten Jenenser Studenten begeistert anschlossen.

Am 24. November 1813 wurde Carl August mit dem Oberbefehl über das dritte deutsche Armeekorps betraut, das zum russischen Heer zählte und alle königlich-sächsischen und sachsen-ernestinischen Kontingente umfasste. Angesichts des bis zuletzt mit Napoleon verbundenen sächsischen Königs Friedrich August entwickelte Carl August Hoffnungen, alte Vorrechte wieder zu erringen, die Johann Friedrich der Großmütige im 16. Jahrhundert an die albertinische Linie des Hauses Wettin verloren hatte.

Das neue großherzogliche Wappen Sachsen-Weimar-Eisenachs, Staatshandbuch für das Jahr 1823.

Am 9. Dezember 1813 zum *Kaiserlich Russischen General der Kavallerie* ernannt, nahm Carl August am *Niederländischen Feldzug* teil, am 7. Februar zog er mit Bülow und Wilhelm von Oranien, nun endlich selbst Sieger, in Brüssel ein. Ende April, nach der Abdankung Napoleons, reiste er nach Paris. Es muss die größte Genugtuung seines politischen Lebens gewesen sein, nach siebenjähriger Demütigung den Erzfeind Napoleon nun vernichtet zu wissen. Paris, das er 1775 letztmals gesehen hatte, übte verständlicherweise eine magische Anziehungskraft auf ihn aus, auch weil er durch die erhoffte Fürsprache seines Verwandten, des russischen Zaren Alexander I., Rangerhöhung und Gebietszuwachs erhoffte.

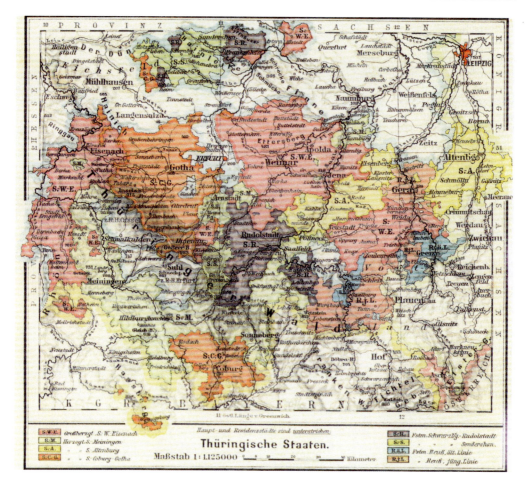

Landkarte mit der Darstellung des Großherzogtums Sachsen-Weimar-Eisenach nach 1815, u. a. mit dem Zugewinn des Neustädter Kreises.

Diesem und dem preußischen König Friedrich Wilhelm III. schloss sich Carl August im Juni 1814 zu einer Englandreise an, sicher nicht ohne diplomatische Absichten. Enttäuscht war Carl August dennoch, da die erwartete russische Unterstützung ausblieb und auf dem nachfolgenden Wiener Kongress lediglich die Verleihung des Großherzogtitels und ein überschaubarer Zuwachs an Land und *Seelen* erfolgte. Der Königstitel hätte seinen Vorstellungen eher entsprochen. Dennoch befand sich Carl August in Hochstimmung, ein Zeichen dafür war die Erneuerung des sachsen-weimarischen Hausordens der Wachsamkeit oder vom Weißen Falken.

Die letzten Regierungs- und Lebensjahre des Großherzogs waren gleichwohl von politischen Ereignissen begleitet, die im Kontext deutscher Geschichte des 19. Jahrhunderts von großer Bedeutung und erheblicher Wirkung waren. Er war der einzige deutsche Reichsfürst, der sein Versprechen nach den Befreiungskriegen einlöste und seinem Land eine liberale Verfassung gab, in deren Folge es zu weit reichender Pressefreiheit kam. In seinem Land, seiner Universitätsstadt Jena nahm die Burschenschaftsbewegung ihren Ausgang und erlangte einen großen Einfluss. Die studentische Jugend feierte 1817, begleitet von patriotischen gesamtdeutschen Bekundungen, das Wartburgfest, das dreihundertjährige Jubiläum der Reformation. Metternich war die liberale Entwicklung in Sachsen-Weimar-Eisenach und speziell die Rolle des Großherzogs so suspekt, dass er abfällig vom *Altburschen von Weimar* sprach.

Die letzten Jahre des Fürsten waren vom Bemühen begleitet, an der Gründung eines mitteldeutschen Zollvereins mitzuwirken. Am 14. Juni 1828 starb Carl August in Graditz auf der Rückreise von Berlin nach Weimar. In der von Clemens Wenzeslaus Coudray erbauten Fürstengruft auf dem heutigen Historischen Friedhof in Weimar wurde er zur letzten Ruhe gebettet.

Über fünfzig Jahre hatte Carl August an der Spitze seines Landes gestanden. In seine Regierungszeit fielen Ereignisse von epochaler Bedeutung, mit den Folgen der Französischen Revolution war er unmittelbar konfrontiert. Wie seine Mutter Anna Amalia verfolgte er eine aufgeklärt-absolutistische Politik; er war ein herausragender Förderer von Kunst und Wissenschaft und trug mit seiner prägenden Persönlichkeit, auch mit seinen privaten Mitteln, dazu bei, das *Phänomen Weimarer Klassik* zu ermöglichen.

Goethe mit den Großkreuzsternen des russischen St.-Annen-Ordens und des weimarischen Falkenordens sowie dem Komturkreuz des österreichischen Leopold-Ordens. Ölgemälde von G. Dawe, 1819.

CARL FRIEDRICH, GROSSHERZOG VON 1828 BIS 1853

Nach dem Tode Carl Augusts rückte sein ältester Sohn Carl Friedrich zum regierenden Herrscher auf. Er war am 2. Februar 1783 in Weimar geboren worden. Eine passive Natur, nicht mit herausragenden Geistesgaben ausgestattet, erlebte und erlitt der Junge eine strenge, vor körperlicher Züchtigung nicht haltmachende Erziehung, die der robuste Vater, aller Verweichlichung abhold, für den Thronfolger als einzig rätlich befand. Carl Friedrich mied als erwachsener Mensch ängstlich bestimmte Lokalitäten des Weimarer Parks, weil sie ihm solche seelischen Demütigungen schmerzlich in Erinnerung riefen. Solcherart keineswegs abgehärtet, wie dies Carl August gewünscht hatte, absolvierte der jugendliche Carl Friedrich die übliche Ausbildung vor seinem einjährigen Parisaufenthalt, der allerdings an der farblosen Persönlichkeit des Erbprinzen auch kaum Kolorit hervorzutreiben vermochte.

Das herausragende Ereignis im Leben dieses kindlich reinen und gottesfürchtigen Ernestiners bahnte sich 1801 an. Im September diesen Jahres wurde in Petersburg ein Ehekontrakt unterzeichnet, der den Erbprinzen von Sachsen-Weimar-Eisenach mit der Großfürstin Maria Pawlowna verbinden sollte – der Tochter des russischen Zaren Paul I., der Schwester des nachmaligen Zaren Alexander I. und der Enkelin Katharinas der Großen. Ein Glücksfall für Weimar, sowohl politisch

Großherzog Carl Friedrich (1828–1853) mit dem Stern des Falkenordens. Kreidezeichnung von L. Seidler, 1831.

wie finanziell. Neid benachbarter Landesherren begleitete das bevorstehende Staatsereignis, und selbst Preußens Luise giftete über die ins weimarische Haus einkommenden Millionen mit Frau, Juwelen und Rang.

Mit der 1804 in Weimar einfahrenden russischen Großfürstin betrat eine außergewöhnliche Frau, eine herausragende Persönlichkeit den *klassischen* Boden. Durch ihre hervorragenden geistigen Fähigkeiten, durch ihre Noblesse, ihr immenses soziales Engagement und ihre kulturelle Aufgeschlossenheit kompensierte sie die Schwächen ihres Ehegatten vollkommen. Dem Land widerfuhr das ungewöhnliche Schicksal, nach den Herzoginnen Anna Amalia und Louise ein drittes Mal eine außergewöhnliche Frau an der Spitze des Staates zu haben. Was Maria Pawlowna im Großen wie im Kleinen Gutes und Bleibendes für das Land und seine Bewohner bewirkte, ist heute auch nicht annähernd mehr im Bewusstsein der Öffentlichkeit. Da ihr Einfluss auf Carl Friedrich in dessen Regierungszeit erwiesenermaßen entscheidend war, stellt sich die folgende Betrachtung auch als Beurteilung ihres Wesens und ihrer Tätigkeit dar und nicht nur als die ihres Mannes. Das *silberne Zeitalter*, das der strahlenden Epoche der Klassik folgte, ist untrennbar mit dem Namen dieser Fürstin verbunden.

Nach dem glanzvollen Einzug Maria Pawlownas und Carl Friedrichs in die Residenz, dem die Ankunft von achtzig, mit der wertvollen Aussteuer der Enkelin Katharinas der Großen hoch beladene Planwagen vorangegangen war, prophezeite bereits Wieland, dass mit dieser Frau *ganz gewiß eine neue Epoche für Weimar* angehe. *Sie wird durch ihren allbelebenden Einfluß fortsetzen und zu höherer Vollkommenheit bringen, was Amalia vor mehr als dreißig Jahren angefangen hat.*

Wieland sollte Recht behalten. Die bezaubernde Natürlichkeit und Herzlichkeit der 18jährigen schlugen Weimar, Hof wie Bürger, sofort in ihren Bann. Eine sichtbar steife Hofetikette lockerte sie ebenso auf, wie sie eine neue Höflichkeit unter den Theaterbesuchern verbreitete, wo sie sich grüßend vor dem bürgerlichen Publikum verneigte, was dieses mit gleicher Münze erwiderte.

1805 wurde dem Erbprinzen ein Sohn geboren, der aber im Jahr darauf wieder starb. 1808 kam die Prinzessin Marie zur Welt, die 1827 mit

Die Landesfarben schwarz-grün-gelb 1815–1897, zugleich Landesflagge.

dem Prinzen Karl von Preußen verbunden wurde, 1811 erblickte Augusta das Tageslicht, die 1829 Prinz Wilhelm von Preußen ehelichte und 1871, nach der Reichseinigung, die erste Deutsche Kaiserin wurde. Endlich kam 1818 Erbprinz Carl Alexander zur Welt, der das große kulturstiftende Erbe von Mutter, Großeltern und Urgroßmutter auf grandiose Weise fortsetzen sollte. Zunächst jedoch brach 1806 die Katastrophe über Weimar herein, und auch Carl Friedrich und Maria Pawlowna flohen aus der Stadt; Carl August hat es seiner Schwiegertochter lange übel genommen, dass sie mit der Rückkehr länger zögerte als die übrige fürstliche Familie. Doch hat wohl ihre Existenz als Zarenschwester als schweres Gewicht in der Waagschale gelegen, als Napoleon über die Zukunft Sachsen- Weimar- Eisenachs nachdachte.

Maria Pawlowna wirkte nach ihrer Rückkehr schnell und energisch – souverän durch ihre Geldmittel und ihre glänzenden Beziehungen – auf die neuen Verhältnisse ein. 1813/14, in den Jahren größter Not, gründete die Großfürstin das landesübergreifende *patriotische Institut der Frauenvereine*, das sich die Linderung sozialer Härten in der kriegsgeplagten Bevölkerung zum Ziele gesetzt hatte. Diese *Mildtätigkeit mit Pauken und Trompeten*, wie Großherzogin Louise kritisierte, die eher im Verborgenen half, zeitigte im Laufe der Jahre solche Erfolge, dass sie *fast Züge moderner Sozialfürsorge* erreichten. Neben den in zahlreichen Orten Sachsen-Weimars tätigen Frauenvereinen, die der kriegsbedingten sozialen Verelendung entgegenarbeiteten, kam es mit ihrer Hilfe zur Gründung und Förderung zahlreicher Schulen: eine Industrieschule für Mädchen, eine Gewerbeschule für Knaben, eine Freie Gewerke-, eine Ackerbau-, eine Gartenarbeits- und eine Obstbaumschule.

Die Pflege von Bäumen war eine Lieblingsidee der Großfürstin: im Bestreben, das ganze Land in einen Garten zu verwandeln, bezahlte sie Zehntausende von Obst- und sonstigen Bäumen, um die Landstraßen zu bepflanzen. Die schattigen Alleen, die sich später bildeten, waren ihr Werk. Bäume zu fällen wurde von ihr nur in begründeten Ausnahmefällen gestattet. Bauernhäuser wurden mit Wein begrünt, so dass allein diese ökologische Landespflege sie heute als eine moderne Frau ausweisen würde. Das Weimarer *Lesemuseum* ging auf ihre Initiative zurück, ebenso ein *Damenstift für unversorgte Beamtentöchter* und der *Verein für Blumistik und Gartenbau*. Eine *Kochanstalt* gab kostenfrei Mahlzeiten ab, eine *Kinderbewahranstalt*, ein *Waisenhaus*, Johann Daniel Falks *Institut für verwahrloste Kinder* bekamen Zuschüsse, genau wie das *Karlsstift*, eine Art Altersheim. Krankenhäuser wurden gebaut, die wissenschaftlichen Einrichtungen der Jenaer Uni-

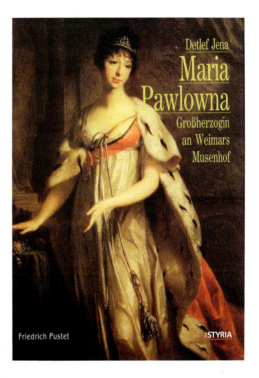

Detlef Jena
Maria Pawlowna
Großherzogin an Weimars Musenhof

Friedrich Pustet

STYRIA

Großherzogin Maria Pawlowna. Buchtitel unter Verwendung eines Ölgemäldes von F. A. Tischbein, 1805.

Maria Pawlowna 50 Jahre
in Weimar. Bronzemedaille
von A. Facius, 1854.

versität, Bibliotheken
und sonstige kulturelle
Einrichtungen Wei-
mars gefördert, ein
System von *Kultur-
sponsoring* aufgebaut,
das noch heute welt-
weit nach Beispielen
suchen dürfte und da-
mals fast einmalig zu
nennen war. Charak-
teristisch für die dis-
zipliniert arbeitende,
dabei froher Gesellig-
keit nicht abholde Großfürstin ist diese Episode: Sie, die so viele Park-
anlagen pflegen und ausbauen ließ, konnte bei einem Spaziergang,
leicht ermüdet, keine freie Bank mehr für sich entdecken – und freute
sich darüber.

Mit dem Regierungsantritt Carl Friedrichs 1828 neigte sich die *nachklassische* Periode Weimars ihrem Ende zu. 1830 starb Herzogin
Louise, 1832 Goethe. Dessen Nachfahren, die beiden wenig glücklichen Enkel Walther und Wolfgang, erfreuten sich der helfenden Gunst
des regierenden Herrscherpaares, nahmen die gereichten Hände aber
oft genug nicht an. Unter ihrem berühmten Namen leidend, kränk-
lich und schwächlich, ein Tantalidengeschlecht, wie Walther es selbst
nannte, traten sie ihren von Enttäuschungen und Bitternissen übersä-
ten Lebensweg an. Wolfgang, der seine seelischen und physischen Leiden als *körperliche Verzweiflung* recht treffend bezeichnete, wurde
unter Carl Friedrich weimarischer Kammerherr, gelangte aber nicht
in den Staatsdienst. Beiden Brüdern sollte der spätere Großherzog Carl
Alexander, befreundet mit ihnen seit Kindeszeiten, ein treuer Partner
bleiben. Der weimarische Hof, wiewohl nicht mehr mit glänzenden
Namen bedeutender Künstler geschmückt, versuchte durch literarische Abende und Vorträge an die großen Traditionen anzuknüpfen.
An die Universität in Jena wurden weiterhin bedeutende Gelehrte berufen, das freie Kunstinstitut in Weimar lebte fort, und in den Häusern der Direktoren Schorn und Schöll verkehrten bekannte Künstler:
Friedrich Hebbel und Peter Cornelius, Hoffmann von Fallersleben
und Ernst Rietschel. Freilich überwog der Ruf Weimars als einer Wei-
hestätte großer geistiger Entwürfe allmählich die Kreativität der jetzt
dort Tätigen, so dass sich eine museale Staubschicht über die Aura des
Ortes zu legen begann.

Weimarer Künstler wie Angelika Bellonata Facius, Luise Seidler oder
Carl August Schwerdgeburth, alle noch von Goethe gefördert, bildeten nur Sterne zweiter Größe; Namen wie Friedrich Martersteig und
Friedrich Preller bereiteten aber das Feld, auf dem später die *Weimarer Malerschule* wachsen und gedeihen sollte. Als Freund des letzteren
zog es 1859 auch Bonaventura Genelli nach Weimar. Alexander von
Humboldt war häufiger Gast, gelegentlich kamen Fürst Pückler-Mus-

kau, Leopold von Ranke und Karl von Holtei in die Stadt, eher schwachen Glanz auf Weimars Patina ausbreitend.

Maria Pawlowna, selbst musikbegeistert, versuchte deshalb, den seit Goethes und Schillers Tagen verblichenen Ruf des Hoftheaters aufzubessern. 1820 wurde Johann Nepomuk Hummel als Hofkapellmeister berufen – ein Schüler Mozarts und Freund Beethovens. Eine neue Blütezeit des geistigen Weimars ist seit den vierziger Jahren mit dem Namen Franz Liszt verknüpft. Im November 1841 erstmals in Weimar gastierend – auch Robert und Clara Schumann waren anwesend –, erwarb sich der weltgewandte Virtuose soviel Hochachtung, dass er von der Großherzogin einen Brillantring und vom Großherzog den Falkenorden bekam. Im Oktober 1842, anlässlich der Hochzeit Carl Alexanders mit der Prinzessin Sophie der Niederlande, wurde Liszt zum Hofkapellmeister ernannt. Damit war einer der bedeutendsten europäischen Künstler für Weimar gewonnen.

Von der Literatur und bildenden Kunst zur Zeit Goethes neigte sich in den folgenden Jahrzehnten unter Liszts Einfluss die Waage zugunsten einer hohen Musik- und Theaterkultur. Peter Cornelius, dann Richard Wagner wurden entscheidend gefördert und begannen, angezogen vom Zentralgestirn Liszt, wie Planeten um die thüringische Residenz zu kreisen. Wagners romantische Oper *Tannhäuser* wurde 1849 in Weimar uraufgeführt, zu einer Zeit also, da diese Musik und Sprache in der damaligen Kunstszene noch für unmöglich galten und ihr Schöpfer als Revolutionär verfolgt wurde – ein beachtliches liberales Mutstück der Weimarer Fürstlichkeiten.

In politischer Hinsicht hatten die beiden bedeutendsten europäischen Zäsuren während der Regierungszeit Carl Friedrichs – die Julirevolution 1830 in Frankreich und die bürgerlich-demokratische Revolution von 1848/49 – wenig Bedeutung für das Großherzogtum. Von schwirrenden Gerüchten von in der Nähe Weimars auftauchendem preußischen Militär und der *Mobilmachung* einiger weimarischer Truppen abgesehen, geschah in der Residenz wenig. Großherzog Carl Friedrich unterbrach nicht einmal seine Zeichenstunde, als aufgeregte Bürger im Schlosshof auftauchten, um Petitionen zu überreichen. Zu 1848 schrieb Adelheid von Schorn: *Was anderwärts große Wogen schlug, zeigte sich in Weimar nur in leisen Wellen, die allerdings einiges, was morsch geworden, mit fortspülten.*

Das war wenig: Ein Staatsminister musste gehen, es galten Pressefreiheit und Gleichheit vor dem Gesetz, eine politische Amnestie folgte. Als das Gerücht auftauchte, das Schloss würde gestürmt, rannten die *treuen* Weimarer Bürger herzu, um *ihren* Fürsten zu schützen. Mitte 1848 wurde der Revolutionär Heinrich Jäde, der Präsident des *Demokratischen Vereins*, verhaftet, im Oktober besetzten sächsische Truppen die Stadt und blieben bis März 1849, dann quartierten sich wieder Preußen ein. Die Säkularfeier auf Goethes Geburt im August 1849 stellte dann schon wieder das dominierende

Rotes Band des großherzoglichen Falkenordens und landesfarbenes Band sachsen-weimarischer Ehrenzeichen.

Großherzog Carl Alexander
etwa z. Zt. der Regierungsübernahme 1853. Litho-
graphie von Leon-Noel
nach R. Lauchert.

Weltereignis dar. Die *Revolution* in Weimar war vorüber, die Bürger hatten ihre Ruhe zurück und konnten, zurückgelehnt in ihre biedermeierlichen Ohrensessel, die Nachrichten aus der fernen Paulskirche gelassen zur Kenntnis nehmen.

Am 25. August 1850, Herders 106. Geburtstag, wurde das von Ludwig Schaller geschaffene, ihm gewidmete Denkmal enthüllt, das, von den Freimaurerlogen in Weimar und Darmstadt initiiert, durch Spenden aus ganz Deutschland finanziert wurde. Drei Tage später, an Goethes Geburtstag, folgte unter Liszts Leitung die Uraufführung von Wagners *Lohengrin* im Hoftheater; und hätte Maria Pawlowna, die musikbegeisterte Förderin, nicht zahllose Billets gekauft und verschenkt, welches leisen Druck auf die derart Beglückten bedeutete, so wäre wohl den noch ungewohnten Klängen und Reimen wenig Gehör geschenkt worden.

Am 25. Juni 1853 wurde das 25jährige Regierungsjubiläum Großherzog Carl Friedrichs feierlich begangen, vierzehn Tage später endigte sein Leben. Sein Sohn Carl Alexander trat die Thronfolge an. Die verwitwete Großfürstin Maria Pawlowna überlebte ihren Gatten um sechs Jahre, am 23. Juni 1859 starb sie, hoch geehrt, in Weimar. Hinter der klassizistischen Fürstengruft wurde, auf ihren testamentarischen Willen hin, die russisch-orthodoxe Grabkapelle gebaut. 1860/62 schuf der Schinkel-Schüler Carl Heinrich Ferdinand Streichhan den schönen Bau in altrussischem Kirchenstil, heute ein Touristenmagnet auf Weimars historischem Friedhof.

CARL ALEXANDER, GROSSHERZOG VON 1853 BIS 1901

Als drittes Kind des Erbgroßherzogs Carl Friedrich und der Großfürstin Maria Pawlowna erblickte Carl Alexander am 24. Juni 1818 das Licht der Welt. Dem ersehnten Thronfolger wurde eine sorgfältige Erziehung und Bildung zuteil, die sich unter dem lenkenden Einfluss Goethes abspielte, der damit sein geistiges Erbe in gute Hände legen sollte. Carl Alexander wurde mit den etwa gleichaltrigen Enkeln Goethes, Wolfgang und Walther, sowie Theodor Gottfried Stichling, dem Enkel Herders, erzogen.

Mit der Berufung des Genfers Frédéric Soret, Gelehrter aus einer Hugenottenfamilie und republikanisch eingestellt, kam 1822 ein feinsinniger Mentor nach Weimar, der ganz im Geiste der Mutter Maria Pawlowna und des alten Goethe, die musisch-künstlerischen Neigungen des begabten Jungen förderte, aber auch praktische Fähigkeiten auszubilden versuchte. Bis zur Volljährigkeit des Prinzen 1836 führte Soret mit glücklicher Hand sein Amt, dem Erbgroßherzog humanis-

Franz Liszt, sachsen-weimarischer Hofkapell-meister, dekoriert u. a. mit dem Komturkreuz des Falkenordens. Fotografie 1873.

tische Grundwerte vermittelnd und die Überzeugung, mit aller Kraft der hohen Stellung das Erbe Weimars zu pflegen und neu zu beleben. Neben Soret wirkten als Lehrer der Weimarer Wilhelm Schmidt für die Elementarfächer, Johann Heinrich Meyer für den Zeichenunterricht, Johann Peter Eckermann für englische Sprache und deutsche Literatur. Durch Maria Pawlowna war Französisch die Sprache des Hofes: Sie wurde neben Deutsch Carl Alexanders Muttersprache. Der sprachtalentierte junge Mann beherrschte später aber ebenso Russisch, Italienisch und Spanisch. Praktischen Dingen des äußeren Lebens blieb Carl Alexanders Wesen lebenslang fremd. Er war eine idealische Natur, stets großen Plänen als Förderer von Kunst und Wissenschaft nachhängend, was ihm, trotz seiner Verdienste um Weimars Kunst und Kultur, manchen Verdruss einbrachte, wie es Künstler, die in Weimar vergebens auf die Einlösung seiner Versprechungen warteten, verärgert wieder von dannen trieb.

1834 legte er die Prüfung als Fähnrich ab und wurde als Sechzehnjähriger Sekondeleutnant der weimarischen Truppen. Nach dem Studium der Rechtswissenschaft, der Geschichte und verschiedener Sprachen 1835–1836 in Jena und Leipzig trat er standesgemäß im Herbst 1839 in das preußische Kürassier-Regiment *Großer Kurfürst* ein, das in Breslau stand. König Friedrich Wilhelm IV. ernannte ihn 1846 zum Chef eines Kürassier-Regiments, das in Langensalza in Garnison lag, doch blieben militärische Neigungen dem kulturell Engagierten letztlich fern. Auch am Krieg von 1870/71 gegen Frankreich beteiligte sich Carl

Die Wartburg wird unter
Carl Alexander als Symbol
deutscher Geschichte wie-
derhergestellt. Koloriertes
Foto um 1900.

Hugo v. Ritgen, sachsen-
weimarischer Hofbaurat,
Oberbauleiter der Wart-
burg-Rekonstruktion
1847–1889. Komtur
1. Kl. des Falkenordens
1878. Büste von M.
Konietschke, Gießen.

Alexander auf seine Art: Zwar marschierte er an der Spitze seines Regiments ins Feld, nahm aber nicht an Kampfhandlungen teil, sondern
widmete sich vor allem der Verwundeten- und Krankenpflege.

Der vierundzwanzigjährige Kronprinz vermählte sich am 8. Oktober
1842 mit seiner Cousine, der niederländischen Prinzessin Sophie Wilhelmine Maria. Mit dieser ungewöhnlichen, wiederum sehr vermö-
genden Frau erlebt Weimar den fast unglaublichen, weil wiederholten
Glücksfall, eine potente Förderin von Kunst, Kultur und Wissenschaft
zu erhalten, die wieder europäische Dimensionen in die Residenzstadt
an der Ilm verpflanzte.

Carl Alexander nutzte die Jahre der Kronprätendenz zu ausführlichen
Reisen, was seine Weltsicht erweiterte und zahlreiche Persönlichkeiten
in sein Blickfeld rückte, die später für Weimar in Betracht kamen. 1839
besuchte er Wien und Ungarn, anschließend England und Holland.
Vom Breslauer Standort brach Carl Alexander 1841 nach Petersburg
auf, wo er an der Hochzeit seines Vetters, des nachmaligen Zaren Alexander II., teilnahm. Im Herbst desselben Jahres weilte der Erbprinz –
scherzhaft Carl Alexander *der Auswärtige* genannt – wieder in Holland, im Jahr darauf wurden im Haag Verlobung und Hochzeit feierlich begangen. Es war symbolisch, dass das Brautpaar im Eisenacher
Landesteil begeistert empfangen und auch auf die damals noch unfer-
tige Wartburg geführt wurde. Im Oktober zog es in Weimar ein.

Prinzessin Sophie, vom Geiste fürstlichen Mäzenatentums erfüllt, ergänzte ihren Gatten durch ihre praktische Natur auf das glücklichste.
Sie verwaltete ihr umfangreiches Vermögen selbst und setzte es, darin
ihrer Schwiegermutter Maria Pawlowna gleich, für soziale Vorhaben,
Kunst, Wissenschaft und Landespflege ein. Das Paar lebte bis zur Regierungsübernahme seinen Neigungen, reiste nach England, Russland
und Italien und hielt einen eigenen Hof im Schloss Ettersburg bzw. im
Winter im Residenzschloss. Drei Kinder wurden in dieser Zeit gebo-

ren: am 31. Juli 1844 der spätere Erbgroßherzog Carl August (II.), 1849 Marie Alexandrine, 1851 Sophie; Prinzessin Elisabeth erblickte erst nach dem Regierungsantritt, 1854, das Licht der Welt.

Am 7. Juli 1853, dem Tag des Todes seines Vaters Carl Friedrich, bestieg Carl Alexander den Thron in Weimar; die offizielle Thronbesteigung erfolgte aber symbolisch erst am 28. August 1853, dem Geburtstag Goethes. Sophie, längst in die Rolle einer verantwortungsbewussten *Landesmutter* hineingewachsen, übernahm den weiblichen Teil der Regierungslast in vollem Umfang erst 1859, nach dem Tode ihrer Schwiegermutter Maria Pawlownas.

Nach langjähriger Vorbereitung, schon angeregt durch seine Eltern, begann Carl Alexander Ende 1854 mit der baulichen Wiederherstellung der Wartburg. Getragen von der patriotischen Begeisterung nach den Befreiungskriegen und der Mittelaltereuphorie der Romantiker, war das verfallende Burggemäuer mit den Jahren immer stärker in das öffentliche Interesse gerückt. Auf dieser Burg, im 12. Jahrhundert Sitz der mächtigen und kunstsinnigen thüringischen Landgrafen, hatten die größten deutschen Dichter des Mittelalters miteinander gestritten und Luther 1521 große Teile des Neuen Testaments in die moderne deutsche Schriftsprache übertragen. Diese Burg möglichst originalgetreu wiederherzustellen, war der programmatische Wille Carl Alexanders. Sich in die genannte Kulturtradition einzureihen, war ein hoher Anspruch, den er in seinem Wirken realisiert hat. Die Wartburg ist heute neben dem Kölner Dom das bekannteste deutsche Bauwerk, das die über tausendjährige deutsche Geschichte schlechthin verkörpern dürfte.

Mit der Regierungsübernahme begann das großherzogliche Paar, gezielt auf die Wiederbelebung des künstlerischen Rufes der Stadt Weimar und

Das großherzogliche Paar Sophie und Carl Alexander z. Zt. ihrer Goldenen Hochzeit 1892. Bildpostkarte.

des Landes hinzuarbeiten. Zunächst förderte Sophie bedeutende öffentliche Bauten: 1854 gründete sie das *Sophienstift*, eine höhere Töchterschule, 1884/86 das *Sophienhaus*, ein damals modernes Krankenhaus. Carl Alexander unterstützte aus der Privatschatulle bedeutende kulturelle Einrichtungen und Institutionen, die bzw. deren Nachfolger noch heute existieren und aus dem Geistesleben Weimars nicht wegzudenken sind. 1859 bildete sich die *Deutsche Schillerstiftung*, 1864 hob man die *Deutsche Shakespeare-Gesellschaft* und 1885 die *Goethe-Gesellschaft* aus der Taufe. 1869 wurde das von Josef Zitek errichtete *Großherzogliche Museum*, später *Landesmuseum*, der Öffentlichkeit übergeben, 1896 das spätere *Goethe- und Schiller-Archiv*.

Letzteres, ein prächtiger Funktionalbau, wurde nötig, um die schriftlichen Nachlässe von Goethe, dann auch von Schiller und anderen aufzunehmen und als Kostbarkeiten für die Nachwelt, für die inter-

Das Goethe- und Schiller-
denkmal von E. Rietschel,
eingeweiht 1857, vor dem
Neubau des späteren
Nationaltheaters.

nationale Forschung zu bewahren. Der kinderlos verstorbene letzte Enkel Goethes, Walther Wolfgang,
hatte testamentarisch der Großherzogin diese uner-
setzlichen Autographen übereignet. Ihrer daraus er-
wachsenden hohen moralischen Verpflichtung eingedenk, berief Sophie die bedeutendsten Germanisten
nach Weimar, die von 1887 bis 1919 mit der Heraus-
gabe von Goethes Werken in 143 Bänden – noch
heute die umfänglichste zitierfähige Goethe-Ausgabe
– eine bewundernswerte Leistung vollbrachten.
1860 gründete man die Kunstgewerbeschule, 1872 die
Orchesterschule, 1875 das Lehrerseminar, 1885 das
Goethe-Nationalmuseum. 1857 wurden das vom
Großherzog geförderte Goethe-Schiller-Denkmal und
das Wieland-Denkmal, 1875 das Carl-August-Reiter-
standbild enthüllt.
Zahlreiche Künstler zog das Weimarer Fürstenhaus in
die thüringische Residenz. Musiker und Komponisten
wie Franz Liszt, Peter Cornelius, Hans von Bülow und
Eduard Lassen, Dichter und Denker wie Friedrich
Hebbel, Hans Christian Andersen und Ernst von Wil-
denbruch, Maler und bildende Künstler wie Arnold
Böcklin, Franz von Lenbach, Theodor Hagen, Christian Rohlfs und Paul Wilhelm Tübbecke, mit deren
Namen die *Weimarer Malerschule* eng verbunden ist, weilten in der
Ilmresidenz. Das Theater erfuhr neue Impulse durch die Intendanten
Franz von Dingelstedt und August Freiherr von Loen. Wildenbruch
schrieb beim Tode des Großherzogs 1901, Carl Alexander habe antike
perikleische Gedanken auf Deutschland übertragen wollen.
Der Vergleich Sachsen-Weimar-Eisenachs mit altgriechischen Ideal-
stadtstaaten folgt dem Pathos der Zeit und ist natürlich überhöht.
Aber Carl Alexander als einen von zielbewusster Treue erfüllten Menschen zu beschreiben, ist sicher zutreffend. Eine ernste Natur sei er gewesen, bescheiden und stolz zugleich, ohne Nervosität in hektischer
Zeit, eben ein historischer Mensch. Wildenbruch, der ihn gekannt hat,
prononcierte Carl Alexanders Lebensziel: *Ein Staatswesen zu schaffen,
als dessen Zweck nicht die Erreichung oder Vermehrung von Machtmit-
teln, sondern die Pflege geistiger Güter, insbesondere der Kunst hinge-
stellt wurde, das war das ganz neue, das kühne Ziel.*
Die politischen und finanziellen Rahmenbedingungen für einen solchen *Kultur-, Kunst- und Wissenschaftsstaat* waren freilich günstig.
Dafür sorgten zunächst die holländischen Geldquellen der Großherzogin Sophie sowie die weiter wirkende Finanzkraft aus dem Vermögen Maria Pawlownas; nach dem deutsch-französischen Kriege waren
es französische Beutegelder aus den fünf Milliarden Kriegskontribu-
tionen, die auch Sachsen-Weimar wirtschaftlich prosperieren ließen.
Politisch gehörte das Großherzogtum seit 1867 zum Norddeutschen
Bund, ab dem 18. Januar 1871 zum preußisch dominierten Deutschen
Reich, so dass die Außen- und Sicherheitspolitik Reichssache war, aber

Die Landesfarben schwarz-
gelb-grün 1897–1918, zu-
gleich Landesflagge.

Freiräume für innenpolitische oder kulturelle
Aktivitäten blieben.
1892 beging das großherzogliche Paar die
Goldene Hochzeit; 1894 starb der seit langem kränkelnde Erbgroßherzog Carl August
(II.). Nach dem Tode Carl Alexanders am 5.
Januar 1901 ging das *Silberne Zeitalter*, die
letzte große Glanzzeit des alten Weimar, un-
widerruflich zu Ende.

WILHELM ERNST, GROSSHERZOG VON 1901 BIS 1918

Carl Alexanders Enkel Wilhelm Ernst über-
nahm die Regierung. Als Sohn des Erbgroß-
herzogs Carl August war der spätere letzte
Weimarer Ernestiner auf dem Thron am 10.
Juni 1876 in Weimar geboren worden.
Musischen, künstlerischen Angelegenheiten
durchaus aufgeschlossen, zeichnete sich Wil-
helm Ernst mehr durch seine militärischen
Ambitionen aus, damit ein Erbteil seines
Ururgroßvaters Carl August aufnehmend.
Jagd, fürstliche, landesherrliche Repräsen-
tanz lagen diesem zuweilen cholerischen, manchmal zwiespältigen,

Großes Landeswappen des
Großherzogtums Sachsen.
Die Einzeldarstellungen
bedeuten: in der Herzposi-
tion das Stammwappen des
Hauses Wettin, Ernestini-
sche Linie, begleitet in der
oberen Reihe von den
Wappen der Grafschaften
Thüringen und Meißen,
in der unteren Reihe von
denen der gefürsteten
Grafschaft Henneberg
sowie der Herrschaften
Arnshaugh, Kreis Gera,
Blankenhain, Kreis Weimar
und Tautenburg, Kreis
Stadtroda (jeweils vom
Betrachter aus v. l. n. r.).
Nach G. Ströhl: Deutsche
Wappenrolle, 1897.

nach außen oft unausgeglichenen Herrscher näher als die Förderung
sozialer Institutionen oder die Wahrung des ungewöhnlich hohen Kul-
turniveaus im Lande. Er hatte eine schnelle Auffassungsgabe, war
schlicht und natürlich und besaß kritischen Verstand; Geduld und
Ausdauer waren ihm weniger eigen. Aufbrausendes Temperament und
Heftigkeit gingen ihm als Ruf voraus.
Das Großherzogtum Sachsen, wie es ab 1903 offiziell hieß, war sehr
bald eines der deutschen Länder, in denen preußischer Geist und Einfluss aufkamen. Der fünfundzwanzigjährige Großherzog, dem deutschen Kaiser Wilhelm II. begeistert zugetan, galt – sicher zu Unrecht
– als *Rabiatikus*, dessen Charakter vor allem aus *Rücksichtslosigkeit* zu
bestehen schien. Das hohe moralische Ansehen des Weimarer Fürstenhauses, erworben in rund 190 Jahren und von fünf Generationen
ungewöhnlicher Persönlichkeiten auf dem Herrscherstuhl – diesen
unvergleichlichen Schatz aus Humanität, Größe, Güte, Würde und
Stolz hat Wilhelm Ernst zumindest nicht wesentlich vermehrt. Seine
kühle Distanz und sein ausgeprägter Adelsstolz erschütterten den Ruf
Weimars und isolierten ihn selbst in hohen Adelskreisen. Der Weimarer Hof galt in der Regierungszeit dieses letzten Herrschers als ex-
klusiv, abgehoben und weltfremd.
Wilhelm Ernst heiratete am 30. April 1903 die achtzehnjährige Prinzessin Caroline, Tochter des Fürsten Reuß ältere Linie und seiner Gemahlin, einer Prinzessin von Schaumburg-Lippe. Die Hochzeit wurde
in Bückeburg, der Hauptstadt des Ländchens, gefeiert, den Einzug des

Das großherzogliche Paar
Wilhelm Ernst und Caro-
line, Bildpostkarte 1903.

jungen Paares erlebten die Weimarer
dann fünf Wochen später, am 2. Juni. In
ihrer kurzen Zeit als Großherzogin – sie
starb, gerade einmal zwanzigjährig, am
17. Januar 1905 plötzlich an einer Lun-
genentzündung – förderte sie insbesondere die Musik- und Orchesterschule
sowie Künstler und Kunstförderer wie
Henry van de Velde und Harry Graf
Kessler. Die Weimarer waren ihrer Großherzogin herzlich zugetan – wegen ihrer
Jugend, ihrer Anmut, ihrer Freundlich-
keit – und vielleicht auch, weil sie in ihrer
Ausstrahlung einen Gegensatz zu ihrem
Gatten bildete. Ihr Andenken wurde glo-
rifiziert durch ihren frühen Tod.

Es sollten an die fünf Jahre vergehen, ehe
der Großherzog ein zweites Mal heiratete. Seine Wahl fiel auf die neunzehnjährige Prinzessin Feodora, Tochter des
Prinzen Friedrich von Sachsen-Meiningen und dessen Gemahlin aus dem
Hause Lippe. Die Hochzeit wurde am 4.
Januar 1910 in Meiningen zelebriert,
bald danach zog das Paar unter starker
Anteilnahme der Bevölkerung in Weimar ein. Aus dieser Ehe gingen eine
Tochter und drei Söhne hervor. Die Großherzogin machte sich besonders um die Säuglings- und Kinderfürsorge im Lande verdient. Als
ein Beispiel dafür sei das 1912 eröffnete und nach ihr benannte Kin-
derfürsorgeheim erwähnt, das erstmals auch eine Ausbildung für Kin-
derpflegerinnen einschloss und zum Vorbild für ähnliche Einrichtungen in Thüringen wurde. Feodora hatte ihren Gatten um fast fünfzig Jahre überlebt, als sie 1972 in Freiburg im Breisgau starb.

Ungeachtet der jagdlichen und militärischen Neigungen des Großherzogs verlief das Leben im Lande in den seit langem eingefahrenen
Geleisen: Dem Humanismus verpflichtete Adelsfamilien, große Teile
der Beamtenschaft, der Geistesadel und das immer mehr an Einfluss
gewinnende liberale Bürgertum stellten eine gewisse Kontinuität in
der Entwicklung des Landes sicher. So wurden die bestehenden kulturellen und sozialen Institutionen weitergeführt, und es konnten neue
entstehen; das Geschäftsleben entwickelte sich, insbesondere in den
Städten des Landes; die industrielle Entwicklung setzte sich fort, und
die Infrastruktur, die das Großherzogtum mit allen deutschen Ländern und Europa verband, vervollkommnete sich mehr und mehr.

Die Städte des Landes erreichten 1910 diese Einwohnerzahlen: Jena:
38 487; Eisenach: 38 362; Weimar: 34 582; Apolda: 22 610; Ilmenau:
12 002. Diese Städte veränderten mit Beginn des neuen Jahrhunderts
ihre Gesichter – am augenscheinlichsten durch das Entstehen von La-

dengeschäften und Kaufhäusern in den Zentren
– allein in der heutigen Weimarer Schillerstraße
etablierten sich drei große Kaufhäuser; Theater,
Museen, Bildungs- und soziale Institute entwickelten sich. In Weimar wurde 1908 der Neubau
des Hoftheaters vollendet, das spätere Deutsche
Nationaltheater – woran sich Wilhelm Ernst finanziell beteiligte. In eben diesem Theater wurden seit 1909 *Deutsche Nationalfestspiele* veranstaltet, und 1919 trat hier die Verfassung ge-
bende Nationalversammlung zusammen.
Das *Museum für Ur- und Frühgeschichte Thüringens* wurde als erstes Museum Thüringens in
städtische Verwaltung übernommen und erlangte durch neue, Aufsehen erregende Funde,
deren exzellente wissenschaftliche Bearbeitung
und Präsentation internationale Geltung. In Jena
entstand aus Mitteln der Carl-Zeiß-Stiftung von
1901 bis 1903 das *Volkshaus*. Insbesondere Malerei, Bildhauerei und Architektur blühten in
den ersten anderthalb Jahrzehnten des 20. Jahrhunderts. So wurde auf Initiative von Harry
Graf Kessler 1903 der *Allgemeine Deutsche
Künstlerbund* gegründet, der – in Protesthaltung
zur preußischen Kunstpolitik – die bedeutendsten Künstler der Sezession in Deutschland ver-
einte. Sie tagten bis zum 1. Weltkrieg regelmäßig

in Weimar und organisierten zahlreiche Ausstellungen, von denen die
III. Künstlerbund-Ausstellung, 1906 im Landesmuseum veranstaltet,
die bedeutendste war.

Das großherzogliche Paar
Wilhelm Ernst und Feo-
dora, Bildpostkarte 1912.

An der *Großherzoglichen Kunstschule* wurde 1905 unter Adolf Brütt
die Ausbildung von Bildhauern aufgenommen; Henry van de Velde
gründete 1907 die *Kunstgewerbeschule* und gliederte sie der Kunstschule an; Lehrer und Schüler dieser Institute – so z. B. Max Liebermann und Max Beckmann – beeinflussten die Kunstentwicklung in
Deutschland nachhaltig; das Institut ging 1919 im *Staatlichen Bauhaus* auf. 1913/14 ließ der Großherzog den Südflügel am Residenzschloss errichten, um seiner Familie modernes Wohnen – Aufzüge,
Warmwasserversorgung usw. – zu ermöglichen.
Diese wirtschaftliche und kulturelle Entwicklung fand ihr jähes Ende,
als im Sommer 1914 der erste Weltkrieg begann. Not und Elend sollte
auch über Sachsen-Weimars Bevölkerung kommen. Im Range eines
königlich-preußischen Generals der Infanterie zog Wilhelm Ernst an
der Spitze seines Regiments, des 5. Thüringischen Infanterie-Regiments Großherzog von Sachsen Nr. 94, ins Feld, zuerst an die Westfront, ab Ende August überraschend verlegt nach Ostpreußen. Nach
verschiedenen Einsätzen an der Ostfront wurde das Regiment Ende
1915 an die Westfront zurückverlegt, wo inzwischen ein mörderischer
Stellungskrieg tobte. Wilhelm Ernst bekleidete ehrenhalber einen Ge-

Das Weimarer Stadtwappen
Anfang des 20. Jh.

Avers der Fünf-Mark-Münze des Deutschen Reiches zum 350. Gründungsjubiläums der Universität Jena 1908, mit dem Porträt des Gründers Johann Friedrichs des Großmütigen.

Avers der Drei-Mark-Münze des Deutschen Reiches zum 100. Gründungsjubiläums des Großherzogtums Sachsen mit dem Doppelporträt Carl Augusts und Wilhelm Ernsts. Entwurfsmodel Prof. G. Roemers, 1915.

neralsrang; aktiver Kommandeur wurde er nie. 1916 kehrte er von der Front nach Weimar zurück. Etwa 4700 Soldaten, Unteroffiziere und Offiziere des Infanterie-Regiments Nr. 94 kamen in den erbitterten Kämpfen um, mehr noch kehrten an Leib und Seele verletzt in die Heimat zurück.

Im Ergebnis der Novemberrevolution verzichtete Wilhelm Ernst nach Verhandlungen mit dem Volksbeauftragten August Baudert am 9. November 1918 für sich und seine Familie *für alle Zeiten auf den Thron und die Thronfolge im bisherigen Großherzogtum Sachsen-Weimar-Eisenach*. Wilhelm Ernst starb am 24. April 1923, erst sechsundvierzigjährig, auf seinem schlesischen Besitztum Heinrichau.

Allzu einseitig-negativen Bewertungen des Wirkens und des Charakters Wilhelm Ernsts, die nicht zuletzt auf heftigen Äußerungen sich benachteiligt wähnender Vertreter des damaligen Kunstbetriebes wie Harry Graf Kessler und Henry van de Velde beruhten, setzen neuere Untersuchungen ein realeres, differenzierteres Bild des Großherzogs entgegen. Man darf hoffen, dass solche Forschungsergebnisse von der Historiographie wie von einer breiteren Öffentlichkeit aufgenommen werden und allgemein Raum greifen.

SACHSEN-WEIMARS MILITÄR

Von Jochen Klauß

VON DEN ANFÄNGEN BIS RASTATT UND WÜRZBURG (1702–1805)

Aus Vorformen des *Bürgermilitärs* gründete Herzog Wilhelm Ernst von Sachsen-Weimar am 28. Oktober 1702 eine *Garde zu Fuß*. Damit war ein taktischer Truppenkörper entstanden, der über 200 Jahre existieren und sich unter dem späteren Namen 5. Thüringisches Infanterie-Regiment Nr. 94 *Großherzog von Sachsen* einen nicht nur in weimarischen Landen legendären Ruf erwerben sollte. Die neue sachsen-weimarische Haustruppe von 1702 wurde notwendig, da das Land durch den spanischen Erbfolgekrieg fast sein gesamtes Militär an die kaiserlichen Truppen hatte abgeben müssen. Die nun gebildete *Garde zu Fuß* leistete Schlossdienst, bewachte die fürstlichen Gebäude und Anstalten und versah den Wach- und Garnisonsdienst in der Residenz Weimar. Eine Kompanie zu 66 Mann wurde 1714 durch eine zweite ergänzt. Sechs Offiziere – ein Oberst, ein Major, ein Kapitän, ein Leutnant, ein Unterleutnant, ein Fähnrich – befehligten die etwa 240 Mann *starke* Truppe. Bis zur alleinigen Regierungsübernahme durch Herzog Ernst August I. 1728 beließ man die

Herzog Wilhelm Ernst I, der Begründer des sachsen-weimarischen Militärs. Ölgemälde von unbekannter Hand, Ende 17. Jh. Sammlungen der KSW.

Garde zu Fuß in dieser Stärke. 1729 jedoch stockte der neue Herrscher seine *Hausmacht* auf: Aus den beiden Gardekompanien bildete er ein Garderegiment von acht Kompanien, die er im Mai 1730 in zwei Bataillone gliederte. 1733 stellte der Herzog einen Teil seiner Truppen erneut dem Kaiser zur Verfügung. Die in Weimar verbliebenen Kompanien wurden 1737 auf sechs erweitert und blieben in dieser Stärke bis 1742 bestehen.

Am 26. Juli 1741 starb zu Eisenach der trotz zweier Ehen kinderlos gebliebene Herzog Wilhelm Heinrich zu Sachsen-Eisenach, dessen Fürstentum an das Weimarer Stammhaus zurückfiel. Damit erweiterte sich Ernst Augusts *Militärmacht* um drei eisenachische Gardekompanien zu Fuß, eine jenaische Gardekompanie und ein Regiment Landmiliz zu zehn Kompanien. Das Eisenacher Militär wurde ab 1741 organisatorisch und vom Exerzierreglement her mit dem weimarischen vereint.

Am 19. Januar 1748 starb Ernst August I. Sein ausgelaugtes Land kam unter Vormundschaft, da Erbprinz Ernst August II. Constantin erst elf Jahre zählte. Der Vormund Herzog Friedrich III. von Sachsen-Gotha, dem eine soldatische Passion völlig abging, reduzierte das sachsen-weimarische Militär und löste die Artillerie und die Kavallerie ganz und gar auf. Übrig blieben zwei Bataillone zu acht Kompanien Infanterie und eine Leibwache für den minderjährigen Herzog.

Diese Resttruppen, bunt gemischt und moralisch heruntergekommen, besaßen militärisch kaum Wert. Ausgehobene In- und geworbene *Ausländer* bildeten die Mannschaften. Soldat blieb man bis zur Invalidität oder Desertion. Eintöniger Wach- und Garnisondienst zermürbte die schlecht besoldeten, miserabel gekleideten und kaum motivierten Männer. Rohheit, Trunkenheit, Spiel, Schlägerei mit den Bürgern, Hurerei, Jagd- und Holzfrevel, Felddieberei, nachlässige Haltung im Dienst, Widerspenstigkeit gegen Vorgesetzte charakterisierten das weimarische Militär Mitte des 18. Jahrhunderts. Spießrutenlauf, Prügelstrafen, Arrest, Heiratsverweigerung und Geldbußen konnten dem Unwesen nur wenig steuern; selbst beim Kirchgang mussten die Soldaten von Offizieren eskortiert werden, um Ausschreitungen und Zoten zu unterbinden.

Als Herzog Ernst August II. Constantin, endlich volljährig geworden, am 29. Dezember 1755 zur Herrschaft gelangte, warf der Siebenjährige Krieg schon seine Schatten voraus. Nach langem Zögern wurde im Frühjahr 1758 das Reichskontingent gestellt. Nachdem knapp 700 Mann nach Franken und eine weitere Mannschaft als Besatzung der Reichsfestung Philippsburg ausgerückt waren, verblieben lediglich drei Kompanien in Sachsen-Weimar. Das ausmarschierte Feldbataillon unter Obrist von Laßberg teilte das Schicksal des Reichsheeres. Zwischen Asch, Eger und Nürnberg herumziehend, wurde es in zähe Kämpfe verwickelt und erlitt herbe Verluste. 1759 war es am gescheiterten Versuch beteiligt, Torgau zu nehmen. Nach dem Krieg konnte

Uniformen des sachsen-weimarischen Militärs 1703–1806. Farbzeichnung von R. Knötel, 1911.

| 1703 | 1775 | 1775 | 1775 | 1790 | 1796 | 1796 | 1806 | 1806 | 1806 |
| Musketier. | Grenadier. | Musketier-Spielmann. | Landregiment. | Jäger. | Jäger. | Unteroffizier. | Scharfschütz. | Unteroffizier. | Offizier. |

die sachsen-weimarische *Armee* wieder auf Vorkriegsstärke reduziert werden.

1772 bestanden erneut zwei Bataillone zu acht Kompanien, die in Weimar, Eisenach und Jena stationiert waren. Diese Truppen übernahm der neue, erst 18jährige Herzog Carl August am 3. September 1775. 1778 löste er die beiden Landregimenter von Weimar und Eisenach auf, die keine militärische Bedeutung mehr besaßen. Mit dieser *Armee* bekam es sodann der *Minister* Goethe zu tun, als er im Januar 1779 vom *Geheimen Conseil* die Leitung der Kriegskommission übertragen bekam. Der Dichter und Günstling Carl Augusts beschäftigte sich fortan mit *Militär Oekonomie*, empfing *die Offiziers* und seine *künftigen Subalternen*, studierte das Reglement und leitete eine *erste Session*: *Fest und ruhig in meinen Sinnen, und scharf*, notierte er dazu am 13. Januar 1779 in sein Tagebuch. *Meist mit Kriegs Commission beschäfftigt*, hielt er noch Ende des Monats fest, um sich dann Anfang Februar, mit seinem militärbegeisterten Fürsten in dieser Frage zunehmend in Widerspruch geraten, über die *militärischen Makaronis* keinen Illusionen mehr hinzugeben: *Die Kr(iegs) Comm(ission) werd ich gut versehn weil ich bey dem Geschäfft gar keine Imagination habe, gar nichts hervorbringen will, nur das was da ist recht kennen, und ordentlich haben will.* In der Folge musste er sich mit *dessertirten Husaren*, mit *Auslesung der jungen Mannschafft* und Rekrutierungsfragen befassen.

Goethes vielseitige Dienstgeschäfte – im Wegebau, in der Finanzverwaltung, in der Bergwerks- und eben auch in der Kriegskommission –

Uniformen des sachsen-weimarischen Militärs 1807–1843. Farbzeichnung von R. Knötel, 1911.

| 1807 Sergeant. | 1809 Offizier. | 1809 Füsilier. | 1812 Offizier. | 1812 Karabinier-Unteroffizier. | 1812 Füsilier. | 1824 Tambourmajor. | 1824 Stabsoffizier. | 1824 Trommler. | 1824 Füsilier. | 1843 Füsilier. |

führten zur Amtsmüdigkeit und zu gravierenden Verlusten in der künstlerischen Tätigkeit. Damit verbunden war eine politische Desillusionierung über seine Möglichkeiten, bestehende Verhältnisse zu reformieren. Am 9. Juli 1786 schrieb er in einem Brief an Charlotte von Stein jenen Satz nieder, der auch die Erfahrungen seines Wirkens als Kriegsminister umschloss: *Denn ich sage immer, wer sich mit der Administration abgibt, ohne regierender Herr zu seyn, der muß entweder ein Philister oder ein Schelm oder ein Narr seyn.* Goethe zog wenige Wochen später die Konsequenzen und *floh* nach Italien.

Herzog Carl August nahm fortan stärkeren Einfluss auf seine Truppe. 1788 wandelte er das Infanteriekorps in vier Jäger- und zwei Garnisonskompanien um, was auch mit seinem Eintritt in das preußische Heer im September 1788 zusammenhing. Carl August avancierte schnell und standesgemäß zum Generalmajor und übernahm ein Kürassierregiment in Aschersleben, mit dem er 1790 auch am preußischen Aufmarsch gegen Österreich in Schlesien teilnahm. Der Reichenbacher Vertrag, zustande gekommen unter dem Druck der französischen Ereignisse seit 1789, verhinderte schließlich die militärische Eskalation mit Österreich. Indessen bildete Carl August 1790 aus der vorhandenen Infanterie ein Scharfschützen-Bataillon von 600 Mann mit je einer Kompanie in Weimar und Eisenach. Der Weimarer Herzog nahm dann als preußischer General an der Campagne in Frankreich 1792, an der Belagerung von Mainz 1793 und den nachfolgenden Militäraktionen bei Pirmasens und Kaiserslautern gegen das

Uniformen des sachsen-weimarischen Militärs 1845–1911. Farbzeichnung von R. Knötel, 1911.

| 1845 Füsilier. | 1845 Sergeant. | 1845 Offizier. | 1866 Offizier. | 1866 Füsilier. | 1866 Spielmann im Mantel u. Mütze. | 1867 Stabs-offizier. | 1870 Musketier feldmarschmäßig. | 1888 Gefreiter feldmarschmäßig. | 1911 Unteroffizier zur Parade. | 1911 Adjutant. | 1911 Soldat in Felduniform. |

revolutionäre Frankreich teil; 1793 verließ er enttäuscht die preußische Armee.

Das *Herzoglich-Sachsen-Weimarische Büchsenschützen-Bataillon* wurde als eine zum Reichskontingent gehörige Einheit im März 1796 in Eisenach zusammengezogen und nahm als Teil des kursächsischen Armeekorps unter Generalleutnant v. Lind am Feldzug von 1796 teil. Im Verband der Kaiserlich-Österreichischen Armee erlebten die Weimarer Scharfschützen ihre Feuerprobe im Juni 1796, als sie bei Wetzlar auf die Truppen des französischen Generals Lefèbre trafen. Die Franzosen wurden schließlich bei Neuwied auf das linke Rheinufer zurückgeworfen. Der Rückzug der Reichsarmee nach der Einnahme Frankfurts durch die Franzosen, nach der Schlacht von Rastatt und der Übergabe von Würzburg führte auch die Weimarer Scharfschützen in Eilmärschen nach Hause zurück. Im August 1796 rückte das Schützenbataillon in Weimar ein und wurde am 1. November wieder auf Friedensfuß gesetzt. Es folgten die Friedensjahre bis 1805.

Darstellung aus: Bulgaria Fahnenbilder, 20er Jahre des 20. Jh.

VON AUERSTÄDT ZUM TRIUMPH ÜBER NAPOLEON (1805–1815)

Herzog Carl August, der 1798 als Generalleutnant wieder in die preußische Armee eingetreten war, unterschrieb am 4. Oktober 1806 in Erfurt eine Konvention, der zufolge das Scharfschützen-Bataillon auf
zwölf Monate in preußische Dienste trat, um im Kampf gegen Frankreich eingesetzt zu werden. Damit begab sich Sachsen-Weimar-Eisenach in den katastrophalen Kriegswirbel, der sich bald danach mit
Frankreich abspielen sollte.
Nach dem Tode des Prinzen Louis Ferdinand bei Saalfeld am 10. Oktober 1806 wurde das Weimarer Bataillon nach Auerstädt verlegt, wo
es am 13. Oktober eintraf. In der Nähe von Sulza nahm es an der
Schlacht von Auerstädt teil, in der die preußische Hauptarmee vernichtend geschlagen wurde. Der nächtliche Rückzug des Bataillons
spielte sich ähnlich chaotisch ab wie der der übrigen preußischen Truppen. Bei Sömmerda und Greußen schlossen sich die Weimarer den
Resten der Hauptarmee unter Blücher an, die sich über Magdeburg,
Havelberg und Boitzenburg nach Wahren und Torgelow zurückzog.
Dort erfuhren die weimarischen Offiziere endlich, dass Carl August
den Abschied aus der preußischen Armee erhalten hatte und das weimarische Scharfschützen-Bataillon – so die zweite Forderung Napoleons – ins Herzogtum zurückzukehren habe. Am 17. November traf
die Truppe in Weimar ein. Von 24 Offizieren und 718 Unteroffizieren
und Gemeinen kehrten nur acht Offiziere und 239 Mannschaften zurück. Den Offizieren wurde gegen Ehrenwort die Freiheit belassen.
Sachsen-Weimar-Eisenach schloss am 15. Dezember 1806 Frieden mit
Frankreich und verpflichtete sich, dem Rheinbund beizutreten. Das

Scharfschützen-Bataillon wurde damit in die französische Armee eingereiht und musste gegen den einstigen preußischen Verbündeten zu Felde ziehen. Im März 1807 rückten fast 750 Offiziere und Soldaten aus, um im April zum Belagerungsring vor Kolberg zu stoßen. Über zwei Drittel der Mannschaften desertierten während des sechswöchigen Marsches, da sie sich mit der Wendung der Dinge nicht abfinden mochten. Die dreieinhalbmonatige Belagerung von Kolberg – verteidigt wurde die Festung durch Gneisenau und den legendären Bürgeradjutanten Joachim Nettelbeck – beendete erst der Friede von Tilsit. Das Weimarer Regiment kehrte Ende 1807 in seine Heimatgarnison zurück.

Der von Napoleon geforderte Einsatz der thüringischen Truppen in Spanien konnte 1808 noch abgewendet werden. Die im Jahr darauf erneut ausbrechenden französisch-österreichischen Kämpfe zwangen das weimarische Regiment jedoch wieder in den Krieg; der Tiroler Feldzug begann. Vom

Fahnenspitze für die drei Bataillone des Infanterie-Regiments Großherzog von Sachsen (5. Thüringisches) Nr. 94.

Frühjahr an agierten die Weimarer in Süddeutschland vor allem gegen aufmarschierende Österreicher. Nach der Schlacht von Wagram am 6. Juni 1808 begab sich die Truppe in verlustreichen Hitzemärschen nach Salzburg und erreichte das Hauptquartier Marschall Lefèbvres am 26. Juli. Die 3. Division der Rheinarmee, zu der das Regiment Nr. 4 *Herzöge zu Sachsen* gehörte, ging über den Strubpass und traf Ende Juli in Hall, der Tiroler Hauptstadt, ein. Bei dem Anfang August beginnenden Marsch auf Brixen erwiesen sich die einheimischen Tiroler als Kenner ihres Landes: Baum- und Steinlawinen gingen auf die in den engen Schluchten vorwärts rückenden sächsisch-thüringischen Einheiten nieder; ein solch hart umkämpfter Engpass erhielt später den Namen *Sachsenklemme*. Etwa tausend Mann verlor das Regiment bei diesen blutigen Kämpfen. Ende Oktober nach Wien beordert, vergab Napoleon zahlreiche Orden der Ehrenlegion an Offiziere und Soldaten des Regiments.

Ende 1809/Anfang 1810 wurde die mit neuen Soldaten aufgefüllte Truppe nach Spanien in Marsch gesetzt. Anfang Februar passierte es Besançon, Mitte des Monats Lyon, am Ende Nîmes. Hunger, Sturm und Kälte begleiteten die marschierende Einheit und verursachten Krankheiten und andere Ausfälle. Anfang März wurde Narbonne erreicht, eine Woche später die spanische Grenze überschritten: 81 Marschtage lagen hinter den Weimarer Soldaten. Mitte März 1810 erreichten die von Marschall Augerau befehligten Verbände die Ebene von Barcelona, dabei ständig in Guerillakämpfe verwickelt und weiter von Hunger und Krankheiten gepeinigt.

Nach einer Strafexpedition wochenlang in Manresa am Montserrat belagert, zogen sich die Weimarer Schützen Anfang April nach Barcelona zurück. Die Verluste waren entsetzlich, das Leben der in spanische Gefangenschaft geratenen Verwundeten in der Regel beendet. Tags Hitze, nachts Kälte, unsägliches Ungeziefer, mangelhafte Hygiene und Ernährung, zunehmende Krankheiten und katastrophale Unterkünfte sorgten für eine ständige Dezimierung der Truppen. Erst Anfang 1811 kehrten die wenigen Überlebenden auf französischen Boden zurück, Ende Juni erreichten sie Eisenach. Mit Ersatzmannschaften waren 2500 Weimarer nach Spanien gezogen, nur 300 kehrten zurück.

Doch bereits Ende des Jahres 1811 gab es neue Aushebungen. Zum bevorstehenden russischen Feldzug musste man die sachsen-weimarischen Rheinbundkontingente schnell komplettieren. Im Frühjahr 1812 setzten sich die Weimarer Kompanien und die übrigen thüringischen Kontingente nach Norden in Bewegung. Das über 2700 Mann starke Regiment wurde im Juni in Gewaltmärschen in die Festung Stralsund, im September/Oktober nach Danzig vorgeschoben. Danach rückten die Truppen weiter nach Osten vor und erreichten Ende November Wilna. Der Generalauftrag der thüringisch-sächsischen Soldaten bestand darin, die in Russland geschlagene und nun zurückflutende *Große Armee* vor allem gegen schwedische Truppen nach Norden hin abzusichern. In Osmiana, das auch der zurückeilende Napoleon passierte, konnte man im Dezember bei bitterstem Frost einige Tage rasten, ehe die Flucht, unentwegt vor Erschöpfung Niedersinkende zurücklassend, nach Wilna weiterging. An einem einzigen Tage verlor das sächsische Regiment dabei fast 30 Offiziere sowie 800 Unteroffiziere und Mannschaften. Nur 163 Mann erreichten bis zum 21. Dezember Königsberg, weitere 400 langten bis Jahresende an.

Das zum Bataillon geschrumpfte Regiment zog Mitte Januar 1813 wieder in Danzig ein, wo es, mit Napoleons Truppen eingeschlossen, über 11 Monate belagert wurde. Als sich die Festung Ende 1813 den Russen ergab, waren noch rund 130 Offiziere, Unteroffiziere und Mannschaften des weimarischen Regiments am Leben. Die Reste kehrten am 14. Februar 1814 nach Hause zurück: vier Offiziere, fünf Unteroffiziere, 17 Gemeine.

Zurück ins Frühjahr 1813: Wie alle Rheinbundstaaten hatte auch Sachsen-Weimar nach Napoleons Russlandabenteuer neue Truppen auszuheben und dem französischen Heer zuzuführen. Im April wurde das so aus dem Boden gestampfte neue weimarische Bataillon durch eine preußische Patrouille zu Ruhla überrascht und zur Kapitulation *gezwungen*.

Großherzog Carl August in der Uniform eines russischen Generals der Kavallerie, Ölgemälde um 1827.

Die *Ruhlaer Überrumpelung*, von Napoleon als abgekartetes Spiel und in Anlehnung an die Konvention von Tauroggen, wo Yorck zu den Russen übertrat, als *kleine Yorckiade* bezeichnet, signalisierte den fortschreitenden Zerfall der zusammengewürfelten napoleonischen Truppen und den wachsenden Widerstand der deutschen Verbündeten. Nach Altenburg eskortiert, trat das *gefangene* Bataillon zur preußischen Seite über und wurde nach Schlesien verlegt. Im August 1813 nahmen die Thüringer in der Schlesischen Armee Blüchers an der Schlacht an der Katzbach teil, wenig später am Gefecht bei Wartenburg und schließlich im Oktober 1813 an der Völkerschlacht bei Leipzig. Das Yorcksche Corps, darunter die Thüringer, erstürmte im Gefecht bei Möckern eine Batterie des Marschalls Marmont. Ein zweiter Einsatz am 18. Oktober endete mit der Einnahme von Gohlis.

Großherzog Carl Friedrich in der Uniform eines Generals.

Während der Verfolgung der fliehenden napoleonischen Truppen kam es bei Freyburg an der Unstrut zum letzten bedeutenden Gefecht, an dem das weimarische Bataillon teilhatte. Danach verfolgte es die Franzosen noch bis an den Rhein. Ende 1813 kehrten die Reste des Bataillons, in Biberich von Feldmarschall Blücher ehrenvoll verabschiedet, in die Heimat zurück. Sie erhielten in Anerkennung ihrer Leistungen die für 1813 gestiftete Kgl. Preußische Kriegsdenkmünze, ein Eisernes Kreuz 1. Klasse und 15 Eiserne Kreuze 2. Klasse.

Nach der siebenjährigen Periode der Fremdherrschaft folgten nun der offizielle Abfall von Napoleon, der Austritt aus dem Rheinbund und der militärische Übergang zu den Verbündeten. Ende 1813 übernahm Herzog Carl August das Oberkommando über das III. deutsche Bundeskorps, dem die weimarischen und anderen thüringischen Kontingente zugeteilt waren. Weimar stellte ein Linien-Bataillon, ein Landwehr-Bataillon, eine Abteilung freiwillige Jäger zu Fuß und eine zu Pferd. Diese Truppen waren im *Niederländischen Feldzug* eingesetzt, wurden aber kaum in Kampfhandlungen verstrickt. Anders in den Feldzügen 1815, als die weimarischen Bataillone an Militäraktionen links des Rheins beteiligt waren.

1815 stiftete Großherzog Carl August die Medaille *Treuen Kriegern*, die am roten Bande des Falkenordens zu tragen war. General v. Egloffstein, Oberst v. Germar, Oberstleutnant v. Lincker, Major v. Wolfskeel und Major v. Beulwitz sowie die acht Kompagnien der weimarischen Bataillone erhielten das Ritterkreuz des 1815 erneuerten Falkenordens. Das weimarische Büchsenschützen-Regiment, wiewohl mehrmals fast aufgerieben, hatte in den Kriegen seit 1806 Geschichte mitgeschrieben – sowohl unter den Trümmern der geschlagenen preußischen Armee bei Jena und Auerstädt, unter französischen Fahnen in

Großherzog Carl Alexander
als General des kgl. sächsischen Karabiner-Regiments.
Farbblatt von Carl Röchling
2. Hälfte 19. Jh.

Tirol und in Katalonien, auf den Schneefeldern Ost-
preußens und Russlands, schließlich wieder unter preußischen Standarten, in der Avantgarde des Yorckschen
Korps, bei Leipzig, in Frankreich und Belgien.

FRIEDENSDIENST UND *REVUEN* (1815–1867)

Mit der beginnenden Friedenszeit blieben die personell
reduzierten zwei Bataillone im Lande verteilt bestehen,
wurden aber nur in längeren Abständen zusammengeru-
fen. Die Husaren übernahmen die Schlosswache und den
Ordonnanzdienst bei der großherzoglichen Familie.
Übungen des gesamten Regiments waren aus Kosten-
gründen selten; 1826 fand eine solche bei Marksuhl statt,
1842 bei Weißenfels und 1844 bei Halle. Große *Revuen*,
so die von 1840, an der Erbgroßherzog Carl Alexander
teilnahm, wurden von Historienmalern festgehalten.
Da das Militär zugleich Polizeifunktion innehatte,
kamen größere oder kleinere Abteilungen der Bataillone
im Zusammenhang mit den revolutionären Wirren 1848
mehrfach zum Einsatz; in der Regel reichte das Erscheinen von Truppen, um die eher unbedeutenden Unruhen
in den kleinen Städten und Orten Sachsen-Weimar-Eisenachs zu beenden. Das I. Bataillon des Regiments *Herzöge zu Sachsen* nahm 1848 am Aufmarsch in Schles-
wig-Holstein teil, als der Deutsche Bund wegen der Strei-
tigkeiten um die Elbherzogtümer gegen Dänemark erstmals mobil machte. Nach dem Waffenstillstand im
September 1848 kehrten die Truppen in ihre Heimat-
standorte zurück. Die neuerliche Zuspitzung des
deutsch-dänischen Verhältnisses 1864 führte zu militärischen Aktio-
nen, deren bekannteste die Erstürmung der Düppeler Schanzen durch
die Bundestruppen war. Nach der Schlacht von Fredericia Anfang Juli
und dem nachfolgenden Waffenstillstand kehrte das Bataillon wieder
in die Heimat zurück. An Kampfhandlungen hatte es kaum teilgenommen.
Dem zunehmenden politisch-wirtschaftlichen Zusammengehen der
norddeutschen Staaten unter Führung Preußens seit der Gründung
des Deutschen Bundes 1815 und des Zollvereins 1834 entsprach eine
analoge militärische Entwicklung. Ab 1851 traten erfahrene preußische Offiziere an die Spitze des weimarischen Militärs, womit die spätere Eingliederung in die preußische Armee bereits vorbereitet wurde.
Die Teilnahme an großen preußischen Manövern war ebenso folgerichtig wie die Anpassung an preußische Militärstruktur und Ausrüs-
tungsstandards.
Dem beginnenden preußisch-österreichischen Krieg 1866 um die Vorherrschaft im Deutschen Bund sahen die weimarischen Bataillone in
den Bundesfestungen Mainz, Ulm und Rastatt, wohin sie im Sommer
befohlen worden waren, tatenlos zu. Erst nach diplomatischem Tau-

ziehen und dem Waffenstillstandsvertrag durften die Bataillone – die Schlacht von Königgrätz war bereits geschlagen – das nunmehrige *Feindesland* verlassen und nach Hause zurückkehren. Sachsen-Weimar-Eisenach, seit Anfang Juli 1866 mit Preußen verbündet, hatte an den Kämpfen mit Österreich keinen Anteil.

Am 14. Juni 1866 wurde der Deutsche Bund aufgelöst. Unter Führung Preußens gründete sich der Norddeutsche Bund, dem sich Sachsen-Weimar durch Vertrag am 18. August anschloss. Nach der Bundesverfassung bildete das großherzoglich sächsische Infanterie-Regiment einen Teil des Bundesheeres. Die mit Preußen abgeschlossene Militärkonvention vom 26. Juni 1867 bestimmte die Übernahme des nunmehrigen 5. Thüringischen Infanterie-Regiments Nr. 94 *Großherzog von Sachsen* in die preußische Armee. Das 1. und 2. Bataillon wurde Musketier-Bataillon – Standorte: Weimar und Eisenach –, das 3. Bataillon wurde Füsilier-Bataillon – Standort: Jena.

MIT PREUSSENS ARMEE IM DEUTSCH-FRANZÖSISCHEN KRIEG 1870/71

Wilhelm Ernst, Grossherzog von Sachsen-Weimar.

Großherzog Wilhelm Ernst im Frieden – als General des kgl. sächsischen Karabiner-Regiments. Postkarte, Anfang 20. Jh.

Die Jahre nach der Einverleibung in die preußische Armee waren von gravierenden technischen Neuerungen in der Ausrüstung, z. B. dem Zündnadelgewehr, und der Einübung neuer taktischer und strategischer Grundsätze geprägt. Hinterlader, die Eisenbahn als Beförderungsmittel, Telegraphie und andere technische Errungenschaften bewirkten in den drei Garnisonen der *94er* intensive Arbeit. Das Offizierskorps wurde mit erfahrenem preußischen Personal durchsetzt. Spürbare Auswirkungen dieser Maßnahmen zeigte der Deutsch-Französische Krieg. Am 10. Juli 1870 erfolgte die Mobilmachung des norddeutschen Bundesheeres, am 19. Juli die französische Kriegserklärung, am 23. Juli die Marschbereitschaft der drei Bataillone. Das Infanterie-Regiment Nr. 94 gehörte zum XI. Armeekorps und damit zur III. Armee, die der Kronprinz von Preußen befehligte und die in der Rheinpfalz aufmarschierte. Anfang August begannen die Kampfhandlungen. Den ersten großen Sieg errangen die Kämpfer der III. Armee wenige Tage später in der Schlacht bei Wörth, wo der französische Marschall MacMahon vernichtend geschlagen wurde.

Die deutschen Truppen folgten den fliehenden Franzosen durch die Vogesen in Richtung Saar. Ende August entspann sich die kriegsentscheidende Schlacht von Sedan, in deren Ergebnis am 2. September Kaiser Napoleon gefangen genommen sowie die Armee Mac Mahons und die Festung Sedan übergeben wurden. Ende September war der Belagerungsring um Paris geschlossen. Entsatzarmeen aus dem Süden Frankreichs wurden zurückgewiesen, wobei einige größere Schlachten

S. Kgl. Hoheit
Großherzog Wilhelm Ernst
von Sachsen

Hoffotograph Frz. Vätli,
Weimar.

Großherzog Wilhelm Ernst
im Krieg – Ende 1914
als General in
Felddienstuniform.
Zeitgen. Bildpostkarte.

vorfielen. In der Schlacht von Cravant behauptete sich das Regiment Nr. 94 gegen einen übermächtigen Gegner. Es waren die schwersten Tage, die die Thüringer im Kriege überstehen mussten.

Am 31. Januar 1871 trat der allgemeine Waffenstillstand in Kraft, bereits am 18. Januar hatte der Preußenkönig Wilhelm in Versailles die Würde eines deutschen Kaisers angenommen, war das Deutsche Reich neu gegründet worden. Die Friedensbeschlüsse wurden am 1. März bestätigt. Nach den Wirren um die *Pariser Commune* begann im September 1871 die Rückführung des Regiments nach Deutschland: Ende des Monats trafen die Bataillone wieder in Weimar, Eisenach und Jena ein.

FRIEDEN UND KRIEG (1871–1918)

Die Friedenszeit nach 1871 war angefüllt mit Gedenkfeiern, Errichtung von Erinnerungsdenkmalen und erzenen Namenstafeln der Gefallenen. Das Kriegerdenkmal in Weimar wurde am 12. Mai 1878 auf dem Watzdorfplatz enthüllt. Anlässlich des 25jährigen Regierungsjubiläums wurde dem Großherzog Carl Alexander vom Offizierskorps der 94er ein reich vergoldeter Ehrendegen überreicht, auf dem die Orte eingraviert waren, an denen das Regiment *Großherzog von Sachsen* während der Jahre 1870/1871 gefochten hatte: Weißenburg, Wörth, Sedan, Paris, Ferme, L'Hopital, Artenay, Orléans, Ormes, Chateaudun, Chartres, Courville, Torcay, La Valette, St. Sauvens, Chateauneuf, Bretoncelles, Brou, Anneux, Poupry, Cravant, Fréteval, Remusard, Beaugency, la Fourche, le Mans, Alencon, St. Pater. Die Jahre vergingen mit Herbstmanövern, Exerzieren und Rekrutenausheben. 1888, im *Dreikaiserjahr*, trat Wilhelm II. seine Herrschaft als preußischer König und Deutscher Kaiser an, 1901, nach dem Tode des allseits verehrten Großherzogs Carl Alexander, kam Wilhelm Ernst als letzter Großherzog von Sachsen-Weimar zur Herrschaft. Am 28. Oktober 1902 wurde mit großem Pomp das 200jährige Regimentsjubiläum in Weimar begangen.

Mit Beginn des ersten Weltkriegs zog auch das Weimarer Regiment ins Feld. Nach nur einwöchiger Mobilmachung rückte das Feldregiment Anfang August 1914 mit der Bahn nach Westen ab. Im Rahmen des XI. Armeekorps nahm das Regiment an den kurzen, aber heftigen Kämpfen in Belgien teil. Bereits im September stand es, an die hart umkämpfte Ostfront verlegt, im Kampf mit russischen Truppen. Von Ostpreußen gelangte das Weimarer Feldregiment im ersten Kriegsjahr nach Süd- und Nordpolen, um im Folgejahr den Stellungskrieg in Mittelpolen kennen zu lernen. Die an der Sommeroffensive gegen die russischen Truppen teilnehmenden *94er* zeichneten sich vielfach durch besondere Tapferkeit aus.

Im Oktober 1915 wurde das Regiment erneut an die Westfront verlegt; hier blieb es im mörderischen Einsatz bis zum Kriegsende. Alle Schrecken der wahnsinnigen Materialschlachten – Gasangriffe, Grabenkämpfe, Tankeinsätze, Trommelfeuer – hielten sie unter schwersten Verlusten aus: von Mai bis Oktober 1916 vor Verdun, danach bis Februar 1917 an der Somme, endlich bis 1918 in Flandern. Am 11. November 1918 erreichte die Nachricht vom Waffenstillstand das stark dezimierte Restregiment. Infolge von Kapazitätsproblemen bei der Bahn marschierten die Soldaten und Offiziere ab November 1918 zu Fuß in Richtung Heimat; am 18. Dezember 1918 trafen die Reste nach 2000 km Rückmarsch in Weimar ein; der 10. Januar 1919 galt als Demobilisierungstag. 152 Offiziere und 4542 Unteroffiziere und Mannschaften waren im Krieg gefallen. Nach 216 Jahren endet die Geschichte des Regiments Nr. 94 *Großherzog von Sachsen*.

EPILOG

Die Tradition des Regiments wurde nach 1918 durch den *Verein ehemaliger Offiziere des Regiments 94* bewahrt und bis in den zweiten Weltkrieg hinein fortgeführt. Dieser Verein gab ein *Nachrichtenblatt* heraus, das vielfältige Aktivitäten der damaligen Offiziere und biografische Einzelheiten der Kriegsteilnehmer festhielt. Die Ordensdevise *Vigilando ascendimus* stand als Motto auf der Titelseite. Nicht allein in Weimar, auch in Apolda, Jena, Eisenach, Potsdam und anderswo existierten Ortsvereine dieser Offiziersverbindung, durch deren Wirken in den zwanziger Jahren ein Denkmal des Infanterie-Regiments Nr. 94 in Weimar initiiert wurde. Den ausgeschriebenen Wettbewerb entschied der Weimarer Bildhauer Arno Zauche für sich. Der Grundstein vor dem Weimarer Residenzschloss wurde am 18. April 1927 gelegt. Neben etlichen Urkunden – darunter die Ehrentafel der Gefallenen – wurden Ehrenzeichen und Militäreffekten in einer bronzenen Truhe in das Fundament eingelassen.

Anlässlich der 225-Jahr-Feier des Regiments fand die Denkmalsweihe am 8. und 9. Oktober 1927 vor dem Residenzschloss statt. Eine Traditionskompanie aus Eisenach marschierte durch die vom Militär geschmückte Stadt. Die monarchistischen Offiziere trafen sich zur Hauptversammlung und zu anschließendem *Herrenessen* im Offizierskasino. Ein nachfolgender Fackelzug begann in der Kaiserin-Augusta-Straße, führte über den Karlsplatz und Viadukt zum Kriegerdenkmal auf dem Watzdorfplatz, um sich schließlich, mit

Denkmal für die 94er vor dem Südflügel des Schlosses. Eingeweiht 1929.

Signet des Vereins der
Offiziere des 94er
Regiments.

Halt vor der Büste des Erbgroßherzogs Carl August am Museum und
dem Reiterstandbild Carl Alexanders am Karlsplatz, zum Marktplatz
zu bewegen, wo man zum Großen Zapfenstreich Aufstellung nahm.
In drei Festsälen spielten sich anschließend die Kommerse der ehema-
ligen Offiziere der drei Bataillone ab.

Kranzniederlegungen in der Gedächtnishalle für die gefallenen Weimarer auf dem Historischen Friedhof und ein Gottesdienst in der Gar-
nisonkirche eröffneten den Folgetag. Dabei wurde eine Silbermedaille
von Theodor Goetz verteilt, die zur Denkmalseinweihung geprägt
worden war. Sie zeigte auf dem Avers die Porträts von Carl Alexander
und Wilhelm Ernst, deren Namenszüge CA und WE sowie die Umschrift *Vigilando ascendimus*, auf dem Revers eine Ansicht des Denkmals und die Umschrift: *Für Verdienste – Verband der Vereine ehem.
94er.* Der abschließende Festzug endete mit Kranzniederlegungen vor
dem Denkmal am Schloss.

Monarchistische und nationalistische Tendenzen in dieser Offiziersverbindung waren zweifellos ausgeprägt. Auch die Tradition des 1732
gestifteten Hausordens der Weimarer Fürsten, wurde bis zuletzt ge-
pflegt. Der Burgwart der Wartburg, Herman Nebe, veröffentlichte im
Vereinsblatt noch 1929 das folgende Gedicht:

Der weiße Falke

1.

Steht das Regiment zur Schlacht,
Tausend Reiter fiebernd warten.
Auf dem Blachfeld jäh entfacht,
Rauscht der Wind in Feldstandarten.
Sachsen-Weimar hallt der Schrei:
Herzog Bernhard, reite, siege!
Schlachtgebet: Herr, mach' uns frei!
Fliege, weißer Falke, fliege...

2.

Tänzelnd zieht der Jagdzug aus
Ritter, Damen, Knechte, Knappen,
Scharfer Pfiff! und mit Gebraus
Sprengt daher die Reih' der Rappen.
Stößt die Fraue den Vogel auf,
daß er sich in Lüften wiege –
stürmend kreist des Häschers Lauf:
Fliege, weißer Falke, fliege...!

3.

Im Kasino Licht und Glanz,
zu dem trauten Liebesmahle
rauscht herauf ein Flaschentanz,
fröhlich klirren die Pokale.
Und man spricht von einst und heut',
denkt an Jugend, Schlachten, Siege,
alte Lust und alte Zeit –
Fliege, weißer Falke, fliege...!

4.

Alte Zeit ist längst dahin, donnernd
brach das Reich zusammen;
ganz verändert Kraft und Sinn,
Feinde uns ins Elend dammen.
Steigt ein Falk' zur Wartburg auf,
daß von dort den Geist er trüge
in des deutschen Volkes Hauf –
Fliege, weißer Falke, fliege...!

5.

Und so kreist ob unserm Haupt
jener Falke, weiß und prächtig;
was entschwunden und verstaubt
regt sich tief im Innern mächtig.
Daß das goldgekrönte Tier
mit uns doch zum Hochflug stiege!
Das brennt in der Seele mir:
Fliege, weißer Falke, fliege...

DIE ORDEN

Von Dietrich Herfurth

Gustav Adolph Ackermann, einer der besten Kenner des europäischen Ordenswesens seiner Zeit, verzeichnete in seinem 1855 erschienenen *Ordensbuch* vier sachsen-weimarische Orden: den noch blühenden *Orden vom weißen Falken* sowie die bereits erloschenen *Orden gegen die Untugend des Fluchens*, den *Orden der Palme oder Orden der fruchtbringenden Gesellschaft* und den *Orden der Beständigkeit*.[1]

Gegenstand der folgenden Abhandlung sei vor allem der Falkenorden – nicht nur, weil die Quellen der Information zu seiner Geschichte reicher fließen als die zur Geschichte der anderen, und auch nicht nur, weil dieser uns zeitlich und substantiell näher steht als jene. Nein, der eigentliche Grund liegt tiefer:

Während die von ihrer Entstehung her ersten drei Orden zwar von Weimarer Herzögen entworfen, gestiftet und verfasst wurden, handelte es sich bei ihnen jedoch um Orden in Sachsen-Weimar. Dagegen waren sowohl der erste wie auch der zweite Falkenorden Orden des Hauses Weimar, deren Institutierung, Verwaltung und Verleihung hoheitliche Akte des weimarischen Staates waren.

Der Begriff *Orden* ist im 17. und 18. Jahrhundert ganz allgemein ein Synonym für Gesellschaft oder Gemeinschaft, was uns im Zusammenhang mit den religiösen Ordensgemeinschaften – also etwa den Mönchsorden – bis auf den heutigen Tag durchaus geläufig ist. Hier soll der Ordensbegriff jedoch enger gefasst werden, so wie ihn die Phaleristik oder Ordenskunde versteht. Danach werden im Wesentlichen nur die geistlichen und weltlichen Ritterorden, die höfischen oder Hausorden und die modernen Verdienstorden zu dieser Gattung gezählt. *Ein* bedeutendes Kriterium dieserart Orden besteht darin, dass deren Mitglieder oder Ritter für jeden sichtbar ein bestimmtes, gemeinsames Ordenszeichen tragen. Beginnend im 19. Jahrhundert, da sich die Träger eines Ordens nicht mehr zwingend als eine Kongregation Gleichgesinnter auffassten, wurde es immer mehr Usus, neben der Institution des Ordens auch nur das Ordenszeichen mit dem Kürzel *Orden* zu benennen.

Doch wenden wir uns zunächst den frühen Orden in Sachsen-Weimar zu, den Bruderschaften, die im 16. und 17. Jahrhundert ins Leben traten und von der keine das 17. Jahrhundert überdauerte:

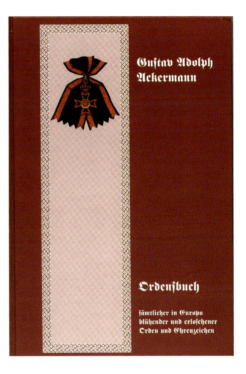

Ackermanns Ordensbuch, Titelgestaltung des Leipziger Reprints. Ca. 1994.

Frühe Orden in Sachsen-Weimar

Der Orden gegen die Untugend des Fluchens, gestiftet am 11. Juni 1590

Uns Heutigen mag es eigenartig anmuten, manche mögen auch lächeln darüber, dass man einst eine Bruderschaft gründete, die nichts weiter bezweckte, als dem Fluchen entgegenzuwirken. Allerdings: Das Fluchen – noch dazu im Namen Gottes – war nach der jüdischen wie der christlichen Ethik sündhaft, das Verfluchen der Eltern galt sogar als Todsünde.[2] So war es zu besagter Zeit gesellschaftlicher Konsens, dem Fluchen als Zeichen der Untugend und der Abkehr von Gottes Geboten entschieden den Kampf anzusagen, und dieser Kampf war – eben damals – weder etwas Absonderliches, noch etwas Geringes.

In diesem Sinne stifteten am 11. Juni 1590 *der berühmte Administrator der Kursächsischen Lande, Herzog Friedrich Wilhelm I. von Weimar und dessen Bruder, Herzog Johann von Weimar, der Stammvater der Ernestinischen Linie, einen Ritterorden unter dem Titel einer Bruderschaft gegen den überall eingerissenen Unfug des Fluchens und des Mißbrauchs des Wortes Gottes.*[3]

Die Ordensbrüder waren verpflichtet, ständig den *Ordensgroschen* um den Hals zu tragen und für jeden Fluch, unnützes Schwören und unzüchtige Rede sechs Groschen in die Armenbüchse zu zahlen. Leider ist weder die Beschreibung eines solchen *Ordensgroschens* noch ein reales Exemplar bis heute überliefert.

Dagegen kennen wir die Ordensstatuten, die Wilhelm Ernst Tenzel in den von ihm herausgegebenen *Monatlichen Unterredungen* 1697 auf S. 991 ff. vollständig dokumentiert. Darin heißt es:

Herzog Friedrich Wilhelm wolle zunächst an Gottes Verbot erinnern, bei seinem allerheiligsten Namen zu fluchen, zu schwören, noch ihn ohne Not im Munde zu führen, und dass Gott durch diese schweren Sünden heftig erzürnt würde. Wer dagegen verstoße, dem drohen zeitliche und ewige Strafe, sofern man diese Sünden nicht erkenne und bereue. Einem Christen geziemen weder *schambare* Worte noch Narreteien; durch sie würden die heiligen Engel betrübt und verjagt, und der Mensch müsse am jüngsten Gericht für jedes unnütze Wort Rechenschaft geben. So erfordere denn eines jeden Heil, dergleichen Sünde zu meiden und dazu Gott von Herzen um Gnade anzuflehen. Und der Herzog fände an dergleichen gottlosem und leichtfertigem Wesen keinen Gefallen, sondern empfinde dafür Abscheu und Miss-

Die Stifter des Ordens gegen die Untugend des Fluchens. Stammtafeln.

Friedrich Wilhelm I.	Johann
25.4.1562-7.7.1602	22.5.1570-31.10.1605
1. verm. 5.5.1583 Sophie von Württemberg	erhält 1602 Weimar
(20.11.1563-21.7.1590)	verm. 7.1.1593 Dorothea Marie von Anhalt-Zerbst
2. verm. 9.9.1591 Anna Marie von Pfalz-Neuburg	(2.7.1574-18.7.1617)
(18.8.1575-1.2.1643)	Herzog zu Sachsen(-Weimar-Altenburg)
(Sohn Joh.Philipp begründet die Altenburger Linie)	**Stammvater aller weiteren ernestinischen Herzöge**

Die Stifter des Ordens gegen die Untugend des Fluchens Friedrich Wilhelm und Johann. Taler, 1574.

fallen. Er wie auch andere wollten *mit gutem Exempel vorleuchten* und den Menschen den rechten Weg zeigen. Deshalb erachte er es als nützlich, hierzu eine Bruderschaft zu errichten und etlichen ihm vertrauten Herren und Freunden wie auch denen, welchen er sonst mit Gnaden zugetan ist, zur steten Erinnerung einen hierzu angefertigten Groschen zu geben.

Mit der Bruderschaft sollte es folgendermaßen gehalten werden:

Zum ersten möge sich ein jeder hüten, bei Gottes Namen, auch unseres Erlösers, *des Herrn Jesu Christi, Marter, Leiden, Wunden und Sacramenten*, zu fluchen und zu schwören, desgleichen den Teufel ohne Not beim Namen zu nennen.

Zum anderen solle sich jeder aller *leichtfertigen, schambaren, unzüchtigen und ärgerlichen* Worte enthalten. Verstößt ein Bruder dagegen, müsse er – so oft es geschieht –, sechs Groschen den Armen und Notleidenden zum Besten in die Büchse geben.

Zum dritten solle ein jeder das vorgesehene Denkzeichen tagsüber bei sich um den Hals tragen; wer aber ohne den Groschen angetroffen werde, müsse jedes Mal zwei Taler Strafe zahlen, und zwar einen in die Büchse und den andern demjenigen der Brüder, der dies an ihm bemerkt habe.

Zum vierten: Sollte einer sein Denkzeichen mutwillig verlieren, verschenken oder sonst ablegen, müsse er zwanzig Gulden zur Strafe in die Büchse geben.

Zum fünften solle ein jeder stets *vier Ort eines Thalers* bei sich tragen; wer dies missachte, solle einen halben Taler Strafe zahlen.

Zum letzten: Wenn immer jemand in die Bruderschaft aufgenommen werde, solle er sich in das Statutenbuch einschreiben und sich damit verpflichten, nach den o. g. Punkten gebührlich und unweigerlich zu leben.[4] (S. a. Dokument 1 im Anhang dieses Buches.)

Schenkt man dem Chronisten Glauben, trägt der am 11. Juni 1590 in Weimar ausgefertigte Stiftungsbrief nur Unterschriften seiner Mitglieder aus dem Jahr 1590, und der Orden ist wohl nicht lange danach wieder eingegangen.

Eine längere Lebensdauer und auch eine ungleich größere Bedeutung hatte ein anderer in Weimar begründeter Orden:

DER PALMORDEN oder die FRUCHTBRINGENDE GESELLSCHAFT, gestiftet am 24. August 1617

Die eindrucksvollste Schilderung von der Gründung des Ordens stammt aus der Feder des hochfürstlich sachsen-hennebergischen Historiographen und Rektors des berühmten Eisenacher Gymnasiums Christian Juncker; sie sei dem Leser nicht vorenthalten:

Der Palmorden oder fruchtbringende Gesellschaft, ist zwar nicht eigentlich von dem fürstlichen Hause Sachsen, jedoch auf dem fürstlich sächsischen Residenzschloss zu Weimar am 24. August 1617 gestiftet worden und hat bei seinem Wachstum und Fortgang fast an 70 Jahre ein verwunderungswürdiges Lustre gehabt. Dessen Absehen war nicht sowohl auf tapfere Heldenthaten, als vielmehr auf die Erhaltung deutscher Treue und Ausarbeitung der deutschen Heldensprache gerichtet; Die Gelegenheit aber hierzu folgende:

Als am 24. Augusti besagten Jahres 1617, kurz nach Absterben der fürstlichen Frau Wittib, Frau Dorothea Maria, dero hinterlassene Herren Söhne, Herzog Johann Ernst, Herzog Friedrich und Herzog Wilhelm... allerseits Herzoge zu Sachsen, von Fürst Ludwig und Fürst Johann Casimir, zu Anhalt, auf dero Residenzschloss Hornburg (jezo Wilhelmsburg) zu Weimar, eine Visite bekommen, und über der fürstlichen Tafel der damalige fürstlich Sachsen-Weimarische Hofmeister, Caspar von Teutleben, unter anderen Discoursen erwähnte, wie nützlich in Italien die Gesellschaften der Gelehrten, zu Ausübung der Italienischen Sprache*

Titel und Palmbaumdarstellung aus dem Buch zur Fruchtbringenden Gesellschaft von Ludwig I. von Anhalt-Cöthen Frankfurt a. M. 1646.

*aufgerichtet wären, und dass... auch die Deutsche
Sprache es verdienete, ... vermittelst Zusammen-
setzung einer Gesellschaft, unter Direction eines
hohen fürstlichen Hauptes, excoliret würde; so
schiene dieser Vorschlag den... hohen Anwesenden
dermassen angenehm zu seyn, dass endlich durch
weitere Vorstellung des hieraus zu erwarten ha-
benden unschätzbaren Nuzens, sogleich der
Schluss gefasset ward, dieses Propos zu secondiren,
und solchem nach, ward mit einheliger Beistim-
mung zum ersten Oberhaupt dieses Ordens er-
wählet der damals unter denen anwesenden
älteste Herr, Fürst Ludwig zu Anhalt...*[5]

Als Symbol der Gesellschaft diente die Palme,
verbunden mit der Devise *Alles zu Nutzen*. Die
Bedeutung erklärte Juncker wiederum auf an-
schauliche Weise:

*Man beliebete zum Ordenszeichen, als ein allge-
meines Gemälde, den indianischen Cocos oder
Palmbaum, mit dem Beiwort: Alles zu Nutzen, welches auf einem goldenen Oval-Pfennig emailliret an einem Sittig-(Papagei-)grünen Band
getragen ward. (Die Kehrseite enthielt das Bildnis und den Namen jedes
Mitglieds, so wie auch dessen Ordensnamen.) Man gab ihm dahero den
Namen des durchlauchtigsten Palm-Ordens und der fruchtbringenden
Gesellschaft; jenen zwar zu dem Ende, weil an dem Palmbaum alles und
jedes nutzbar ist; diesen aber, damit ein jeglicher, so in denselben aufgenommen zu werden die Ehre und Gnade hätte, sich erinnern möchte,
vielfältige Frucht und Nutzen bei Ausbesserung der Deutschen Sprache
durch Schriften oder deren Beförderung, zu verschaffen etc.*[6]

Das *Gemälde* mit Spruch
und Gesellschaftsnamen des
Gründungsmitglieds
Herzog Friedrich von
Sachsen-Weimar, 1617.

Obgleich der Zweck der fruchtbringenden Gesellschaft kurz mit *Pflege
und Reinerhaltung der deutschen Muttersprache* angegeben wurde, ging
das Streben der Mitglieder jedoch darüber hinaus. Sie wirkten für die
Wahrung der vaterländischen Sitte und Zucht wie des deutschen Wesens überhaupt und bemühten sich als Ausdruck dessen, *die Muttersprache in ihrem gründlichen Wesen und rechten Verstande, ohne
Einmischung fremder ausländischer Flickwörter, in Reden, Schreiben,
Gedichten aufs allerzier- und deutlichste zu erhalten und auszuüben.*

In einer Zeit, die in Deutschland einerseits durch die Entwicklung des
Bürgertums und überregionaler Produktions- und Kommunikations-
weisen, andererseits durch religiöse und machtpolitische Konflikte
zwischen den vielen kleinen Staaten geprägt war (30-jähriger Krieg!),
lag es nahe, sich auf deutsche Werte zu besinnen und danach zu streben, die Deutschen durch das Band der gemeinsamen Sprache enger zu
verbinden. Das vor allem erklärt, warum der Palmorden – beileibe
nicht die einzige literarische und sprachwissenschaftliche Gesellschaft
in Deutschland, doch die erste und einflussreichste – schnell zahlreiche Mitglieder in sich vereinigte und eine beträchtliche Wirkung er-
zielte. Hinzu kam, dass auch Nichtadelige in die Gesellschaft aufgenommen werden konnten.

Das *Gemälde* mit Spruch und Gesellschaftsnamen des Gründungsmitglieds Herzog Friedrich von Sachsen-Weimar, 1617.

So verzeichnete die Mitgliederliste des Ordens in der Zeit seines Bestehens: 300 bürgerliche Gelehrte, Literaten und Künstler, einen König, drei Kurfürsten, 57 Herzöge, sieben Pfalz-, vier Mark- und elf Landgrafen, 24 Fürsten, 84 Grafen und über 300 Edelleute. Von den damals namhaften Schriftstellern, die der Gesellschaft angehörten, seien genannt (Aufnahmedaten in Klammern): Opitz (1626), Buchner (1641), Harsdörfer und Schottel (1642), Moscherosch (1645), Rist (1647), von Logau, von Zesen (1648), Olearius (1651), Neumarck (1653), Birken (1658) und Gryphius (1662). Insgesamt wird die Zahl der Mitglieder am Ende mit ca. 890 angegeben. Zur Aufnahme befähigten, tadellosen Lebenswandel vorausgesetzt, nur hoher Rang und edle Geburt oder wissenschaftliches und schriftstellerisches Verdienst.

Natürlich war diese Gesellschaft kein Orden im heutigen, streng phaleristischen Sinne, also weder eine höfisch-repräsentative Gemeinschaft oder eine internationale Ritterschaft, noch eine Kongregation von Trägern eines Ordens, der lediglich noch Auszeichnung ist – wie später üblich. Was die *fruchtbringende Gesellschaft* aber zum Orden in dem damals gebräuchlichen, allgemeinen Wortsinn machte, war ihre fest umrissene Verfassung, war die Verpflichtung der Mitglieder, dem gemeinsam erkorenen Ziele eifrig zu dienen, war ein ausgeprägtes Gemeinschaftsleben – von der aufwendig zelebrierten Investitur der Mitglieder bis zu deren regelmäßigen Zusammenkünften – sowie die Bestimmung, dass jedes Mitglied einen Gesellschaftsnamen zu führen und stets einen Gesellschaftspfennig – ein Ordenszeichen, wenn man so will – zu tragen habe.

Das Selbstverständnis der fruchtbringenden Gesellschaft drückte sich anschaulich in einem Briefwechsel zwischen Herzog Ludwig von Anhalt-Köthen und Rudolph von Dietrichstein aus, der im Buch der Mitglieder unter der Nr. 418 verzeichnet ist. Von Dietrichstein wollte die Gesellschaft in einen Ritterorden umwandeln und schlug dies Herzog Ludwig vor; der jedoch lehnte ab, da sich in diesem Vorschlag *rückwärts gewandtes ständisches Denken* ausdrücke.

Die von den Mitgliedern getragenen hochovalen Medaillons bestanden aus Gold und waren mehrfarbig naturalistisch emailliert. Sie maßen ca. 45 x 38 mm und wogen ca. 10 g. Am oberen Rand befand sich eine Öse zur Aufnahme des Bandringes. Auf dem Avers war das *Emblem des Ordens*, eine Kokospalme, vor einem Palmenhain dargestellt, dazu auf fliegenden, weiß emaillierten Schriftbändern die Devise *Alles zu Nutzen* und der Name der Gesellschaft. Das Revers zeigte *das Gemälde* des Mitgliedes, seinen *Gesellschaftsnamen* sowie einen dazu passenden Spruch. Dieses Gestaltungsprinzip und die Tatsache, dass die *Gesellschaftspfennige* in Handarbeit von unterschiedlichsten Juwelieren hergestellt wurden, machten alle diese Zeichen zu Unikaten. Es haben sich nur wenige Exemplare bis in unsere Zeit erhalten.

Auskunft über die Ziele der Gesellschaft sowie über die Mitglieder, deren Namen, grafische Kenntafeln und Sinnsprüche gibt vor allem das *Köthener Gesellschaftsbuch Fürst Ludwigs I.*, das als äußerst gelungener Reprint vorliegt. Darin finden sich z. B. auch als Mitglieder Nr. 3 bis 5 die Sachsen-Weimarer Herzöge, so:

Herzog Johann Ernst d. J. mit dem Gesellschaftsnamen *der Käumling*, sein Gemälde zeigte eine keimende Pflanze in südlicher Landschaft und den Wahlspruch *Getrückt, doch nit erstickt*;

Herzog Friedrich, *der Hoffende*, er führte das Gemälde eines jungen Kirschbaums in einer Flusslandschaft und den Spruch *Es soll noch werden*; und

Das *Gemälde* mit Spruch und Gesellschaftsnamen des Gründungsmitglieds Herzog Wilhelm IV. von Sachsen Weimar, 1617.

Herzog Wilhelm IV., *der Schmackhafte*, mit seinem Gemälde, das einen Birnbaum mit reifer Frucht zeigte, an der sich eine Wespe labt, sowie den Spruch *Erkandte Beute*.[7]

Das erste Oberhaupt des Ordens war seit dessen Gründung 1617 bis zu seinem Tode Fürst Ludwig I. von Anhalt-Köthen (1579–1650), der Sitz des Ordens war dementsprechend Köthen. Deshalb gilt der Palmorden zugleich auch als anhaltischer Orden. Ludwig trug den Gesellschaftsnamen *der Nährende*, und sein *Gemälde* zeigte ein Weizenbrot sowie die Losung *Nichts Bessers*.

Das zweite Ordensoberhaupt war von 1651 bis 1662 der sachsen-weimarische Herzog Wilhelm IV. (1598–1662), *der Schmackhafte*. Sitz der Gesellschaft war zu dieser Zeit Weimar.

Fünf Jahre danach wurde Herzog August von Sachsen-Weißenfels, Gesellschaftsname *der Wohlgeratene* (1614–1680), seit 1638 auch Erzbischof von Magdeburg, Präsident des Ordens, dessen Sitz er nach Halle verlegte. Nach seinem Tode ging der Orden aus unbekannten Gründen ein.

Der um 1620 angefertigte Wappenschild des Palmordens wird bis heute in der Herzoging Anna Amalia Bibliothek in Weimar aufbewahrt.

Nur vier Jahre nachdem die illustre Gelehrtengesellschaft vom Palmbaum das Licht der Welt erblickt hatte, entstand ein Orden ganz anderer Natur, der auch in Fachkreisen weithin unbekannt ist.

DER ORDEN DER BESTÄNDIGKEIT, gestiftet am 21. Juli 1621

Der Orden wurde im dritten Jahr des Dreißigjährigen Krieges im Feldlager bei Weidhausen in der Oberpfalz von Herzog Wilhelm zu Sachsen-Weimar als militärischer Ritterorden gestiftet. Das Stiftungsdokument besagte:
Herzog Wilhelm, zugleich Obrist und Kommandeur eines Truppen-
teils, habe aus besonderen Beweggründen und seiner Hochachtung vor
den eingetragenen Ordensrittern diesen Orden gestiftet. Er sollte allen
denen zuteil werden, die ihn verdient haben. Sie seien aufgefordert,
nachfolgende Artikel einzuhalten, worüber Ordensherr und -ritter zu
wachen hätten. Zur Bekräftigung dessen habe er, der Herzog, *seine
Fürstliche, Gräffliche und Adeliche Insiegell unterdruckt, undt mit eigenen Handen unterschrieben.*
So sei *erstens* ein jeder, der diesen Orden trägt, verpflichtet, *dem Krieg
so viel als müglichen nachzufolgen,* seinem Soldatenberuf Ehre zu machen – oder er solle den Orden quittieren.
Zum *zweiten:* Im Falle, dass ein Ordensbruder in Not geriete und be-
weisen könne, dass er zu seiner höchsten Notdurft Geld brauchte,
sollte er sich dem Ordensherrn anvertrauen, der – gemeinsam mit den
anderen Ordensrittern – dem Bedürftigen die erforderliche Geld-
summe vorstrecken würde.
Zum *dritten* sei jedes Mitglied verpflichtet, seinen Ordensbruder, sofern dieser zu Unrecht beschuldigt würde, zu verteidigen, als gehe es
um seine eigene Sache.
Zum *vierten:* Geriete ein Ordensbruder in Gefangenschaft, sollten ihm
so viele Brüder wie möglich zur Hilfe eilen, um mit äußersten Kräften
für seine Befreiung zu streiten.

Titel der Bücher von G. A.
de Wette und J. G. Gott-
schalg mit den Beschreibun-
gen der Heereszüge Herzog
Wilhelms und seiner Brüder
1621 in der Oberpfalz.

Zum *fünften* sollten alle, die diesen Orden tragen, einig, vertraulich und brüderlich miteinander leben, einer solle dem andern nichts verübeln, und wenn zwei miteinander uneins würden, sollten sie nicht miteinander raufen, sondern ihren Streit dem Ordensherrn oder anderen Rittern vortragen, damit dieser gemeinsam geschlichtet werde.

Dieser Stiftungsbrief war *feldmäßig* und wenig *kanzleigerecht* auf eher kleinformatigem Schreibpapier abgefasst und trug – im unteren Teil – die Siegel und die teilweise schwer lesbaren Unterschriften der ersten 28 Ordensmitglieder; zu diesen gehörten u. a.: Franz Carl Herzog zu Sachsen; Friedrich d. Ä. Herzog zu Sachsen; Ludwig Philip, Pfalzgraf; Johann Conrad, Rheingraf; Albrecht Herzog zu Sachsen; Friedrich Herzog zu Sachsen, Altenburger Linie; Joachim Ernst Herzog zu Holstein.[8] (S. a. Dokument 2 im Anhang dieses Buches.)

Medaillenkleinod (Gnadenpfennig) des Herzogs Friedrich Wilhelm von Sachsen-Weimar, Administrator von Kursachsen, As. und Rs. Derartige Pretiosen wurden Ende des 16./Anfang des 17. Jahrhunderts von zahlreichen Fürsten als Gunsterweis vergeben. Nach 1592.

Das Ordenszeichen ist in der Stiftungsurkunde nicht beschrieben. Auch sind weder Abbildungen noch reale Stücke auf uns gekommen. Alte Vermutungen, dass es sich hierbei um eine Art Medaillenkleinod mit Wilhelms Bildnis handeln könnte, sind jedoch nicht zu belegen. Dagegen ist über den Stifter und die Umstände, unter denen der Orden entstand, und über die Ordensritter einiges bekannt:

Herzog Wilhelm, nachmals als Wilhelm IV. regierender Herzog von Sachsen-Weimar (1626–1662) und 1631–1635 sogar Statthalter des Schwedenkönigs Gustav Adolf in Thüringen, ist einer der Brüder des zur Zeit der Ordensstiftung regierenden Herzogs Johann Ernst. Zu der Zeit 23-jährig, befand er sich – wie auch seine Brüder Friedrich und Bernhard – in militärischen Diensten. Während des Krieges standen sie auf Seiten der protestantischen Partei, gegen den konservativ-katholischen deutschen Kaiser Ferdinand II. Die Situation im Jahre 1621 beschrieb Gottschalg so: *Wilhelm brachte 3 000 Mann zu Fuß, und 600 Mann zu Pferde zusammen, und rückte mit denselben durch Franken nach der Oberpfalz. Sein Bruder Bernhard diente als Rittmeister unter ihm. Der Graf von Mansfeld, mit dem sich Wilhelm vereinigte, hatte bereits ein Heer von 20 000 Mann. Allein der Kayser stellte ihm den aufmerksamen Tilly entgegen...*[9]

G. A. de Wette bezeichnete das Ziel des Zuges Herzog Wilhelms mit seinen zwei Regimentern in die Oberpfalz noch eindeutiger: nämlich das Lager der Armee des Grafen von Mansfeld *vor Weidhaußen*.[10]

Bereits ein Jahr zuvor hat Wilhelm in der Schlacht am Weißen Berge seinen Mannesmut bewiesen. Im alten *Zedler* heißt es dazu:

In dieser Schlacht hielt er sich überaus heroisch, und scheuete keine Gefahr; Wie ihm denn auch aus einem Stück Geschütze die Sturmhaube vom Kopfe geschossen, und er mit einem Pistolen=Schuße auf die Brust, wiewohl, wegen des Brust=Harnisches, ohne Schaden, getroffen ward.[11]

Herzog Wilhelm (IV.) und
das Weimarer Schloss – die
Wilhelmsburg. As. und Rs.
einer Talermünze von 1658.

Nachdem *die Kaiserlichen* 1620 einen entscheidenden Sieg errungen hatten, war es für die Protestanten umso nötiger, Kräfte zu sammeln, Bundesgenossen zu gewinnen und sich auf weitere, langwierige Kämpfe vorzubereiten. Ein Orden, ein Bruderbund treuer und potenter militärischer Führerpersönlichkeiten konnte da hilfreich sein – ein Bund, der Kampfesmut und gegenseitige Unterstützung ebenso auf seine Fahnen schrieb wie Beständigkeit im Glauben protestantischer Konfession und im Verfolg seiner Ziele. Diesen Motiven verdankte der Orden offenbar seine Entstehung.

Ein später hell erstrahlender Stern unter den Militärs des Dreißigjährigen Krieges, der künftige überaus erfolgreiche General des Schwedenkönigs, gehörte schon zu Wilhelms Mitkämpfern: Herzog Bernhard von Sachsen-Weimar. Ihm, seinem jüngsten Bruder, hat Wilhelm den Orden der Beständigkeit gewidmet.

Der Orden bestand bis zum Frieden von Prag, der 1635 zwischen dem Kaiser und Johann Georg von Sachsen abgeschlossen wurde, um Deutschland zu befrieden. Der Orden der Beständigkeit erlosch, als sein Zweck erreicht schien.

Ein anderer Orden, in anderer Zeit, ein Orden, der Kaiser und Kaisertreue in sein Zentrum stellte, entstand 111 Jahre später:

DER HERZOGLICHE HAUSRITTERORDEN DE LA VIGILANCE ODER VOM WEISSEN FALKEN, gestiftet am 2. August 1732

DIE STATUTEN

In diesen wurde er *Fürstl. Sächs. Weimarischer Ritter-Orden von der Wachsamkeit* genannt, und sie begannen so:
Nachdem der Durchlauchtigste Fürst und Herr, Herr Ernst August, Herzog zu Sachsen, Jülich, Cleve und Berg, auch ... Ihro Röm. Kayserl. Majestät würcklicher commandirender General von der sämtlichen Kayserl. Cavallerie und Obrister über ein Regiment Cuirassiers, nach dem Exempel vieler Könige, Fürsten und Republiquen Sich schon zu der Zeit als Dieselben in Ihro Kayserlichen Majestät Dienste als General-Feld=Marschall=Lieutenant getreten, zu Ehren allerhöchst=besagter Ihro Kayserl.

Statutendruck zum herzoglichen Falkenorden 1732 Titelblatt und erste Seite des Textes.

Majestät vorgenommen, einen Ritter=Orden zu stifften...

Weiter hieß es, die Stiftung verfolge hauptsächlich das Ziel, dass alle Ordensritter zur Ausübung der Tugend und Meidung der Laster angehalten seien, dass sie zu beständiger Treue und Ehrerbietung gegen den Kaiser angehalten sei und dass nur, wer recht patriotisch gesinnt und bereit sei, für Kaiser Carl VI. Gut und Blut zu opfern, Mitglied dieses Ordens sein könne.

Das Ordenszeichen sei ein achteckiger, goldener, grün emaillierter *Stern*, darauf ein goldener, weiß emaillierter Falke, dessen Schnabel und Fänge golden sind; unter diesem Stern befände sich ein viereckiger, roter, etwas kleinerer Stern, dessen Spitzen weiß emailliert seien; bei dem Falken seien vier Diamanten angebracht, einer über dessen Kopf, der andere zu seinen Füßen, die beiden restlichen an den Flügeln. Auf der Rückseite sei der achteckige grüne Stern weiß, der viereckige rote aber grün emailliert; in der Mitte stehe für den Namen des Stifters E und A ineinander geschlungen in einem goldenen, blau emailliertem Felde; darüber befinde sich ein rot-weißer Fürstenhut, darunter zwei übereinander liegende Degen. Zwischen dem achteckigen Stern stehe der Name des Ordens: *l'ordre de la vigilance* und *das beliebte Symbolum: vigilando ascendimus*.

Der Orden werde an einem mit Diamanten besetzten Ringe, durch welchen ein hochrotes Band mit goldenen Seitenstreifen gezogen werde, über dem Camisol um den Hals getragen, der bis auf die Hälfte der Brust herunterhängt.

Der Falke im Ordenszeichen sei gewählt worden, weil der natürliche Falke sich stets an den Adler halte, diesem nachginge und in seinem Fluge folge – eine Allegorie auf das Verhältnis der Ritter des Falkenordens zum deutschen Kaiser, der den Adler im Wappen führe. Das Weiße des Falken bedeute die Aufrichtigkeit, welche die Ordensglie-

 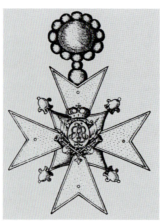

Statutendruck zum herzog-
lichen Falkenorden 1732,
Darstellung des Falken-
ordens, As. und Rs.

der gegen den Stifter und unter sich selbst üben sollen. Die Devise sei gewählt worden, weil, da der Falke ein wachsamer Vogel, jedem Christen und ehrliebenden Manne stets zu wachen gebührt, damit er nicht in Sünde falle und an seiner Ehre und seinem guten Namen Schaden leide, sondern seiner ihm nach Amt und Stand obliegende Pflicht nachkommen möge.

Und damit dieser Orden in Hochachtung erhalten werde, solle er von den Nachkommen des Stifters, solange die weimarische Linie bestehe, mit den bewährten Ordensregeln fortgeführt und verliehen werden. Sollte aber die weimarische Linie enden und das Land einem anderen sächsischen Hause zufallen, so solle der zur Beförderung der Tugend und *zu Ehren Ihro Röm. Kayserlichen Majestät gestiffteten Orden* weiterhin aufrechterhalten werden.

Die Anzahl der Ordensritter betrage 24 fürstliche oder andere Standespersonen in hohen Zivil- und Militärchargen zu Schild und Helm geboren oder von turnier- und stiftsmäßigem Adel.

Das Ordensfest solle am Geburtstag des Kaisers zelebriert und von jedem Ritter durch Ausübung guter Werke begangen werden.

Die Erben müssten das Ableben eines Ordensritters dem Ordensstifter melden und den Orden zurücksenden, damit dieser danach weiter verliehen werden kann. Und es müssten ein Ordenskanzler und ein Ordenssekretär berufen werden, welche alles Wichtige festhalten und die Ordensakten in Ordnung halten; Kanzler sei jeweils der sachsen-weimarische Premierminister – wenn dieser ein Cavalier ist und er den Orden von seiner Geburt her selbst erlangen kann.[12] (S. a. Dokument 3 im Anhang dieses Buches.)

Der Statutendruck enthielt zwei Kupferstichtafeln, die den Stifter sowie die Vorder- und Rückseite des Ordenszeichens abbildeten. Zudem waren diesen Drucken für gewöhnlich Listen der Ordensritter beigefügt, die seit der Ordensstiftung aufgenommen worden waren. Die umfangreichste der aufgefundenen Listen stammt frühestens aus dem Jahre 1788 und verzeichnet 77 Ordensritter. Einigen Exemplaren dieser Statuten war auch eine in lateinischer Sprache verfasste Abhandlung über den Falkenorden beigebunden: die *Dissertatio Historica de Saxo-Vinariense Vigilantiae Ordini...*

Bandstück des Hausritterordens vom Weißen Falken. Nachgewebt?

Der Herzog ist in einem etwas ungelenken Kupferstich (von Stockmar) dargestellt, in Harnisch und Mantel, mit Stern und Kleinod des polnischen Weißen Adlerordens. Die Darstellung wird ergänzt durch das herzogliche Wappen, Kriegstrophäen und zwei Falkenorden. Trotz der zeichnerischen Mängel ist dieser Stich in vielen zeitgenössischen Druckschriften verwendet worden.

Ernst August hatte einiges nachzuholen, was die Stiftung eines eigenen Ordens anlangt. Die meisten Fürsten Europas verfügten bereits über solche Hausorden, z. T. über mehrere. In dem knappen halben Jahrhundert vor der Stiftung des Falkenordens entstanden besonders viele, später hoch angesehene Hausorden. Zu ihnen gehörten:

1690 – der Ernestinische Hausorden der sächsischen Herzogtümer,
1698 – der russische St.-Andreas-Orden,
1701 – der preußische Hohe Orden vom Schwarzen Adler,
1705 – der polnische Orden des Weißen Adlers,
1714 – der russische St.-Katharinen-Orden,
1715 – der badische Hausorden der Treue,
1725 – der erneuerte englische Bath-Orden,
1725 – der russische Alexander-Newski-Orden,
1729 – der bayerische St.-Georgs-Orden.

Derlei Orden und deren wohldosierte Vergabe eignen sich vorzüglich dazu, Freunde und Verwandte an sich zu binden und so die eigene Hausmacht zu stärken, Bündnisse über die Landesgrenzen hinaus zu schließen und zu festigen sowie auch höfische Pracht zu entfalten. Wer wollte angesichts dieser Vorzüge schon auf ein solches – im Vergleich mit anderen Ehrengaben – wohlfeiles Mittel verzichten?

Der sachsen-weimarische Herzog stiftete also einen Hausritterorden, der ganz und gar ein Produkt seiner Zeit war, der in den Statuten bestehenden Beispielen folgte, nur in einer Klasse und nur an Personen von hohem Stand und Rang vergeben wurde. Das Ordenszeichen war ein zu dieser Zeit beliebtes (achtspitziges) Malteserkreuz.

Andererseits wies der Orden Besonderheiten auf: Nur sparsam im Ver-

Titelblatt und erste Textseite einer Dissertation über den herzoglichen Falkenorden aus dem Jahre 1734.

DISSERTATIO HISTORICA
DE
SAXO·VINARIENSI
VIGILANTIAE
ORDINE,
PRAEMISSA
QVORVNDAM HVIVS SECVLI ORDINVM
RECENSIONE,
QVAM
RECTORE MAGNIFICENTISSIMO
SERENISSIMO PRINCIPE AC DOMINO,
DOMINO
GVILIELMO HENRICO
DVCE SAXONIAE, IVLIACI, CLIVIAE, MONTIVM, ANGARIAE
WESTPHALIAEQVE &c. COMITE ITEM SAYNAE ET
WITTGENSTEINII, ET RELIQVA,
EX DECRETO INCLYTI PHILOSOPHORVM ORDINIS
IN ACADEMIA SALANA
PRAESIDE
M·CAROLO ERN·CASIM·HAAGEN,
IN AVDITORIO PVBLICO
AD DIEM XV APRILIS M DCC XXXIV.
PLACIDAE ERVDITORVM DISQVISITIONI
SVBMITTIT
RESPONDENS
IOHANN. WILHELMVS LABES,
L. L. C. VINAR.
LITTERIS HORNIANIS.

☙ (0) ❧

CAPVT I.
DE ORDINIBVS EQVESTRIBVS
IN GENERE.
§. I.

Ortitudinem eximium inter praestantissimas virtutes locum obtinere, nemo facile negabit, quippe quae exterorum immo hostium nonnunquam aestimationem attrahit, amicorum vero amorem conciliat. Hostis enim generosus virtutem bellicam & in adversario magni facit & cum corporis vel fortunae robore destitutus palmam, attingere nequit, illum tamen animi vincit magnitudine, adeo vt fortitudo, nisi semper sit amanda, tamen admiranda maneat.

§. II.

Quae cum ita sint, non potuit, quin tanta virtute digna quoque sint secuta praemia. Principes variis quidem modis gratiae specimina in bene meritos conferre solent, hoc tamen bellicae virtutis praemium, de quo nobis aliquantulum agendi animus est, non infimum inter significandae clementiae & benignitatis modos locum occupat.

Stern, Kleinod und Band
des königlich polnischen
Weißen Adlerordens. Glas-
malerei auf einem Pokal.
Ende des 19. Jh.

gleich zu ähnlichen Schöpfungen war in den Statuten der religiöse Inhalt formuliert – der Got-
tesbegriff erscheint das erste Mal auf der 7. Seite
des originalen Statutendrucks –, und übermäßig
stark sind Kaisertreue und -gefolgschaft betont –
die zahlreichen verbalen Verbeugungen in den
Statuten werden ergänzt durch das Stiftungsdatum des Ordens – der 2. August ist der Geburtstag Kaiser Karls VI. – und die Fixierung des
Ordensfestes auf diesen Tag.
Hinzu kam: Das Ordenskleinod war reichlich mit
Diamanten besetzt, was schwerlich als Demons-
tration christlicher Demut gelten konnte, eher
wohl als Ausdruck einer Manie, alles Umgebende
besonders prunkvoll auszugestalten. Sogar hoch
vermögende Fürstenhäuser, die große Reiche re-
gierten, verschmähten brillantenbesetzte Orden
oder verliehen solche nur in Fällen ganz besonderer Auszeichnung und wenn die Brillanten als Do-
tation für den Beliehenen gedacht waren.
Der erste Hauptartikel der Statuten verlangte von
den Mitgliedern Tugend und Meidung der Laster.
Diese hehren Ziele harmonierten allerdings wenig
mit dem losen Lebenswandel und den extrava-
ganten Neigungen des Herzogs, Stifters und Chefs des Ordens. So lässt
sich nur mutmaßen: Entweder wollte sich der Herzog, indem er den
Statuten folgt, selbst disziplinieren, das Kreuz aufnehmen und sich zu
soliderer Lebensführung anspornen, oder er entzog sich – was wahr-
scheinlicher wäre – im Bewusstsein eigenen Gottesgnadentums a priori
den fixierten Bewertungsmaßstäben.
Der Orden wurde den Rittern offenbar stets mit einem dazugehöri-
gen Diplom verliehen. Kunde davon gibt uns der kenntnisreiche Autor
eines Gedenkartikels zum 200. Jahrestag der Ordensstiftung aus dem
Jahre 1932, Alexander Weichberger, der vor deren Vernichtung noch
die Akten der Ordenskanzlei einsehen konnte. Er schrieb: *Ein vom 11.
Juli 1755 datiertes und vom Herzog Franz Josias von Koburg, der die
Landesverwaltung versah, vollzogenes Originaldiplom für den Oberstleutnant v. Stock in Wien befindet sich, verschlossen gewesen und wieder
erbrochen, bei den Ordensakten. Was es damit für eine Bewandtnis hat,
darüber fehlen sonstige Nachweise; wahrscheinlich ist die Verleihung
nicht zustande gekommen.*[13]

DIE ORDENSRITTER

Sie entsprachen erwartungsgemäß der Verfassung dieser Gemeinschaft.
In einer Mitte des 18. Jh. in Erfurt verlegten Schrift sind die unmit-
telbar nach der Ordensstiftung ernannten Mitglieder verzeichnet:
Herzog Ernst August zu Sachsen-Weimar, als Ordensstifter, Herzog
Wilhelm Heinrich zu Sachsen-Eisenach, Herzog Franciscus Josias zu

Sachsen-Coburg, Fürst Günther zu Schwarzburg-Sondershausen,
Graf von Seckendorf, der Präsident des Geh. Consiliums v. Rheinbaben, Ordenskanzler, Generalmajor v. Romrod zu Weimar, der königl.
schwedische Obrist v. Scheiding.[14] (S. a. Dokument 4 im Anhang dieses Buches.)
An der Vollständigkeit dieser Aufstellung darf man zweifeln; denn es
fehlt darin der Name des Mitbegründers des Ordens, Erbprinz Johann
Wilhelm, der bereits im Dezember 1732 verstorben ist. In derselben
Schrift ist vermerkt, dass *ein getreues Landeskind, das sich J. A. G. S.
nennet, auf diese Begebenheiten folgende Chronographia entworfen hat;
Ernst August, Hertzog zu Sachsen, General von des Kaysers gantzer Reu-
terey, stifftet einen Helden=Orden zu hohen Ehren seines Kaysers:
Hör, Teutschland, wie Dein Haupt den treuen Fürsten liebet,
Schau, wie Er Ihm Vergnügt der Reuter Herrschaft giebet;
Doch sieh, wie Ernst August bey seinem Kayser wacht,
Wer weiß nicht, wie er hat den Ordens=Stern erdacht.*[15]

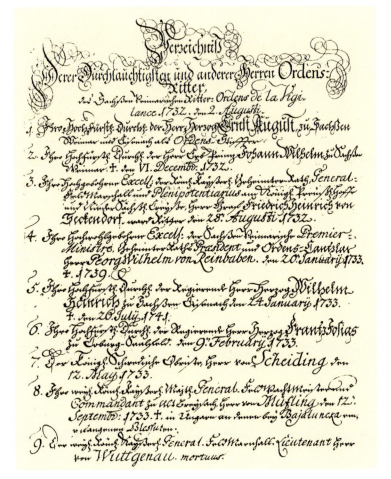

Erste Seite einer Mitgliederliste aus dem Jahre 1743.

Wie aus den Listen der Ordensritter hervorgeht, wurden stets nur wenige Persönlichkeiten in den Orden aufgenommen. Nach den beiden
Gründungsmitgliedern Ernst August und Johann Wilhelm war das
1732 nur noch der Generalfeldmarschall v. Teckendorf.

Für die ersten 15 Jahre sind an Aufnahmen verzeichnet:

1732 - 3 Ritter	1737 - 2 Ritter	1742 - 1 Ritter
1733 - 8 Ritter	1738 - 4 Ritter	1743 - 4 Ritter
1734 - 3 Ritter	1739 - 3 Ritter	1744 - 3 Ritter
1735 - 2 Ritter	1740 - 3 Ritter	1745 - 1 Ritter
1736 - 3 Ritter	1741 - 7 Ritter	1746 - 5 Ritter

In den darauf folgenden knapp anderthalb Jahren bis zum Tode des
Herzogs im Januar 1748 wurde dann kein neues Mitglied mehr aufgenommen. Auch in der Zeit der vormundschaftlichen Regierung

Herzog Ernst August II.
Constantin, Talermünze auf
den Regierungsantritt 1756.

Herzog Friedrichs III. von Gotha für den minderjährigen Erbprinzen
Ernst August II. Constantin – der bereits 1741, wenige Tage nach seinem dritten Geburtstag, Mitglied des Ordens geworden ist – erfolgten keine weiteren Aufnahmen.
Das Jahr der Volljährigkeit des Erbprinzen 1756 war auch das Jahr seiner Hochzeit mit Prinzessin Anna Amalia von Braunschweig-Wol-
fenbüttel, und es war das Jahr einer vergleichsweise großen Zahl von
Aufnahmen in den Falkenorden, nämlich zehn. Während 1757 dann
noch zwei Ordensritter gekürt wurden, sind bis zum frühen Tode des
Herzogs im Mai 1758 keine weiteren Aufnahmen mehr nachzuweisen. Allerdings ist offenbar ein bereits laufender Vorgang noch nach
dem Tode des Herzogs vollzogen worden: die Aufnahme des kurpfäl-
zischen Staatsministers Freiherr von Wrede im Juli 1758. Sie wäre der
Zahl der Verleihungen unter Ernst August II. Constantin noch zuzu-
rechnen.
Während der Regentschaft Anna Amalias von 1759 bis 1775 be-
schränkten sich die Aufnahmen in den Orden auf die notwendigsten,
darunter befand sich auch die Investitur ihres Sohnes, des Erbprinzen
Carl August, der 1763 mit sechs Jahren Ritter des Ordens wurde. Außerdem wurden in ihren 16 Regentschaftsjahren, genauer: zwischen
1762 und 1770, lediglich neun weitere Ordensritter gekürt. Dazu legte

die Regentin vermutlich auch selbst den Orden an, was allerdings in keiner Liste erscheint und wofür auch kein schriftlicher Beleg existiert. Einen indirekten Verweis darauf findet sich im *Weimarischen Wochenblatt*, in dem anlässlich des Todestages Anna Amalias im Jahre 1907 u. a. berichtet wurde: *Zwei dergl. Tabourets standen zu den Füßen des Sargs, auf welchem rechts der Russische St. Catharinen-Orden und links der Weimarische Hausorden befindlich waren.*[16]

Nachdem Herzog Carl August 1775 die Volljährigkeit erreicht und die Regierung angetreten hatte, gab es lediglich drei weitere Aufnahmen, zwei noch 1775 – nach fünfjähriger Pause – und die letzte 14 Jahre später, 1789, das ist die des *Herrn Carl Christ. v. Herda zu Brandenburg, Herzogl. Weimar. geh. Rath u. Cammer=Präsident zu Eisenach, auch Ober =Steuer= und Landschafts =Casse Director.*

Seit Stiftung des Ordens 1732 wurden also aufgenommen[17]:

unter Herzog Ernst August I.	in 15 Jahren	54 Ritter
unter Herzog Ernst August II. Constantin	in 3 Jahren	13 Ritter
unter der Regentin Herzogin Anna Amalia	in 16 Jahren	10 Ritter
unter dem regierenden Herzog Carl August	in 40 Jahren	3 Ritter

So wandelte sich der Falkenorden nach 1775 de facto von einem *blühenden* zu einem *quiescierenden* oder *ruhenden* Orden. Der Orden war in seiner überholten Verfassung offenbar nicht mehr geeignet, in der Gesellschaft irgendetwas Positives zu bewirken. Zudem zeigte insbesondere Carl August keinerlei sichtbare Neigung zur Pflege höfischer Riten, wie sie mit der Zelebrierung von Ordensfeierlichkeiten verbunden sind. Dass Carl August nur auf Kinder- und Jugendbildnissen mit dem Falken- orden – meist zusammen mit dem polnischen Weißen Adlerorden – dargestellt ist, deutet darauf hin, dass ihn der Herzog später nicht mehr anlegte. Anstatt dieser Orden trägt Carl August seit 1786 den hoch geschätzten preußischen Hohen Orden vom Schwarzen Adler, den ihm König Friedrich Wilhelm II. von Preußen kuz nach dem Tode Friedrichs des Großen verliehen hat.

Zu den Ordensverleihungen ist festzustellen:

Zum Einen: In den gut 80 Jahren der Existenz des herzoglichen Falkenordens sind wahrscheinlich nur ca. 80 Personen als Ritter in den Orden aufgenommen worden.

Zum Anderen: Die Zahl der offiziell angefertigten kostbaren Ordenszeichen dürfte die der zu gleicher Zeit lebenden Mitglieder – also etwa 35 in der Blütezeit des Ordens – nicht überstiegen haben.

Heinrich Reichsgraf v. Bünau, u. a. mit dem Weimarer Falkenorden. Kupferstich von J. M. Berningeroth, 1763.

Hersteller dieser Orden sind nicht bekannt, möglicherweise wurden die Kleinode von verschiedenen *Goldarbeitern* und Juwelieren nach der Zeichnung in den Statuten und eventuell auch nach einem Musterexemplar des Ordens gefertigt. Erst in jüngerer Zeit ist ein Kleinod aufgetaucht, von dem behauptet wird, es sei echt. Wenngleich es sich fertigungstechnisch um ein Stück aus dem 18. Jahrhundert zu handeln scheint, sind – abweichend von Beschreibung und Abbildungen –

keine Brillanten in die Kreuzarme eingelegt, sondern es sind nur die Enden des roten Kreuzes mit solchen versehen und es ist insgesamt einfacher ausgeführt als die auf Porträts dargestellten Exemplare. Vermutlich gingen alle weiteren Insignien den Weg alles Zeitlichen. Das Gold und die Brillanten existieren wohl in anderer Gestalt fort, zurückgegebene Kreuze wurden sicher bereits unter Anna Amalia und Carl August zu Geld gemacht, um die Staatskasse aufzubessern.

Einige Abbildungen – die Kupferstiche in den Statutendrucken wie auch vorzügliche Porträts von Ordensträgern, unter ihnen farbig ausgeführte Ordenszeichen auf Gemälden – vermitteln dennoch ein plastisches Bild von diesen Kleinoden, andererseits zeigen die dargestellten Ordenszeichen manche Unterschiede in der Ausführung.

In den Statuten und in historischen Abhandlungen des 18. Jahrhunderts wurde der Orden meist *Ordre de la vigilance* oder *Orden der Wachsamkeit* genannt. Im täglichen Umgang jedoch wie auch in einigen Schriften bürgerte sich *Falkenorden* oder *Orden vom weißen Falcken* ein, so ist auch im sachsen-weimarischen Hof- und Adreßkalender von 1757 vom *weisen FalckenOrden* die Rede.

General v. Oppeln-Bronikowski (1679–1765), Ritter des herzogl. sachsen-weimarischen Falkenordens und des königl. preußischen Ordens Pour le Mérite. Farbige Miniatur von B. Koch, Ende 20. Jh.

Oberhäupter des Ordens waren die regierenden Herzöge, Ordensmitglieder von Hause aus die Erbprinzen. Zu den Ordensrittern gehörten weitere Fürsten, Regenten benachbarter Staaten und deren Prinzen, in diesem oder jenem Sinne verwandt mit dem Ordensstifter: so z. B. Herzog Wilhelm Heinrich zu Sachsen-Eisenach, Herzog Franz Josias zu Coburg-Saalfeld, Fürst Günther zu Schwarzburg-Sondershausen, die Prinzen Ernst Ludwig und Christian Wilhelm von Sachsen-Gotha sowie Graf Heinrich XXV. von Reuß.

Die nächste große Gruppe waren hohe Militärs, inländische wie solche verbündeter Staaten: Generalfeldmarschall von Teckendorf, General von Müffling, die Generalmajore von Romrod, von Steinsdorff und von Seebach, die Obristen von Scheiding, von Kann, Reichsgraf von Promnitz und Freiherr von Tornaco u. a.

Den größten Teil jedoch machten die einheimischen Beamten aus: Die Vorsitzenden und einige Mitglieder der Geheimen Consilien, Beamte des Hofstaates, Kammerpräsidenten, Oberschenken, Oberjägermeister, Oberberghauptleute, Oberstallmeister usw. usf. Die bekanntesten

unter diesen Beamten waren die Vorsitzenden der Geheimen Consilien, so die sachsen-weimarischen *Premier-Ministres* Georg Wilhelm
von Rheinbaben und Heinrich Graf von Bünau – sowie die Oberhof-
marschälle Friedrich Wilhelm von Bodlar und Christian Heinrich von
Stutterheim.

Bleiben noch zwei Personengruppen zu nennen, die vorzugsweise zu
den Anwärtern auf Ordensmitgliedschaft gehörten: hohe ausländische Beamte, vor allem sächsisch-polnische, und herausragende Diplomaten, sachsen-weimarische im
Ausland ebenso wie ausländische Gesandte am Weimarer Hof. (S. a. Dokument 4 im Anhang.)

Der jeweils vom Ordenskanzler bestellte *Ordens-Se-
cretarius* gehörte nicht zu den Ordensrittern. Die bekanntesten Ordenssekretäre waren der Geheime
Sekretär Johann August Ludecus und der Wirkl.
Geh. Rat und spätere Vorsitzende des Geheimen
Consiliums Jacob Friedrich Freiherr v. Fritsch, der –
wären die Ordensdinge noch nach den Statuten gehandhabt worden – eigentlich mit dem Orden bedacht und sogar Ordenskanzler hätte sein müssen.

Eine weitere Besonderheit in der Ordensgeschichte
vermittelt die Namensliste der Ordensritter von
1788: Unter der Nr. 61 (7) und dem Datum 10. August 1756 ist als *Ordensritter* registriert: *Prinzeßin
Carolina von Braunschweig* – die einzige Frau in diesem Ritterorden! Trägerin des Ordens war die zwei
Jahre ältere Schwester Anna Amalias, Prinzessin Sophie Caroline Marie, das Lieblingskind Herzog
Carls I. von Braunschweig, eine ebenso anmutige wie
kluge junge Frau, die Anna Amalia im Hause vorge-

zogen wurde und ihr zunächst eher Konkurrentin als Freundin war.
Mit der Heirat Anna Amalias nach Weimar entspannte sich das Ver-
hältnis zwischen den Schwestern. Als Ernst August II. Constantin in
seinem Hochzeitsjahr die Schwägerin – wie auch den Schwager, den
Erbprinzen Carl Wilhelm Ferdinand von Braunschweig, nachmals
Herzog Carl II. – mit dem Falkenorden beehrte, half er damit auch, das
Klima zwischen seiner Gemahlin und ihrer Schwester zu verbessern.
Carolina heiratete 1759 übrigens den Landgrafen Friedrich von Bran-
denburg in Bayreuth, also einen höchst angesehenen Mann.

Die letzte Phase des Ordens, die seines Niedergangs, war eine Konsequenz der fortschreitenden Geschichte: Er war zu nichts mehr nütze.
So gab es keinen Grund, diesem Orden nachzutrauern, entwickelte
sich zugleich doch der spektakuläre geistige Aufschwung im Lande,
und die Aufklärung gewann die Oberhand – die berühmten zwei Seiten ein und derselben Medaille.

So kannte der sachsen-weimarische *Hof- und Adreß-Calender* des Jahres 1794 nur noch acht, der des Jahres 1800 nur noch sechs und der des
Jahres 1808 nur noch zwei lebende Ritter – jeweils außer dem Ordensoberhaupt Carl August, der 1813 sein 50jähriges Ordensjubiläum

Johann Wilhelm Christian
v. Schardt mit dem Falkenorden und dem altpreußi-
schen Orden de la
générosité. Ölgemälde von
unbekannter Hand, 1744.

hätte begehen können, hätte er nur daran gedacht; sein 50-jähriges Militärjubiläum wurde sogar mit einer Jubiläumsmedaille gefeiert.

Die letzten beiden Mitglieder waren dem *Calender* zufolge: *Se. Hochfürstl. Durchl. Herr August Fürst zu Schwarzburg-Sondershausen,* Ordensritter seit 1756, und *Se. Exzellenz Franz Christian Eckbrecht Freiherr von Dürkheim, Herzoglich Sachsen-Meiningscher Wirkl. Geh. Rath*, Ordensritter seit 1770, einzig übrig gebliebener Ritter bei Erneuerung des Ordens im Jahre 1815.

Die Ordensfeste wurden im 18. Jahrhundert im Rittersaal des Weimarer Schlosses, der Wilhelmsburg, zelebriert, dessen Wände mit den Porträts der Ritter geschmückt sind.

DER FALKE ALS HERRSCHAFTSSYMBOL

Wie im landesgeschichtlichen Teil angemerkt, gehörte die Beize, die Jagd mit Hilfe von Falkenvögeln, zu den beliebtesten fürstlichen Vergnügungen des Mittelalters. Bekanntlich frönten auch die deutschen Könige und römischen Kaiser Friedrich I. *Barbarossa* und Friedrich II. im 12. und 13. Jahrhundert dieser Leidenschaft.

Letzterer ist zugleich Autor des bis heute berühmten *Falkenbuchs*, der klassischen Schrift über Falken, Beizjagd und Falknerei, die unter dem Titel *De arte venandi cum avibus* (Über die Kunst des Jagens mit Vögeln) erschien. Die prachtvolle Originalhandschrift ging jedoch verloren, als das kaiserliche Lager einmal erstürmt wurde – Majestät waren gerade auf der Falkenjagd. Allerdings vermitteln noch erhaltene Ab-

Titel und Darstellung Kaiser Friedrichs II. aus dessen Falkenbuch.

Jagdszene aus dem Falken-
buch Kaiser Friedrichs II.

schriften, so ein Exemplar in der Vatikanischen Bibliothek, eine Vorstellung von den exzellenten Tier- und vor allem Falkendarstellungen,
die die Randleisten zieren.[18]
Doch die Geschichte der Falkenjagd reicht weiter zurück: Bereits in
prähistorischer Zeit, in den asiatischen Steppen, machten sich die No-
maden die Schnelligkeit und Stoßsicherheit des Falken zunutze. Um
400 v. Chr. beschrieb Ktesias, Leibarzt des Perserkönigs Artaxerxes,
die Falkenbeize der Inder. Und Marco Polo erwähnte prunkvolle Jag-
den mit Greifvögeln am Hofe Dschingis Khans. Der Hunnenkönig
Attila führte einen gekrönten Falken in seiner Fahne, und mit den
Hunnen kam die Falknerei nach Europa, wo sie sich im 5. und 6. Jahrhundert n. Chr. ausbreitete. Auch Kaiser Karl der Große hielt im 8.
und 9. Jahrhundert Beizvögel; in der *lex salica* ließ er harte Strafen
gegen diejenigen festschreiben, die sich an Falken vergriffen.
Im Mittelalter war der Falke der Lieblingsvogel des gebildeten Adels.
Pflege und Zucht der Vögel waren sogar Sache der Damen. Im *Nibe-
lungenlied*, dem mittelhochdeutschen Heldenepos aus dem 13. Jahrhundert, träumt die junge Kriemhild von einem Falken, der mit seinem
ästhetischen Äußeren übertragen als ein Muster höfischen Anstands
galt, ja zum Sinnbild des Geliebten wurde: klarsichtig, mutig, aufmerksam und schön sind die gedachten Eigenschaften. Auch der mit-
telhochdeutsche Dichter Dietmar von Aist besang den Falken.[19]
Die Falknerei blieb über Jahrhunderte hin ein Privileg des Hochadels
und war damit ein Zeichen fürstlicher Repräsentanz. König Ludwig
XIII. von Frankreich soll sich Tag und Nacht mit seinen Greifvögeln
befasst haben, was Unsummen Geldes verschlang. Der *Sonnenkönig*
Ludwig der XIV., vergöttertes Vorbild seiner europäischen Herr-
scherkollegen, veranstaltete mehrmals in der Woche Beizjagden in den
Wäldern von Fontainebleau.
Nach dem Aufkommen des Buchdrucks und graphischer Vervielfälti-
gungstechniken widerspiegelten auch verschiedene Buchpublikatio-
nen die hohe Wertschätzung des Falken und der Falknerei im Bewusstsein der Reichsstände, der Fürsten und anderer Herren. Nach
Friedrichs epochalem Falkenbuch erschien das nächste bedeutende
Werk 1492 in Paris: *Guillaume Tardif, Le livre de l`art de falconnerie
et des chiens de chasse;* mit Holzschnitten versehen, wurde es bis 1882

Darstellung von Großfalken
in der *Falconaria*, 1617.

mehrmals neu aufgelegt und auch mit dem Falkentext des Hohen-
staufenkaisers herausgebracht.

In London erschien 1575 das nächste Standardwerk: *George Turbe-
ville, The book of Faulconerie or Hanking etc.*, ebenfalls mit Holzschnitten und 1611 neu herausgegeben. Eines der am weitesten
verbreiteten Falkenbücher verfasste *Charles d'Arcussia: La Fauconne-
rie... divisee en trois livres;* es erschien 1598 zuerst in Aix en Provence,
später dann, nach Übersetzung in die jeweiligen Sprachen, auch an anderen europäischen Orten. Die deutsche Fassung, ediert 1617 in
Frankfurt am Main, trug den Titel: *Falconaria, Das ist/ Eigentlicher
Bericht und Anleytung, wie man mit Falcken und andern Wildvögeln
beitzen soll etc.*

Doch zurück zum Herzog von Sachsen-Weimar: Ernst August I. lebte
nicht nur in einer Welt, die die Falkenverehrung einschloss, der Falke
war ihm auch ganz persönlich vertraut, war ihm ein angenehmer Be-
gleiter und Jagdgehilfe, den er schätzte wegen seiner Geschicklichkeit
und Kraft, seiner Wachheit und Schnelligkeit. Nur einem Tier mit Eigenschaften, die es in seiner Sparte königlich erscheinen ließ, war es
gegeben, zum Wappentier zu avancieren – Adler, Löwe, Bär, Pferd,
Hahn! Ernst August wählte den Falken. Denn der Adler war in heraldischer Hinsicht durch den Kaiser – z. T. auch durch Könige – besetzt, und die Tatsache, dass der natürliche Falke nicht nur *dem Adler
nachgeht* – wie in den Statuten des Falkenordens vermerkt –, sondern
stets auch seine Eigenständigkeit und Unabhängigkeit bewahrt – wie
in den Statuten nicht erwähnt! – mag den Herzog zu seiner Wahl bewegt haben.

Und der Falke hinterließ Spuren im Lande – zu Ernst Augusts wie zu
späteren Zeiten: Zwischen Weimar und seinem Lustschloss *Belvedere*
ließ der Fürst 1732 eine Fortifikation – die *Falkenburg* – errichten, die
24 Jahre später wegen ihrer Sinnlosigkeit noch zu Lebzeiten des Er-

bauers wieder abgerissen wurde. Unter Carl August wurde von 1800 bis 1803 nach Entwürfen von Heinrich Gentz ein repräsentativer Saal erbaut, einer der schönsten klassizistischen Festsäle des neuen Stadtschlosses, der später unter dem Namen *Falkengalerie* firmierte. Der Falke erschien ganz allgemein als Kunst- und Architektur-Zierat, schmückte Weimarer Porzellan, Textilien und Druckschriften, wurde in militärische Symbole integriert und war an Uniformen und Ausrüstungen vorzufinden. Dass der Falke schließlich auch den Hausorden als wesentliches Element zierte, dass dessen Name und seine Devise mit dem Falkensymbol verquickt war, ja, dass sogar die Kaisertreue hineininterpretiert wurde, ist nach dem Gesagten nicht verwunderlich.

Ein Original der oben erwähnten *Falconnerie* von d`Arcusia befindet sich übrigens in Ernst Augusts fürstlicher Bibliothek, es ist heute in der *Anna Amalia Bibliothek* zu finden. Aus der Korrespondenz des Herzogs, in der es u. a. um die Ausstattung der Menagerie in *Belvedere* geht, lässt sich schließen, dass der Herzog aus dieser Fachliteratur seine theoretischen Kenntnisse schöpfte. Dabei erwähnte er die *Isländischen Falken*, eine Species der Gerfalken *(Falco rusticolus)*, von denen d`Arcusia schreibt: *Es ist der Gerfaut, der wackersten Vögel einer, die man sehen mag...; etliche seynd weiß wie Tauben.*[20]

Somit ist ein zweiter Aspekt genannt, der uns in Bezug auf den Orden beschäftigt: der *weiße* Falke. Wie gesagt existiert tatsächlich eine solche Falkenart. Weiße Falken zählen zu den größten unter den Edelfalken und sind schneller, wendiger und kraftvoller als ihre Artgenossen. Sie schlagen ihre Beute am Boden und in der Luft und sind im hohen Norden Europas beheimatet. Sie kommen häufiger in Island und Grönland vor, besonders in Nordgrönland. Sie werden 51 bis 56 cm groß, erreichen eine Flügelspannweite von 110 bis 130 cm und ein Gewicht von 800 bis 1700 g. Island- und Grönlandfalken, die im Winter auch südostwärts wandern, wurden früher als eigenständige Rassen betrachtet, gelten heute jedoch als besondere Phasen der Gerfalken.[21]

Schlussstein über dem Hauptportal der Falkenburg, heute im Weimarer-Schloss Belvedere aufbewahrt. Eine Inschrift weist auf die Stiftung des Falkenordens hin.

Obgleich zoologische Gründe bei der Wahl des *weißen* Falken als Symbol des Weimarer Ritterordens wohl mitspielten, waren diese sicher nicht bestimmend. Entscheidend war die Symbolkraft der Farbe Weiß und konkret-historische Vorbilder: Weiß war von jeher die Farbe der Unschuld, der Keuschheit und Aufrichtigkeit – worauf im Ordensstatut hingewiesen wurde –, aber auch ein Sinnbild des Besonderen, Auserwählten. Weiße Gewebe waren zu jener Zeit nur mit hohem Aufwand herzustellen, weiß war die Kleidung elitärer Orden, weiß das besondere Kleid der Braut, der weiße Pelz des Hermelins der Mantel der Könige...

Diese Sinnhaftigkeit der Farbe Weiß stand auch Pate bei der Benennung anderer Orden, so des polnischen Ordens vom Weißen Adler,

Prägestöcke (Matrizen)
eines 2/3 Talers 1737 mit
dem Porträt Herzog Ernst
Augusts I. (As.) und einem
bekrönten Arrangement
von Falke, Stern und Or-
densband (Rs.).

gestiftet 1705, oder des tschechoslowakischen Ordens vom Weißen
Löwen, gestiftet 1922. Hätte es realiter keine zoologisch determinierte
Art eines weißen Falken gegeben – der Weimarer Hausorden hätte si-
cher dennoch *vom weißen Falken* geheißen.
Offenbar diente insbesondere der königlich polnische Orden vom
Weißen Adler in Symbolik und Form für die Gestaltung des Falkenordens als Vorbild; Ernst August trug bereits den *Weißen Adler*, bevor
er den eigenen Orden gründete.
Die Ordenskunde kennt im übrigen nur wenige weitere Falkenorden,
so z. B. den 1918 gestifteten tschechoslowakischen Falken- oder Ste-
fànik-Orden und den 1922 begründeten isländischen Falkenorden.
Ackermann wies darauf hin, dass ein alter Ritterbund die Symbolwahl
beeinflusst haben könnte, nämlich dass *schon 1308 bis 1382 ein Falk-
nerbund unter den Westphälisch-Paderbornschen Rittern bestand, auch
„Orden zum weißen Falken" genannt.*[22]
Das Ende der Falknerei wurde technologisch durch die Entwicklung
von Handfeuerwaffen eingeleitet und politisch durch die Französische
Revolution vollzogen – Falknerei als offenkundiger Ausdruck feuda-
ler Lebensweise wurde verboten. Sie lebte später nur noch als aristo-
kratisches Hobby fort, so in England und in arabischen Ländern.

EIN BAROCKER DAMENORDEN AM WEIMARER HOF

Der Orden des 1. Typs...

Dieser Orden, der bis heute erstaunlich häufig auf Gemäldedarstel-
lungen adeliger Damen in thüringischen Schlössern zu sehen ist, gehörte von seinem Wesen her eigentlich nicht zu den Orden pha-
leristischer Definition. Denn er war kein äußeres Zeichen einer religiösen oder ritterlichen Gemeinschaft, er wurde auch nicht als Symbol
außerordentlicher Verdienste verliehen, sondern ist eher als Gnaden-
erweis oder Ehrengeschenk eines Fürsten, in diesem Fall des regierenden Fürsten Sachsen-Weimar-Eisenachs anzusehen; er trug das
Miniaturporträt seines Spenders, er wurde vergeben wie die damals
üblichen Medaillenkleinode oder Gnadenmedaillen – oder auch wie
die vor allem im 18. bis 20. Jahrhundert erteilten Brillantporträts der
Monarchen – und man ging mit ihm um wie mit diesen.

Ein gegenständliches Ordenszeichen hat sich bis in unsere Zeiten offenbar nicht erhalten. Seine Gestalt ist allerdings auf den erwähnten Gemälden relativ klar erkennbar: Der Grundkörper des Ordens ist ein vierstrahliger *liegender,* weiß-rot emaillierter Stern, offenbar aus Gold, in den seitlichen und dem unteren Sternwinkel mit zunächst rot, dann grün emaillierten Agraffen gefüllt, mittig mit einem hochovalen Medaillon belegt, das ein barockes Fürstenporträt zeigt, überhöht zunächst von einem dreibügeligen Fürstenhut, später von einer fünfbügeligen, gefütterten Herzogskrone. Der Orden ist mit Brillanten besetzt, die rund um das Porträt und auf den Agraffen angeordnet sind. Er wurde an einer Schleife aus rotem, durchbrochen golden bordiertem Band getragen, das dem des ersten weimarischen Falkenordens hochgradig ähnelt.

Bernhardine Christine Sophie von Schwarzburg-Rudolstadt (li.) und Friederike Sophie Auguste desgl. Ölgemälde von unbekannt, Mitte 18. Jh., sow. von J. E. Heinsius, 1765.

Als Trägerin des 1. Typs dieses Ordens ist einzig die Schwarzburg-Rudolstädter Fürstin Bernhardine Christine Sophie – eine Tochter des Weimarer Herzogs Ernst August I., der zugleich auch Stifter des Falkenordens ist – mit Sicherheit identifiziert. Weitere Trägerinnen sind später Fürstinnen und Prinzessinnen Sachsen-Weimars und mit ihm verbundener Häuser, nunmehr des 2. Ordenstyps mit der Herzogskrone und grün emaillierten Agraffen, vergeben von Ernst August II. Constantin. Die Stiftung des Ordens wird im Jahr 1737 vermutet, also fünf Jahre nach der Stiftung des Ritterordens vom Weißen Falken. Als Hersteller gilt der Goldschmied Johann Christoph Friedrich Große, Hofgoldarbeiter seit 1735.

In der phaleristischen Literatur wurde der Orden bis vor kurzem noch unisono als eine fürstlich Schwarzburg-Rudolstädter Stiftung angesehen, bis Klaus H. Feder in einem sorgfältig recherchierten Fachartikel die heute anerkannte Beschreibung und Deutung lieferte.[23]

...und des 2. Typs. Ausschnitte aus obigen Gemälden.

FREIMAURER IN WEIMAR

Der Hausritterorden vom Weißen Falken mit seinen engen Standes-
grenzen konnte im letzten Drittel des 18. Jh. nicht mehr das gesell-
schaftsgestaltende Gremium sein, das es zur Zeit seiner Stiftung war.
Neue Kräfte traten auf den Plan, denen der Zugang zum Orden niemals möglich gewesen wäre. Ihnen aber mussten Wirkungsmöglich-
keiten eingeräumt werden – über die elitären staatlichen Körper-
schaften, die geselligen Zirkel und literarischen Salons hinaus und im
Verein mit den bisher führenden Leuten.

Eine Möglichkeit zu anspruchsvoller Kommunikation schien in der
Freimaurerei gegeben zu sein, die sich seit etwa 1725 von England aus
über ganz Europa verbreitete. Als eine schnell an Einfluss gewinnende,
da zeitgemäße Bewegung von humanistischer Geisteshaltung, die ihren
Mitgliedern über die Logen in rituellen *Arbeiten* vermittelt wurde, entsprach sie der Lebensauffassung der Aufklärer und aller, die sich ihr
anschlossen.

In Achtung vor der Menschenwürde traten die Freimaurer für Tole-
ranz, freie Entfaltung der Persönlichkeit, Hilfsbereitschaft und Men-
schenliebe ein. Die in brüderlicher Gemeinschaft in den *Tempel-
arbeiten* gewonnene Selbsterkenntnis sollte zugleich Gewissen und
Verantwortungsgefühl gegenüber dem Staat und der Gesellschaft
schärfen. Die Rituale, die in ihren wesentlichen Bestandteilen auf der
ganzen Erde gleich waren, konnten als dynamische Symbole des kos-
mischen Geschehens gedeutet werden. Die *Arbeiten* wurden in drei
Graden verrichtet – dem des Lehrlings, des Gesellen und des Meisters.
Dabei trugen die Freimaurer besondere Abzeichen, Schurz und weiße
Handschuhe. Bevor die Freimaurerei in Weimar Fuß fasste, waren bereits so berühmte Leute wie Denis Diderot, Baron de Beaumarchais,
Gotthold Ephraim Lessing und Friedrich II. von Preußen Mitglieder
verschiedener Logen.

Initiator der Freimaurerbewegung im Weimarer Land war der Minis-

Zu den prominentesten
Mitgliedern der Weimarer
Sektion des Illuminatenor-
dens bzw. der Freimaurerlo-
ge Amalia gehörten auch die
Dichterfürsten (v. li.) J. W.
Goethe, F. Schiller, J. G.
Herder und...

ter und spätere Premierminister Jakob Friedrich
Frhr. v. Fritsch, oben bereits im Zusammenhang
mit dem ersten Falkenorden erwähnt. Bereits
1762 leitete v. Fritsch die Loge *Zu den drei
Rosen*, die allerdings im Jahr darauf wieder geschlossen wurde. Am 24. Oktober 1764 gründete er daraufhin in Weimar die Loge *Anna
Amalia zu den drei Rosen* und fand in der damals
regierenden Herzogin offenbar die richtige Na-
menspatronin, denn sie begleitete die Sache mit
großer, fördernder Sympathie und nahm an den
Feierlichkeiten teil. So berichtete ein Zeitge-
nosse, dass am 4. März 1777 im Hauptmann-
schen Saale an der Esplanade, der heutigen
Schillerstraße, eine feierliche *Schwesterloge* zelebriert wurde, welcher die Herzoginmutter und
alle Frauen der Freimaurer beiwohnten.[24] Nach
Lynckers Bericht war auch Anna Amalias Onkel, der Braunschweiger Herzog Ferdinand, bei

Frühes Bijou der Loge Amalia zu den drei Rosen.

diesem Feste wie bei manch anderem Weimarer Freimaurer-Ereignis
anwesend – er, der zugleich *Großmeister vom Stuhl* aller deutschen Freimaurerlogen war.

So entwickelte sich die Weimarer Loge rasch zu einer der angesehensten in Deutschland, natürlich auch wegen ihrer illustren Mitglieder.
Zu den traditionellen Würdenträgern des Landes Jacob Friedrich Frhr.
v. Fritsch, Karl Frhr. v. Lyncker sen. und für eine Zeit auch Herzog Carl
August, traten nach und nach Johann Gottfried Herder, Friedrich
Schiller, Johann Wolfgang Goethe und Christoph Martin Wieland
hinzu.[25]

Herder fand schon im Alter von 22 Jahren den Weg zur Freimaurerei
in Riga und gab, v. a. in seiner Bückeburger Zeit, da er in Hamburg
mit Matthias Claudius und Gotthold Ephraim Lessing in Verbindung

… C. M. Wieland sowie weitere große Geister wie etwa
der hohe Staatsbeamte J. F.
v. Fritsch und der Theater-
mann F. L. Schröder.

trat, der Reformbewegung innerhalb des Ordens entscheidende Impulse. Ihm ging es darum, *die Freimaurerei wieder auf den realen Boden der Vernunft zu stellen.*

Goethe wurde 1780 Mitglied der Weimarer Bruderschaft, Anfang 1782 Meister und bereits Ende desselben Jahres in den *Inneren Orden* aufgenommen. Für ihn hatte die Freimaurerei mit ihren genannten wesentlichen Inhalten eine große Anziehungskraft. Obgleich er eigentlich nicht zu den *fleißigen Logenbesuchern* gehörte, war er dennoch Spiritus rector seiner Loge und der Freimaurerbewegung überhaupt. In seinen Gedichten und im Wilhelm Meister z. B. pries er den Freimaurergedanken und besang in seinem *Symbolum das ewige Werden des Freimaurers im unbeirrbaren Vorwärtsschreiten durch das Hell und Dunkel der irdischen Existenz*[26]:

Des Maurers Wandeln,   *Die Zukunft decket*
Es gleicht dem Leben,   *Schmerzen und Glücke.*
Und sein Bestreben,   *Schrittweis dem Blicke,*
Es gleicht dem Handeln   *Doch ungeschrecket*
der Menschen auf Erden.   *Dringen wir vorwärts...*

Wieland, der den Freimaurern zunächst skeptisch gegenüber stand, wurde erst 1809 Mitglied der Weimarer Loge, sehr wahrscheinlich durch den lang währenden Einfluss Goethes dazu inspiriert.

Bereits vor dieser Zeit waren viele der hier Genannten – so auch Carl August, Herder und Goethe – Mitglieder des von Freiherrn v. Knigge geförderten *Illuminatenordens*, der ähnliche Ziele verfolgte und ähnliche Strukturen aufwies wie die Zirkel der Freimaurer. So war er als ein Orden gedacht, der *selbstdenkende Menschen aus allen Weltteilen, von allen Ständen und Religionen, unbeschadet ihrer Denkfreiheit durch ein gegebenes höheres Interesse in ein einziges Band dauerhaft vereinigen* soll, um die menschliche Gesellschaft zu einem *Meisterstück der Ver-*

Neuzeitliches Bijou der Loge Amalia zu den drei Rosen.

nunft zu gestalten und *in ihr und durch sie die höchste Vollkommenheit der Regierungskunst zu erreichen.*

Zurück zur Loge *Amalia*: Der oben bereits zitierte Freiherr v. Lyncker vermittelte uns auch einen Bericht über die Finanzen der Loge: *Die maurerischen Kassen waren nicht unbedeutend, da eine Menge... Menschen aus den entferntesten Gegenden Aufnahme in diesen Orden suchten und hierdurch einige Wichtigkeit zu erlangen glaubten. Die Rezeptionsgelder waren beträchtlich und stiegen mit jedem Grade; auch trug der sogenannte Johannisdukaten, welchen jeder zur Loge gehörige Maurer, auch vom Auslande her, liefern mußte, viel zur Einnahme bei. Nächstdem war durch die Loge eine Bildungsanstalt in Jena errichtet worden, welche man die Rosenschule nannte.*[27]

Die Stiftungsurkunde der Weimarer Loge aus dem Jahre 1764 befindet sich im Freimaurer-Museum in Bayreuth. Das Abzeichen der Loge war ein achtstrahliger Stern, in dessen Mitte sich ein hochovales Medaillon mit einem bekrönten gotischen *A* befindet. Man findet Goethes Logenbijou noch heute in Weimar, ebenso wie Goethes Bijou des Illuminatenordens erhalten ist.

Die Loge *Amalia* existierte – mit kleineren Unterbrechungen – fort, wobei Carl Wilhelm Frhr. v. Fritsch – berühmter Sohn des ebenso berühmten ersten Logenchefs –, aber auch der Schöngeist und Kaufmann Friedrich Justin Bertuch eine wichtige Rolle bei der Leitung der Loge in der ersten Hälfte des 19. Jahrhunderts spielten. Die Loge bestand danach zunächst bis 1933, als die Freimaurerei im *3. Reich* verboten, das Vermögen der Logen eingezogen und die Mitglieder teilweise verfolgt wurden. Die Loge *Amalia* erstand neu im Jahre 1990.

Meisterschurze aus anderen Logen mit der Darstellung von Freimaurersymbolen.

DER GROSSHERZOGLICHE HAUSORDEN DER WACHSAMKEIT ODER
VOM WEISSEN FALKEN, gestiftet am 18. Oktober 1815

VOR DER ERNEUERUNG DES ORDENS

Clemens Lothar Wenzel
Fürst Metternich (1773–
1859). Ölgemälde von J. K.
Nejebse um 1815. Schloss
Dačice, Tschechien.

Der Wiener Kongress führte den sachsen-weimarischen Herzog Carl August – gleich vielen anderen
Fürsten – 1814/15 in die österreichische Donau-Me-
tropole. Er spielte dort eine Rolle, die die Bedeutung
des Ländchens, das er vertrat, überstieg. Auch seinen
Anteil an den Ergebnissen des Kongresses bewerten
viele Historiker als überdurchschnittlich. So ist es
nicht verwunderlich, dass Freiherr von Egloffstein im
Umkehrschluss konstatierte: *Die Teilnahme Carl Augusts von Weimar am Wiener Kongreß gehört zu den
wichtigsten und interessantesten Ereignissen seines bewegten Lebens.*[28]
Selbst wenn sich nicht alle seine Blütenträume auf
dem Kongress erfüllten, erlangte Carl August doch die
Großherzogswürde sowie einen beträchtlichen Zuwachs an Land und *Seelen* – das waren der ganze Neustädter Kreis und weitere Ämter sowie 77 000 neue
Staatsbürger. Folgerichtig setzte er sich unmittelbar
nach seiner Heimkunft energisch dafür ein, dass die
Kongressbeschlüsse in seinem Lande Punkt für Punkt
umgesetzt wurden. In den Jahren 1815 und 1816 wurden alle wichtigen Verwaltungsbehörden des nunmehrigen Großherzogtums den neuen Bedingungen
angepasst, der Landzuwachs wurde realisiert, die Einführung eines Parlaments und Wahlen dazu vorbereitet sowie eine landständische Verfassung ausgearbeitet.
Zum materiellen und ideellen Gewinn, den der Kongress brachte,
kamen nachhaltige Eindrücke, die Carl August in Wien erhielt, während der Verhandlungen genauso wie während der ausgedehnten Ge-
selligkeiten. Was die Orden anlangt, so war er mit seinem altmo-
dischen Ritterorden *de la vigilence*, der in Person des erwähnten Freiherrn v. Dürckheim nur noch ein einziges Mitglied hatte, hoffnungs-
los im Hintertreffen.
Carl August begegnete ordensgeschmückten Fürsten, namhaften Diplomaten und anderen hohen Beamten in einem Maße, wie er das
zuvor nicht kennen gelernt hatte. Deutlich mag ihm hier bewusst geworden sein, dass ein Orden stets auch ein Bekenntniszeichen ist, eine
Fahne sozusagen, die der Träger vor sich her führt. Denn an den – dynastischen oder republikanischen – Orden, die jemand trägt, kann
man auf einen Blick erkennen, welcher Partei dieser Mann zugehört,
ihr zuneigt oder verpflichtet ist und aus welchem Lande er kommt.
Dazu lernte der Herzog die modernen Verdienstorden in ihrer bereits
vorhandenen Vielgestaltigkeit kennen, und auch sie erlaubten durch
ihren Platz im jeweiligen Ordenssystem und ihre Einteilung in Klassen

Rückschlüsse auf die Herkunft und den Rang des Trägers. Das war praktisch und angenehm. Zudem war Carl August auf dem Kongress in eine Ordens-angelegenheit involviert, die ihm einige Beharrlichkeit abverlangt: Er bemühte sich intensiv darum, für Goethe – auf dessen ausdrücklichen Wunsch hin – von Kaiser Franz I. einen kaiserlich-österreichischen Orden zu erlangen. Der Herzog schien den Fürsten Metternich in dieser Sache ziemlich zu nerven, notierte dieser doch im November 1814 in einem Schreiben an den Kaiser:

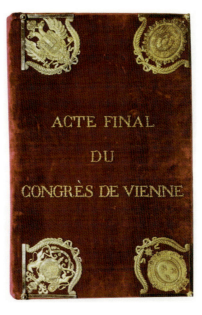

Schlussakte des Wiener Kongresses, Juni 1815. Samteinband. Wiener Haus-, Hof- und Staatsarchiv..

Euer Majestät! Haben bey Allerhöchstem vorigjährigem Aufenthalte in Weimar dem Herzog die Verleihung eines Ihrer Ordenszeichen an den geh. Rath v. Göthe zu versprechen geruht. Seitdem drängt der Herzog täglich auf die Erfüllung dieser Aussicht. Ich unterfange mich unterthänigst, auf die Verleihung des Commandeur Kreutzes des Leopold Ordens anzutragen, welches ich dem H. v. Göthe im Falle der gnädigsten Gewährung des Antrages mit einem angemessenen Schreiben im Allerhöchsten Namen zuschicken würde.[29]

Die Verleihung des Leopold-Ordens an Goethe, die mit der Erteilung des österreichischen Freiherrentitels verbunden war, erfolgte dann gut ein halbes Jahr später am 28. Juni 1815 *durch eigenhändig niedergelegte Entschließung des Kaisers.*

Ein weiterer Grund mag Carl August dazu bewegt haben, einen eigenen Hausorden zu begründen: Es hatte sich inzwischen die Sitte herausgebildet, dass ein Fürst dem anderen als Zeichen besonderer Zuneigung seinen Hausorden zuteil werden ließ, diesen gelegentlich eines Besuches eigenhändig überreichte oder ihn dem Empfänger einfach zusandte. In diesem Falle aber war eine angemessene Gegengabe erforderlich: der eigene Hausorden! Wenn man jedoch über einen solchen nicht verfügte, geriet man leicht in Verlegenheit oder man bekam den anderen Orden erst gar nicht, sofern dem Partner bekannt war, dass eine Gegengabe nicht möglich war. Sogar Carl Augusts Verwandte redeten mit ihm über diese Angelegenheit, so z. B. sein Schwager Prinz Christian von Hessen-Darmstadt.[30] Wenn darüber hinaus dieser Hausorden – wie nun allgemein üblich – zugleich auch als mehrklassiger Verdienstorden ausgestaltet war, konnte man mit ihm auch *die eigenen Landeskinder,* abgestuft nach Stand, Rang und Verdienst, auszeichnen, d. h. auf direkte Weise Personalpolitik betreiben. Schließlich erforderte die Erlangung des höheren, großherzoglichen

Großkreuz des kaiserlich österreichischen Leopoldordens in feiner Juweliersarbeit; das Komturkreuz dieses Ordens erhielt Goethe 1815.

Ranges von Carl August auch generell die Einführung neuer Hoheits-
und Würdezeichen. So kam es Ende 1815 folgerichtig zur Gründung
des *Erneuerten Großherzoglich Sachsen-Weimarischen Haus- und Verdienstordens der Wachsamkeit oder vom Weißen Falken.*

DER FALKENORDEN UNTER CARL AUGUST 1815–1828

Dass der Großherzog bei der Gründung des neuen Ordens auf den
alten sachsen-weimarischen Hausritterorden vom Weißen Falken zu-
rückkam, geschah sicher nicht nur aus nostalgischen Gründen, sondern auch aus der Überlegung heraus, dass man auf die inhaltlichen
Eckpunkte des Ritterordens – Tugendhaftigkeit und Kaisertreue – getrost auch fernerhin bauen konnte. So blieben das Falkensymbol wie
die Form- und Farbgestaltung des Ordenszeichens erhalten. Allerdings
musste man – um Peinlichkeiten zu vermeiden – das Ordenszeichen
der Zeit gemäß schlichter gestalten und den großherzogliche Orden
von 1815 auch in seinen inhaltlichen Bestimmungen weitgehend neu
konstruieren.
Die Dokumentation der Stiftung oder Erneuerung dieses Ordens weist
gewisse Eigenheiten auf. Eine Chronologie dazu besagt:

18.10.1815 Stiftung des erneuerten Falkenordens (zurückdatiert auf
            den Tag der Völkerschlacht!), zugleich bestimmt als Tag
            des Ordensfestes
15.12.   Übersendung des Großkreuzes an Prinz Christian von
            Hessen-Darmstadt sowie von fünf Großkreuzen an preu-
            ßische (4) und niederländische hohe Staatsbeamte
23.12.   Verleihung des Großkreuzes an den Präsidenten des neu
            gebildeten Staatsministeriums Christian Gottlieb Voigt,
            an dessen 72. Geburtstag; De-Facto-Einsetzung Voigts als
            Ordenskanzler
27.12.   Verordnung zum Erlass der Statuten des Ordens
Dez.   Meldung über die Erneuerung des Falkenordens mit Aus-
            zügen aus den Statuten in der *Jenaischen Allgemeinen Li-
            teratur-Zeitung*
05.01.1816 Meldung über die Erneuerung des Falkenordens in der
            Staats- und Gelehrten Zeitung des *Hamburgischen un-
            partheyischen Correspondenten*
12.01.   Anzeige der Großkreuzverleihung an Voigt in der Nr. 4
            des (amtlichen) *Weimarer Wochenblattes*
15.01.   Verleihung von acht *kleinen Kreuzen* an die Kompanien
            der beiden Linienbataillone des Weimarer Regiments
26.01.   Veröffentlichung der Statuten des Ordens im *Weimarer
            Wochenblatt* Nr. 8
30.01.   Ordensfeier im ghzgl. Schloss mit Verleihung der ersten
            Falkenorden an eine Gruppe von Anwärtern anlässlich des
            Geburtstages der Großherzogin Luise
06.02.   Bericht über diese Ordensfeier im *Weimarer Wochenblatt*
            Nr. 11 mit Veröffentlichung der Liste der Beliehenen.

DIE STATUTEN

Das erneuerte Statut vom 18. Oktober 1815 verfügt:
Göttliche Vorsehung und deutsche Kraft und Tugend haben der deutsche Nation ihre Freiheit wieder gewonnen und gesichert. Um den Männern, die mit Rat oder Tat zu diesem großen Werke hervorragend beitrugen, ein Zeichen der Würdigung ihrer Verdienste zu widmen, habe der Großherzog beschlossen, den von Herzog Ernst August gestifteten *Orden der Wachsamkeit* in seiner wesentlichen Bestimmung, jedoch zeitgemäß modifiziert, zu erneuern; es werde bestimmt, den Orden denjenigen als Ermunterung und Belohnung zu erteilen, die sich durch Treue, Talent und korrekte Amtstätigkeit hervorgetan haben. So werde verordnet:
Der am 2. August 1732 gestiftete *herzoglich Sachsen-Weimarische Orden der Wachsamkeit oder vom weißen Falken* werde erneuert. Er sei und bleibe der einzige großherzoglich sachsen-weimarische Orden.
Er werde in drei Klassen verliehen.
Die 1. Klasse bestehe aus dem Großmeister, dem jeweilig regierenden Großherzog zu Sachsen-Weimar, den Prinzen des Hauses und zwölf Großkreuzen. Das Großkreuz erlange nur, wer mindestens den Rang eines wirklichen Geh. Rates oder eines Generalmajors innehabe.
Die 2. Klasse bestehe aus 25 Kommandeurkreuzen. Das Kommandeurkreuz könne nur erhalten, wer den Rang eines Geheimen Regierungs-, Staats-, Justiz-, Kammerrats usw. oder den eines Majors in Militärdiensten bekleide.

Statutendruck zum großherzoglichen Falkenorden, Umschlag und Titelseite, 1815.

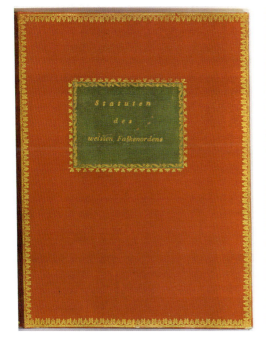

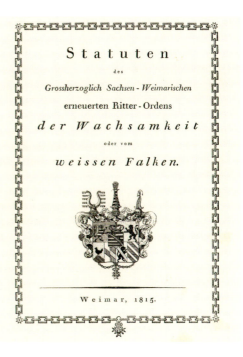

Statutendruck zum groß-
herzoglichen Falkenorden,
grafische Darstellung des
Großkreuzes, As. und Rs.

Die 3. Klasse bestehe aus 50 Ritterkreuzen.

Die Hauptpflichten der Ordensritter aller Klassen seien: Treue und
Ergebenheit gegen das gemeinsame deutsche Vaterland und gegen die
jeweils rechtmäßige höchste Nationalbehörde. Jedes Ordensmitglied
solle dahin wirken, dass vaterländische Gesinnung, deutsche Art und
Kunst, Vervollkommnung der gesellschaftlichen Einrichtungen in Gesetzgebung, Verwaltung, Staatsverfassung und Rechtspflege sich entwickeln und auf gründliche und dem deutschen Nationalcharakters
würdig Weise sich Licht und Wahrheit verbreiten.

Jedes Ordensmitglied sei verpflichtet, sich seinen bedrängten und
durch den Krieg in Not geratenen Mitbürgern tätig anzunehmen, besonders aber der Verwundeten, Hinterbliebenen und im Kampfe Gefallenen.

Als ein der Zeit angemessenes Symbol, das zur Erfüllung dieser Obliegenheiten und zur Wachsamkeit für das Wohl der Deutschen auffordert, sei das Ordenszeichen ein goldener, weiß emaillierter Falke
mit goldenem Schnabel und goldenen Fängen, auf einem achteckigen
goldenen, grün emaillierten Kreuz; unter dem Kreuz befinde sich ein
viereckiger roter Stern, dessen Spitzen weiß emailliert sind. Über dem
Kreuz sei eine goldene Königskrone angebracht; auf der Rückseite sei
der achteckige grüne Stern weiß und der viereckige rote Stern grün
emailliert. In der Mitte befinde sich ein blau emaillierter Schild mit
der Devise: *vigilando ascendimus*, er sei von einem goldenen Lorbeerkranz umgeben, für Militärs mit Armaturen, überhöht von einer goldenen Königskrone. Der zu diesem Ordenszeichen gehörige, auf der
linken Brust zu tragende silberne Stern habe in der Mitte einen weißen
fliegenden Falken auf goldenem Grund. Dieses Medaillon liege auf

dem grün emaillierten Kreuz und alles auf
dem silbernen Ordensstern.
Das Ordenszeichen werde in der 1. Klasse an
einem breiten, hochroten gewässerten Bande
über die rechte Schulter getragen. Der Ordensstern werde an die linke Brust geheftet.
In der 2. Klasse werde das Ordenszeichen an
einem schmaleren roten Bande um den Hals
getragen. Die Ritter der 3. Klasse führen ihr
Ordenszeichen an einem roten Bande im
Knopfloch.
Das Fest des erneuerten Ordens der Wachsamkeit solle jedes Jahr am 18. Oktober, dem
Nationalfest der Befreiung Deutschlands
von der ausländischen Herrschaft, gefeiert
werden.
Jeder Ordensritter solle sich an diesem Tage
durch Handlungen im Sinne seiner Ordenspflichten tätig zeigen.
Der Orden habe einen Kanzler und einen Sekretär. Zum Kanzler des
Ordens sei der jeweils im Staatsministerium zu Weimar leitende oder
den Vorsitz führende Minister bestimmt.
Nach dem Ableben eines Ordensritters haben die Erben das Ordenszeichen an den Ordenskanzler zurückzusenden.[31] (S. a. Dokument 5
im Anhang dieses Buches.)
Dem ersten Statutendruck zum erneuerten Falkenorden waren einige
instruktive Musterzeichnungen der Ordensinsignien beigefügt.
Die Bestimmungen des Statuts waren zeitgemäß und entsprachen der
Norm ähnlicher Schriftsätze. Verleihungsbeschränkungen nach Stand
und Rang des Beliehenen waren für die oberen beiden Klassen formuliert, für die Ritterklasse blieben sie zwar unerwähnt, verstanden
sich Anfang des 19. Jahrhunderts jedoch von selbst – genau wie die
Beschränkung der Ordensvergabe an das männliche Geschlecht (nur
die beiden Gemahlinnen Großherzog Wilhelm Ernsts wurden später
Großkreuzdamen des Ordens). Selbst Ritterkreuze standen *beym Mi-
litair* nur Offizieren und *im Civil-Etat* nur Personen vergleichbaren
Ranges zu. Das war so 1815/16 wie auch in den nächsten 100 Jahren.
Die Beschreibung des Ordenszeichens im Statut ist ungewöhnlich.
Darin wird erstens der Falke und nicht das Kreuz als Ordenszeichen
benannt, und das achtspitzige (Malteser-) Kreuz heißt seltsamerweise
Stern. Form und Aufbau der Ordensinsignien gehen dennoch aus der
Beschreibung und den beigefügten Abbildungen hervor – bis auf das
zeichnerisch nicht dargestellte Rückseitenmedaillon für Zivile. Die
reale Existenz sowie Sinn und Zweck der Kollane (Kette), die in den
Statuten nicht beschrieben, jedoch seitdem als Zeichnung existiert, ist
bis heute nicht eindeutig geklärt. Ihr zeichnerischer Entwurf sollte offenbar nur in heraldischer Hinsicht – etwa zur Wappengestaltung –
dienen. Ein großherzogliches Wappen mit der heraldisch richtigen Ordenskette erschien jedoch erst im weimarischen Staatshandbuch von

Statutendruck zum großherzoglichen Falkenorden, grafische Darstellung des
Großkreuzsternes, As.

Collane zum großherzogli-
chen Falkenorden, nur als
Vorlage für heraldische
Gestaltungen gedacht.
grafische Darstellung 1815.

1843 – bis dahin wurde der in das Wappen integrierte Falkenorden an
einem Band oder einer unspezifischen Kette hängend wiedergegeben.
Die Mitwelt betrachtete den Orden im Vergleich zu anderen Stiftungen dieser Zeit als etwas Besonderes und hob hervor, dass er das Streben, dem deutschen Vaterland zu dienen und ihm zu nutzen, wie kein
anderer Orden ins Zentrum seiner Ziele setzte.
Beleg dafür sei ein Dokument aus dem Jahre 1841: Ein gewisser K.
Buchner, der in einer Enzyklopädie der Staatswissenschaften kennt-
nisreich über zeitgenössische Orden schrieb, verzeichnete einen großen
Teil damaliger europäischer Orden und kommentierte deren Charakter, Stiftungsumstände, Geschichte etc. – und das in der Regel in drei
bis fünf Druckzeilen; der sachsen-weimarische *Falkenorden* war ihm
dagegen 26 Zeilen wert, der Text zum erneuerten großherzoglichen
Orden umfasste davon allein 21 Zeilen! Buchner zitierte ausführlich
aus den Statuten und hob vor allem die den Ordensträgern auferlegte
Pflicht hervor, *gegen das gemeinsame deutsche Vaterland und gegen die
jedesmalige rechtmäßige höchste Nationalbehörde treu und ergeben zu
sein....* Den Erneuerer des Falkenordens, Großherzog Carl August, bezeichnete er als einen *Mann der kräftigen und deutschen Gesinnung,*
eine Wertung, die der Autor anderen Monarchen versagte.[32]

DIE ORDENSWEIHE

In einem Bericht über die erste große Ordensverleihung im Weimarer
Schloss schrieb das seit 1810 *amtliche Weimarer Wochenblatt* unter
dem Titel *Tagesfeier:*
Am vorigen Dienstag, dem 30. Januar, habe die Großherzogin in
Wohlbefinden ihren Geburtstag verlebt. Allerdings mussten wegen
eines Trauerfalls im großherzoglichen Haus die üblichen Hoffeste aus-
fallen. Eine andere Feier kennzeichnete indessen glänzend den Tag:
Der Großherzog bestimmte ihn zu einer öffentlichen Staatshandlung
– zur Weihe des erneuerten Hausritterordens der Wachsamkeit oder
vom Weißen Falken, und würdigte durch dessen Verleihung an mehrere Personen Verdienste um Fürst und Land. So erhielten
das Großkreuz: die Staatsminister v. Goethe, v. Fritsch, Frhr. v. Gersdorff – zugleich Kammerpräsident – und Generalmajor v. Egloffstein;
das Komturkreuz: die Herren Staatsminister und Obermarschall Graf
v. Edling, Oberhofmeister Geheimer Rat v. Einsiedel, Geheimer Rath
v. Schardt und Frhr. v. Riedesel auf Eisenbach und Neuhof;
das Ritterkreuz: beim Militär – die Herren Generalmajor Oberstall-

Festsaal im Weimarer Residenzschloss, erbaut von H. Gentz 1801–1803, Ort der Weihe des erneuerten Falkenordens am 30. Januar 1816. Aufnahme 1969.

meister v. Seebach, Oberst v. Germar, Oberstleutnant v. Linker, Major v. Wolffskeel und Major v. Beulwitz;

beim Zivilstaat – die Herren Oberkammerherr Geheimer Rat Frhr. Wolffskeel v. Reichenberg, Geheimer Rat v. Goechhausen zu Eisenach, Geheimer Rat und Oberkonsistorialdirektor Thon, Kanzler Thon, Kanzler v. Müller, Präsident Frhr. v. Ziegesar, Vizepräsident Weyland, Geheimer Kammerrat Ridel, die Oberjägermeister Riem und v. Staff zu Eisenach, Oberforstmeister Frhr. v. Fritsch, Oberlandrat Oberst v. Lyncker auf Flurstedt, Geheimer Hofrat Kirms, Oberkonsistorialrat Günther, die Hofräte Leibarzt D. Huschke, Prof. D. Starck in Jena und Prof. D. Schweitzer, die Legationsräte Bertuch und Falk sowie Landkammerrat Röse zu Eisenach.[33] (S. a. Dokument 6 im Anhang dieses Buches.)

Dieses Trägerverzeichnis differiert mit einer im Goethe- und Schiller-Archiv aufbewahrten Liste der Erstbeliehenen in dreierlei Hinsicht: Erstens sind in genannter Liste die vom Großherzog *Höchstselbst* überreichten und die übersandten Orden säuberlich voneinander getrennt; zweitens fehlt darin im Gegensatz zur zitierten Zeitungsmeldung der Name des Oberjägermeisters Riem unter den Ritterkreuzen; und drittens differiert z. T die Schreibweise der Namen.

Premierminister von Voigt ist hier als Träger des Großkreuzes nicht mehr genannt, die Sache war erledigt und publiziert. Des weiteren fehlen die Fürstlichkeiten, die laut Statut *Großkreutze des Ordens sind*. Das betrifft den Großmeister, also Carl August, den Erbgroßherzog Carl Friedrich und den Prinzen Bernhard. Diese haben gewiss vor allen anderen Geehrten den Orden angelegt. Hinzu kamen einige Großkreuze *innerhalb der Familie,* die in obiger Liste fehlen, so Landgraf Christian von Hessen-Darmstadt sowie der Großherzog und der Erb-

Christian Gottlob v. Voigt,
erster Kanzler des erneuerten Falkenordens, darge-
stellt mit dem russischen
St.-Annen-Orden. Ölge-
mälde von M. A. Alberti,
1804.

großherzog von Mecklenburg-Schwerin. In diese Zeit fielen auch die Großkreuz-verleihungen an fünf *auswärtige Ritter*, nämlich an vier Preußen – den Staats-kanzler Fürst Hardenberg, die Staatsmi-nister Wilhelm v. Humboldt und Graf Görz sowie den Generalmajor v. Wolzo-gen – und einen Niederländer – den Staatsminister v. Gagern. Der Verlei-hungstermin für die genannten Träger wird später mit 15. Dezember 1815 an-gegeben.

Eine erste Zahlenbilanz: Von der Stif-tung des Ordens im Oktober 1815 bis einschließlich zur Ordensfeier im Januar 1816 wurden verliehen: 16 Großkreuze, 4 Komturkreuze und 24 Ritterkreuze. – Eine Addition der Großkreuze wäre zu jener Zeit allerdings undenkbar gewesen – die Fürstlichkeiten zählten streng für sich, dann erst kamen die Staatsbeamten und Militärs! So hielten es die Staats-handbücher jener Zeit – natürlich auch die sachsen-weimarischen – und auch eine im Staatsarchiv Darmstadt be-wahrte Aufstellung zum Stichwort *Prinz Christian Ludwig* unterteilte die Großkreuze des Falkenordens denn auch streng in: *A. Familien Rit-ter, B. Auswärtige Ritter, C. Einheimische Ritter*.[34]

Noch im Januar 1816 ist eine Einmaligkeit in der Geschichte des Fal-kenordens zu vermelden: Unter dem tiefen Eindruck der siegreichen Kämpfe auch der eigenen Haustruppe zur Niederwerfung Napoleons beschloss der Großherzog, jeder der acht Kompanien seines I. und II. Bataillons das Ritterkreuz des neuen Ordens zu verleihen, verkündet durch Höchste Order vom 18. Januar 1816, mit der Bestimmung, dass diese Ritterkreuze stets von denjenigen getragen würden, welche die Kompanien tatsächlich befehligten.[35]

1816 wurden noch einige weitere Falkenorden verliehen, zumeist an Inländer, und zwar: zwei unter dem 21. April, acht unter dem 30. Mai sowie vier von September bis Dezember. Bemerkenswert dabei ist: Be-reits vier Monate nach dem Komtur erhielten Graf von Edling und Friedrich H. von Einsiedel am 30. Mai 1816 das Großkreuz; offenbar geschah dies mit der Erhöhung ihres Ranges, waren beide doch inzwi-schen zu Wirklichen Geheimen Räten avanciert.

Doch zurück zur Feier der *Erstverleihung* am 30. Januar 1816! Neben der Liste der Beliehenen ist uns ein *Prolog bey Austheilung des Falken-ordens* überliefert – verfasst von C. G. v. Voigt, Premierminister und Ordenskanzler. Das Werk wurde den Versammelten vorgetragen, bevor der Großherzog zum Verleihungsakt den Saal betrat. Dieser Pro-log ist wortreich und – sicherlich auch für den damaligen Geschmack

– weitschweifig formuliert, und zwar in ungereimten Jamben. Er preist des Kaisers Deutschland, den eigenen so überaus erfolgreichen Fürsten und dessen *Ansehen in der Welt*, spricht vom *deutschesten Gemüth*, beschwört die Wachsamkeit und rühmt *die Ehre und den Heldenmuth*.[36]

GOETHES DANKESREDE

Unmittelbar nach der Verleihung am 30. Januar 1816 wandte sich der Dichter im Namen der Geehrten an Carl August. Nach artigster verbaler Verbeugung vor dem *gnädigsten Fürsten und Herrn* führte Goethe aus:

Königliche Hoheit haben in diesen Zeiten den Ihr Nahestehenden mit soviel Huld überrascht, dass es besser schien, stillschweigend darüber hinwegzugehen, als den Dank durch Wiederholung zu entwerten. Wie verlegen sei er daher, in Gegenwart des Großherzogs die Empfindungen der neuerlich Geehrten auszudrücken.

Glücklicherweise brauche er nur zu wiederholen, was alle, die seit langem in Carl Augusts Umgebung wirkten, freudig aussprächen: der Großherzog habe stets mehr für andere als für sich selbst gelebt, getan, gestritten und keinen Genuss gekannt, ohne ihn mit den Seinen zu teilen; hätte die Geschichte einen Ehrennamen für den Fürsten zu wählen, so sei es der *Mittheilende*.

Da sich nach langem Dulden und Kämpfen der Großherzog neuen Ruhms, höherer Würden und vermehrten Besitzes erfreuen könne, sei es seine erste Tat, einen jeden freigebig daran teilhaben zu lassen. Seinen Kriegsgefährten erlaube er, sich mit der hohen Purpurfarbe zu schmücken, und aus den erworbenen Schätzen sähe jeder sein häusliches Glück begünstigt. Nun aber mache er einige der Seinigen der höchsten Würde teilhaftig, indem er ein Zeichen verleiht, durch das sich alle an den Fürsten herangehoben fühlen.

Diese Gaben seien geeignet, unvergesslich scheinende Übel auszulöschen, Missmut zu tilgen und die Kraft der Menschen auf neue lebendige Tätigkeit zu richten. Alles bewege sich in neuer, fröhlicher Schöpfung. Heute erfreue uns das hohe Zeichen der Gnade, das, vom Ahnherrn geerbt, Königliche Hoheit in der Jugend schmückte. Gesinnungen, Ereignisse, Unbilden der Zeit hatten es dem Auge entrückt, damit es nun aufs Neue glänzend hervorträte.

Bei seiner Wiedergeburt widmen wir uns dem darin enthaltenen Symbol: Man nenne den Adler den König der Vögel; Naturforscher jedoch glauben ihn zu ehren, wenn sie ihn einen Falken nennen. Die Glieder dieser großen Fa-

Goethes Werke in der 143-bändigen Sophienausgabe. Im Band 36 befindet sich Goethes Rede zur Weihe des erneuerten Falkenordens.

milie mögen sich mit noch so vielen Namen voneinander unterscheiden: allein der weiß gefiederte werde *der Edle* genannt, weil er nicht auf
unmäßigen Raub ausgehe, um sich und die Seinen begierig zu nähren,
sondern weil er zu bändigen sei, gelehrig dem Menschen folge, der nach
dem Ebenbilde Gottes alles zu Zweck und Nutzen leite. Und so steige
das edle Geschöpf von der Hand seines Meisters zum Himmel auf, be-
zwinge die ihm angewiesene Beute und setze durch glückliche Fänge
Herrn und Herrin in den Stand, das Haupt mit der schönsten Federzierde zu schmücken.

Und so begingen die Versammelten den Tag mit ernstem Sinn, der
letztlich darin bestehe, dass ein jeder auf Blick und Wink des Herrn
achte, dessen Absichten auf das Wohl aller gerichtet seien. Möge das
Glück dem gemeinsamen Streben günstig bleiben und die Geehrten
die Früchte eifrigen Bemühens dem erlauchten Hause als bescheidenen Dank entgegenbringen und so den Wahlspruch kühn mit Leben
erfüllen: *Vigilando ascendimus!*[37] (S. a. Dokument 7 im Anhang dieses
Buches.)

Auch diese Rede ist ein rechtes Zeugnis ihrer Zeit, aufschlussreich, was
die Geisteshaltung Goethes und aller derer angeht, die sich in seiner
Lage befanden – an diesem Tage die Stimmungslage der neuen Ordensträger. Im Übrigen schlug Ordenskanzler v. Voigt vor, die Rede
unverzüglich drucken zu lassen und sie den Ordensträgern zusammen
mit dem Statutendruck zu übergeben. Da Goethe nicht dafür zu gewinnen war, blieb das Vorhaben unrealisiert.[38]

Obwohl es sich nicht geziemt, einen Klassikertext zu beargwöhnen,
seien diese wenigen Bemerkungen zur Rede gestattet: Natürlich sagt
man Artiges, wenn man einen so schönen Orden erhält – ein Kreuz
aus Gold und einen Stern aus Gold und Silber, beide geschmückt noch
durch glänzendes Email – und wenn man einmal mehr in dem Gefühl
bestärkt wird, zu den Ersten des Landes zu gehören; da lobt man den
edlen Spender über den grünen Klee und definiert dessen Motive einzig als Altruismus. So vermeidet man geflissentlich, die Generalgründe
zu benennen, die zur Erneuerung des Falkenordens führten, und die
Vorteile, die auch der Großherzog aus der Sache zieht. Vor allem besitzt
Carl August nun ein vorzügliches Instrument zur Belohnung und Stimulierung seiner *Untertanen* für außergewöhnliche Leistungen und
beständiges Wohlverhalten ihm und seinem Hause gegenüber. Über
die heute seltsam anmutenden Auffassungen der geistigen Elite des beginnenden 19. Jahrhunderts zum Verhältnis von Mensch und Tier und
dazu, was wohl ein Tier schön und groß mache, schweige des Sängers
Höflichkeit.

Dabei handelte es sich natürlich um Haltungen, die aus den Umständen der Zeit verständlich und verzeihlich werden – und leicht zu ver-
schmerzen sind, setzt man dagegen, dass uns der Dichterfürst mit einer
Rede beschenkt, die eigens zur Gründung eines Ordens verfasst wurde.
Diesen Vorzug hat kein anderer Orden aufzuweisen.

Vertraut und gegenwärtig erscheint uns dagegen, dass die neuen Ordensträger nicht daran dachten, nach der Feier sang- und klanglos aus-
einander zu laufen, sondern den Abend gemeinsam beim Staats-

minister Graf v. Edling, dem frisch ernannten Komtur des Ordens, haben ausklingen lassen.[39]
Obgleich im neuen Statut keine Standes-, sondern *nur noch* Rangkriterien für die Vergabe der Orden in den jeweiligen Klassen formuliert waren, stützt die Auswahl der neuen Ordensträger noch nicht die These, dass hier sehr viel Neues entstanden wäre. Freilich: Mancher Mann, der nun das Ritterkreuz an seinen Rock heften durfte, hätte den alten, herzoglichen Falkenorden niemals bekommen. Aber sonst? Vieles war noch sehr ähnlich im Vergleich zur Ritterschaft von 1732 – bestand sie doch zuvörderst aus Fürsten, Adligen, exponierten Offizieren und hohen Beamten. Das Neue entwickelte sich erst mit der Zeit – trotz der neuen Statuten.

BEDEUTENDE ERSTVERLEIHUNGEN

Die Beschreibung der Ereignisse um die Erneuerung des Falkenordens im zweiten Jahrzehnt des 19. Jahrhunderts sei beschlossen mit einigen Angaben zu den *einheimischen* Großkreuzen:
Christian Gottlob v. Voigt (1743–1819). Jurist, seit 1777 Regierungsrat in Weimar. 1789 Geheimer Regierungsrat, 1794 Geheimer Rat. Enge Zusammenarbeit mit Goethe in verschiedenen Kommissionen, hohe gegenseitige Wertschätzung. 1815 Vorsitzender des Staatsministeriums, d. h. Regierungschef und Kanzler des Falkenordens. Kenner der Antike, Münzensammler, gelehrter Archivar und Bibliothekar.
Johann Wolfgang v. Goethe (1749–1832). Sein schriftstellerisches und wissenschaftliches Wirken kann hier natürlich nicht gewürdigt werden. Seit 1775 in Weimar, zunächst Gast Carl Augusts, ab 1776 Bürger des Landes und als Geheimer Legationsrat Mitglied des Geheimen Consiliums (oberste Regierungsbehörde). Leitend tätig im Berg- und Wegebau sowie in der Militärkommission. 1779 Geheimer Rat, 1782 Adelsprädikat und 1815 Staatsminister. Theaterdirektor, universeller Sammler und Mäzen.

Carl Wilhelm Frhr. v. Fritsch, Wirkl. Geh. Rat, langjähriger Staatsminister und Ordenskanzler sowie über 30 Jahre Meister vom Stuhl der Loge Amalia. Kreidezeichnung von J. J. Schmeller, 1831.

Carl Wilhelm Frhr. v. Fritsch (1769–1853). Jurist, seit 1789 Regierungsassessor im Staatsdienst, 1793 Regierungsrat, 1807 Präsident des Landes-Polizeikollegiums und 1814 des Landschaftskollegiums. 1815 Wirklicher Geheimer Rat und Staatsminister. Langjähriger Vorsitzender der Freimaurerloge *Amalia zu den drei Rosen*. 1819 – nach Voigts Tode – Vorsitzender des Staatsministeriums und damit Ordenskanzler. 1843 Ausscheiden aus allen wichtigen Ämtern aus gesundheitlichen Gründen.
Ernst Christian August Frhr. v. Gersdorff (1781–1852). Übersiedelte 1811 auf Wunsch des Herzogs von Eisenach nach Weimar und trat als Geheimer Assistenzrat sofort in das Geheime Consilium ein. Seit 1815 Staatsminister für Finanzen. G. begleitete Carl August als Bevoll-

mächtigter für die Beitrittsverträge zur Allianz gegen Napoleon sowie
als Kongressbevollmächtigter nach Wien. Er regelte maßgeblich die
Gebietsabtretungen an Weimar durch den Vertrag vom 22. September 1815.

August Friedrich Carl Frhr. v. u. z. Egloffstein (1771–1834). Nach
strenger militärischer Ausbildung in Berlin wechselte er auf Carl Augusts Wunsch 1795 nach Weimar in dessen Dienste. Seit 1796 (Wetzlar) an allen bedeutenden Einsätzen des Weimarer Militärs beteiligt.
1805 Major, dann Brigadier und Oberst, zwischen 1806 und 1814
Kommandeur beim Füsiliercorps, dann des Regiments *Herzöge von
Sachsen*. Zur Zeit der Ordensverleihung Generalmajor und Kommandeur des Weimarer Linienmilitärs, Wirklicher Geheimer Rat.

Die ersten Großkreuzträger waren allesamt von Adel, Beamte oder Militärs höchsten Ranges, dienten dem Großherzog teilweise seit dessen
Regierungsantritt und trugen das Prädikat *Exzellenz*.

Aber auch zu den Rittern gehörten bemerkenswerte Leute. So befanden sich unter den Erstbeliehenen auch die Legationsräte Bertuch und
Falk, in der Liste der Geehrten als vorletzte genannt:

Friedrich Justin Bertuch (1747–1822) ist dem Weimar-Kenner geläufig – Schriftsteller und Verleger, Geschäftsmann und Unternehmer,
der Kaufmann der Goethezeit, Erbauer und Besitzer eines der berühmten Weimarer Häuser – heute Sitz des Stadtmuseums –, Scha-
tullverwalter des Großherzogs, Chef der Freimaurerloge *Amalia zu
den drei Rosen* usw. usf.

Auch Johannes Daniel Falk (1768–1826) hat in Weimar tiefe Spuren
hinterlassen: in Gestalt literarischer und journalistischer Werke, eines
Denkmals, einer Gedenktafel, eines Straßennamens, eines Grabmals
auf dem Historischen Friedhof – vor allem aber mit seinem Lebenswerk, dem Falkschen Institut zur Betreuung, Erziehung und Bildung
vom Krieg betroffener Kinder. Nachschlagewerke verzeichnen ihn bis
heute als *Schriftsteller und Sozialpädagogen*. Sein aus christlicher Haltung gespeister tätiger Humanismus stellt ihn mit den großen Päda-
gogen seiner Zeit – Pestalozzi, Fröbel, Diesterweg – auf eine Stufe.

Überdies ist dieser Falk jedem Deutschen bekannt, ohne dass ihm sein Name je untergekommen sein muss, denn von ihm stammt das allseits bekannte Weihnachtslied *Oh, du fröhliche ...*

DIE ORDENSZEICHEN

Diese waren zu Carl Augusts Zeiten in den Statuten zwar prinzipiell beschrieben worden, dennoch bleiben Details offen. So sind einige Anmerkungen dazu am Platze:
Statutengemäß existierten von der Stiftung des Ordens 1815 bis zum Tode des Stifters 1828 und darüber hinaus bis 1840 sieben verschiedene Ordensinsignien, das sind:
zwei Großkreuze, nämlich solche für Zivile und für Militärs,
ein Großkreuzstern, für beide Kategorien gleich,
zwei Komturkreuze, für Zivile und für Militärs sowie
zwei Ritterkreuze, für Zivile und für Militärs.
Die Kreuze waren aus Gold und mehrfarbig emailliert. Militärische und zivile Ausführungen unterschieden sich nur durch die Gestaltung der Rückseitenmedaillons – das für die Militärs bestand aus einem hochovalen, bekrönten Schild mit der Ordensdevise *VIGILANDO ASCENDIMUS,* umgeben von Trophäen oder – laut Statut – von *Armaturen,* und nur dieses Revers war im ersten Statutendruck von 1815 abgebildet. Das Rückseitenmedaillon der Kreuze für Zivile bestand ebenfalls aus einem bekrönten, emaillierten Hochoval mit der Devise, war jedoch umgeben von unten sich kreuzenden Lorbeerzweigen.

Orden der Wachsamkeit oder vom Weißen Falken, frühes Exemplar. Wurde so als Großkreuz am Schulterband oder als Komturkreuz am Halsband verliehen.

Der großherzogliche
Falkenorden: Früher Stern
zum Großkreuz, gefertigt
vom kgl. sächs. Hofjuwelier
Christian Heinrich
Rossbach, Dresden.
(S. a. Abb. S. 102.)

Der großherzogliche
Falkenorden: Rs.-Medaillon
für Militärs.

Die militärischen Kreuze wurden nicht
nur für konkret erworbenes militärisches Verdienst oder besondere militärische Leistungen verliehen, sondern Militärpersonen erhielten prinzipiell die
Variante mit den Trophäen, auch für Militärdienst im Frieden.

Anhand von (lückenhaften) Akten des
Weimarer Hofmarschallamtes erst ab
1850 nachweisbar, existierten von einem
bestimmten Zeitpunkt an *Großkreuze
für Fürstlichkeiten*, die um 15 bis 20 mm
höher als gewöhnliche Großkreuze und
infolgedessen auch erheblich schwerer
als diese waren. Seit wann diese übergroßen Kreuze angefertigt und verliehen
wurden, ist nicht genau bekannt.

Die Ordenssterne sind in den Statuten
ausführlich beschrieben. So bleibt lediglich zu ergänzen, dass die Sternkörper
aus Silber und die Auflagen aus teilweise emailliertem Gold gefertigt
waren, dass die Abdeckungen der Rückseitenzylinder zu dieser Zeit in
der Regel eine Herstellergravur trugen und die grün emaillierten
Kreuzecken mit dem Sternkörper einzeln vernietet oder verschraubt
waren. Die frühen Sterne waren dünner und demzufolge leichter als
spätere. Von einem unbekannten Zeitpunkt an wurden, zumeist an
Fürstlichkeiten, brillantierte Sterne vergeben. Ähnliches gilt für gestickte Sterne, die nach Aktenlage zwar ausgegeben und wieder zurückgenommen worden sind, real jedoch noch nicht aufgetaucht sind.
Wie man beim Ordenszeichen auf den alten Falkenorden von 1732
zurückgriff, so auch bei der Farbe der Bänder – sie waren wie jene
hochrot, allerdings ohne die vormals vorhandenen goldfarbenen Seitenstreifen. Dies tat man vielleicht auch deshalb, weil man nicht mit
den Farben des höchsten badischen Ordens, des Hausordens der Treue,
und anderer Orden ins Gehege kommen wollte. Also: Die Gründe für
die neue Farbgestaltung sind nicht überliefert, aber nahe liegend ist,
dass man die folgenden Überlegungen anstellte:

Die Bänder vieler hoher Orden – z. B. der großen Ritterorden und der
Hausorden – waren in aller Regel einfarbig: Goldenes Vlies und Bath-
Orden: rot, Hosenband und Weißer Adler: (dunkel- bzw. hell-) blau,
Schwarzer Adlerorden: orange, die Rautenkrone: grün usw. So war es
durchaus reizvoll, auch dem Weißen Falken ein einfarbiges Band zu
geben, und da die tragende Farbe des ursprünglichen Ordens rot war
– sollte es schon die rote sein.

Allerdings: Diese Entscheidung barg auch eine Portion Kühnheit in
sich. Denn *erstens* existierten schon eine ganze Reihe von Orden, die
an hochroten (auch *ponceau-rothen*) Bändern (von französ. *ponceau* =
Klatschmohn) getragen wurden, unter ihnen auch einige des *Heiligen
Stuhls*, kein Wunder: Rot ist die Farbe der Liebe wie auch des Kamp-

fes. *Zweitens* war der angesehenste Orden, den höchste Repräsentanten des Gastgeberlandes auf dem Wiener Kongress trugen, das Goldene Vlies – das Band, es leuchtet hochrot! War es angesichts dessen nicht doch vermessen, wenn ein Großherzogtum für seinen Hausorden dieselbe Bandfarbe kürte? Oder sollte diese Wahl eher eine Verneigung, eine Geste der Verbundenheit Sachsen-Weimars mit der Donau-Monarchie gewesen sein? *Drittens* war da auch noch ein Hindernis: das kämpferische, umstürzlerische Rot des Bandes der französischen Ehrenlegion, des markanten bürgerlichen Ordens, des Ordens des gerade erst besiegten, noch allgegenwärtigen gallischen Feindes. Aber: War Carl August denn den Ideen von Freiheit, Gleichheit, Brüderlichkeit – mit gewissen Abstrichen sicherlich – gar so abhold? Und glaubte er vielleicht nicht auch, der Orden der Ehrenlegion gehe bald den Weg alles Irdischen, dem Stifter hinterher? Dabei besteht gerade dieser Orden noch heute.

Eine letzte große Reinkarnation feierte das hochrote Band im 19. Jahrhundert mit der Stiftung des österreichischen Franz-Josephs-Ordens 1849, in diesem Falle ganz eindeutig die Farbe des höchsten dynastischen Ordens, des Goldenen Vlieses, aufnehmend.

Zur Größe und zum Gewicht der Ordenszeichen:

Die Kreuze messen zwischen unterem Kreuzarm und dem Kreuz auf der Kugel über der Krone im allgemeinen:

mehr als 100 mm für das Großkreuz für Fürstlichkeiten,
82–86 mm für das gewöhnliche Großkreuz und das Komturkreuz,
ca. 60 mm für das Ritterkreuz.

Die Kreuze wiegen in der gen. Reihenfolge ca. 40, ca. 27 und ca. 14 g.

Die Sterne zum Großkreuz messen zwischen gegenüberliegenden Strahlenspitzen ca. 78 mm, ihr Gewicht beträgt zunächst ca. 43 g.

Die Bänder bestehen aus feinem Seidenmoiré und haben eine Breite von ca. 100 mm (Schärpe des Großkreuzes), ca. 45 mm (Band des Komturkreuzes) und 38–40 mm (Band des Ritterkreuzes).

Exaktere Maße für Ordenszeichen und Bänder anzugeben, ist nicht möglich, da diese, über längere Zeit und in verschiedenen Werkstätten hergestellt, in Material, Gestalt und Abmessungen erheblich differieren; so muss sich der am Detail Interessierte notgedrungen mit Zirka-Angaben begnügen.

Die Ordenszeichen, die in den ersten Jahrzehnten der Verleihungszeit gefertigt wurden, wiesen allesamt ein hohes Niveau kunsthandwerklicher Herstellungstechnik auf, die Ordenskörper waren sauber und exakt gearbeitet, sorgfältig emailliert und die goldenen Ränder fein poliert. Die Falken waren erhaben gestaltet, wiesen eine detailreiche Zeichnung auf und waren ebenfalls sorgsam emailliert – die Augen der Falken extra! Die Kronen waren feingliedrig gestaltet und z. T. seitlich weit ausladend geformt, womit sie den grafischen Vorgaben in den Statutendrucken folgten.

Der großherzogliche Falkenorden: Ritterkreuz.

Der großherzogliche Falkenorden: Rs.-Medaillon für Zivile.

Die Hersteller der ersten Ordenszeichen

Diese waren im Hessischen beheimatet, und zwar in Hanau, damals ein Zentrum der deutschen Goldschmiedekunst. Man darf annehmen, dass Goethe seinem Großherzog empfohlen hat, die Ordenszeichen dort fertigen zu lassen, denn ihm war seit frühester, in Frankfurt am Main verbrachter Jugend bekannt, welch qualitätsvolle Arbeit die erfahrenen Hanauer Juweliere zu leisten imstande waren.

Dies bestätigen seine Ausführungen im Kapitel *Hanau in Kunst und Altertum am Rhein und Main*: *Die hiesigen Bijouteriefabriken sind ganz besonders merkwürdig. Sie bestehen seit dem Jahre 1670 und sind als die Pflanzschule ähnlicher Anstalten in mehreren europäischen und deutschen Hauptstädten anzusehen, die indessen ohne Ausnahme das Vorbild nicht erreichten. Die Hanauer Arbeiter genießen eines sehr vorteilhaften Rufes... Die jetzigen bedeutendsten Chefs, Gebrüder Tuossaint, Souchai und Collin, Buri, Müller und Jünger, erhalten die Fabriken nicht nur in ihrem Rufe, sondern sind zugleich bemüht, solche mit jedem Tage zu vervollkommnen, und so läßt sich mit Wahrheit behaupten, daß Hanau Arbeiten liefert, die man weder in Paris noch in London zu fertigen weiß, ja die nicht selten jene des industriösen Genf übertreffen. Dabei ist noch besonders das Umfassende der Ateliers genannter Goldarbeiter, von dem Rohen des Materials bis zur*

Rückseitengravur des auf der Seite 100 abgebildeten Bruststerns.

vollendeten Waare in der größten Mannichfaltigkeit, zu bemerken.[40]

Überdies förderten Goethes Beziehungen zu dem aus Hanau stammenden Maler Friedrich (Jean Frédéric) Bury, der den Dichterfürsten des Öfteren porträtiert hat und auch ein enges Verhältnis zu Carl August pflegte, eine Verbindung zu Hanauer Goldschmiede-Werkstätten – so zu Friedrich Burys Bruder Isaak (Isaac Pierre), seit 1814 Teilhaber

Isaak (Isaac Pierre) Bury – Hersteller und Lieferant der ersten Falkenorden, Rötelzeichnung von unbekannt. Sowie: Titelseite der Firmengeschichte Bury und Leonhard, aufgezeichnet von W. Beckers zum 175. Firmenjubiläum.

Der großherzogliche
Falkenorden: Großkreuz-
stern aus der Zeit der Erstverleihung, As. und: Detail
der Rs.

und seit 1818 Inhaber der Firma Bury, Müller & Jünger, der dann auch
die ersten Ordenszeichen des Falkenordens lieferte.

Zum Beleg: Zwei Tage nach der Ordensverleihung schrieb Goethe in
einem Brief an Friedrich Bury, dass er dessen *kunstreichem Bruder für
die mannigfaltigen Zierden danke, womit er* die mit dem Falkenorden
Geehrten *in diesen Tagen ausgestattet hat.* Wolfgang Scheffler bestätigt die Sache, indem er unter dem Titel *Isaac Pierre Bury* in Paren-
these bemerkt: *Aufträge von Goethe.*[41]

DIE ENTWICKLUNG DES ORDENS NACH 1819

Mit der Stiftung des Ordens und der Verleihung der ersten Dekorationen war der Grundstein für ein Gebäude gelegt, das erst in vielen
weiteren *Ausbaustufen* seine endgültige Gestalt erhielt. Eine erste Zäsur
in der Entwicklung war 1819 gegeben – sie wird markiert durch den
Tod Christian Gottlob v. Voigts (22. März), des *Präsidenten des Staats-
Ministerii* Sachsen-Weimars, damit auch des ersten Kanzlers des Falkenordens und zugleich ersten Großkreuzträgers unter den Weimarer
Beamten. Voigts Nachfolge als leitender Staatsminister und Ordenskanzler trat Carl Wilhelm Freiherr v. Fritsch an, Ämter, die er für nahezu zweieinhalb Jahrzehnte bekleiden und prägend ausfüllen sollte.
Ordenssekretär war zu dieser Zeit der weimarische *Canzleirath und
Geheime Secretär* Carl Vogel.

Das Hof- und Staats-Handbuch auf das Jahr 1819 zeugt dann auch
davon, dass der Rohbau des Ordens feste Formen annahm. Der Orden
zählte nunmehr bereits 86 Mitglieder, davon 30 Großkreuze, 13 Komture und 43 Ritter, davon 13 *bei dem Militair.*

Unter den Großkreuzen befanden sich neben dem russischen Zaren
Alexander I. zehn Fürstlichkeiten der Nachbarstaaten sowie die Prin-
zen des eigenen Hauses, alle sieben weimarischen Wirkl. und Geh.
Räte sowie preußische und sächsische Staatsminister und Generäle.

Kanzler Friedrich v. Müller, Komtur, sowie: Ernst Christian August Frhr v. Gersdorff, Staatsminister und Kanzler des Falkenordens 1843–1849, Zeichnung von J. J. Schmeller, um 1830.

Zu den 13 Komturen zählten neben vier hohen Beamten und Militärs aus thüringischen Nachbarstaaten und einem russischen Obristen ausschließlich hohe weimarische Beamte – Geheim- und Staatsräte, ein Oberjäger- und ein Oberstallmeister sowie die Kanzler v. Müller und v. Thon. Nota bene: Komturkreuze sind bis hierher am sparsamsten vergeben worden!

Die Liste der 30 zivilen Ritterkreuze enthielt nur fünf *Ausländer*, alle anderen waren Weimarer: Präsidenten und Geheime Hofräte, Land- und Legationsräte, ein Oberkonsistorialrat, ein Oberbaudirektor...

Die 13 militärischen Ritterkreuze erhielten die im Felde gestandenen acht Kompanien des 1. und 2. Linien-Bataillons, sowie die fünf Stabsoffiziere von Germar, Frhr. v. Linker, von Wolfskeel, v. u. z. Egloffstein und v. Beulwitz.[42]

Das neu getitelte *Staats-Handbuch für das Jahr 1823* verzeichnete, wie zu erwarten, eine wachsenden Zahl von Ordensrittern; so existierten jetzt (Zuwächse gegenüber 1819 in Klammern): 37 Großkreuze (+ 7), 23 Komture (+ 10), 64 Ritter (+ 21), davon 22 beim Militär (+ 9).

Ordenssekretär war nunmehr der Geheime Referendar und Geheime Justizrat Emil Friedrich Ackermann.

Neu im Staatshandbuch dieses Jahrgangs war nach dem Verzeichnis der Ritter und Beamten des Falkenordens die folgende Notiz: *Außerdem verleiht der Großherzog noch eine Verdienst-Medaille in drey Klassen, in Gold, in Silber und in Bronze und eine zweite Verdienst-Medaille in Bronze für tapfere Krieger, beyde am Bande des weißen Falkenordens.* Es folgten sieben graphische Symbole, drei für die Klassen des Falkenordens und vier für die Medaillen; sie wurden innerhalb des Handbuches benutzt, um den Ordens- und Medaillenbesitz der jeweiligen Träger zu kennzeichnen.

Eine Ordensverleihung aus dieser Zeit sei besonders vermerkt. Im genannten Staatshandbuch wird unter den Großkreuzträgern verzeichnet: *Der Russisch Kaiserliche General=Major von Geismar, den 21sten Oktober 1820.* In davor edierten Jahrbüchern tauchte der Mann – etwa unter den Rittern oder Komturen des Ordens – nicht auf. Wer war dieser Friedrich Caspar Baron v. Geismar? Ein Adelssproß, geboren 1783 in der preußischen Provinz Westfalen, der die Offizierslaufbahn einschlug und erst in der österreichischen, dann in der russischen Armee Dienst tat. Schon während der Jahre 1813/1814 als draufgängerischer Anführer von berittenen Einheiten ausgezeichnet, wurde er im Zusammenhang mit der Völkerschlacht 1813, nun 30-jährig, über seine Einheit hinaus bekannt. Kanzler v. Müller erzählte: *Da erschienen plötzlich in der Nacht zum 19. Oktober mehrere Hundert Kosaken in Weimar, deren Anführer unverzüglich aufs Schloß zu dem Herzog gebracht zu werden verlangte. Als der Herzog geweckt wurde, gab sich dieser Anführer als der russische Oberst von Geismar zu erkennen, verkündete den siegreichen Ausgang der Schlacht von Leipzig und eröffnete dem Herzog, dass er von dem Kaiser Alexander abgeschickt sei, die herzogliche Familie zu beschützen und in Sicherheit zu bringen, wenn ihr, wie hochwahrscheinlich, bei dem Rückzug der französischen Armee Gefahr drohen sollte..*[43] Müller beschrieb dann noch ausführlich, wie Geismar mit seinen Kosaken – an Kräften und Mitteln dem Feind weit unterlegen – in den nächsten Tagen den Weimarer Hof und die Stadt vor zurückflutenden Franzosen beschützte. So hatten die Weimarer in Geismar vielleicht den einzigen Offizier, den sie als Retter ihrer Stadt und ihres Fürsten ansahen und zu dem sie ein romantisches Verhältnis pflegten. – Auf den Tag genau fünf Jahre nach seinem Einsatz für Weimar verlieh ihm, den der Zar kurz davor zum General befördert hatte, der Weimarer Großherzog das Großkreuz des Falkenordens.

Noch einmal sei das Jahrbuch 1823 bemüht: Auch der Ordensbesitz des Großherzogs war beträchtlich angewachsen und bestand nunmehr neben dem eigenen Hausorden aus dem *Großkreuz des Russisch Kaiserlichen St. Andreas-, des St. Alexander Newsky- und St. Annen-Ordens, auch des Königlich Preußischen Schwarzen und Rothen Adler-Ordens und des Königlich Sächsischen Ordens vom Rautenkranz, sowie des Königlich Hannöverschen Guelphen-Ordens, des Königlich Pohlnischen weißen Adler-Ordens und der Großherzoglich Badischen Ordens der Treue und vom Zähringer Löwen.*

Großherzogin Louise *ist Großkreuzdame des kaiserlich russischen St.-Katharinen-Ordens.*

Der Ordensbesitz des Herrscherpaares änderte sich bis zum Tode des Großherzogs (1828) und seiner Gemahlin (1830) nicht mehr, außer dass die Großherzogin am Ende noch die Brillanten zum Großkreuz des russischen St.-Katharinen-Ordens erhielt.[44]

Friedrich Caspar Baron v. Geismar – *der Retter von Weimar im Oktober 1813.* Erhielt später die Ehrenbürgerschaft der Stadt sowie das Großkreuz des Falkenordens. Pastell v. J. J. Schmeller, undatiert.

Goldenes Arrangement von
Miniaturen, angefertigt für
Goethe um 1820, und
Goethes Wappen mit an-
hängenden Orden. Nach-
träglich gestaltet –
vermutlich von O. Neu-
becker, erste Hälfte 20. Jh.

Der Sarkophag des Großherzogs – 1830 durch die Weimarer Gürtler-
meister Gebrüder Straube gefertigt und noch heute in der Fürstengruft auf dem Weimarer Historischen Friedhof zu sehen – zeigt dann
auch den damals als beträchtlich anzusehenden Ordensschmuck in folgender Weise: Auf der Platte des Fußteils: den höchsten kaiserlich russischen Orden: den St-Andreas-Orden, umgeben von der dazu-
gehörigen Ordenskette; auf dem oberen Teil: drei königliche Orden,
wieder die höchsten des jeweiligen Landes: den sächsischen Orden der
Rautenkrone im Lorbeerkranz, den hannoverschen Guelphenorden
in einem Kranz von Achaten und den preußischen Schwarzen Adlerorden im Eichenkranz; die rechte Seite zeigt den badischen Orden
vom Zähringer Löwen sowie die russischen St- Annen- und Alexander-Newski-Orden; auf der linken Seite sind dargestellt: der badische
Hausorden der Treue, der polnische Weiße Adlerorden und der preußische Rote Adlerorden; der eigene Hausorden erscheint, von den genannten Darstellungen abweichend, samt Collane als Umrahmung des
großherzoglichen Wappens von Sachsen-Weimar auf der Stirnseite des
Sarkophags.
Was sich bereits 1823 andeutete, gewann bis 1828 deutlich an Kon-
turen: Orden und Ehrenzeichen erlangten eine höhere Bedeutung im
gesellschaftlichen Leben. Das relativ bescheidene Verzeichnis der Symbole für die sieben Weimarer Auszeichnungen im Staatshandbuch
1823 wurde im Handbuch von 1830 auf einen Schlag um eine Liste
von Abkürzungen für 52 ausländische Orden und Ehrenzeichen erweitert! Eine solche Tendenz war allgemein in den deutschen Staaten
und darüber hinaus festzustellen.[45]
Die *Untertanen* des Großherzogs, freilich die hochgestellten, die 20
Jahre zuvor noch ohne jeglichen Ordensschmuck durch die Residenz
an der Ilm spazierten, legten, was den Ordensbesitz anlangte, nun
tüchtig zu. So wurden dem Wirklichen Geheimen Rat Johann Wolfgang v. Goethe bis 1828 diese Orden erteilt (in Klammern das jeweilige Verleihungsjahr):

das Ritterkreuz des kaiserl. franzöz. Ordens der Ehrenlegion (1808),
das Großkreuz des kaiserl. russ. St.-Annen-Ordens (1808),
das Komturkreuz des kaiserl. österreich. Leopold-Ordens (1815),
das Großkreuz des ghzl. sachsen-weimarischen Falkenordens (1816),
das Offizierskreuz des Ordens der Ehrenlegion, Restauration (1818),
das Großkreuz des Zivilverdienstordens der Bayer. Krone (1827).[46]
Die Weimarer Würdenträger seines Ranges verfügten über eine vergleichbare Ordens*kollektion*. Und soviel scheint sicher: Mit Ausnahme des zuletzt erteilten erhielt Goethe die Orden nicht wegen seines dichterischen Genies oder seiner literarischen und wissenschaftlichen Verdienste, sondern wegen seiner Ämter und seiner Stellung im Großherzogtum.

Als Carl August, der Erneuerer des Falkenordens, im März 1828 starb, stand der Orden nach zwölfjähriger Existenz in voller Blüte, und weder in den Statuten, noch in der Verleihungspraxis, noch in der Form der Ordensinsignien geschahen bis hierher bemerkenswerte Neuerungen. Der Orden, geprägt durch seinen Großmeister und seine illustre Ritterschaft, war ein Spiegelbild der *klassischen* oder *goldenen* Epoche Weimars.

Schauen wir auf die Zahl der Ordensträger im Frühjahr 1828 (in Klammern die Zuwächse seit 1823):

44 Großkreuze (+ 7); darunter neun, die vorher schon Komture, und fünf, die zuvor Komture und davor Ritter des Ordens waren, 31 Komturkreuze (+ 8); davon 13 die zuvor bereits Ritter waren, 88 Ritterkreuze (+ 24), davon 33 beim Militär (+ 11).

In der Rubrik *Gekrönte Häupter, regierende Herren und Prinzen aus regierenden Häusern* des Staatshandbuchs befanden sich Anfang 1828 nun auch Zar Nikolaus I. von Russland (seit 1826) sowie König Friedrich Wilhelm III. von Preußen (1823), unter den *uebrigen Großkreuzen* der Österreicher Fürst v. Metternich (1820), die Preußen General-Feldmarschall Graf Kleist v. Nollendorf (1819) und Gene-

Ritter des Falkenordens in den 20er Jahren des 19. Jh.: Der Chemiker Johann Wolfgang Döbereiner, Ölgemälde von unbekannt, nach G. Ph. Schmidt, sowie der Architekt Clemens Wenzeslaus Coudray, Zeichnung von J. J. Schmeller.

ralleutnant Frhr. v. Müffling (1817) sowie der sächsische Kabinetts-
minister Graf v. Einsiedel (1818). Die Kanzler v. Müller und v. Thon
als Komture sind oben bereits erwähnt worden.

So viele Persönlichkeiten des In- und Auslands nun schon den Falkenorden tragen, wer die Liste aufmerksam prüft, registriert noch zahlreiche Fehlstellen. So wird er beispielsweise drei der vier deutschen
Könige, nämlich den sächsischen, den bayerischen und den württembergischen, vergeblich in der Mitgliederliste suchen.

Zum bisherigen Personenkreis der Ritterkreuzträger – Beamte und
Militärs – traten nun Baumeister und Wissenschaftler hinzu, die über
die Grenzen des Weimarer Landes hinaus bekannt waren, so der Weimarer Oberbaudirektor Clemens Wenzeslaus Coudray (1818), die
bayerischen Oberbauräte Leo v. Klenze (1822) und v. Schlichtegroll
(1825), Professoren der Jenaer Universität, so der Chemiker Johann
Wolfgang Döbereiner (1823) und der Historiograph Heinrich Luden
(1828).

Ordenssekretär war nun der Wirkl. Geh. Hofrat Carl Emil Helbig.[47]

DER FALKENORDEN UNTER CARL FRIEDRICH 1828–1853

Der Maler und Kunst-
historiker Johann Heinrich
Meyer, Ritter des Falkenordens (1829). Selbstbildnis.

In den ersten zwölf Jahren nach dem Regierungsantritt
Carl Friedrichs geschah in Ordensdingen nichts eigentlich
Neues. Der Großherzog und seine Umgebung schienen
am Hausorden zunächst nichts zu finden, was unbedingt
geändert werden müsste. Allerdings waren unmittelbar
nach der Regierungsübernahme des neuen Großherzogs
zahlreiche bemerkenswerte Ordensverleihungen zu verzeichnen, von denen eine besonders hervorgehoben sei:
die an Johann Heinrich Meyer. Carl Friedrich machte ihn
am 16. Februar 1829, also nur ein halbes Jahr nach dem
Tode seines Vorgängers, zum Ritter des Falkenordens. Seit
nahezu vier Jahrzehnten war Meyer der Mitarbeiter und
Berater Goethes in Sachen Kunst; seit mehr als zwei Jahrzehnten Direktor der Freien Zeichenschule in Weimar
und Hofrat, Autor bedeutender kunsttheoretischer Arbeiten, Herausgeber der Werke Winckelmanns – eine Institution am Weimarer Hof und in der Stadt. Und erst
jetzt, 69-jährig, gut drei Jahre vor seinem Tode, erhielt er
den Orden. Nur, weil er nicht von Adel war? Oder aus anderen Gründen? Die Angelegenheit bleibt seltsam.

An dieser Stelle ist eine Sache zu vermerken, die besonders für öffentliche wie private Ordenssammler von Belang ist: Für die 1830er Jahre
kann erstmals aktenkundig nachgewiesen werden, dass *fürstliche Großkreuze* und brillantierte Bruststerne verliehen wurden. So besagt eine
Eintragung vom 29. Juli 1868 in den Akten des weimarischen Hofmarschallamtes, dass nach dem Tode Fürst Theodors von Thurn und
Taxis dessen *fürstliches Kreuz mit fehlendem Etui und brillantiertem
Stern* zurückgegeben wurde.[48] Das Großkreuz ist dem Fürsten in dieser Form am 16. Juli 1837 verliehen worden.

Nun jedoch das Wichtigste über den bedeutenden ersten Nachtrag zu den Statuten des großherzoglichen Falkenordens: Carl Friedrich führte bereits seit zwölf Jahren die Regierungsgeschäfte, als er die erste Statutenerweiterung verfügte. Sie diente – ganz im Zuge der Zeit – dazu, die Auszeichnungsmöglichkeiten, die mit dem Falkenorden gegeben waren, weiter zu differenzieren.

ZWEI NEUE ORDENSKLASSEN

Der 1. Nachtrag zu den Statuten des Falkenordens enthält folgende Bestimmungen:
1. Den Komturen kann als besondere Auszeichnung ein Stern verliehen werden. Dieser ist auf der linken Seite der Brust zu tragen. Den Stern kann in der Regel nur erhalten, wer im zivilen Staatsdienst mit dem Range eines Geheimrates, Präsidenten oder Kollegialdirektors be-

Ritterkreuz 2. Abteilung des Falkenordens, As. und Rs. mit den Initialen CF für Carl Friedrich.

kleidet ist oder im Militärdienst den Rang eines Obersten erlangt hat.
2. Die Klasse der Ritter gliedert sich in zwei Abteilungen – für die erste besteht das Ordenszeichen unverändert, für die 2. Abteilung soll es ein Ehrenkreuz sein, welches im Mittelschild auf der Vorderseite das Bild des weißen Falken und auf der Rückseite den Namenszug des regierenden Großherzogs trägt; es ist an einem schmalen roten Ordensbande im Knopfloch zu befestigen.
Dieses Ehrenkreuz soll nur an Bürger des Großherzogtums verliehen werden. Es dient als öffentliche Anerkennung für Treue, der Verfassung entsprechende Gesinnung, ausgezeichnete Leistungen und Verdienste in der Amtstätigkeit. Verfügt zu Weimar, am 16. Februar 1840, gesiegelt und unterzeichnet vom Großherzog Carl Friedrich sowie dem Ordenskanzler C. W. Frhr v. Fritsch.[49] (S. a. Dokument 8 im Anhang dieses Buches.)

Massiv silberner und
gestickter Bruststern zum
Komtur 1. Klasse des
Falkenordens.

Mit dieser Verordnung erhielt der Falkenorden also fünf, statt bisher
drei Abstufungen, ganz wie andere deutsche Haus- und Verdienstorden auch. Die bis zu dieser Zeit sieben verschiedenen Ordenszeichen
(die evtl. bereits existenten Großkreuze und Sterne für Fürstlichkeiten nicht eingerechnet) vermehrten sich um zwei, so dass nunmehr
neun unterschiedliche Insignien verliehen wurden:
2 Großkreuze, je eines für ziviles und militärisches Verdienst,
1 Großkreuzstern,
2 Komturkreuze, je eines für ziviles und militärisches Verdienst,
1 Komturstern,
2 Ritterkreuze 1. Abt., je eines für ziviles und militärisches Verdienst,
1 Ritterkreuz 2. Abt.
Der neue massiv silberne Komturstern hat gegenüber dem achtstrah-
ligen Großkreuzstern vier Strahlen, der Medaillonring, der die Devise
trägt, ist grün emailliert, statt blau wie beim Großkreuzstern. Er wird
mit einer senkrechten Nadel an der Kleidung befestigt und weist in
der Mitte der Zylinderabdeckung für gewöhnlich eine Herstellergravur auf. Er misst zwischen gegenüberliegenden Strahlen ca. 85 mm
und wiegt ca. 58 g. Der Sternkörper besteht aus Silber, die Auflagen des
Medaillons sind aus Gold, später aus vergoldetem Silber.
Die bald auch gebräuchlichen gestickten Komtursterne bestehen aus
Silber- und Goldlamé, sind kleiner und messen zwischen gegenüberliegenden Strahlen ca. 48 mm, weisen aber die gleichen Grundele-
mente wie die massiven Sterne auf. Schlaufen an den Strahlenenden
dienen zum Annähen des Sterns an der Kleidung. Rückseitig ist auf
einer Papierabdeckung handschriftlich der Hersteller verzeichnet.
Das neu hinzugekommene Ritterkreuz der 2. Abteilung ist ein gera-
des silbernes Kreuz mit sich nach außen erweiternden, weiß emaillierten Armen, also ein *Tatzenkreuz*; in der Mitte befindet sich ein relativ
großes goldenes Medaillon mit einem separat aufgelegten goldenen,

weiß emaillierten Falken. Das Rückseitenmedaillon mit den aufgelegten, mit Email vergossenen bekrönten Initialen des Großherzogs Carl
Friedrich – *C. F.* – ist dunkelblau emailliert.
Dieses Kreuz ist dem des preußischen Roten Adlerordens 3. Klasse in
Gestalt, Größe und Symbolik nicht unähnlich und diesem möglicherweise nachempfunden. Es unterscheidet sich deutlich vom Ritterkreuz 1. Abteilung des Falkenordens, was offenbar beabsichtigt war.
Denn die gedachten Empfänger – Bürger des eigenen Landes – mussten nicht unbedingt besondere Leistungen vollbracht haben, um das
Ehrenkreuz zu erhalten, sondern ein tadellos absolviertes Berufsleben
als Schuldirektor, Amtsvorsteher oder Gerichtsbeamter genügte, um
zu den Empfangskandidaten zu gehören. Eine militärische Variante
des Kreuzes existierte zunächst nicht, Verleihungen an Militärs waren
zu dieser Zeit offenbar nicht vorgesehen. Der Druck
des 1. Statutennachtrags von 1840 enthielt auch die
Zeichnungen der Insignien, nämlich die Vorderseite
des Komtursterns sowie die Vorder- und Rückseite
des Ritterkreuzes 2. Abteilung.

Die Statutenänderung wurde erst 1842 im Regierungsblatt veröffentlicht, was wohl bedeutete, dass
man sich mit ihrer Realisierung Zeit ließ. So lief auch
die Verleihung der beiden neuen Klassen schleppend
an. Das Staatshandbuch von 1843 verzeichnete erst
einen Komtur mit Stern – nämlich den Oberhofmarschall Frhr. Spiegel v. u. z. Pickelsheim, der seit
1825 bereits Komtur war – und noch *keinen* Ritter
der 2. Abt. 1846 dokumentierte das Handbuch bereits 12 Komture mit Stern – gegenüber 100 (!) *einfachen* Komturen. Die Ritterkreuze 2. Abt. wurden
bis 1846 noch immer sehr sparsam vergeben – es
wurden zwischen 1840 und 1846 ebenfalls nur zwölf
Verleihungen registriert, die meisten 1844.
Bemerkenswert im Vergleich zu den ersten Jahren ist
die nunmehr weitaus größere Zahl der Komture. Es
mag aber vor allem daran gelegen haben, dass die inzwischen zahlreichen Träger des Ritterkreuzes nun
einfach *an der Reihe* waren, um im Orden eine Stufe nach oben befördert zu werden.
1843 schied der leitenden Staatsministers und Ordenskanzler C. W.
Frhr. v. Fritsch aus gesundheitlichen Gründen aus allen seinen Ämtern.
Seine Nachfolge trat Ernst Christian August Frhr. v. Gersdorff an, wie
sein Vorgänger Doktor der Rechte.

Karl Emil Frhr. v. u. z.
Spiegel v. Pickelsheim,
erster Komtur 1. Klasse des
Falkenordens (1842).
Aquarell von F. Remde.

Zur Verleihungspraxis

Die politischen und ökonomischen Tendenzen der 30er und 40er Jahre
im Lande, so denken wir heute, müssten sich in der Verleihungspraxis
des Falkenordens bald sichtbar niedergeschlagen haben. Die Abkom-

Großkreuzstern des Falkenordens, getragen von Großherzog Carl Friedrich, im
originalen Etui.

men zur ökonomischen Einigung der deutschen Staaten
wie auch die Entwicklung von Industrie, Gewerbe, län-
derübergreifender Kommunikation – Eisenbahn, Post,
Münzwesen – ließen auch in Sachsen-Weimar einen
neuen *Adel* entstehen, den ökonomischen, dessen Repräsentanten nun auch zu den Anwärtern auf den Falkenorden gehörten. Bis zur 1848er Revolution und sogar
bis zu Carl Friedrichs Ende 1853 wurde dieser aber nicht
im erwarteten Maße bedacht – gesellschaftliche Realität
und konservatives Denken erwiesen sich als zählebig.
Ähnliches galt für die Wissenschaften und Künste, die
sich nunmehr stärker denn je entwickelten. Auch in Gestalt ihrer Protagonisten trat ein Kreis von Kandidaten
für den Orden hinzu, der unter Carl August allenfalls in
Ausnahmefällen mit dem Orden bedacht wurde. Im Übrigen wurde die Verleihungspolitik fortgesetzt, als würden in der Gesellschaft keine Veränderungen vor sich
gegangen sein. So wurden Mitte der 40er Jahre auch weiterhin in der übergroßen Mehrheit Fürsten und deren
Familienmitglieder sowie hohe Staatsbeamte und Militärs mit dem Orden bedacht. Bei den *Ausländern* waren
es aufgrund politischer Rücksichten und familiärer Beziehungen vor allem Preußen und Sachsen, Russen,
Österreicher und Niederländer, die den Orden erhielten.
Die meisten der gekrönten Häupter, die für Sachsen-Weimar von Belang waren, trugen nunmehr das Großkreuz
des Falkenordens, so auch die Könige von Preußen, Sachsen und Hannover, von Belgien, der Niederlande usf.
Der bayerische König Ludwig I. war nicht unter den Trägern des Falkenordens – wie auch Carl Friedrich keinen
entsprechenden bayerischen Orden erhalten hat. Dafür
wurde der bayerische Kronprinz Maximilian 1847 mit
dem Orden bedacht, ein Jahr, bevor dieser 1848 für seinen demissionierten Vater den Thron bestieg.
Wirtschaft und Verkehr waren vertreten durch die Fabrikbesitzer Carl und Friedrich Eichel (1837 und 1839),
den Eisenbahndirektor Henz (1844) und den Eisen-
bahn-Oberingenieur Mons (1846), die Geheimen Fi-
nanzräte von Rott (1844) und Meyer (1848) sowie den
Thurn und Taxisschen Postkommissar Rehfeld (1848).
Es handelte sich um Ritterkreuze 1. Abt., die hier vergeben wurden (in Klammern das Verleihungsjahr), höhere
Stufen unterlagen strengeren Standeskriterien.
Von Anfang an wurden führende Baumeister mit dem
Falkenorden bedacht. Ihre Stellung als Staatsbeamte, die zugleich
Künstler und Techniker sind, mag den Ausschlag zu dieser Bevorzu-
gung gegeben haben. Zu den unter Carl August Geehrten – den bereits
genannten Coudray (1818), v. Klenze (1822), v. Schlichtegroll (1825)

Großkreuz des Falken-
ordens für Fürstlichkeiten,
As. und Rs.

– gesellten sich nun Carl Friedrich Schinkel (1838), Carl Ferdinand
Langhans (1842) und Dr. Hugo v. Ritgen (1851).
Ähnlich stand es mit vielen anderen Künstlern, die den Orden erhielten, unter ihnen so bekannte Vertreter ihrer Zunft wie die Musiker Johann Nepomuk Hummel und Franz Liszt (1841), Hector Berlioz
(1852) und Heinrich Wilhelm Ernst (1849), die Maler Paul Delaro-
che (1842), Wilhelm Hensel (1843), Ary Scheffer (1845) und Friedrich Preller d. Ä. (1849), die Bildhauer Christian Daniel Rauch (1847),
Augustin Dumont (1845), Ludwig Schaller (1850) und Friedrich
Tieck, der Schriftsteller Hans Christian Andersen (1848), die Theaterleiter Winkler (1837) und Frhr. v. Gall (1844). Wie man sieht, erfuhren diese Künstler erst so recht von den 1840er Jahre an ihre
Ehrung mit dem Falkenorden.
Viele der Genannten waren das, was man heute *Staatskünstler* nennen
würde, sie beeinflussten das äußere Bild der Residenzen ihrer Auf-
traggeber und formten die Musik- und Theaterwelt ihres Wirkungs-
kreises. Nicht selten führten sie außer ihrer Berufsbezeichnung einen
Staatstitel – sie waren also Architekt *und* Hof-Bauintendant, Klavier-
virtuos *und* Hof-Kapellmeister, Regisseur *und* Hof-Theaterdirektor,
die Maler waren als Hof-, Historien- oder Marinemaler ausgewiesen,
oft trugen sie den Professorentitel oder sie waren Direktoren von
Kunstinstituten.
Ähnliches fand man bei den Wissenschaftlern unter den Ordensträgern. Sie gehörten zumeist zu den *praktizierenden* Vertretern ihrer
Zunft und waren zumeist Professoren staatlicher Universitäten oder
Mediziner, denen zugleich die Würde eines Hof- oder Leibarztes, Me-

Der Mörser – das Logo der
Firma Bury & Leonhard.

Brillantierter Großkreuz-
stern des Falkenordens, wie
von Carl Friedrich verliehen.

dizinal- oder Obermedizinalrates zuerkannt war. Von denen, die von Carl Friedrich das Ritterkreuz 1. Klasse des
Falkenordens erhielten, seien genannt: die
Professoren Dr. Silvestre (1846) und Dr.
Cotta (1848), Dr. Huschke und Dr. Boscha
(beide 1852) sowie unter den Ärzten der
Geh. Medizinalrat Dr. Caspar, der Ober-
medizinalrat und Leibarzt Dr. Schönlein
(beide 1845), der Oberstabsarzt Dr. Lan-
genmayr (1848) sowie der Oberstabs- und
Leibarzt Dr. Weiß. Einige der hochgestellten Ärzte trugen zu jener Zeit bereits das
Komturkreuz des Falkenordens.
Neben diesen Persönlichkeiten verzeichneten die Staatshandbücher auch zwei außergewöhnliche Kirchenleute: D. Johann
Friedrich Röhr (1777–1848), Ritter des
Falkenordens seit 1824, Komtur seit 1834,
und D. Karl August v. Hase (1800–1890),
Ritter seit 1845, den Komtur erhielt er erst unter Carl Alexander 1862.
Röhr war in Weimar der Bekanntere von beiden: Oberhofprediger an
der Stadtkirche St. Peter und Paul und Generalsuperintendent in Weimar – einer von Herders Nachfolgern im Amt, auch Vize-Konsistori-
alpräsident. Er hielt die Trauerreden an den Gräbern von Luise und
Carl August wie von Goethe und zahlreichen anderen mehr oder weniger berühmten Leuten. Und er war der Wortführer und streitbare
Verfechter des *theologischen Rationalismus*, einer neuen Denkrichtung
im modernen Protestantismus jener Zeit. Er plädierte dafür, auch im
Religiösen *nichts als wahr zu halten, als was nach klaren und unbe-
zweifelbaren Vernunftgründen wirklich dafür gehalten werden kann* und
stritt gegen alte Dogmen. Er forderte *Glaubens- und Gewissensfreiheit
im politischen wie im kirchlichen Leben und verurteilte die Mißachtung
der Menschenrechte durch despotische Herrscher*.[50]
Von Hase, der weniger Bekannte, war ebenfalls evangelischer Theo-
loge und Bürger des Großherzogtums. Als leidenschaftlicher Burschenschafter wurde er für elf Monate auf der Feste Hohenasperg
festgesetzt, bevor er seine Karriere beginnen konnte. Er wurde Dr.
theol. et Dr. phil., habilitiert sich 1823 in Tübingen, wurde Dozent an
Leipzigs Universität und Professor in Jena – und zwar von 1830 bis
1883(!); er war Kirchenhistoriker und Geheimer Kirchenrat, ein Wissenschaftler mit erstaunlicher Schaffenskraft. Er war noch keine 30
Jahre alt, da lagen von ihm schon z. T. umfangreiche Werke vor: Eine
Evangelisch-protestantische Dogmatik (1826), eine dreibändige *Gnosis
oder Glaubenslehre für die Gebildeten* (1827–1829), eine Darstellung
der altprotestantischen Glaubenslehre des Hutterus (1827), darüber
hinaus sein Buch *Leben Jesu* (1829). Viele dieser Werke wurden zeit
seines Lebens erweitert und vervollkommnet und wieder und wieder
aufgelegt. Sein Hauptwerk aber erschien 1834, ein ausführliches Lehr-

Johann Friedrich Röhr, Lithographie von Schubert, 1843, und Carl August v. Hase, Ölgemälde, nach 1862.

buch zur Kirchengeschichte. Als Ziel seiner wissenschaftlichen Arbeit betrachtete er die Versöhnung von Christentum und moderner Bildung. Über die erwähnten Gemeinsamkeiten hinaus *verband* ihn mit Röhr, dass er eine Streitschrift gegen diesen und dessen *theologischen Rationalismus* verfasste.

Den Großherzögen jener Zeit konnte es nicht gefallen, dass jemand die Despotie der Fürsten anprangerte, dass jemand als Burschenschafter den Kerker von innen gesehen hat und dass sich zwei Christen öffentlich über den Inhalt der Christenlehre stritten. Dennoch nahmen sie beide in ihren Hausorden auf und beförderten sie sogar zu Komturen!

DIE ZAHLENMÄSSIGE ENTWICKLUNG DES ORDENS

Sie schritt in jener Zeit voran. Im weimarischen Staatshandbuch von 1846 waren bereits 18 Seiten, in dem des Jahres 1855 sogar 28 Seiten nötig, um alle lebenden Ordensträger zu verzeichnen! Im Frühjahr 1846 sowie zur Zeit des Todes von Großherzog Carl Friedrich am 8. Juli 1853 ergab sich zur Zahl der Ordensträger das folgende Bild:

Ordensklassen	1846	1853
Großkreuze *im Großherzoglichen Hause*	6	6
Großkreuze *in den Kgl. und Hzgl. Sächs. Häusern*	8	9
Großkreuze *an gekrönte Häupter, regierende Herren und Prinzen aus regierenden Häusern*	38	38
übrige Großkreuze	71	78
Komture mit dem Stern	12	32
Komture	100	104
Ritter 1. Abteilung	155	191
Ritter 2. Abteilung	12	20
Träger des Falkenordens insgesamt	402	478

Prinz Friedrich Gustav Carl von Sachsen-Weimar-Eisenach, Großkreuz des Falkenordens seit 1843, Ölgemälde von J. H. da Londra, 1855.

Bei der Verleihung des Ritterkreuzes 2. Abt. wich Carl Friedrich in zwei Fällen von der selbst verfügten Bestimmung ab, dass diese Klasse nur den Bürgern Sachsen-Weimars offen steht; zugleich brach er mit der bisherigen Praxis, diese Kreuze nur an Zivile zu vergeben. So erhielten – weshalb auch immer – 1851 der *Kaiserlich Russische Premier-Lieutenant Boglevski* und 1853 der *Herzogl. Sachsen-Meiningsche Premier-Lieutenant Frhr. v. Speßhardt* diese Klasse des Ordens. Diese Praxis setzte sich später fort.

Die Anwärter auf Großkreuze waren zu jener Zeit offenbar mit diesen bedacht. Die Zahl der Komture 1. Klasse stieg an, da Beförderungen im Orden anstanden, die nun realisiert wurden. Die Zahl der Komture 2. Klasse erhöhte sich nur unwesentlich, der Kreis der Anwärter blieb gleich. Die Anzahl der Ritter, vor allem der 1. Abteilung, stieg erheblich, da sich, wie erwartet, die Klientel der Anwärter vermehrt hat. Das Ritterkreuz der 2. Abteilung war nunmehr die bei weitem seltenste Abstufung des Falkenordens, die vergeben wurde – es handelte sich hier um den ersten Typ des Kreuzes mit den Reversinitialen des Stifters *C. F.* – Ein Großkreuzstern aus dem Nachlass Carl Friedrichs befindet sich in der Sammlung der *Klassik Stiftung Weimar*. Es handelt sich dabei um ein *gewöhnliches* Stück aus der Fertigung Wilhelm Wirsings (ohne Herstellergravur auf dem Revers), nicht brillantiert, mit erheblichen Tragespuren. Der Stern befindet sich in einem aufwendig gearbeiteten, muschelförmigen Lederetui mit dem rückseitig aufgebrachten Golddruck: *Ordensstern Sr. Königl. Hoheit d. höchstsel. Großherzogs CARL FRIEDRICH.*[51]

Der Großherzog besaß am Ende seiner Tage diese Orden: *das Großkreuz des Kaiserlich Königlich Oesterreichischen St. Stephan-Ordens, des Kaiserlich Russischen St. Andreas-Ordens (in Brillanten), des Kaiserlich Russischen St. Alexander Newsky-Ordens (in Brillanten), des Kaiserlich Russischen St. Annen-Ordens, des Königlich Preußischen schwarzen Adlerordens, des Königlich Preußischen rothen Adlerordens, des Königlich Sächsischen Hausordens der Rautenkrone, des Königlichen Hausordens der Württembergischen Krone, des Königlichen Ordens vom Niederländischen Löwen, des Königlich Hannoverschen St. Georg-Ordens, des Königlich Hannoverschen Guelphen-Ordens, des Königlich Belgischen Leopold-Ordens, des Großherzoglich Badenschen Hausordens der Treue, des Großherzoglich Badenschen Ordens vom Zähringer Löwen, des Großherzoglich Hessischen Ludwig-Ordens, des Großherzoglich Oldenburgischen Haus- und Verdienst-Ordens mit der goldenen Krone, des Herzoglich Sachsen-Ernestinischen Hausordens und des Her-*

zoglich Anhaltschen Gesammthaus-Ordens Albrecht des Bären, Komthur des Kaiserlich Russischen Ordens vom hl. Johannes zu Jerusalem (in Brillanten). Die Großherzogin, Maria Pawlowna, war zu jener Zeit *Großkreuzdame des Kaiserlich Russischen Ordens vom heiligen Johannis zu Jerusalem (in Brillanten) und des Kaiserlich Russischen St. Catharinen-Ordens (in Brillanten), auch Dame des Königlich Preußischen Luisen-Ordens.*[52]

Mit deren beider Tochter, der Prinzessin Augusta (1811–1890) hat die Geschichte Großes vor: Bereits 1829 wurde sie mit dem Prinzen Wilhelm von Preußen, dem späteren König Wilhelm I., vermählt, als dessen Gemahlin sie 1861 Königin von Preußen und 1871 gar deutsche Kaiserin wurde. Diese Eheschließung – Ausdruck des engen Verhältnisses Sachsen-Weimars zu Preußen und förderndes Element zugleich – ist ordenskundlich bedeutungsvoll, wenn man sich die ungewöhnlich hohen Verleihungszahlen des Falkenordens an preußische Staatsbürger vor Augen hält.

Ordenskanzler war seit der Entlassung von Gersdorffs 1848 der leitende Staatsminister *Se. Excellenz der wirkliche Geheimerath D. jur. Christian Bernhard Frhr. von Watzdorf*, er bekleidete dieses Amt über mehr als 20 Jahre bis zu seinem Tode im September 1870. Ordenssekretär war weiterhin der Wirkliche Geheime Hofrat Carl Emil Helbig.

Großherzog Carl Friedrich galt bei seinen Zeitgenossen unisono als wenig bedeutend, dazu adelsstolz und antiliberal. Dennoch sorgte vor allem seine schöne, geistvolle und das kulturelle Leben des Landes ungemein befördernde Gattin Maria Pawlowna, die Zarentochter, dafür, dass das *goldene* Zeitalter im *silbernen* seine Fortsetzung fand. Zudem entwickelte sich Sachsen-Weimar in diesem Vierteljahrhundert zu einem ausgesprochenen Wohlfahrtsstaat – eine Tendenz dieser Zeit im entwickelten Mitteleuropa, ein Werk aller hier Lebenden und auch ein Ergebnis der Tätigkeit des Herrscherpaares. Am Ende der Regierungszeit Carl Friedrichs waren in der Ritterschaft des Weißen Falken bereits einige deutsche und europäische Größen versammelt, die dem Orden zur höchsten Ehre gereichten.

Prinzessin Augusta von Sachsen-Weimar-Eisenach, Tochter von Carl Friedrich und Maria Pawlowna, die spätere Deutsche Kaiserin. Nach einem Gemälde von F. X. Winterhalter, 1850.

HERSTELLUNG UND KOSTEN

Bis Anfang der 1840er Jahre belieferte die Hanauer Firma Bury & Leonhard den Weimarer Hof mit Ordenszeichen, sodann der Weimarer Gold- und Silberarbeiter Wilhelm Wirsing. Dabei ist festzustellen, dass auch die Hanauer Firma Weimarer Orden weiter herstellte, und zwar nachweislich bis in die erste Hälfte des 20. Jahrhunderts. Eine

Ausstellung im Hanauer Deutschen Goldschmiedehaus 1984 zeigte dann auch u. a. Orden u. Ehrenzeichen aus dem Musterarchiv der Firma Bury, so z. B. eine Ordenskette und andere Großherzogl. Sächs. weiße Falkenorden sowie ein Wilhelm-Ernst-Kriegskreuz – wie das eine bis heute erhaltene Objektliste besagt.

Zur genauen Darstellung der Ordensfertigung und zu den Kosten der Ordenszeichen, die Mitte des 19. Jahrhunderts anfallen, stehen die Akten der Ordenskanzlei zwar – wie oben schon bemerkt – nicht mehr zur Verfügung, aber die des Hofmarschallamtes geben über einige Ordensfragen Auskunft, obliegt diesem Amte doch die Verwaltung des *Kassen- und Rechnungswesens des großherzoglichen Hauses, die Sorge für alle zur Hofhaltung erforderlichen Vorräthe mit der Überwachung deren Verbrauches sowie die Anordnung und Vollziehung aller die Hof-Etikette betreffenden Angelegenheiten.* Tatsächlich liegen vom Frühjahr 1850 an einige Akten des nunmehr *retablirten Hof-Marschallamtes* vor, die zuverlässige, wenn auch unvollständige Informationen über Hersteller und Ausgaben für Ordenszeichen, Etuis und Bänder vermitteln.[53]

Für die 50er Jahre des 19. Jh. ist aus diesen Akten ersichtlich:
Der Weimarer Hof betraute zwei Hersteller mit der Anfertigung und Restaurierung zurückgegebener Ordenszeichen: den Weimarer *Hof-Goldarbeiter Wilhelm Wirsing* und zusätzlich 1853 die *Hofjuweliere Bury & Leonhard* aus dem hessischen Hanau.

Die Ordensbänder lieferte der Weimarer Kaufmann Predari, ab Mitte der 50er Jahre dann das Handelshaus *Predari & Comp.* Bei wem Predari die Bänder weben ließ, ist ungewiss. Die Etuis fertigte und lieferte der Weimarer Hof-Buchbinder Bauer. Die Ordensstatuten wurden in der Albrechtschen Hof-Buchdruckerei gedruckt.[54]

Als besondere Auszeichnungen lieferten Bury & Leonhard und Predari wertvolle, goldene Dosen mit dem Porträt des Großherzogs; es deutet manches darauf hin, dass vornehmlich die Großherzogin diese Dosen als Ehrengeschenke vergab.

Die Rechnungen der Lieferanten sowie die Rechnungsanweisungen des Großherzogs oder des Ordenskanzlers waren in allen Fällen unspezifiziert, so dass für diese Zeit der Preis für einen einzelnen Orden, ein bestimmtes Ordensband oder ein Etui aus diesen Unterlagen nicht

Stück einer Ordenscollane, wie sie auch von der Firma Bury u. Leonhard hergestellt wurde.

hervorgeht. Die früheste vorliegende Anweisung des Großherzogs hatte, um ein Beispiel zu bringen, diesen Wortlaut:

Wir lassen unserem Hofmarschallamte inliegend
1. eine Rechnung des Hof-Goldarbeiters Wirsing hier über Einhundert Vier und Vierzig Thaler, 3 Silbergroschen für Herstellung von Ordensdekorationen,
2. eine Rechnung der Predarischen Handlung hier über Zwei und Sechzig Thaler und 11 Silbergroschen für geliefertes Ordensband und
3. eine Rechnung des Hofbuchbinders Bauer hier über 16 Thaler für Ordensetuis mit dem gnädigsten Befehle zugehen, die vorgenannten Beträge nach vorgängiger Feststellung aus den Mitteln unserer Civilliste an die betreffenden Personen auszahlen zu lassen.
Weimar, den 12. April 1850   Carl Friedrich (Orig.-Unterschr.)
Ausgezahlt: 27. April. 1850

Eine weitere Rechnung Wirsings, und zwar vom 03.11.1852, war ausgestellt *über 126 Thaler und 10 Silbergroschen für neu gefertigte und reparierte Orden und Arbeiten für Medaillen...* Die größte Einzelrechnung Wirsings, eine Rechnung über 977 Taler, beglich der Großherzog im Jahre 1853; insgesamt lieferte der Weimarer Hofjuwelier in jenem Jahr Orden für 1763 Taler, 20 Silbergroschen. Damit nicht genug, mussten Bury & Leonhard noch für weitere 680 Taler Orden liefern, da Wirsings Kapazitäten für ein solches Stoßgeschäft nicht reichten. 1853 war das Jahr des Regierungsantritts Carl Alexanders! Von 1850 bis Anfang 1856 bestritt der Weimarer Hof *für Ordensangelegenheiten* mindestens die folgenden Ausgaben:

für Ordensdekorationen	4611 Tl.	13 Sgr.	6 Pfg.
für Ordensbänder	293 Tl.	6 Sgr.	
für Ordensetuis	207 Tl.	29 Sgr.	3 Pfg.
für den Druck von Statuten 1852/53	9 Tl.	14 Sgr.	
insgesamt:	5122 Tl.	2 Sgr.	9 Pfg.

Da die Akten unvollständig sind, ist dies sicher nicht die Endsumme. Überdies entstanden Ausgaben, die hier nicht genannt sind, so Verwaltungskosten, Versandgebühren für Dekorationen und Dokumente,

Firmeneindruck in das Seidenfutter eines Ordensetuis und Werbeaufkleber auf der Rückseite eines Etuis für das Ritterkreuz des Falkenordens 2. Abt.

Kosten für feierliche Ordensübergaben und für das Zelebrieren der Ordensfeste. Nur nebenher: Der Preis für o. gen. Porträtdosen war im Vergleich zu dem der Orden beträchtlich; so entrichtete die Staatsschatulle dem Kaufmann Predari im Januar 1854 für eine dieser von ihm gelieferten brillantenbesetzten Porträtdosen 400 Taler!

Angesichts der Höhe dieser Ausgaben waren Hofmarschallamt und Ordenskanzlei stets darauf bedacht, Orden, Medaillen und Zubehör so preiswert wie möglich einzukaufen bzw. reparieren zu lassen, wovon mehrere Aktenvermerke zeugen. Offenbar war man aber nicht sehr erfolgreich darin, Hersteller zu finden, die bei gleicher Qualität preisgünstiger lieferten. Zumindest zu besagter Zeit ist ein Wechsel der Lieferfirmen nicht zu registrieren.

Auf Beschluss der Departements des Großherzoglichen Hauses und der Auswärtigen Angelegenheiten vom 29. Februar 1856, bestätigt durch Staatsminister v. Watzdorf, wurden die Orden rückwirkend vom 1. Januar 1856 an *zur Erleichterung der Großherzoglichen Hofkassen aus einer separaten Kasse* bezahlt.

Diese Daten sind übergreifend für die letzten Regierungsjahre Carl Friedrichs und die ersten Carl Alexanders erhoben worden.

DER FALKENORDEN UNTER CARL ALEXANDER 1853–1901

DIE ENTWICKLUNG DES ORDENS NACH 1853

Friedlich begann die Regierungszeit des Großherzogs, und friedlich blieb sie in den fünfziger und z. T. auch in den sechziger Jahren – bestimmt durch den Charakter, die Neigungen und die Politik Carl Alexanders, der im blühenden Alter von 35 Jahren die Regierung antrat und sie nahezu ein halbes Jahrhundert ausgeübt hat.

Mit ihm und seiner Gattin Sophie, einer Tochter des Königs der Niederlande und Großherzogs von Luxemburg, Wilhelms II., trat ein Herrscherpaar an die Spitze des Staates, das die Wohlfahrt des Landes im Auge hatte und die kulturellen Traditionen nicht nur aufgriff und

Das Ritterkreuz des Falkenordens 2. Abt., As. und Rs., mit den Initialen *CA* für Carl Alexander.

weiterführte, sondern neue Höhepunkte herbeiführte – ein Glücksfall für das geographisch kleine Weimarer Land, das politisch und wirtschaftlich im deutschen Orchester eher eine zweite Geige spielte.

Carl Alexander nahm spürbar Einfluss auf den großherzoglichen Haus- und Verdienstorden und modernisierte ihn nach den Geboten der Zeit. Für das Jahr des Regierungsantritts 1853 sind zwei Dinge zu registrieren, die sich fast von selbst verstehen: *Erstens:* Den bisher bekannten Varianten der Ordenszeichen wurde eine weitere hinzugefügt – das Ritterkreuz 2. Abteilung mit den Reversinitialen *CA* für Carl Alexander. Damit existierten nunmehr zehn unterschiedliche Insignien des Falkenordens. *Zweitens:* Aus Anlass des Regierungsantritts wurde im 2. Halbjahr 1853 eine so große Anzahl an Orden verliehen, wie das bisher in vergleichbarer Zeit nicht üblich war.

Die Institutionen des Ordens blieben zunächst unangetastet. Der Ordenskanzler verblieb in seinem Amt und versah es sicher nicht anders als zuvor. Die nächsten Statutennachträge stehen erst für 1868 und 1870 ins Haus. Einzig der Ordenssekretär wechselte; als der Hofrat Carl Emil Helbig nach fast 30-jährigem Wirken ausschied, besetzte diesen Platz der Geheime Referendar Ludecus. Bis 1870 ist zum einen eine weitere zahlenmäßige Entwicklung zu registrieren, zum anderen wurden nun auch inhaltliche Veränderungen vollzogen, die sich vor allem in der Verleihungspolitik zeigten.

Herstellergravur WIRSING / WEIMAR sowie Silbergehaltsstempel auf dem Revers eines Großkreuzsterns des Falkenordens. Mitte 19. Jh.

ZUR QUANTITATIVEN ENTWICKLUNG BIS 1870

Die Liste der Ordensträger war wiederum länger geworden – sie nahm im aktuellen Staatshandbuch nunmehr einen Umfang von 39 Druckseiten ein! Eine neue Gliederung vermittelte die Verleihungen – von denen in andere Regentenhäuser abgesehen – getrennt nach Ländern. Für 1870 galten die folgenden Trägerzahlen:

Verleihungen	GK	KSt.	KKr.	RKr. I	RKr. II	insges.
im ghzgl. Hause:	6	6				12
in and. Reg.-Häusern:	65	1	66			132
im Großherzogtum:	5	10	56	19	93	183
ins Ausland:	94	49	122	240	47	552
insgesamt	170	66	244	259	140	879
Plus gegenüb. 1853:	37	22	28	105	46	238

Was die Verleihungen *ins Ausland* betraf, wurden die Empfänger in einzelnen Ländern in unterschiedlichem Maße mit dem Falkenorden bedacht. Bei den Verleihungen außerhalb der Regentenhäuser ergaben sich beispielsweise diese Reihenfolgen:

Platz nach Trägern insgesamt:		nach GK.-Trägern:	
1. Preußen	192	Preußen	25
2. Russland	75	Russland	25
3. Sachsen	44	Niederlande	7
4. Niederlande	35	Sachsen	5
5. Österreich	28	Frankreich	5
6. Frankreich	27	Württemberg	5
7. Württemberg	16	Österreich	4
8. Sa.-Coburg und Gotha	14	Sa.-Coburg u. Gotha	2
9. Schwarzb.-Sondershsn.	12	Schwb.-Sondershsn.	2
10. Bayern	11	Bayern	1
11. Belgien	11	Belgien	1
11. Sachsen-Meiningen	11	Sachsen-Meiningen	1
13. Hessen	9	Italien	1
14. Baden	8	Anhalt	1
15. Italien	7	Schwarzb.-Rudolst.	1

Das Großherzogtum Sachsen-Weimar würde in dieser Aufstellung erst an 2. bzw. 8. Stelle der Verleihungszahlen rangieren.
Der Falkenorden gehörte seitdem zu den häufiger verliehenen Orden in Deutschland.

Zur qualitativen Entwicklung bis 1870

Die Großkreuze wurden vergeben wie bis dahin: an Fürsten und Prinzen im Hause Sachsen-Weimar und in anderen Regententenhäusern; diese Fürstlichkeiten erhielten mit nur einer Ausnahme stets das Großkreuz – ein Komtur ging an einen waldeckischen Prinzen – sowie an in- und ausländische Spitzenbeamte und hohe Militärs; die bedeutendste Großkreuzverleihung in diesem Rahmen war die an den preußischen Kanzler Otto v. Bismarck-Schönhausen (1866).
Während sich die Komture mit dem Stern aus demselben Personenkreis wie die Großkreuze rekrutierten, deutete sich bei den Komturen bereits ein gewisser Wandel an: Zu den hohen Staats- und Kirchenbeamten sowie den Militärs, die zusammen etwa 90 % der Komturträger stellten, gesellten sich bereits einige wenige Professoren und Ärzte, Theaterintendanten und Maler, Direktoren von Kunstakademien und bedeutenden Kliniken, Baumeister und Musiker – so Franz Liszt (1854) – und die Schriftsteller Baron Henri Blaze de Bury (1854) sowie Thomas Carlyle (1859), die in Frankreich und England deutsche Literatur – darunter Goethes Werke – und deutsche Geschichte publik machten.
Größere Veränderungen waren bei der Vergabe der Ritterkreuze 1. Abteilung zu beobachten, obwohl Beamte und Offiziere auch weiterhin das Gros der Geehrten ausmachten. Unter den Beamten nahm die Zahl derer zu, die sich mit der Wirtschaft, den Finanzen sowie der Organisation des Verkehrs und der Post befassten. Die Weimarer Fabrikbesitzer Eduard und Julius v. Eichel-Streiber (1867 und 1869) wie der Fabrikant Franz Kreiter in Apolda (1867) traten in diesen Kreis. Dar-

über hinaus wurde die gleiche Klientel bedacht wie eh und je: Professoren und Ärzte, Maler und Bildhauer, Baumeister und Architekten, Musiker und Theaterleiter.

Neben Ehrungen für das Lebenswerk oder langjähriges Wirken von Künstlern, wurden Orden nun auch ad hoc verliehen, etwa für die Fertigstellung bedeutender Werke wie etwa des Goethe- und Schillerdenkmals vor dem Weimarer Residenztheater. Die Einweihungsfeier am 100. Geburtstag von Großherzog Carl August (4. September 1857) wurde nämlich verbunden mit der Übergabe der Ritterkreuze 1. Abteilung an die Schöpfer des bekannten Bildwerkes, den sächsischen Bildhauer Ernst Rietschel und den *Königl. Bayerischen Inspektor der Erzgießerei* Ferdinand von Miller, der zudem Ehrenbürger der Stadt Weimar wurde, hatte er doch auch das Wieland- und das Herder-Standbild gegossen; auch der Schöpfer des Wieland-Denkmals, der Österreicher Hanns Gasser, wurde Ritter des Falkenordens. Unter den an diesem Tage Geehrten befanden sich auch drei Personen, die die Namen der großen Weimarer Klassiker fortführten: *der Kammerherr Walther Wolfgang Frhr. v. Goethe, der Kammerherr Dr. Wolfgang Maximilian Frhr. v. Goethe, Königl. Preußische Legations-Rath a. D.* sowie *der Kaiserl. Königl. Österreichische Rittmeister Frhr. v. Schiller.* Besonders mag Carl Alexander die Ehrung der beiden Goethe-Enkel am Herzen gelegen haben, mit denen er seit Kindestagen freundschaftlich verbunden war, die jedoch zeit ihres Lebens mit wenig Fortune wirkten und es bis dahin nicht zu größeren Ehren gebracht hatten.

Zu den Ritterkreuzen 2. Abteilung: Carl Alexander verlieh diese Ordensklasse von Anfang an auch an *Ausländer*, obgleich nie eine entsprechende Statutenänderung erfolgt ist. So lebten 1870 ca. 20 Ritter 2. Abteilung im Großherzogtum, gegenüber etwa 50 im Ausland. Unter diesen befanden sich z. B. ein Bürgermeister und ein Medizinalrat, ein *Schatullier* und ein Kapellmeister, ein Dichter, ein Literat und ein Schriftsteller, ein Prokurist und ein Advokat, ein Gerichtsamtmann und ein Buchhändler, ein Schauspieler und ein Regisseur, ein Eisenbahndirektor und ein Ingenieur, ein Straßenbau-Kassierer und ein Hoftheater-Dekorationsmaler – wie auch einige weniger hochgestellte Staats- und Kirchenbeamte.

In den Akten des Hofmarschallamtes befindet sich eine Kladde mit Eintragungen über die Ausgabe und die Rücknahme von Ordensinsignien in den Jahren 1868–1871. Unter der Jahreszahl 1868 wird eindeutig unterschieden zwischen Großkreuzen mit kleinen Kreuzen und solchen mit fürstlichen Kreuzen. Desgleichen war vermerkt, welche Art von Sternen zurückgegeben wurden, nämlich: gestickte Sterne, massiv silberne Sterne und massiv silberne, brillantierte Sterne, letztere stets im Zusammenhang mit Verleihungen in Regentenhäuser. Bei den gestickten wie auch bei den massiv silbernen Sternen wurde jedes

Das Wieland-Denkmal auf dem Weimarer Wielandplatz, geschaffen von H. Gasser und F. v. Miller, beide 1857 mit dem Ritterkreuz des Falkenordens geehrt.

Dietrich Georg Kieser
(1779–1862), Chirurg,
Psychiater, Professor an
der Jenaer Universität
1818–1862, Präsident der
Leopoldina seit 1858.
Komtur des Falkenordens
1854.

Mal zwischen Großkreuz- und Komturstern unterschieden.[55] Die anhand der Kladde zu rekonstruierenden Verleihungen gehen bis in das Jahr 1837 zurück.

Ein Verzeichnis der seit dem 10. Juni 1865 bis Ende des Jahres 1866 verliehenen Orden und Medaillen unterschied, wie oben bereits angedeutet, zumindest in dieser Zeit auch bei Großkreuzverleihungen zwischen Großkreuzen mit massiven und solchen mit gestickten Sternen.[56] Zu den bekannten Arten von Ordensinsignien kamen also, wie erst zu dieser Zeit nachweisbar, spätestens in den 30er Jahren, mindestens drei weitere hinzu: fürstliche Großkreuze, sowohl für Zivile als auch für Militärs, und brillantierte Sterne. Von einem unbestimmten Zeitpunkt an wurden auch gestickte Komtursterne – möglicherweise auch gestickte Großkreuzsterne – verliehen, so dass die Zahl unterschiedlicher Ordenszeichen nun auf 15 anstieg. Brillantierte Sterne wurden jedoch nicht durchgehend, sondern nur in besonderen Fällen ausgegeben.

Keine der zuletzt genannten Formen der Ordensinsignien ist im Statut oder einem Nachtrag erwähnt, dennoch wurden sie gefertigt, ausgegeben sowie zurückgenommen, und nahezu alle – bis auf den gestickten Großkreuzstern – sind bis heute in Museen und Privatsammlungen erhalten – und zwar als ausgemachte Raritäten. Die Seltenheit dieser Stücke wird dadurch unterstrichen, dass solche im Gegensatz zu den massiv silbernen Sternen auch in Auktions- und Händlerlisten kaum zu finden sind.

Darüber hinaus bleibt lediglich zu erwähnen: Mit dem 2. Nachtrag zu den Statuten des Falkenordens vom 24. Dezember 1868 erließ der Großherzog eine Bestimmung, die in den Statuten von 1815 nicht enthalten ist, aus Sparsamkeitsgründen aber nun wohl angeraten war: Jeder Ordensritter, der in eine höhere Ordensklasse eintritt, hat, nachdem er deren Insignien empfangen, das ihm bisher verliehen gewesene Ordenszeichen der niederen Klasse an den Kanzler des Ordens zurückzusenden. Der Nachtrag ist gesiegelt und gezeichnet von Großherzog Carl Alexander und seinem Premierminister und Ordenskanzler v. Watzdorf.[57] (S. a. Dokument 10 im Anhang dieses Buches.)

DAS CARL-FRIEDRICH-DAMENSTIFT

Auch nach dem Ableben ihres Gemahls Carl Friedrich (1853) spielte die Großfürstin Maria Pawlowna (1786–1859), die Mutter des jetzt regierenden Großherzogs, noch eine ebenso bedeutende wie belebende Rolle am Hofe wie in der Öffentlichkeit. Sie kümmerte sich um viele Belange im Lande und betätigte sich u. a. in einer Angelegenheit, die

zumindest mittelbar mit dem Falkenorden zusammenhing. Gemeint ist die *Gründung eines Stiftsor-
dens,* wie sie bereits zahlreich in anderen Ländern
existierten. Das sachsen-weimarische Staatshandbuch
von 1874 charakterisierte diese Stiftung wie folgt:
*Großherzogliches Carl-Friedrich-Damenstift zu Groß-
cromsdorf, gegründet am 7. Juli 1858 von Ihrer Kaiserlichen Hoheit, der Frau Großfürstin Maria Pawlowna, zum Gedächtniß des Großherzogs Carl Friedrich, versehen mit dem Rechte einer milden Stiftung...
und eröffnet am 23. Juni 1859, dem Todestage der Stifterin, Behufs standesmäßiger Versorgung von ehelichen
und unverheiratheten Töchtern verdienter Hof- und
Staatsdiener vom Civil und Militär. Daneben dürfen
jedoch unter Beachtung der statutmäßigen Bedingungen Privatpersonen mit Genehmigung seiner Königlichen Hoheit, des Großherzogs auch für Andere neue
Stellen gründen, wenn entweder sie selbst dem Großherzogthume angehören oder wenn sie die Stiftung zu
Gunsten von Angehörigen des Großherzogthums machen.*

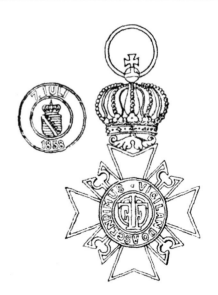

*Die Stelle der Ober-Vorsteherin wird dermalen von Ihrer Königlichen
Hoheit, der Frau Großherzogin bekleidet. Der Vorsitzende des Staatsministeriums als Kanzler des Großherzoglichen Hausordens ist auch
Kanzler des Damenstifts. Die Stiftsdamen müssen das siebzehnte Jahr
zurückgelegt haben, sich durch Kenntnisse und höhere Bildung auszeichnen, auch selbstverständlich einen untadelhaften Ruf genießen. Ein
Unterschied der christlichen Konfession kommt bei der Aufnahme nicht
in Rücksicht. Die Aufnahme erfolgt durch den Großherzog auf Vorschlag
der Ober-Vorsteherin. Die Vorrechte der Stiftsdamen bestehen in dem
Genuß einer jährlichen Präbende, dem Tragen eines Ordenszeichens und
dem Rechte zum Erscheinen bei Hofe. Die Stiftsdamen sind zum regelmäßigen Kirchenbesuche, zur Ausübung von Werken der Barmherzig-
keit, zu einer thätigen Theilnahme an dem patriotischen Institut der
Frauenvereine und in der Regel zu einem dreimonatlichen Aufenthalt
während jedes Jahres in dem von dem Großherzoge dem Stifte überwie-
senen Schlosse Großcromsdorf verpflichtet. Über die Ursachen des noth-
wendigen Austritts der Stiftsdamen, die Wiederbesetzung der erledigten
Stellen, deren Vermehrung und die sonstigen Verhältnisse des Stifts enthalten die von dem Großherzoge am 29. September 1858, resp. am 2.
März 1859 bestätigten Statuten nebst Nachträgen zu denselben die näheren Bestimmungen.*[58]

Erste Obervorsteherin war Großherzogin Luise, erster Kanzler, zugleich Kanzler des Falkenordens: Staatsminister v. Watzdorf. Als An-
gestellte des Stifts waren ein Kassierer und ein Hausmeister tätig.

Das Ordenszeichen beschrieb Maximilian Gritzner in seinem *Handbuch der Damenstifter* wie folgt:

*An goldener Grossherzoglicher Krone und Blattverzierung hängendes,
goldbordirtes, achtspitziges Kreuz, weiß-emaillirt, in den vier Winkeln je*

ein Paar rund durchbrochener, kleiner Strahlen, ebenso tingirt. Das goldbordirte, rothe Medaillon trägt im Avers den goldenen Namenszug des Grossherzogs Carl Friedrich in Spiegelschrift, im Revers den Sächsischen Rautenschild mit der Krone. Der Reif um das Medaillon ist grün und enthält im Avers die goldene Inschrift: Vigilando ascendimus, im Revers das Stiftungsdatum. Das Kreuz, welches, wenn es an Private (Nichtstiftsdamen) verliehen wird, keine Krone hat, wird am rothen Bande mit goldenen Rändern und schmalen, schwarz-grünen Seitenstreifen vermittelst Schleife an der linken Brust getragen.[59]

Carl-Friedrich-Damenstift, Orden des 2. Typs.

Diese Beschreibung korrespondiert mit der in Gritzners Buch vorhandenen Zeichnung, wenngleich ein solches Kreuz als reales Stück nicht bekannt geworden ist. Im Laufe der Zeit veränderte das Kreuz in gewissen Grenzen seine Gestalt; ein im März 1989 vom Londoner Auktionshaus Christie, Manson & Woods Ltd. angebotenes Stück zeigt im Aversmedaillon die Chiffre des aktuellen Großherzogs Carl Alexander CA anstelle der Carl Friedrichs CF, die nun vierfach vor die Kreuzarme gesetzt sind, während in den Kreuzwinkeln das M für Maria Pawlowna erscheint. Dieses Kreuz weicht auch sonst geringfü-

Carl-Friedrich-Damenstift, Orden des 3. Typs.

gig von dem bei Gritzner dargestellten Exemplar ab. Eine weitere, in der 32. Zeige-Auktion im Juni 2009 angebotene Variante unterscheidet sich von den bisher beschriebenen dadurch, dass die Initiale *M* ersetzt ist durch Ornamente, die das Aversmedaillon in Gänze umgeben und sich in den Kreuzwinkeln zu einer unspezifischen Verzierung erweitern. Das weiterhin rote Band ist nun von einem grün-schwarz-goldenen Randstreifen bordiert.

DER ORDEN IM DEUTSCH-FRANZÖSISCHEN KRIEG 1870/1871

Der 3. Statutennachtrag folgte knapp zwei Jahre später, er ist von ungleich größerer Bedeutung und wurde ausgelöst durch den Deutsch-Französischen Krieg von 1870/1871. Hatte sich Carl Alexander aus den deutschen Einigungskriegen von 1864 und 1866 gegen Dänemark und Österreich trotz des Widerstandes einflussreicher Kreise vor allem in Preußen noch heraushalten können, war das nun nicht mehr möglich. Erstens war zu Beginn des Konflikts der deutsche Einigungsprozess tatsächlich akut bedroht, und es galt zu handeln; zweitens war die Zusammenarbeit in den deutschen Staaten unter Preußens Führung – nicht zuletzt der militärischen – so weit gediehen, dass eine Kriegsteilnahme nicht zu umgehen war. Zudem versprach sich auch Sachsen-Weimar einen Gewinn aus der Sache, wenn sie denn zum guten Ende geführt würde; aber das ging nur mit vereinten Kräften.

Da viele zeitgenössische Haus- und Verdienstorden für militärisches Verdienst, namentlich für Tapferkeit vor dem Feinde, bereits die Schwerterdekoration kannten und Orden mit Schwertern zum Bild der Uniformierten gehörten, beeilte sich nun auch Sachsen-Weimar, diesem Trend zu folgen. Die entsprechende Statutenergänzung lautet kurz und knapp: *In Veranlassung der von den deutschen Heeren im Kriege gegen Frankreich... erfochtenen glorreichen Siege ist beschlossen worden, die Statuten des sachsen-weimarischen Hausordens vom 18. October 1815 wie folgt zu erweitern: / Die verschiedenen Klassen des Ordens sollen, wenn der Betreffende diese vor dem Feinde erworben, mit einer Dekoration von zwei kreuzweise übereinander liegenden goldenen Schwertern vergeben werden.*

Dieser Nachtrag ist ausgefertigt im Hauptquartier des Bundesfeldherrn zu Lagny vor Paris, am 22. September 1870, gesiegelt und unterzeichnet von Großherzog Carl Alexander und Minister Stichling.[60] (S. a. Dokument 11 im Anhang dieses Buches.)

Da der bisherige leitende Staatsminister und Ordenskanzler Christian Bernhard Frhr. v. Watzdorf acht Tage vor der Unterzeichnung des Dokumentes gestorben war, signierte dessen enger Mitarbeiter Gottfried Stichling, der erst 1882 Premierminister werden wird. Leitender Staatsminister und damit Kanzler des Falkenordens wird zunächst jedoch Gustav Thon, Jurist wie seine Vorgänger. Er wird diese Ämter für mehr als 13 Jahre bekleiden.

Der Statutennachtrag von 1870 zog folgende Veränderungen nach sich: Die Rückseitenmedaillons waren nunmehr – offiziell, d. h. bei

Christian Bernhard Frhr. v.
Watzdorf, leitender Staatsminister und Ordenskanz-
ler von 1849–1870.
Und: Gottfried Theodor
Stichling, leitender Staatsminister und Ordenskanz-
ler von 1882–1891.

neu hergestellten Exemplaren – einheitlich gestaltet, es handelte sich
um die bisher an Zivilisten verliehene Form: das hochovale, bekrönte,
von Lorbeerzweigen umgebene, blau emaillierte Medaillon mit der Inschrift *Vigilando Ascendimus.* Einerseits versah man bereits vorhandene, also vorher gefertigte oder zurückgegebene und aufgearbeitete
militärische Kreuze, die die Devise, umgeben von Trophäen als Reversmedaillon zeigten, mit Schwertern und verlieh sie nunmehr auch
in dieser Form, wobei der militärische Charakter des Ordens damit
doppelt gekennzeichnet war. Solche wieder und wieder zurückgege-
benen und verliehenen Stücke wurden noch im beginnenden 20. Jahrhundert ausgereicht.

Mit der Schwerterstiftung erweiterte sich die Skala der Ordensinsignien des Falkenordens von bisher 13 um 12 neue Varianten auf insgesamt 25. Den nachfolgend aufgeführten bisherigen Formen wurden
Schwerter hinzugefügt:

bei den Großkreuzen:
den zivilen und den militärischen fürstlichen Kreuzen	2
den zivilen und den militärischen *kleinen* Kreuzen	2
den brillantierten und den einfachen Großkreuzsternen	2

bei den Komturen:
den zivilen und den militärischen Kreuzen	2
den Komtursternen	1

bei den Ritterkreuzen 1. Abteilung:
den zivilen und den militärischen Kreuzen	2

bei den Ritterkreuzen 2. Abteilung:
den Kreuzen mit *CA* im Reversmedaillon	1
insgesamt	12

Eine Folge des Kriegsverlaufs und der letzten Statutenerweiterung war eine Anzahl von Verleihungen des Falkenordens mit Schwertern noch in den letzten Monaten des Jahres 1870.

Zu den mit dem Großkreuz mit Schwertern Geehrten zählte als erster der deutsche Kaiser Wilhelm I., der als Kronprinz des Königreichs Preußen bereits 1828 das Großkreuz erhalten hat; sodann u. a. Generalfeldmarschall Graf Helmuth v. Moltke, Chef des Generalstabes der Armee, und Generalleutnant Leonhard v. Blumenthal, Generalstabschef in der Armee des preußischen Kronprinzen; den Komtur mit Stern und Schwertern erhielt Generalmajor Graf v. Rödern, Kommandeur der 4. Kavalleriebrigade; Komture mit Schwertern wurden z. B. Oberst v. Redern, Kommandeur des 7. Thür. Infanterie-Regiments Nr. 96, sowie den Oberstleutnanten v. Necker und v. Gelieu verliehen, beide Offiziere im 5. Thüringischen Infanterie-Regiments Nr. 94; mit Ritterkreuzen 1. Abteilung mit Schwertern wurden beispielsweise Hauptmann Frhr. v. u. z. Bodmann, vormals Adjutant des Großherzogs, und zwölf preußische Offiziere ausgezeichnet.[61]

Das an Kaiser Wilhelm I. verliehene Großkreuz mit Schwertern – wie der dazugehörende Stern – befindet sich in der Sammlung des Deutschen Historischen Museums in Berlin, ist jedoch als Dauerleihgabe an die Burg Hohenzollern (Hechingen) gegeben worden und in der dortigen Ausstellung zu sehen. Während es sich beim Ordenskleinod offenbar um ein *fürstliches Kreuz* aus der Werkstatt Wilhelm Wirsings in Weimar handelt, ist der Stern, bei C. M. Weishaupt Söhne in Hanau hergestellt, von besonderer Eigenart und aufwendiger Fertigung. So sind die Strahlenbündel sehr fein ausgebildet, der Falke im Medaillon von ganz eigener, runder Form, und der Wahlspruch im blauen Email-

Orden vom Weißen Falken, Großkreuz für Fürstlichkeiten mit Schwertern, As. und Rs., verliehen im November 1870 an Generalfeldmarschall Graf Helmuth von Moltke.

Ludwig Ernst v. Hopffgarten, sachsen-weimarischer Kammerherr und Oberforstmeister, u. a. mit dem Großkreuz des Falkenordens (verl. 1862) und der Militärverdienstmedaille Treuen Kriegern. Drei weitere Dekorationen aus den Befreiungskriegen kennzeichnen seinen frühen Lebensweg. Ölgemälde von G. Kannegießer, 1868.

Statuten des Falkenordens von 1873 wurde verordnet:

Im Falle der Orden vor dem Feinde erworben und deshalb gemäß drittem Statutennachtrag vom 22. September 1870 mit Schwertern verliehen worden ist, wird dieser auch beim Eintritt in eine höhere Ordensklasse, wenn deren Dekoration ohne Schwerter verliehen ist, neben dieser fortgetragen; so ist in diesem Falle das Ordenszeichen der früheren Klasse nicht, wie durch den zweiten Statutennachtrag... verordnet, an den Ordenskanzler zurückzusenden.

Weimar, am 15. Januar 1873, gesiegelt und gezeichnet von Großherzog Carl Alexander und Ordenskanzler Thon.[65] (S. a. Dokument 12 im Anhang dieses Buches.)

Da sich der Inhalt dieser Verfügung von selbst versteht, bleibt nur anzumerken, dass sich die großherzoglich sächsische Ordensgesetzgebung mit dieser Regelung dem in deutschen Staaten geltenden Standard angeglichen hat.

Der 5. Nachtrag zu den Ordensstatuten aus dem Jahre 1878 enthält die Verfügung, aus Anlass des 25. Regierungsjubiläums im Anschluss an den Hausorden ein *Verdienstkreuz* zu stiften; dazu heißt es:

§ 1. Das Verdienstkreuz sei aus Silber, trage auf der vorderen Seite den Namenszug des Großherzogs, umgeben von der Ordensdevise *Vigilando ascendimus,* und auf der Rückseite die Worte *Dem Verdienste;* es werde am landesfarbenen Bande im Knopfloch getragen.

§ 2. Die Inhaber des Verdienstkreuzes hören auf, es zu tragen, wenn sie zu Ordensrittern ernannt werden. In diesem Fall wie nach dem Ableben eines Inhabers sei die Dekoration an die Ordenskanzlei zurückzugeben.

§ 3. Die Verleihung geschehe durch Diplome, die entweder der Großherzog oder auf seinen Befehl der Ordenskanzler vollziehe.

Gesiegelt und unterzeichnet zu Weimar, am 8. Juli 1878, von Großherzog Carl Alexander und Ordenskanzler G. Thon.[66] (S. a. Dokument 13 im Anhang dieses Buches.)

Vielfach wurden in jener Zeit deutschen und ausländischen Orden Verdienstkreuze oder -medaillen angeschlossen oder affiliiert. Damit konnten nun auch solche Bürger, die nicht die Rangkriterien für die Verleihung eines Ordens erfüllten, mit Auszeichnungen geehrt werden, die den Orden nahe standen, die diesen offiziell angeschlossen waren, ähnlich wie diese gestaltet und zu tragen waren, oft sogar am gleichen Band. Damit verfügte der Monarch über ein weiteres Mittel hoher Ehrung und differenzierten Ansporns. Man trug damit der objektiv wirkenden gesellschaftlichen Tendenz Rechnung, dass der Mensch an seinem Wirkungsplatz immer weiter gehende, nachhaltige

Bedeutung erlangte – eine Tendenz, die sich im letzten Drittel des 19. Jahrhunderts spürbar verstärkte.[67]

Sekretär des Falkenordens war nunmehr der Geheime Referendar und Regierungsrat Dr. jur. Adolph Guyet, selbst Ritter 1. Abteilung des Falkenordens.

HERSTELLUNG UND HERSTELLER

Die Orden wurden weiter in der Wirsingschen Werkstatt hergestellt, Anfang der 70er Jahre noch unter Leitung des *Hof-Goldarbeiters* Wilhelm Wirsing.

Im Januar kam Wirsing beim Hofmarschallamt um eine Erhöhung der Preise für neu gefertigte Kreuze ein – und zwar für ein Ritterkreuz 1. Abteilung um eine Mark und für ein Komturkreuz (zugleich *kleines Großkreuz*) zwei bis drei Mark. Er begründete dies damit, dass das Emaillieren, das in einer anderen Werkstatt erfolge, teurer geworden sei. Der Ordenssekretär unterstützte diesen Antrag mit folgender Notiz: *ein Ritterkreuz 1. Abt. kostet bei Wirsing 65 M., in Hanau 67,50 M., ein Komthurkreuz... bei Wirsing 114 M., in Hanau 120 M.*

Wenige Tage nach dem Antrag genehmigte der Ordenskanzler die Erhöhung und setzte die Preise – einigermaßen knauserig – auf 66 Mark für das Ritterkreuz 1. Abteilung und auf 116 Mark für das Komturkreuz fest.[68] Damit sind aus den Akten erstmals Preise für Ordenszeichen zu entnehmen.

Wilhelm Wirsing schied sodann Mitte der 70er Jahre aus Altergründen aus dem Geschäft und übergab das Zepter seinem Sohn Franz Wirsing, der zu dieser Zeit im Weimarer Adressbuch noch als einfacher *Gold- und Silberarbeiter* ausgewiesen ist, jedoch, mit dem reichen Erfahrungsschatz der Zusammenarbeit mit seinem Vater ausgestattet, die Tätigkeit des Hoflieferanten fortsetzte.[69]

Die Firma Wirsing scheint in gewisser Bescheidenheit gewirkt zu haben. Die Ordensinsignien, die sie fertigte, waren – mit Ausnahme der letzten Jahre – mit keiner Herstellerpunze versehen. Während die Firma Th. Müller erstmals 1879 – und danach ständig – mit großformatigen Anzeigen im Weimarer Adressbuch für die Inanspruch-

Ritterkreuz 1. Kl. des Falkenordens mit Schwertern, As. und Rs. eines Exemplars für Militärs, das vor 1870 gefertigt und nach der Stiftung der Schwerter zusätzlich mit solchen versehen wurde.

nahme ihrer Dienste warb, inserierte Wirsing – zehn Jahre später –
nur ein einziges Mal mit einer kleinen Anzeige – als ihm das Wasser
wirtschaftlicher Not schon bis zum Halse stand.

BEDEUTENDE ORDENSVERLEIHUNGEN

Da keine wesentlichen Veränderungen in der Verleihungspraxis erkennbar sind, verbleibt für dieses siebte Dezennium nur noch, auf einige bedeutende Ordensverleihungen und Beförderungen im Orden
hinzuweisen:
Der Premierminister und Ordenskanzler Dr. Gustav Thon wurde
1871 mit dem Großkreuz geehrt und erhielt – so das Staatshandbuch
von 1880 – als erster Beamter des Landes Ende der 1870er Jahre als
Erhöhung dieser Auszeichnung den *Stern in Brillanten*, welcher in den
Statuten weder bisher noch künftig erwähnt wurde. Dieser Stern war
dadurch gekennzeichnet, dass die silbernen Strahlen über und zwischen den aufgelegten Kreuzarmen mit Brillanten belegt waren und

Ober-Hofmarschall Fried-
rich Hermann Graf v. Beust,
und Dr. Gustav Thon,
Staatsminister und Ordenskanzler von 1870–1882,
Zeichnung von A. Hohneck
1847, wurden als Erste mit
dem Großkreuzstern in
Brillanten geehrt.

der Basisstern auf dem Revers Durchbrüche für diese Brillanten aufwies. Medaillon und Kreuzarme waren wie üblich gestaltet.
Ein weiterer Träger des Großkreuzes (seit 1866) und hoher Staatsbe-
amter erhielt zur selben Zeit wie Thon die Brillanten: Friedrich Hermann Graf und Herr v. Beust, ein von Carl Alexander hoch geachteter
Mann mit zahlreichen Titeln und Ämtern: Exzellenz, Wirklicher Geheimrat, Generalleutnant; Oberhofmarschall, Generaladjutant des
Großherzogs, Kammerherr – bis hin zum Präses der Pensionsanstalt
für Witwen und Waisen der Mitglieder der Hofkapelle. Es gab schon
damals Multifunktionäre.

Neben zahlreichen Großkreuzen, die an andere Herrscherhäuser gingen, sind in den 1870er Jahren u. a. zwölf Verleihungen an Preußen, je fünf an Niederländer und Russen und drei an Österreicher zu registrieren, d. h. die bisher außenpolitisch bevorzugten Länder blieben dies auch weiterhin.

Ritterkreuz 2. Klasse des Falkenordens mit Schwertern, As. und Rs.

Eine spektakuläre Großkreuzverleihung verzeichnete das 1880er Staatshandbuch in der Rubrik *In Frankreich*. Unter dem Jahr 1878 ist zu lesen: *Marschall Mac Mahon*. Marquis de Mac Mahon war tatsächlich einer der erfolgreichsten französischen Militärs, mit zahllosen Siegen, die die Macht Frankreichs stärkten und ihm die Titel eines *Marschalls von Frankreich* sowie den eines *Herzogs von Magenta* (beides 1859), zeitweilig auch das Oberkommando über die Armee oder Teile davon ein- brachten. Schließlich führte er die französischen Ostarmeen gegen das deutsche Heer im Krieg 1870/71 und geriet nach mehreren Niederlagen – zu denen auch das Weimarer Infanterie-Regiment nach Kräften beigetragen hat – und Verwundung in deutsche Kriegsgefangenschaft. 1871 wieder Oberkommandierender der Truppen in und um Paris, schlug er die Pariser Commune blutig nieder. Das Großkreuz des Falkenordens erhielt der ehemalige *Feind* als Zweiter Präsident der Republik Frankreich.

Trugen im Großherzogtum Ende 1870 nur fünf Personen den Komtur mit dem Stern des Falkenordens, wurden zwischen 1871 und 1879 allein 14 Einheimische mit dieser Klasse geehrt. So erhielt der spätere sachsen-weimarische Ministerpräsident Dr. Stichling, Wirklicher Geheimrat und Chef des Ministerial-Departements des großherzoglichen Hauses, des Kultus und der Justiz 1871 den Stern zu seinem Komturkreuz. In dieselbe Klasse aufgenommen wurde Dr. Franz v. Liszt, Präsident der ungarischen Musik-Akademie, großherzoglich-sächsischer Kammerherr – und seit Langem eine Weltberühmtheit. Diese Beförderung im Orden erfolgte 1874, d. h. 20 Jahre nach der Ehrung des Klaviervirtuosen und Komponisten mit dem Komtur 2. Klasse und 33 Jahre nach Verleihung des Ritterkreuzes 1. Abteilung. Liszts Ordenskreuz und Bruststern werden bis heute in der Sammlung der Klassik Stiftung Weimar aufbewahrt.

Unter den neu ernannten Komturen 2. Klasse befanden sich nun auch die Goethe-Enkel Wolfgang und Walther sowie die Professoren Dr. Dr. Stickel, Dr. Danz und Dr. Luden, worin sich auch die wachsende Bedeutung der akademischen Lehrtätigkeit manifestierte. Unter den Schriftstellern wurde in diesem Jahrzehnt lediglich der Münchener Ferdinand Gregorovius (1879) mit dem Komtur geehrt.

Die Ungleichheit der Verleihungen außerhalb Sachsen-Weimars drückte sich z. B. darin aus, dass in den 60er und 70er Jahren nicht ein

Die Großkreuzsterne Fürst
Bismarcks: der gewöhnliche
Stern, verliehen 1866, und
der Stern in Brillanten,
verliehen 1886.

einziger Komtur nach England oder Frankreich ging, während seit
1871 allein 40! Komture an Preußen verliehen wurden, davon 32 an
Generale und Stabsoffiziere – die Schwerterverleihungen nicht mit-
gerechnet.

Bei den Ritterkreuzen seien v. a. die der 1. Abteilung genannt: Allein
in Sachsen-Weimar wurden in dieser Zeit mehr als 80 Kreuze verliehen
– relativ wenige an Militärs, die meisten an Beamte – des Staates, der
Kirche, der Justiz, des Forst- und des Verkehrswesens –, an Professoren
der Universitäten, Kunstschulen und Gymnasien, auch an Pfarrer,
Maler, Kapellmeister, Schriftsteller, Buchhändler... Zu den namhaften
Geehrten gehörten im Großherzogtum der Verlagsbuchhändler Hermann Böhlau (1871), der Afrikaforscher Gerhard Rohlfs (1873), der
Kapellmeister Prof. Carl Müllerhartung, Leiter der Orchesterschule
(1874), der Buchhändler Dr. Friedrich Frommann in Jena. der Schriftsteller Dr. Julius Grosse, Sekretär der Schillerstiftung (beide 1875)
sowie die Landschaftsmaler Ludwig Frhr. v. Gleichen-Rußwurm und
Prof. Carl Hummel (beide 1878).

Die bedeutendsten Träger außerhalb des Landes waren Prof. Anton v.
Werner, der Historienmaler und Präsident der Akademie der bildenden Künste in Berlin (Ritter 1. Abt. seit 1877), der französische Kom-
ponist Camille Saint Saens, der spanische Violinvirtuose Pablo de
Sarasate (beide Ritter 2. Abt. seit 1878) sowie der Afrikareisende und
-forscher Georg Schweinfurth (Ritter 1. Abt. seit 1874).

DIE 1880ER JAHRE IN DER GESCHICHTE DES ORDENS

Sie waren weniger ereignisreich, was eventuelle Neuerungen anging.
Wenden wir uns zunächst dem 6. Nachtrag der Statuten zu; er vollzog
offiziell nur das, was bereits seit Jahren, ja seit Jahrzehnten, praktisch
so gehandhabt wurde: *Die Bestimmung unter 4 des Statutennachtrages*

vom 16. Februar 1840, wonach das Ritterkreuz zweiter Abteilung nur an Unterthanen des Großherzogtums verliehen werden soll, wird aufgehoben. / Schloss Wartburg, am 10. September 1889, gesiegelt und gezeichnet von Großherzog Carl Alexander und Ordenskanzler Stichling.[70] (S. a. Dokument 14 im Anhang dieses Buches.)

Seit dem Tode Dr. Gustav Thons im Dezember 1882 führte nun ein neuer Ministerpräsident die Geschäfte der Regierung und damit auch des Ordens – *Exc. Dr. jur. Theodor Gottfried Stichling,* der Enkel Herders, Wirklicher Geheimrat, Chef auch des Kultusministeriums, wurde neuer Ordenskanzler. Er trat auch hervor als Verfasser von Lebensbildern seiner Weimarer Zeitgenossen, war Mitbegründer der Goethe-Gesellschaft zu Weimar (1885) und beeinflusste in vielfältiger wie nachhaltiger Weise das Geistesleben des Landes.

Ende der 1880er Jahre löste der Geh. Regierungsrat und Geh. Referendar Karl Rothe – der spätere Ministerpräsident –, den bisherigen Ordenssekretär Dr. Adolph Guyet ab.

Die Ordensverleihungen wurden indessen in bewährter Weise fortgeführt, im eigenen Lande allerdings etwas sparsamer – so besagen es die registrierten Verleihungen – als das in den aufgeregten siebziger Jahren der Fall war.

Das Großkreuz wurde 1885 als einzigem Inländer in diesem Jahrzehnt dem Ministerpräsidenten Stichling erteilt. Fürst Bismarck, der Einiger Deutschlands, erhielt als erster und einziger Nicht-Weimarer die Brillanten zum Großkreuz, und zwar anlässlich seines 70. Geburtstages am 1. April 1885, d. h. knapp 20 Jahre nach der Verleihung des Großkreuzes an ihn. Unter den Verleihungen der höchsten Ordensklasse an einen deutschen Beamten ragte vor allem die an den bereits vielfach dekorierten Chef der deutschen Reichspost und Schöpfer des Weltpostvereins Dr. Heinrich v. Stephan hervor.

Wieder war die Zahl der Verleihungen an Bürger anderer deutscher Staaten oder des Auslands beträchtlich; so gingen Großkreuze in den 1880er Jahren: 30 an andere Regentenhäuser, außerhalb dieser: 26 an Preußen, weitere sieben an deutsche Beamte – meist ebenfalls Preußen –, neun an Russen, sechs an Sachsen, vier an Österreicher (und Ungarn) und eins an einen Niederländer. Diese Großkreuze wurden zu etwa 90 Prozent an Hofchargen, Staatsbeamte und Militärs vergeben. Engländer und Franzosen gingen – wie viele andere – leer aus.

Zu Komturen mit dem Stern wurden in diesen Jahren u. a. befördert: Dr. Ludwig Frhr. v. Gleichen-Rußwurm, Kämmerer und Landschaftsmaler (1889), Wassiltschikow, Direktor der kaiserlichen Galerie in der Eremitage zu St. Petersburg (1881). Dennoch waren in dieser Klasse weiterhin Verleihungen typisch, wie sie an Vertreter Mecklenburg-Schwerins erfolgten:

1886 – Exc. v. der Lühe, Oberceremonienmeister.
1887 – v. Hirschfeld, Hofmarschall... und Kammerherr.
1887 – Frhr. v. Stenglin, Generalmajor und Kommandant der Residenzstadt Schwerin...

Neben Höflingen und Beamten, Generalen und Offizieren, die die Trägerschaft des Komturs prägend ausmachten, existierten nur wenige

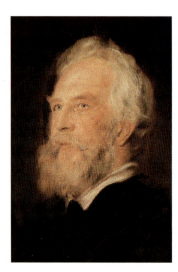

Der weltbekannte Jenaer
Naturforscher Ernst Hae-
ckel und die Verleihungs-
urkunde zum Komtur des
Falkenordens (Ritter
1. Abt. seit 1878,
Komtur 1. Kl. 1902).

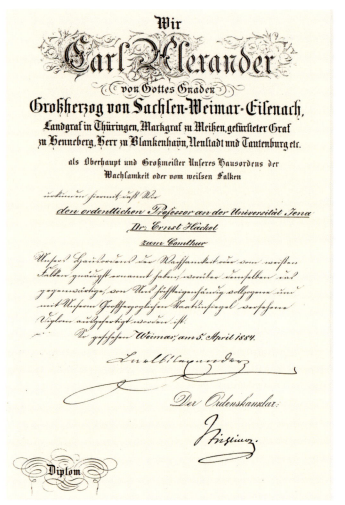

Ausnahmen, von denen diese hier genannt seien: Hofkapellmeister a.
D. Dr. Hans v. Bülow (1881), der sächsische Bildhauer Prof. Dr. Schil-
ling (1883), der Intendant des Schweriner Hoftheaters Frhr. v. Lede-
bur (1887), der preußische Zoologe Prof. Dr. Anton Dohrn (1887),
der Dresdner Oberbürgermeister Dr. Paul Alfred Stübel (1889) – und
der königl. württembergische Badearzt Dr. Theodor v. Renz (1881).
Berühmtester unter den *hiesigen Komturen* war der Naturforscher und
1865 bis 1909 ordentlicher Professor für Zoologie an der Jenaer Universität: Dr. med. et. phil. Ernst Haeckel (1884), der 1878 bereits mit
dem Ritterkreuz geehrt worden war. Noch in seiner Jenaer Professo-
renzeit gründete er eine Professur für phylogenetische Zoologie und
das der Universität angeschlossene Phyletische Museum, unternahm
Forschungsreisen in die ganze Welt und glänzte mit zahllosen wissenschaftlichen Veröffentlichungen, vornehmlich zur Entwicklungsge-

schichte der Organismen. Haeckel, dessen Name in einem Atemzug mit den führenden Köpfen der Phylogenese Darwin und Lamarque genannt wird, trug hochgradig dazu bei, der Jenaer Universität Weltgeltung zu verschaffen. Die Ordenskreuze sind nicht erhalten, sondern offenbar nach Haeckels Tode zurückgegeben worden; die Verleihungsurkunden werden jedoch im Ernst-Haeckel-Museum aufbewahrt, zusammen mit zahlreichen seltenen, Haeckel verliehenen Gelehrtenmedaillen für herausragende wissenschaftliche Leistungen, die der Besucher in einer attraktiven Vitrine betrachten kann.[71]

Zu den Ritterkreuzen: Unter denen, die zwischen 1880 und 1889 im Lande das Ritterkreuz 1. Abteilung erhielten, befanden sich auch drei Universitätsprofessoren, ein Professor der Kunstschule und ein Maler, der den Professorentitel trug. Dagegen finden sich die Gymnasiallehrer unter den Professoren in der Liste der Ritter 2. Abteilung wieder. Das Bildungswesen, insbesondere die universitäre Forschung und Lehre spielten bei der Vergabe des Falkenordens nun eine größere Rolle. Ein noch heute namhafter Empfänger des Ritterkreuzes 1. Abt. (1884) war der Jenaer Professor Dr. Ernst Abbe, Forscher auf dem Gebiet der angewandten Optik, Konstrukteur hochwertiger Linsensysteme, vor allem für Mikroskope, seit 1870 Dozent an der Jenaer Universität, von 1878 an Direktor der Jenaer Sternwarte, seit 1866 mit den optischen Werkstätten von Carl Zeiß verbunden und Mitbegründer der Glaswerke Schott & Gen.

Auch eine Verleihung des Ritterkreuzes 1. Abt. mit Schwertern sei hier vermerkt, nämlich die an den schnell zu Ruhm gelangten preußischen Major des Kolonialheeres in Afrika und Gouverneur z. D. Hermann v. Wissmann. Die Auszeichnung von Forschungsreisenden und Offizieren der deutschen Expeditionstruppe in Afrika mit dem Falkenorden wird uns später noch einmal beschäftigen.

Wenn auch die bisherige Klientel der Träger des Falkenordens weiterhin eindeutig dominierte – nahmen jetzt die Verleihungen an das Personal von Botschaften und Konsulaten deutlich zu. Eher Ausnahmen unter den Beliehenen waren auch in diesem Jahrzehnt wieder Repräsentanten des Kunstbetriebs in deutschen und benachbarten Landen: so der Direktor des Hamburger Thalia-Theaters, Maurice (1881), der des Berliner Deutschen Theaters, L'Arronge (1886) und die Direktoren der Stadttheater zu Bremen, Angelo Neumann (1882), und Leipzig, Stägemann (1888), der Violinist Paul Viardot zu Paris (1882) und der Konzertmeister des Weimarer Hoftheaters Halir (1887), der Landschaftsmaler zu Rom Prof. Corrodi (1883) sowie die Bildhauer Prof.

Falkenorden und Sachsen-Ernestinischer Hausorden, Miniaturen auf einem Barett.

Schaper zu Berlin (1880), Prof. Hildebrand zu Florenz (1886) und Prof. Kopf zu Rom (1889) wie auch der Kupferstecher Prof. Stang zu Amsterdam(1888). Andererseits befanden sich auch dieses Mal eine Reihe von Eisenbahn-, Hafen-, Post- und Finanzbeamten unter den Beliehenen.[72]

DIE ORDENSHERSTELLUNG

Mitte der 1880er Jahre wurde das Ende der Ära Wirsing als Hofjuweliere und Ordenslieferanten eingeleitet. Franz Wirsing, seit 1882 als
Hof-Gold- und Silberarbeiter unter der wenig verheißungsvollen Anschrift *Am alten Kirchof 1* im Adressbuch geführt, schien sich gut ein-
gearbeitet zu haben, konnte aber mit seinen – wie er selbst schreibt –
sehr mäßigen Preisen für Reparaturen und Neuanfertigungen auf keinen grünen Zweig kommen und erlitt sogar Einbußen. So bat er – nach
zwölf Jahren Ordensherstellung und -lieferung zu den o. g. Preisen –
am 5. April 1886 um eine neuerliche, geringe Preiserhöhung, und zwar
für Komturkreuze   von 116,- M.   auf 120.- M.
     Ritterkreuze 1. Abt. von 66.- M.   auf 69.- M.
     Ritterkreuze 2. Abt. von 30.- M.   auf 32.- M.

Die Kleinode der Großkreuze waren in dieser Aufstellung nicht enthalten, weil sie in ihrer Gestalt und Ihren Abmessungen (bis auf die
Form des Bandringes) mit den Komturkreuzen identisch waren – sofern es sich nicht um *Großkreuze für Fürstlichkeiten* handelte, die deutlich größer – und damit auch teurer – waren.[73]
Um Preiserhöhung hätte Wirsing besser nicht nachgesucht; denn die
Ordenskanzlei holte nun Preislisten und Lieferangebote ein, die zwar
monatelang auf sich warten ließen, Ende Juli jedoch nahezu zeitgleich
von Bury & Leonhard, Hanau, sowie von Th. Müller, Eisenach und
Weimar, in der Behörde anlangten. Die Überraschung wurde noch
größer, als beide Firmen zu exakt denselben Preisen zu liefern bereit
waren und diese Preise um rund 15 % unter denen lagen, die sie selbst
noch vor zwölf Jahren verlangt hatten und auf die Wirsing nun Kurs
nehmen wollte.
Besagte Vorschläge für die Dekorationen ohne Schwerter lauteten nun
für ein(en)   Großkreuzstern   68.- M.
              Komturkreuz   105.- M.
              Komturstern   45.- M.
              Ritterkreuz 1. Abt.   54.- M.
              Ritterkreuz 2. Abt.   27.- M.

Wirsing, dem daraufhin angeboten wurde, zu diesen Preisen zu liefern, also erheblich billiger, statt geringfügig teurer, lief Sturm gegen
dieses Ansinnen mit den Argumenten, er arbeite in stets gleich blei-
bender, vorzüglicher Qualität, außerdem seien seine Kreuze größer als
die Hanauer, und alles in allem bedrohten ihn diese Preise in seiner
Existenz. Schließlich aber blieb ihm nichts übrig, als einzuwilligen. In
einem von Beamten der Ordenskanzlei und des Hofmarschallamtes
sowie Franz Wirsing unterschriebenen Dokument, datiert 18. August
1886, erklärte letzterer, dass es sich bei dieser Angelegenheit um eine
Existenzfrage für ihn handelte, er aber – wenn so entschieden würde
– *schweren Herzens* auf die Forderungen eingehen würde.[74]
Die genannten Preisangebote waren vermutlich das, was man heute
knallhart kalkuliert nennen würde, um den lukrativen Auftrag der Or-

Später Großkreuzstern As. und Rs. aus der Fertigung der Firma Wirsing mit der Punze WIRSING J (Junior).

densherstellung für den Weimarer Hof zu erlangen. Außerdem verfügten sowohl Bury & Leonhard als auch Müller über bessere Einkaufsbedingungen für das Rohmaterial, über die komplexeren Werkstätten und die bessere Produktionstechnologie, so dass sie effektiver arbeiten und ergo preiswerter liefern konnten.

Wirsing arbeitete ganz sicher mit Verlust. 1889 schaltete er das einzige Mal eine kleine Anzeige im Weimarer Adressbuch und *empfiehlt sich bei Bedarf aller in sein Fach einschlagenden Arbeiten, Reparaturen gut und billig. Sämmtliche Interimsorden... vom Großherzogl. S. Hausorden der Wachsamkeit oder vom weißen Falken fertigt an. Reparaturen an allen Orden werden gut und billig ausgeführt...*[75] Es nützte alles nichts. Anfang der 1890er Jahre war Wirsing geschäftlich wie gesundheitlich ruiniert. 1891 starb er, 61jährig. Seine Arbeit für den Großherzog hat ihm offenbar nichts Nennenswertes eingebracht. Seine Witwe erschien ein letztes Mal 1894 im Weimarer Adressbuch unter neuer Anschrift: *Wirsing, Minna, Hofgoldarbeiterswitwe, Klavierlehrerin, Jenaer Str. 4 a...*

Wie in einer Akte der Hofbehörden vermerkt, nahm Ordenskanzler v. Groß Wirsings *Erkrankung an einem unheilbaren Hirnleiden* 1891 zum Anlass, sich von der Firma Wirsing zu trennen, die seit fast 50 Jahren Falkenorden für den Großherzog hergestellt und repariert hat, um – nach entsprechenden Angeboten, u. a. auch von der Witwe Wirsing – Hofjuwelier Theodor Müller mit der Ordensfabrikation und -lieferung zu betrauen, zumal dieser auch jetzt noch bereit war, die bisher an Wirsing gezahlten Preise zu akzeptieren.

Bereits 1863 hatte Müller in Weimar am *Graben* ein Gold- und Silberwarenlager, mit dem er 1865 in die zentraler gelegene *Kaufstraße* umzog. 1878 schließlich eröffnete er – inzwischen *Hofjuwelier* – nach erfolgreicher, auch für den Großherzog nützlicher Geschäftstätigkeit und auf dessen Anregung in der vornehmen Schillerstraße – der Weimarer *Flaniermeile* sozusagen – eine Juwelen-, Gold- und Silberwarenwerkstatt sowie eine ihr angeschlossene Fabrik, die beim Hof und

Punzen der Firma Th.
Müller, Weimar, auf den
Rückseiten von Großkreuz-
sternen des Falkenordens,
zeitliche Varianten.

der hiesigen Prominenz schnell einen geachteten Ruf erlangte und später über die Landesgrenzen hinaus bekannt wurde.

Die Ordenssterne erhielten jetzt auf der Rückseite der Zylinder eine Herstellerpunze – die zunächst nur *Th. Müller* lautete und geradstehend angeordnet war, später in ovaler Form Name, Profession und Ort angibt, nämlich: *Th. Müller, Hofjuwelier, Weimar*. In das Seidenfutter der Ordensetuis war golden eingedruckt: der von einer Krone überhöhte Name *Th. Müller* mit dem Zusatz: *Hofjuwelier & Ordensfabrikant, Weimar*.

Natürlich fertigten und lieferten – nicht nur zu dieser Zeit – auch andere Hofjuweliere und Ordensfabrikanten sachsen-weimarische Falkenorden. Sie taten dies auf Bestellung von Kunden, denen ein Ordenszeichen abhanden gekommen oder beschädigt worden war, oder nach dem Tode eines Beliehenen, wenn Kleinod und Stern nach Weimar zurückzuliefern waren, aber Familien ein Ordens-Set zum Andenken an die Verstorbenen in ihrem Besitz behalten wollten. So sind im Archiv Dr. Klietmann Hinweise auf zwei Großkreuzsterne des Weimarer Hausordens dokumentiert, die zum einen mit *Godet in Berlin*, zum anderen mit *Weishaupt Söhne* – dem Signum eines Hanauer Ordensherstellers – versehen waren. Und ein Komturstern des Falkenordens in der Ausstellung der Niederländischen Ordenskanzlei im Paleis Het Loo bei Apeldoorn trug rückseitig die Herstellersignatur *G. Wolfers, Bruxelles, R(ue) de la Madeleine No. 35*. Diese Stücke, die nicht von den Weimarer Hofjuwelieren geliefert wurden, wiesen z. T. völlig andere Formen auf, so z. B. in den Körpern der Sterne.

Außer der Ordensherstellung übernahm Müller ein Jahr darauf auch die Produktion und Lieferung der Verdienstmedaillen und -kreuze, nachdem der bisherige Lieferant, der berühmte Prof. Ferdinand Helfricht, Medailleur der Gothaer Münze, 1892 gestorben war.

DIE 1890ER JAHRE DER ORDENSGESCHICHTE

Damit begann bereits das letzte Jahrzehnt des 19. Jahrhunderts, dessen Betrachtung bis hin zum 5. Januar 1901, dem Tag des Todes Großherzog Carl Alexanders, gehen mag. Was den Falkenorden betrifft, war es – über den schon behandelten Wechsel des Ordensherstellers hinaus – vor allem gekennzeichnet durch eine Statutenänderung, eine Brillantenverleihung sowie wiederum durch eine Vielzahl bemerkenswerter Ordensvergaben.

Vermerkt sei zunächst der 7. Nachtrag zu den Statuten, der doch einige Neuerungen mit sich brachte: Er verfügte die Schaffung der Ordenszeichen *für Ausländer* und bestimmte im einzelnen:
Die Ordenszeichen werden künftig in zweifacher Form verliehen und zwar so, daß die in § 10 der Statuten bestimmte Form der Ordenszeichen künftig in der Regel für Verdienste um das großherzogliche Haus oder das Wohl des Landes vergeben werden. Die nunmehr für andere Verdienste zu erteilende neue Form ist dadurch gekennzeichnet, daß in

allen drei Ordensklassen der viereckige, rot und grün emaillierte Stern und, was den Großkreuzstern anlangt, die grün emaillierten Kreuzflügel entfallen. / Zu Weimar am 8. Oktober 1892, gesiegelt und unterzeichnet von Großherzog Carl Alexander und Ordenskanzler v. Groß.[76] (S. a. Dokument 15 im Anhang dieses Buches.)

Seit dem Herbst 1892 existierten also vier neue Ordenszeichen, die in der Regel an Bürger außerhalb Sachsen-Weimars verliehen wurden und einfacher gestaltet waren als die bis hierher unterschiedslos an alle vergebenen Orden. Die neuen Insignien waren in Form- und Farbgebung von einer ganz besonderen schlichten Schönheit. Obgleich theoretisch möglich, sind weder Schwerterverleihungen im Zusammenhang mit diesen Kreuzen bekannt, noch sind solche Kreuze mit Schwertern jemals real aufgetaucht. Allerdings wurde ein Stück in den Akten des Hofmarschallamtes als im Bestand befindlich geführt – es kann sich dabei jedoch auch um ein Vorlagestück gehandelt haben.

Th. Müller wurde mit der Herstellung der neuen Ordensinsignien beauftragt. Aus den Akten des Hofmarschallamtes sind Müllers Lieferpreise zu entnehmen, so kostete:

der neue Großkreuzstern 60,00 M.,
das neue Komturkreuz 95,00 M. und
das neue Ritterkreuz 1. Abt. 48,50 M.[77]

Bereits 75 Jahre alt, erhielt Theodor Gottfried Stichling kurz vor seiner Demission als leitender Staatsminister den *brillantenen Stern* zu seinem Großkreuz. Diese hohe Ehrung war bisher nur seinem Vorgänger im Amt, Dr. Thon, und Reichskanzler v. Bismarck zuteil ge-

Großkreuz/Komtur des Falkenordens für allgemeine Verdienste, As. und Rs.

Großkreuzstern des Falkenordens für allgemeine
Verdienste, As.

worden. Stichling starb bald darauf Mitte 1891 in
Weimar.

Sein Nachfolger als Premierminister wie als Ordenskanzler wurde 1891 *Se. Exc. Dr. jur. et med. Rudolph Gabriel Frhr. v. Groß, Wirklicher Geheimer
Rat, zugleich Chef der Departements des Äußeren,
des Inneren und der Justiz.* Groß, der 1896 sein 60.
Dienstjubiläum beging, trat 1899 nach langem ver-
dienstvollem Wirken für das Land 77-jährig zurück
und machte damit als Vorsitzender des Staatsministeriums und Ordenskanzler seinen Platz frei für
*Se. Exc. Dr. phil. Carl Rothe, Wirklicher Geheimer
Rat, Chef des Departements des Großherzogl. Hauses
sowie der Finanzen und der Justiz.*

Ordenssekretär wurde der Geheime Regierungsrat
Dr. Max Vollert.

Die Verleihungspolitik, den Falkenorden betref-
fend, setzte Carl Alexander in seinem letzten Lebensjahrzehnt in ge-
wohnter Weise fort, allerdings mit deutlich mehr Verleihungen als im
vorangegangenen Jahrzehnt, als z. B. nur ein Großkreuz im Lande verliehen wurde.

In den 1890er Jahren wurden fünf hohe Beamte Sachsen-Weimars mit
dem Großkreuz geehrt, und zwar: Graf v. Schlitz, gen. v. Görtz, Direktor der Großherzoglichen Kunstschule, sowie die Wirklichen Geheimen Räte Dr. Frhr. v. Groß, der Staatsminister (beide 1892), Graf
v. Wedel, Oberhofmarschall und Frhr. v. Rotenhan, Oberkammerherr
und Landtagspräsident (beide 1898) sowie Dr. v. Heerwart, stellvertretender Bundesrats-Bevollmächtigter zu Berlin (1899).

An Persönlichkeiten ähnlichen Standes und Ranges wurden Großkreuze in andere Staaten verliehen, wobei dort zusätzlich eine große
Zahl von Militärs zu den Geehrten gehörten. So gingen zwischen 1890
und 1899 22 Falkenorden der höchsten Klasse nach Preußen, neun in
die Niederlande, je sechs nach Österreich-Ungarn, Sachsen sowie
Schweden und Norwegen, vier nach Württemberg, drei nach Russland und – eines nach Frankreich; ein Engländer war gar nicht mehr
unter den Trägern des Falkenordens – weder in der höchsten, noch in
einer anderen Klasse.

Parallel zur relativ großen Zahl der Großkreuzverleihungen im Großherzogtum wurden in den 1890er Jahren auch mehr Komture mit dem
Stern verliehen als in vergleichbaren Zeiträumen davor, nämlich acht.
Unter den nunmehrigen Komturen 1. Klasse befanden sich u. a. der
Wirkl. Geh. Rat Bronsart v. Schellendorf, Generalintendant von Hoftheater und -kapelle (1892), sowie Dr. Carl Rothe (1898), der bald
darauf Premierminister wird.

Auch ins Ausland wurde eine relativ große Anzahl von Orden dieser
Klasse verliehen, wie üblich an hohe Beamte, Generale und Offiziere;
darüber hinaus gab es nur eine einzige Verleihung, die ein wenig aus
dem Rahmen fiel, nämlich die an den Direktor der Preußischen Münze
zu Berlin, Oberfinanzrat Carl Conrad (1898).

Während sich die Zahl der Verleihungen in andere Länder im bisher gewohnten Rahmen bewegten, stiegen diejenigen in die Niederlande – mit dreizehn – und die nach Schweden und Norwegen – mit insgesamt neun – sprunghaft an, als sollte hier bisher Versäumtes nachgeholt werden. Das entsprach übrigens exakt dem Bild, das die Großkreuzverleihungen in diesem Jahrzehnt boten.

Die Tendenz vermehrter Verleihungen setzte sich bei den Komturen fort. So wurden im Großherzogtum zwischen 1890 und 1900 27 Komture verliehen, wiederum eine bisher noch nicht beobachtete Anzahl. Unter den Beliehenen seien besonders erwähnt der Direktor des Großherzoglichen und des Goethe-Nationalmuseums Dr. Carl Ruland, der Universitätsprofessor Dr. Berthold Delbrück (beide 1892), der Generalintendant des Hoftheaters und der Hofkapelle Hippolyt v. Vignau (1896) sowie der Geheime Hofrat und Oberbibliothekar Paul v. Bojanowski (1898).

Verleihungen dieser Komture ins Ausland erfolgten ebenfalls wie gehabt. Als Beispiel gelte Sachsen – die zwölf in den 1890er Jahren verliehenen Komturkreuze gingen an zwei Generalmajore, zwei Oberste, zwei Oberstleutnante, einen Major, einen Geheimen Rat und Universitätsprofessor, einen Geheimen Justizrat, den Polizeipräsidenten von Dresden und zwei Kammerherren. Zu solchen Trägern gesellten sich anderswo noch einige hohe Eisenbahnbeamte und Schulräte, Ärzte in hohen Stellungen, kirchliche Würdenträger usf. An Künstlern und auf künstlerischem Gebiet tätigen Beamten sind zu nennen: in Preußen der Schriftsteller Paul Heyse (1892), Prof. Götz, Direktor der Kunstgewerbeschule zu Karlsruhe (1891), die Bildhauer Prof. Adolf v. Donndorf (1895) und Prof. Moest (1898), Prof. Ritter v. Possart, Intendant des Bayerischen Hoftheaters (1899), und Botho v. Hülsen, Intendant u. a. der Königlichen Schauspiele zu Wiesbaden (1899).

Dr. Rudolf Gabriel Frhr. v. Groß, Staatsminister und Ordenskanzler 1891–1899, Stern in Brillanten 1892. Foto Ende 19. Jh.

Übrigens: Donndorf, nunmehr als *Ausländer* geehrt, nämlich als Württemberger, ist gebürtiger Weimarer und hat reiche Spuren im Großherzogtum hinterlassen. So schuf er das Reiterstandbild Carl Augusts in Weimar (1870–1871), das Burschenschaftsdenkmal zu Jena (1883), das Lutherstandbild zu Eisenach (1895) sowie den entzückenden Brunnen *Mutter und Kind* in Weimar. – Als *Beamter des Deutschen Reiches* wurde der Schutztruppenmajor Hermann v. Wißmann 1890 zum Komtur des Falkenordens befördert, nachdem er erst 1889 dessen Ritter geworden war – jeweils mit Schwertern.

Auch die Ritterkreuze beider Abteilungen wurden nun zahlreicher verliehen. Im Großherzogtum und in anderen deutschen Staaten kamen die neuen Träger zwar mehrheitlich weiter aus der Beamtenschaft und dem Militär, ein großer Teil aber auch aus unterschiedlichen sozialen Schichten – nur nicht aus den unteren – , bekleideten unterschiedliche Ränge und übten unterschiedliche Professionen aus. In einigen Ländern – so in Preußen, Württemberg und Mecklenburg – blieb es dabei, dass die Empfänger nahezu ausschließlich Staatsbeamte und Offiziere waren.

Professoren waren weiterhin bevorzugt, um in den Orden aufgenommen zu werden, unter den Künstlern dominierten nach wie vor Maler, Bildhauer und Musiker; zahlreicher vertreten waren nun auch Fabrik- und Rittergutsbesitzer, Direktoren von Schifffahrtsgesellschaften und Dampfschiffkapitäne, Kommerzienräte und Bankiers, ein Metallwarenfabrikant, Buch- und Verlagsbuchhändler; erstmals tauchten im größeren Umfang auf: Beamte und Wissenschaftler, die in den Kolonien tätig waren, *Afrikareisende* sowie Offiziere der Kolonialtruppen. Unter ihnen gab es seit den beginnenden 70er Jahren erstmals wieder Verleihungen des Ordens mit Schwertern, insgesamt acht Ritterkreuze, im Vergleich zu den zivilen Auszeichnungen also eine geringe Zahl.

Folgende Träger seien namentlich genannt: der Direktor der Akademie der bildenden Künste in Baden, vormals Professor an der großherzoglichen Kunstschule zu Weimar Leopold Graf v. Kalckreuth (1890), der Direktor des Goethe- und Schiller-Archivs, Prof. Dr. Bernhard Suphan (1892) und der Direktor der großherzoglichen Zeichen- und Gewerbeschule zu Eisenach, Prof. Robert Bauer (1894), der Direktor der Gemäldegalerie in Den Haag Dr. Bredius (1893), der Intendant des Schlosses Het Loo van Steyn (1897); die Direktoren des Dresdener Körner-Museums Dr. Peschel (1891) und des dortigen Historischen Museums und der Gewehrgalerie v. Ehrenthal (1899) sowie der Direktor des Schweriner Museums Prof. Dr. Schlie (1897); die Verlagsbuchhändler Dr. Hermann Paetel zu Berlin (1890), Dr. v. Hase zu Leipzig (1893), Elwin Paetel zu Berlin und Dr. Fischer zu Jena (beide 1895), Georg Hirzel zu Leipzig und Friedrich Westermann zu Braunschweig (beide 1898); die Afrikareisenden Dr. Hans Meyer zu Leipzig, Dr. Carl Peters zu Berlin (beide 1890) und Dr. Holub zu Wien (1893).

Zwei Nachbemerkungen zu diesen Verleihungen:

Zum Einen: Wenn seit den 70er Jahren dieses Jahrhunderts zahlreiche Afrikareisende und -forscher sowie Offiziere der Schutztruppe in der Liste der Falkenordensträger erschienen, war das in dieser Häufung durchaus eine Besonderheit, denn das Großherzotum galt in dieser Zeit aus der Sicht einiger Historiker als Zentrum des deutschen Kolonialgedankens. Immerhin wurde Großherzog Carl Alexander Protektor der *Deutschen Gesellschaft zur wissenschaftlichen Erforschung Äquatorial-Afrikas* und bezahlte manche ihrer Expeditionen aus eigener Schatulle. Die Sympathien Carl Alexanders für diese Sache wurden bereits Anfang der 70er Jahre manifest, als der Afrikaforscher Gerhard Rohlfs seinen Wohnsitz für zehn Jahre in Weimar nahm und dem Großherzog stets ein willkommener Gesprächspartner war. Natürlich trug auch Rohlfs den Falkenorden.

Zum Anderen: Besonders angemerkt sei hier noch einmal die Verlei-

Ritterkreuz des Falkenordens für allgemeine Verdienste an einer großen Ordensschnalle.

hung des Komturkreuzes (1898) an Paul v. Bojanowski (Ritterkreuz 1. Abt. bereits 1871). Als Schriftsteller und langjähriger Redakteur der Weimarischen Zeitung fühlte er sich als die Stimme Carl Alexanders, übte diese Rolle zuweilen etwas übereifrig aus, insbesondere was deutsch-nationale Inhalte, so auch die deutsche Kolonialpolitik anging. Außerdem legte v. Bojanowski auch ein profundes, schönes Werk über Medaillen vor (1899), wie sie im 18. und 19. Jahrhundert im Großherzogtum geschaffen und verwendet wurden, ein Buch, das bis heute von Fachleuten zu Rate gezogen wird.[78] Im Übrigen wurde er 1914 – zwei Jahre vor seinem Tode – noch einmal in der Ordensklasse befördert und erhielt den Stern zum Komtur.

Besondere Ursachen für die höhere Anzahl der Ordensverleihungen im letzten Lebensjahrzehnt Carl Alexanders als die genannten haben weder der Souverän, noch die geschäftsführenden Behörden irgendwo niedergelegt. Inhaltliche Gründe waren kaum bestimmend, da die Notwendigkeit vermehrter Verleihungen nicht bestand und eine derartige Steigerung daraus nicht erklärbar ist. Allerdings: Im Gefolge der Gründerjahre flossen nun höhere Steuereinnahmen in die Staatskasse, was auch neue Möglichkeiten bei der Beschaffung der wertintensiven Ordensinsignien eröffnete. So konnten nun auch Persönlichkeiten mit dem Orden bedacht werden, bei denen eine Verleihung auch nur wünschenswert war.

Ein Anlass, der primär nichts mit dem Falkenorden zu tun hatte, trotzdem eine vermehrte Verleihung bewirkte, kam hinzu: die goldene Hochzeit des Herrscherpaares am 8. Oktober 1892, die aufwendig zelebriert wurde. Tatsächlich wurden in diesem Jahr – neben einer großen Anzahl spezieller Jubiläumsmedaillen – deutlich mehr Orden verliehen als unmittelbar davor oder danach. Zum Beleg dieser Tatsache sei eine Akte zitiert, die unter dem Datum vom 17./18. Juli 1894 die Ausgaben des Hofmarschallamtes für Ordensangelegenheiten (Orden und Ehrenzeichen umfassend) verzeichnet:

1891	5 544,50 Mark,
1892	22 248,36 Mark,
1893	14 208,00 Mark,
1894 (1. Halbjahr)	1 463,00 Mark.[79]

Als Großherzog Carl Alexander im Januar 1901 starb – 82jährig, nur zweieinhalb Jahre vor seinem Goldenen Regierungsjubiläum –, zeigte sich der Falkenorden, der statutengemäß der einzige im Großherzogtum geblieben ist, in bester Verfassung. Bedeutende deutsche Politiker und Militärs waren mit ihm geehrt worden, ebenso wie viele der deutschen und europäischen Geistesgrößen – namentlich Wissenschaftler und Künstler.

Ob die Geehrten diesen Orden in der Öffentlichkeit auch trugen oder ihn nur in einer ihrer Schubladen aufbewahrten, ist eine andere Frage.

Hermann v. Wissmann als Major der deutschen Expeditionstruppe in Ostafrika. Komtur des Falkenordens mit Schwertern 1890. Fotografie Ende 19. Jh.

Denn viele von ihnen besaßen zu dieser Zeit schon eine so große Anzahl von Kreuzen und Sternen, dass sie diese gar nicht auf einmal anlegen konnten und ergo auswählen mussten, welcher Orden zu welcher
Gelegenheit zu tragen sei. Und da entschieden sich viele für andere
Orden als für den Weißen Falken, etwa für *kaiserlich* russische oder
kaiserlich königlich österreichische oder für *königlich* preußische, *königlich* bayerische oder *königlich* sächsische. Der *großherzoglich* sächsische Orden musste diesen gegenüber zurückstehen. Es lag also am
Rang, an der Größe und der Bedeutung des Großherzogtums, dass der

Wilhelm Graf Bylandt,
Baron zu Rheidt, Flügeladjutant des Großherzogs, u.
a. mit dem Ritterkreuz 1.
Kl. des Falkenordens.
Sowie: Hyppolit v. Vignau,
in den 1890er Jahren Generalintendant des Hofthea-
ters und der Hofkapelle,
Komtur 1. Kl. des Falkenordens. Fotografien Ende
19./Anfang 20. Jh.

Falkenorden bis zum Schluss nicht zu den großen Orden gehörte, wie
etwa der preußische Schwarze Adlerorden.

Auch wenn die Zahl der bürgerlichen Ordensträger gewachsen war,
machten doch die Mitglieder von Regententenhäusern, die staatlichen
Beamten und die Militärs die große Mehrzahl der Beliehenen aus. Die
Preußen dominierten unter den Ausländern eindeutig, und keine Frau
war unter den Ordensträgern. So blieb bis zum Beginn des 20. Jahrhunderts vieles noch beim Alten, was die Verleihung des Falkenordens
anging. Auch dieses: Viele von denen, die den Orden bisher erhalten
hatten, gereichten ihm zur Ehre und verschafften ihm ein hohes Ansehen.

Von den Zahlen her registrieren wir im Jahre 1900 diesen Stand:

	GK	KSt.	KKr.	RKr. I	RKr. II	insges.
im ghzgl. Hause	7	-	-	-	-	7
in anderen regie-						
renden Häusern	97	-	-	-	-	97
im Ghzgt.	5	8	28	133	92	266
in and. Staaten	153	95	171	471	360	1250
insgesamt	262	103	199	604	452	1620

Das Verhältnis zwischen den Ordensklassen betrug dabei etwa
5 : 2 : 4 : 12 : 9, die Ordenszeichen traten in diesem Verhältnis auf:

GK	:	GKSt.	:	KKr.	:	KSt.	:	RKr. I	:	RKr. II
5	:	5	:	6	:	2	:	12	:	9

So waren zu jener Zeit Komtursterne die seltensten, Ritterkreuze 1.
Klasse die häufigsten Insignien des Falkenordens – ungerechnet die
Aufteilung der Kreuze in solche für Sachsen-Weimarer Bürger und solche für Bürger anderer Staaten, die insgesamt weit sparsamer verliehen wurden; vernachlässigt wird hier auch die Zahl der Schwerter-
stücke, die zu jener Zeit zu den seltenen Varianten gehörten.
Verleihungen sachsen-weimarischer Orden an Bürger anderer Staaten
erfolgten vornehmlich an Preußen und *Beamte des Deutschen Reiches*
– gleichfalls nahezu ausschließlich Preußen – und zwar:

	GK	KSt.	K	R I	R II	insges.
an Preußen	53	45	108	199	200	605
an B. des Dt. R.	9	4	9	25	28	75
insges.	62	49	117	224	228	680

Zusammen genommen trugen zu Beginn des 20. Jahrhunderts gut
1600 Personen den Falkenorden in einer der fünf bestehenden Klassen.
Damit handelte es sich um einen Orden mittlerer Trägerzahl. Seltene
Orden zählten auch in dieser Zeit nur einige Dutzend Ritter, häufig
verliehene – etwa der preußische Rote Adlerorden – wurden mehr als
zehnmal so oft vergeben wie der Falkenorden.
Großherzog Carl Alexander trug am Ende seines Le-
bens – neben dem eigenen Hausorden, dessen Großmeister er war – folgende Orden (jew. in der
Großkreuzklasse):
*den Kaiserl. und Königl. Österreichischen St. Stephan-
Orden, den Kaiserl. Russischen St. Andreas-Orden mit
der Collane, den St. Alexander-Newsky-, den Weißen
Adler- und den St. Annen-Orden, den Französischen
Orden der Ehrenlegion, den Königl. Preußischen
Schwarzen und Roten Adler-Orden, den Königl. Säch-
sischen Hausorden der Rautenkrone, den Herzogl.
Sachsen-Ernestinischen Hausorden, den Königl. Portu-
giesischen Turm-und-Schwert-Orden, den Königl.
Hausorden der Württembergischen Krone, den Königl.
Orden vom Niederländischen Löwen, den Königl. Han-
noverschen St. Georgs- und den Guelphen-Orden, den
Königl. Belgischen Leopold-Orden, den Großherzogl.
Badischen Hausorden der Treue und den Orden vom
Zähringer Löwen, den Großherzogl. Hessischen Lud-
wigs-Orden, den Großherzogl. Oldenburgischen Haus-
und Verdienstorden mit der goldenen Krone, den Herzogl. Braunschweigischen Orden Heinrichs des Löwen,*

Komturstern des Falkenor-
dens, As. und Rs., in einem
Etui der Firma Th. Müller,
Weimar.

Marine-Stabsarzt Dr. Karl
Schlick, u. a. mit dem
Ritterkreuz des Falkenor-
dens 2. Abt., das ihm 1901
verliehen wurde. Fotografie
Anfang 20. Jh.

den Orden vom Goldenen Löwen des Hauses Nassau, den
Großherzogl. Toskanischen St. Joseph-Orden, den Groß-
herzogl. Mecklenburgischen Hausorden der Wendischen
Krone, den Königl. Bayerischen St. Hubertus-Orden, den
Königl. Schwedischen Seraphinen-Orden, den Königl. Nor-
wegischen Orden des heiligen Olaf, den Königl. Dänischen
Elephanten-Orden, den Königl. Italienischen Annunzia-
ten-Orden, den Kaiserl. Japanischen Chrysanthemum-
Orden, den Kaiserl. Brasilianischen Orden vom Südlichen
Kreuz, den Königl. Spanischen Orden des Goldenen Vlie-
ses, den Großkomtur des Königl. Preußischen Hausordens
von Hohenzollern, das Ritterkreuz des Kaiserl. Russischen
St- Georgs-Ordens, des Königl. Niederländischen Militär-
Wilhelms-Ordens, Inhaber des Königl. Sächsischen Kreuzes für den Dänischen Krieg, das Königl. Preußische Eiserne Kreuz u. a. Ehrenzeichen.
Großherzogin Sophie war bei ihrem Tode am 23. März
1897: Großkreuzdame des Kaiserl. Russischen St. Catharinen-Ordens in Brillanten und des Königl. Preußischen
Louisen-Ordens sowie Inhaberin des Großherzogl. Sächsischen Ehrenzeichens für Rühmliche Tätigkeit, des Königl.
Preußischen Verdienstkreuzes für Frauen und Jungfrauen
und des Königl. Bayerischen Verdienstkreuzes für die Jahre
1870/1871.[80]

Der Orden unter Wilhelm Ernst 1901–1918

Unmittelbar nach dem Regierungsantritt

Die ersten anderthalb Jahrzehnte des 20. Jahrhunderts
bis zum Weltkrieg 1914/1918 waren auch in Sachsen-
Weimar-Eisenach durch den weiteren Fortschritt in Wirtschaft und
Technik sowie in Wissenschaft und Kunst gekennzeichnet. Das ad-
ministrative politische Leben verlief eher in gewohnten Bahnen. So
änderte sich in der Auszeichnungspolitik nichts Grundsätzliches –
außer in einigen Dingen, die sich aus dem Herrscherwechsel und dem
Charakter des *neuen*, zu der Zeit erst 24jährigen Großherzogs nahezu
von selbst ergaben:
Nach seinem Regierungsantritt am 5. Januar 1901 bedachte Wilhelm
Ernst zunächst alle diejenigen mit Orden und Ehrenzeichen, denen er
sie schon seit längerem zugedacht hatte, aber, da er noch nicht der Souverän war, dies nicht veranlassen konnte. Auf den Orden und Medaillen, auf denen bisher das *CA* prangte, erschien nunmehr das *WE* – bei
den Orden war das nur das Ritterkreuz 2. Abteilung, das im Reversmedaillon bisher stets die Chiffre des jeweiligen Großherzogs zeigte
(dies betraf ebenso die dem Orden affiliierten Ehrenkreuze). So führte
dieser Wechsel zu einem Auftragsboom für die Hersteller der Insignien. Da Wilhelm Ernst auf höfische Prachtentfaltung und Zeremo-
nielle größeren Wert legte als seine Vorgänger, ließ dies auch eine

größere Zahl von Ordensverleihungen als bisher erwarten, was dann auch eintrat.

Gegenstand der ersten Statutenänderung, die Wilhelm Ernst – ca. ein Jahr nach der Regierungsübernahme – verfügte, waren das Ritterkreuz 2. Abteilung des Falkenordens und die *neuen* Ordenszeichen für allgemeine Verdienste.

Der 8. Nachtrag zu den Ordensstatuten besagte:

Erstens: Das Ritterkreuz des Ordens wird wie bisher in zwei Abteilungen verliehen; für die 1. Abteilung besteht das goldene Ordenszeichen unverändert fort; für die 2. Abteilung ist dasselbe Ordenszeichen, jedoch in Silber, bestimmt.

Zweitens: Das Kreuz wird künftig in zwei Abteilungen verliehen.[81]

Drittens: Der Nachtrag vom 8. Oktober 1892 wird aufgehoben, d. h. die Bestimmung, dass für allgemeine Verdienste ein besonderes Ordenszeichen besteht.

Ritterkreuz des Falkenordens 2. Kl. 1901/02 mit den Initialen WE für Wilhelm Ernst. As. und Rs.

Gesiegelt und gezeichnet zu Weimar, am 15. April 1902 durch Großherzog Wilhelm Ernst und Ordenskanzler Dr. Rothe.[82] (S. a. Dokument 16 im Anhang dieses Buches.)

Zur ersten Festlegung: Da es in anderen deutschen Bundesstaaten üblich geworden war, Ritterkreuze 2. Klasse desselben Ordens in ähnlicher Weise zu gestalten wie die Zeichen der 1. Ritterklasse, nur dass sie etwa kleiner waren als erstere oder weniger Emaillierung aufwiesen, oder – wie hier – aus Silber statt aus Gold gefertigt waren, folgte man auch in Weimar diesem Trend.

Zum dritten Artikel: Die schnelle Aufhebung des Statutennachtrags vom 08.10.1892 erfolgte ganz augenscheinlich deshalb, weil oft nur schwer zu unterscheiden war zwischen Verdiensten um das Haus Weimar-Eisenach und das Großherzogtum einerseits und allgemeinen Verdiensten andererseits. Genauso schwierig war es zu entscheiden, welcherart Kreuz jeweils zu verleihen war. Zudem war die Herstellung unterschiedlicher Insignien aufwändig und damit kostspielig. Bei den Ritterkreuzen 2. Abteilung wurde bisher ohnehin nicht zwischen verschiedenen Verdiensten unterschieden – dies hätte nun aber angestanden! Wenn man jedoch auf eine derartige Unterscheidung verzichtete, ging man einer gesonderten Produktion dieser Kreuze aus dem Weg. Die Verleihung der bisherigen *neuen* Ordenszeichen für allgemeine Verdienste nur über ein Jahrzehnt hin erklärt die Seltenheit ihres Vorkommens bis heute.

Dr. Karl Rothe, leitender
Staatsminister und Ordens-
kanzler 1899–1918.
Medaille, 1915.

Das erste Staatshand-
buch, das unter Wil-
helm Ernst erschien,
war das von 1904 –
nun unter dem Namen
*Staatshandbuch des
Großherzogtums Sach-
sen*. In diesem Zusam-
menhang bemerkens-
wert ist dabei:
Der Abschnitt *Groß-
herzoglicher Hausorden
der Wachsamkeit...* hat
sich gegenüber dem
unmittelbar davor erschienenen Staatshandbuch des Jahres 1900 von
59 auf 14 Seiten (bei etwa gleichem Schrifttyp) reduziert! Herausge-
fallen waren alle Verleihungen in andere Regentenhäuser und ins *Ausland*, verblieben sind nur die Verleihungen im großherzoglichen Haus
und im eigenen Großherzogtum.
Angesichts des starken Anstiegs der Verleihungen des Ordens wie auch
des weiterhin im Handbuch verzeichneten Verdienstkreuzes in den
ersten Regierungsjahren Wilhelm Ernsts hätte nämlich der Ordens-
teil gegenüber anderen Teilen des Buches unverhältnismäßig stark erweitert werden müssen. Im übrigen wurde diese verkürzte Darstellung
der Ordensverleihungen auch in anderen deutschen Staaten – Preußen, Hessen... – so gehandhabt, mit dem Unterschied, dass dort in
mehr oder weniger regelmäßigen Abständen gedruckte Ordenslisten
erschienen, die dem Interessenten einen vollständigen Einblick in das
Verleihungsgeschehen boten. Die 1904 eingeführte Praxis wurde in
den Staatshandbüchern des Großherzogtums der Jahre 1909 und 1913
– den einzigen, die danach noch erschienen – beibehalten.
Manches wurde neu geregelt, oder die alten Regeln wurden, modifiziert, in Gesetzen oder staatlichen Verfügungen schriftlich fixiert. Dies
betraf auch die höfische Rangordnung im Großherzogtum und die
damit verbundenen Grundsätze für die Verleihung des Falkenordens,
überliefert in einem Schreiben des Staatsministers Dr. Rothe an das
Departement des großherzoglichen Hauses vom 2.2.1904. Darin
wurde neben anderem geregelt, welche Rangklassen im Großherzogtum mit welchen Klassen des Hausordens bedacht werden sollten: die
I. Rangklasse mit dem Großkreuz, die II. Rangklasse mit dem Komturkreuz mit Stern, die III. Rangklasse mit dem Komturkreuz, die IV.
und V. Rangklasse mit dem Ritterkreuz 1. Abteilung, die VI. Rangklasse mit dem Ritterkreuz 2. Abteilung usw. Es wurden auch Regelungen für ausländische wie großherzogliche Offiziere, Beamte,
Berufsgruppen und Privatpersonen sowie für gewisse Ausnahmefälle
getroffen.[83]
Erwähnt sei hier nur, dass Wilhelm Ernst parallel zu den Festlegun-
gen im Ordenswesen des Landes zahlreiche Verfügungen zu den Ehrenzeichen traf – vom nahe liegenden Wechsel des Herrscherbildes

und der Namens-Chiffre von *CA* zu *WE,* über die Fixierung der Grundsätze der Verleihung der großherzoglichen Ehrenzeichen bis hin zur Neustiftung von Ehrenzeichen – allein das Jahr 1902 bescherte dem Lande fünf neue Medaillen in insgesamt 15 Klassen!

ZUR VERLEIHUNGSPRAXIS BIS 1914

Eine Aufstellung der Träger des Falkenordens im Großherzogtums in den Jahren 1900 (also noch unter Carl Alexander), 1909 und 1913[84] – das Verdienstkreuz eingeschlossen – ist aufschlussreich:

Jahr	GK		KSt.	KKr.	RKr. I	RKr. II	VKr.	
	A	B					Go.	Si.
1900:	7	5	8	28	133	91		103
1909:	3	4	9	48	105	171	3	258
1913:	2	3	14	46	110	242	43	335[85]

A = im großherzoglichen Hause, B = im Großherzogtum.

Für die Ordensträger im Großherzogtum Sachsen galt dies:
Bei der geringen Zahl der Großkreuze und der Komture mit dem Stern entschied wohl eher der aktuelle Bedarf darüber, wie viele mit diesen hohen Ordensklassen Geehrte in diesem oder jenem Jahr im Lande zu registrieren waren. Darüber hinaus fällt jedoch auf, dass jeweils die Zahl derer deutlich wuchs, die mit den Orden und Kreuzen der unteren Kategorien, Klassen und Abteilungen ausgezeichnet wurden; so wuchs die Zahl der Komture auf das 1,7-Fache, die der Ritter 2. Abteilung auf das 2,7-Fache, die Zahl der Verdienstkreuze gar auf das 3,7-Fache. Wenn die Leistungen der mittleren Beamten, Offiziere, Wissenschaftler usw. immer bedeutungsvoller für die jeweiligen Bereiche wurden, dann ist es nur logisch, dass die Stimulierung dieser Leistungen auch durch die Vergabe von Orden und Ehrenzeichen dieser Tendenz folgte.
Die oben aufgestellte These, dass Großherzog Wilhelm Ernst in den ersten Jahren seiner Regentschaft allen denjenigen Personen und Gruppen mit Falkenorden ehren würde, denen er sie seit langem zugedacht hatte, ist besonders anhand der Ordensvergaben ins Ausland nachzuweisen. Hier einige Verleihungszahlen von Großkreuzen des Falkenordens in den letzten Regierungsjahren Carl Alexanders und den ersten Wilhelm Ernsts[86]:

Ritterkreuz des Falkenordens 2. Kl. ab 1902, As. und Rs.

Jahr/Ghzg.	an Pers. ausländ. Regentenhäuser	an Preußen	an Österreicher/Ungarn	an Sachsen
1899/CA	3	2	2	0
1900/CA	0	3	1	0
1901/WE	24	14	13	5
1902/WE	3	4	0	2
1903/WE	6	12	1	2

Aus den genannten Akten lässt sich ähnliches auch für die Verleihungen der übrigen Klassen des großherzoglichen Hausordens an die aufgeführten Empfängergruppen nachweisen.

Keine Ordensverleihung ist in diesen Jahren an Franzosen, und nur eine Großkreuzverleihung an einen Briten (1901) zu verzeichnen; auch nach Russland, in früheren Jahren bevorzugt bei der Vergabe von Falkenorden, flossen die Verleihungen spärlich – 1901 und 1902 wurden nur verliehen: ein Komturkreuz mit Stern, ein Komturkreuz und ein Ritterkreuz 2. Klasse.[87] Falkenorden mit Schwertern wurden in dieser relativ friedlichen Zeit (1901–1914) selten verliehen.

Als Anlässe zu vermehrter Ordensverleihung lassen sich in diesen 14 Jahren nur dynastische Ereignisse und Jubiläen ausmachen – der Regierungsantritt, die erste und die zweite Vermählung des Großherzogs in den Jahren 1903 und 1910 – wie auch die Taufe des Erbgroßherzogs, der ebenfalls den Namen Wilhelm Ernst erhielt. Diese Taufe, zelebriert am 25. Oktober 1912, ist verbunden mit einer großen Zahl von Beförderungen und Auszeichnungen. So wurden allein an diesem Tage geehrt: 37 Bürger Sachsen-Weimars mit Titeln, 45 mit Falkenorden (davon 3 mit dem Stern zum Komtur, 5 mit dem Komturkreuz, 9 bzw. 28 mit Ritterkreuz 1. und 2. Abteilung), 27 mit Verdienstkreuzen des Ordens, 235 mit dem Allgemeinen Ehrenzeichen (6 goldenen, 115 silbernen und 110 bronzenen) sowie 17 mit anderen großherzoglichen Ehrenzeichen – insgesamt also 361 solcher Ehrungen.[88]

Die Geschichte des Hausordens mit Eckdaten der Geschichte der Monarchie zu verknüpfen, hat eine lange Tradition, die bis zu den Anfängen der weimarischen Orden zurückgeht. Vermehrte Ordensverleihungen waren tatsächlich zu Ehe- und Regierungsjubiläen, Geburtstagen der Großherzöge oder der Taufe von Thronfolgern zu beobachten. Ja, sogar ein Statutennachtrag, nämlich der achte, wurde auf den Tag der Goldenen Hochzeit von Carl Alexander und Sophie, den 8. Oktober 1892, datiert!

Georg v. Priem, Flügeladjutant des Fürsten von Schwarzburg-Rudolstadt, Komtur 1. Kl. des Falkenordens. Fotografie um 1910.

Schließlich: Unter Wilhelm Ernst waren nun auch die großherzoglichen Gemahlinnen mit dem Tage ihrer Vermählung *Großkreuzdamen des Hausordens der Wachsamkeit oder vom weißen Falken in Brillanten.* So standen sie jeweils in den betreffenden Staatshandbüchern in den Abschnitten *Genealogie des Großherzoglichen Hauses*, wurden jedoch nicht in den Rubriken der Ordensträger geführt – das wäre wohl des Guten zuviel gewesen. Immerhin: Caroline und Feodora waren die ersten Frauen, die den großherzoglichen Orden trugen.

Auch zwischen 1901 und 1914 wurden zahlreiche bemerkenswerte Persönlichkeiten mit dem Falkenorden ausgezeichnet.

Das Großkreuz in Brillanten erhielten – neben den Großherzoginnen – der Vorsitzende Staatsminister Dr. Karl Rothe (1910), seit 1901 Träger des Großkreuzes, sowie der Wirkliche Geheime Rat Frhr. von Rotenhan, Oberkammerherr und Landtagspräsident (ebenfalls 1910), seit 1898 Großkreuzträger. Weitere Verleihungen des Großkreuzes *in Brillanten* (oder *mit Brillanten*, wie es zuletzt auch hieß) sind nicht bekannt.

Das Großkreuz erhielten auch weiterhin hohe Staatsbeamte und Militärs – hinzu kamen Verleihungen in andere Regentenhäuser. Im Großherzogtum wurden in dieser Zeit nur zwei weitere Persönlichkeiten mit dieser Klasse geehrt, nämlich der Prinz zu Sayn-Wittgenstein-Berleburg, General à la suite des Großherzogs (1902), und der Wirkliche Geheime Rat Dr. v. Brüger, Oberlandesgerichts-Präsident a. D. (1903). Bei den Großkreuzverleihungen ins Ausland sind besonders die an preußische Staatsangehörige bemerkenswert, so die an den General der Kavalerie v. Bülow, Kommandierender General des XIV. Armeekorps, und die an General v. Beneckendorff und v. Hindenburg, den späteren *Sieger von Tannenberg* und Reichspräsidenten (beide 1901), an Staatsminister Dr. v. Bethmann-Hollweg und Generalleutnant Frhr. v. Manteuffel, Direktor der Kriegsakademie in Berlin (beide 1909). Alle Großkreuze an Militärs wurden statutengemäß ohne Schwerter verliehen.

Das Komturkreuz mit dem Stern wurde, wie gehabt, spärlich erteilt, nach wie vor hauptsächlich an hohe Beamte und Militärs, z. T. auch an Wissenschaftler, Ärzte und Künstler von hohem Rang, einerseits also an Personen wie den großherzoglichen Oberhofmarschall und Kammerherr Hugo Frhr. v. Fritsch (1910) und den Oberschlosshauptmann Kammerherr Graf Finck v. Finckenstein (1912), andererseits an die ordentlichen Professoren der Jenaer Universität, den Wirklichen Geheimen Rat Dr. Ernst Haeckel (1902), von dem schon die Rede war, sowie Dr. Berthold Delbrück (1910), seit 1868 Inhaber des Lehrstuhls für vergleichende Sprachforschung und des Sanskrit.

Das Komturkreuz erhielt die gleiche Klientel wie bisher auch. Von den Beamten seien hier genannt: der Weimarer Oberbürgermeister und Geheime Regierungsrat Karl Pabst (1903), der Geheime Staatsrat Dr. Max Vollert (1907), seit 1905 Kurator der Jenaer Universität, davor für ca. sieben Jahre Sekretär des Falkenordens, sowie der Major a. D. Karl v. Hagen (1908), vormals Vorsitzender des Landesverbandes vom

Großherzogin Caroline, Großkreuzdame des Falkenordens, den Stern in Brillanten. Fotografie um 1903.

Karl Pabst, Weimarer
Oberbürgermeister mit dem
Ritterkreuz 1. Kl. des
Falkenordens. Fotografie
um 1900.

Roten Kreuz. Von den Wissenschaftlern und Künstlern seien aufgeführt: Prof. Adolf Brütt (1907), Leiter der Bildhauerschule zu Weimar, Prof. Hans Olde (1910), vormals Direktor an der Hochschule für bildende Kunst zu Weimar, sowie die namhaften Professoren der Jenaer Universität Dr. Thomae, Dr. Gaertner, Dr. Liebmann (alle 1906), Dr. Goetz (1908), Dr. Hirzel und Dr. Knorr (beide 1910). Aber auch solche Verleihungen wie die an Georg Frhr. v. Werthern (1912), kgl. preußischer Rittmeister a. D., Rittergutsbesitzer auf Großneuhausen, sind zu registrieren.

Ritterkreuze 1. und 2. Abteilung wurden, wie erwähnt, nun zahlreicher verliehen als unter Carl Alexanders. Neben Offizieren und Hofbeamten, Regierungs-, Justiz- und Medizinal-, Landkammer-, Schul- und Kirchen-, Forst-, Ökonomie- und Steuerräten, Superintendenten und Oberpfarrern, Professoren, Gerichts-, Gymnasial- und Zolldirektoren, Oberforst- und Forstmeistern, Bauräten und Bürgermeistern... waren auch dabei: ein Photograph und zwei Kammersänger, ein Hofschauspieler und ein Hofopernsänger, ein Kaufmann und zwei Fabrikanten, ein Bank- und ein Theaterdirektor, ein Weingroßhändler und ein Klavierlehrer.

Ordenskanzler ist seit 1899 der Vorsitzende Staatsminister, Wirklicher Geheimer Rat, Se. Exzellenz Dr. jur. et phil. Karl Rothe, zugleich Chef des Departements des Großherzoglichen Hauses, des Kultus und der Justiz. Bis zum Ende des Großherzogtums sollte dieser der letzte Ordenskanzler sein.

Ordenssekretäre waren in dieser Zeit: bis 1905 noch der Geheime Regierungsrat Dr. Max Vollert, danach, bis 1910, der Geheime Referendar Kühn und nach diesem bis zum Ende der Monarchie der Geheime Regierungsrat Dr. Ernst Wuttig, der übrigens auch noch nach der Abdankung des Großherzogs in den Weimarer Behörden in Ordensdingen tätig blieb.

Die Herstellung der Ordenszeichen

Sie verblieb bei der Firma *Th. Müller, Hofjuwelier, Weimar.* Zu den ersten Ordensangelegenheiten, die zwischen der Ordensbehörde und Müller zu regeln waren, gehörten nach dem 8. Statutennachtrag:
– die Produktion des neuen Ritterkreuzes 2. Abteilung sowie dessen Preise und Lieferbedingungen.
– die Rücknahme vorhandener Ritterkreuze 2. Klasse *der alten Form* aus dem Ordensschatz des Hofmarschallamtes wie von Beliehenen die Rücknahme der bisherigen Ordenskleinode und -sterne *der neuen Form,* also derjenigen für allgemeine Verdienste, und deren Umarbeitung zu den Insignien der nun wieder allein gültigen *alten Form,* wiederum gültig für den Ordensschatz wie auch für die Beliehenen.
Und so wurde entschieden:

Müller erhielt für die Neuanfertigung eines Ritterkreuzes 2. Abt. der im April 1902 eingeführten Form
37.- Mark.
Die bisherigen Ritterkreuze 2. Klasse, die sich im Ordensschatz befanden bzw. zurückgegeben wurden,
kauft Müller für 9.- bis 10.- Mark zurück. Immerhin
befanden sich zu dieser Zeit allein 29 bisherige Ritterkreuze 2. Abt., davon zwei mit Schwertern, im Ordensschatz.
An Ordenszeichen *neuer Form*, also der Form für allgemeine Verdienste, befanden sich Anfang 1902 im
Ordensschatz: 19 Großkreuzsterne, 43 Komturkreuze und 34 Ritterkreuze 1. Abteilung – ein Bestand von einigem Wert also. Der Hofjuwelier war
bereit, die Insignien *neuer Form* in solche der nun
wieder allgemein gültigen Form umzuarbeiten, und
zwar: den Großkreuzstern für 19.- M., das Komturkreuz für 39.- bis 40.- M. und das Ritterkreuz 1. Abt.
für 26.- bis 27.- M. Zudem erklärte Müller, er werde
aus eigenem Antrieb über die Ordensbestellungen der
Hofbehörden hinaus einen Vorrat an Ordenszeichen
anlegen, um jederzeit liefern zu können.

Hofjuwelier Theodor
Müller. Fotografie Anfang
20. Jh.

Nach einer Aufstellung vom 06.10.1902 und anderen bereits vorher
getroffenen Vereinbarungen lieferte Müller Ordensinsignien und Etuis
Ende dieses Jahres zu folgenden Preisen (Angaben in Mark):

Insignien	alte Form	*neue* Form	Etuis:
Großkreuz	105,00	95,00	5,50 f. GK u. Stern
Großkreuzstern	68,00	60,00	
Komturkreuz	105,00	95,00	5,50 f. KKr. u. Stern
			2,45 f. d. Einzelstück
Komturstern	45,00		1,40 mit *Paßform*
Ritterkreuz 1. Abt.	54,00	48,5o	1,55
Ritterkreuz 2. Abt.	27,00	37,00	1,55

Weder an diesen Preisen, noch an den Ordenszeichen, noch an dem er-
sprießlichen Verhältnis zwischen Hofjuwelier und Hof änderte sich
etwas in den Jahren bis zum ersten Weltkrieg. Allerdings: Das erfüllte,
arbeitsreiche Leben Theodor Müllers ging zu Ende. Der Hofjuwelier,
geboren am 4. Mai 1839 im sachsen-weimarischen Eisenach, starb am
6. März 1908, also kurz vor Vollendung seines 69. Lebensjahres, im
südfranzösischen Alpenkurort Mentone. Sein Werk übernahmen seine
Söhne, Hans und Willi Müller, geboren 1875 und 1876, beide Juweliere, und führten die Firma unter dem Namen *Th. Müller Hofjuwelier
Weimar* fort. In einer Anzeige im Weimarer Adressbuch warben sie u.
a. damit, dass sie Hofjuweliere der Großherzöge von Sachsen und
Baden sowie der Fürsten von Schwarzburg-Rudolstadt, Sachsen-Meiningen und Sachsen-Altenburg sind und *Hoflieferanten sämtlicher
großherzoglicher Orden und Medaillen.*

Das Geschäftshaus der
Firma Th. Müller, Weimar,
in der Schillerstraße 5.
Und: Detail am Haus.
Heutiger Zustand.

Im März 1904 verfügte das Departement des Großherzoglichen Hauses, dass Ritterkreuze 2. Abteilung der früheren Art umgearbeitet oder gegen die jetzt üblichen umgetauscht werden können, und zwar jeweils auf Kosten des Trägers. Falls der Beliehene ein Exemplar käuflich erworben hat, bliebe es der Familie überlassen, welches Kreuz sie beim Tod des Trägers zurückgibt.

Ordensband lieferte die Firma Hugo Werner, Weimar; eine Rechnung vom 31.12.1902 über 130.65 M. für geliefertes Ordensband ist der erste Nachweis dieser Zusammenarbeit, die bis zum Ende der Monarchie währte.[89]

Was den Ordensbesitz des Großherzogs anging, war dieser vor Beginn des Weltkriegs nach dem Staatshandbuch von 1913:

Großmeister des Großherzogl. Sächsischen Hausordens der Wachsamkeit oder vom weißen Falken, Ritter des Königl. Preußischen Schwarzen Adlerordens mit der Kette, Kreuz der Großkomture des Königl. Hausordens von Hohenzollern, Ritter des Königl. Bayerischen St. Hubertusordens und des Königl. Sächsischen Hausordens der Rautenkrone, Großkreuz des Königl. Hausordens der Württembergischen Krone, Ritter des Großherzogl. Badischen Hausordens der Treue, Großkreuz des Großherzogl. Hessischen Ludwigsordens, des Großherzogl. Mecklenburgischen Hausordens der Wendischen Krone, des Großherzogl. Oldenburgischen Haus- und Verdienstordens mit der Kette, des Herzogl. Braunschweigischen Ordens Heinrichs des Löwen, des Herzogl. Sachsen-Ernestinischen Haus-

ordens, des Herzogl. Anhaltischen Hausordens Albrechts des Bären, In-
haber des Fürstl. Reußischen Ehrenkreuzes 1. Klasse mit der Krone und
des Ehrenkreuzes 1. Klasse des Fürstl. Lippischen Hausordens, Großkreuz
des Königl. Bulgarischen St. Alexanderordens, des Königl. Ordens vom
Niederländischen Löwen und von Oranien-Nassau und des Kaiserl. und
Königl. Österreichisch-Ungarischen St. Stephansordens, Ritter des Kai-
serl. Russischen St. Andreasordens sowie des Königl. Schwedischen Sera-
phinenordens, Inhaber der Großherzogl. Sächsischen Ehejubiläums-
medaille und der Kaiserl. und Königl. Österreichisch-Ungarischen Mili-
tär-Jubiläumsmedaille.
Großherzogin Feodora war zur selben Zeit
Großkreuzdame des Gorßherzogl. Hausordens der Wachsamkeit oder
vom weißen Falken in Brillanten sowie Dame des Königl. Preußischen
Louisenordens.

DER FALKENORDEN IM ERSTEN WELTKRIEG 1914/1918

Letzter *Höhepunkt* in der Geschichte des großherzoglich sächsischen
Hausordens waren die Jahre des bis dahin fürchterlichsten Krieges der
Menschheitsgeschichte. In dieser Zeit erhielt der Orden ein anderes
Gesicht: Schwerterverleihungen dominierten erwartungsgemäß; Verleihungen an Wissenschaftler und Künstler standen hintan. Die Verleihungszahlen wuchsen so sehr, dass die Jahr für Jahr vorgesehenen
Seiten im Matrikelbuch des Hofmarschallamtes
mit den Listen der Beliehenen nicht mehr ausreichten und diese durch Einlagen ergänzt wurden, wobei Teile davon verloren gingen.
Materialknappheit verschlechterte das Metall,
aus dem die Orden hergestellt waren, forderte
neue technische Verfahren und machte Notlö-
sungen bei der Fertigung der Bänder und Etuis
erforderlich. Schließlich ging der Orden mit dem
Kriegsende und dem unmittelbar folgenden
Ende der Monarchie in seiner Rolle als Haus-
und Verdienstorden des Großherzogtums zugrunde.
Noch einmal wurden die Statuten des Falkenordens ergänzt – der 10. Nachtrag, zugleich der
letzte, vom 10. Juni 1915, betraf die Stiftung des
Wilhelm-Ernst-Kriegskreuzes. Da es sich bei diesem Kreuz jedoch um ein Ehrenzeichen handelt,
wird es im nächsten Teil dieses Buches besprochen. (S. a. Dokument 19 im Anhang dieses Buches.)
Die Verleihung des Falkenordens war zunächst
durch einen deutlichen Anstieg der Zahl der Beliehenen gekennzeichnet. Wenn die Verleihungszahlen des Ordens dennoch nicht grenzenlos
ausuferten, hat das offensichtlich mit der Existenz des Wilhelm-Ernst-Kriegskreuzes zu tun,

Letzter Sonderdruck der
Statuten des Falkenordens
von 1915, besorgt von der
Weimarer Hof-Buchdruk-
kerei.

das – auch von amtlicher Seite – zunächst unisono als *der neue Kriegs-orden* bezeichnet wurde, obwohl es im phaleristischen Sinne kein Orden war. Dennoch: Da es von April 1915 an in nicht geringer Zahl auch an Personen verliehen wurde, die sonst wohl mit einer der Klassen des Falkenordens geehrt worden wären, wirkte sich dies vermindernd auf die Zahl der Ordensverleihungen aus.

Das Großkreuz mit Schwertern erhielten im großherzoglich Sächsischen Hause: die Prinzen Albert (1914) und Wilhelm von Sachsen-Weimar-Eisenach (1915).

In andere Regentenhäuser werden an Großkreuzen nur eines ohne sowie 11 mit Schwertern verliehen:

1914 – sieben: das Großkreuz ohne Schwerter erhielt Prinz Ernst von Sachsen-Meiningen (der im selben Jahr allerdings noch das Großkreuz mit Schwertern bekam); die anderen Beliehenen waren: Fürst Heinrich XXVII., Erbprinz Heinrich XLV. und Prinz Heinrich XXXIII., alle v. Reuß j. L., Herzog Carl Eduard von Sachsen-Coburg und Gotha sowie die Prinzen Ernst und Georg von Sachsen-Meiningen

1915 – zwei: der deutsche Kaiser Wilhelm II. und Großherzog Friedrich August von Oldenburg

1916 – zwei: der Kaiser der Osmanen Sultan Muhamed V. und der K. u. K. Feldmarschall Erzherzog Eugen v. Österreich

1917 – eins: Kronprinz Rupprecht v. Bayern und

1918: keine Großkreuzverleihungen mehr.

Darüber hinaus wurde im Großherzogtum Sachsen nur noch ein Großkreuz mit Schwertern erteilt, nämlich an Vizeadmiral Wilhelm Souchon, Chef der Mittelmeerdivision der kaiserl. Marine (1916).

General Frhr. v. Beaulieu-Marconnay, u. a. mit dem Komtur des Falkenordens mit Schwertern (verliehen 1914) und dem Wilhelm-Ernst-Kriegskreuz (verliehen 1915). Fotografie.

Wie zu erwarten, gingen die meisten Großkreuze mit Schwertern, die außerhalb von Regentenhäusern verliehen wurden, an Preußen:

1914 – fünf: davon eines an Generaloberst v. Beneckendorf und v. Hindenburg, Oberbefehlshaber der 9. Armee

1915 – sechs: davon je eins an Generaloberst v. Mackensen, Führer der 9. Armee, und General der Artillerie v. Gronau, Kommandierender General des IV. Reservekorps

1916 – zwei: an die Generale der Infanterie v. Steuben, Kommandierender General des XVIII. Reservekorps, sowie v. Haugwitz, stellvertretender Kommandierender General des XI. Armeekorps

1917 – zwei: an General der Infanterie v. Below, Oberbefehlshaber der 1. Armee, sowie General der Art. v. Stein, preußischer Staats- und Kriegsminister, und

1918 – eins: an Generalleutnant Schultheiß, Kommandeur der 38. Infanterie-Division.

Auch hier wurden also die meisten Orden in den ersten Kriegsjahren verliehen. Großkreuze ohne Schwerter wurden an Preußen nicht mehr vergeben. Großkreuzverleihungen mit Schwertern waren ganz allgemein in ihrer Zahl bemessen, insgesamt waren es 30.

Der Komtur 1. Klasse mit Schwertern wurde im Großherzogtum in der Zeit des Krieges nur fünfmal verliehen, und zwar:
1915 – drei: einer an Hofmarschall Frhr. Hugo v. Fritsch, Rittmeister und Adjutant im XXVII. Armeekorps, sowie zwei an im Felde stehende Generalmajore und
1916 – zwei: an zwei weitere Generalmajore.
1916 wurde jedoch auch ein Komtur ohne Schwerter verliehen, er ging an den Geh. Rat Dr. Eucken, Ordentlicher Professor in Jena.
Verleihungen von Falkenorden dieser Klasse in andere deutsche Bundesländer und ins Ausland erfolgten ebenso spärlich und nur in der Schwerterversion. Insgesamt waren 19 Verleihungen zu registrieren.
Der Komtur 2. Klasse mit Schwertern wurde im Großherzogtum in etwas größerer Zahl verliehen:
1914 – vier: darunter einer an Oberhofmeister Oberst Frhr. v. Beaulieu-Marconnay, Kommandeur des Reserveregiments Nr. 239
1915 – sieben: davon einer an den Generalarzt Prof. Dr. Stintzing bei der belgischen Etappeninspektion des IV. Armeekorps
1916 – eins: an Oberstleutnant Frh. v. Harstall, Kommandeur des Infanterie-Regiments Nr. 87
1917 – zwei: davon eines an Oberst Frhr. v. Wangenheim, Kommandeur des Landwehr-Infanterie-Regiments Nr. 387
Die Verleihungen in dieser Klasse beliefen sich auf 66.
Ein ähnliches Bild zeigt die Verleihung des Komturkreuzes ohne Schwerter – es wurden im Großherzogtum verliehen:
1915 – eins: an den Weimarer Oberjägermeister Graf v. Perponcher-Sedlnitzky
1916 – eins: an den stellv. Bezirkskommandeur Oberstleutnant a. D. v. d. Osten
1917 – vier: darunter an zwei Geheime Kirchenräte, D. Spinner, Weimar, und D. Wuttig, Allstedt
1918 – drei: der prominenteste unter ihnen ist der Maler, Graphiker und Bildhauer Dr. Fritz Mackensen, Mitbegründer der Worpsweder Künstlerkolonie und Direktor der Großherzogl. Hochschule für bildende Kunst in Weimar.
Die Verleihungen außerhalb des Großherzogtums besagen ähnliches.

Große Ordensschnalle mit Auszeichnungen des 1. Weltkrieges, Ausschnitt, u. a. mit dem Ritterkreuz 2. Kl. und dem Verdienstkreuz 1. Kl. des Falkenordens, jeweils mit Schwertern. Schnalle nach 1934.

Auch was die Ritterkreuze 1. Abteilung des Falkenordens angeht, seien zunächst die Verleihungen im Großherzogtum genannt. In den Kriegsjahren 1914–1918 wurden im Lande die folgenden Ritterkreuze 1. Abteilung mit Schwertern verliehen:
1914 – zwei: davon eins an den Major a. D. v. Heyden, Bataillonskommandeur im Infanterieregiment Nr. 82,
1915 – 28: diese gingen an Offiziere unterschiedlicher Truppenteile,

Ritterkreuz 1. Kl. des
Falkenordens mit
Schwertern, As. und Rs.,
Exemplar aus dem
1. Weltkrieg.

darunter auch drei an Militärärzte, so
an den Oberstabsarzt Dr. Pinther,
den General-Oberarzt Dr. Hilde-
mann sowie den Marine-Oberstabs-
arzt Dr. Ratz
1916 – 20: die wieder an verschiedene Offiziere verliehen wurden, darunter Korv.-Kpt. Batsch auf S. M. S.
Freya und Major Friedrich Frhr. v.
Fritsch, also erneut an ein Mitglied
dieser in Weimar berühmten Familie
1917 – vier: unter ihnen an Major
Frhr. v. Beust, ein nicht minder bekannter Name im Weimarischen,
sowie an Dr. Gruner, Regierungsrat
und Bezirkshauptmann
1918 – drei: unter ihnen die Korvet-
tenkapitäne v. Hase, S. M. S. *Derff-
linger*, und Götting, Kommandeur
eines Marineartilleriebataillons.
Das Ritterkreuz 1. Abt. ohne
Schwerter wurde im Lande mit insgesamt 18 Exemplaren nur spärlich
verliehen; es waren
1914 – zwei: noch vor dem Kriegsausbruch verliehen
1915: der Krieg gebot ausschließlich Schwerterverleihungen,
1916 – zwei: also nur ein Zehntel der Schwerterverleihungen
1917 – sechs: ein langsamer Anstieg war zu verzeichnen
1918 – acht: nahezu dreimal soviel wie Schwerterverleihungen!
Die Beliehenen waren Staatsbeamte, Forstmeister, Etappeninspek-
teure, Offiziere a. D. usf.
Die Verleihungen des Ritterkreuzes 1. Abteilung ins *Ausland* waren
vor allem in ihrer Anzahl aussagekräftig. Eine Aufstellung der verliehenen Orden dieser Klasse in vom Großherzogtum bevorzugte Länder
(ohne Schwerter/mit Schwertern) ergibt dieses Bild:

Jahr	Bayern	Öst.-Ung.	Preußen	Sachsen		insges.
(1913	1/0	0/0	16/0	40/0	:	57/0)
1914	2/0	0/0	8/18	20/2	:	30/20
1915	0/0	0/2	4/27	0/0	:	4/29
1916	0/0	0/0	4/10	3/1	:	7/11
1917	0/0	0/0	3/6	1/1	:	4/7
1918	2/0	1/0	1/6	10/1	:	14/7
1914/18	4/0	1/2	20/67	34/5	:	59/74

Insgesamt wurden 141 Ritterkreuze 1. Kl. mit Schwertern verliehen.

Zum Ritterkreuz 2. Abteilung: Die Verleihungen von Kreuzen dieser
Klasse mit Schwertern wiesen die größten Zuwächse auf. Das ist logisch, wenn man den Charakter dieses Krieges betrachtet und wenn

man an die kargen Mittel denkt, die über die unbedingt nötigen Aufwendungen für diesen Krieg hinaus verfügbar waren. Mit der stark vermehrten Verleihung der niedrigsten Ordensklasse (sowie der dem Orden angeschlossenen Verdienstkreuze) lag man genau im Trend, der in allen deutschen Bundesstaaten zu beobachten war. Wie angedeutet, sind die Verleihungen dieser Klasse im Großherzogtum nur bis 1915 bekannt – und das nicht einmal auf das Stück genau. Die lose in das Matrikelbuch eingelegt gewesenen Listen der Verleihungen in den letzten drei Kriegsjahren sind offenbar verloren gegangen. Die erhaltenen Listen weisen bis zum Kriegsbeginn am 1. August 1914 lückenlos 12 Verleihungen des Kreuzes ohne Schwerter aus, unter ihnen die an den Regierungsrat Hans Guyet, Weimar, und die an den Schriftsteller und Kurator des Thüringer Museums zu Eisenach, Wilhelm Stolljes. Danach – wieder ohne Lücken – sind ausschließlich Verleihungen mit Schwertern verzeichnet: 1914 und 1915 44 und 129.

Hier darf – den allgemeinen Tendenzen der Ordensverleihungen in dieser Zeit folgend – angenommen werden, dass in den Jahren 1916 bis 1918 noch ca. 250 Verleihungen dieser Klasse erfolgten.

Dominierten bisher die Doktoren und Professoren, die Regierungs-, Finanz-, Kirchen- und Forsträte, so waren die Empfänger des Ordens in dieser Klasse nun Offiziere und Reserveoffiziere, d. h. Leutnante, Oberleutnante und Hauptleute, von denen nur noch jeder zwanzigste den Doktortitel führte.

Bei den Verleihungen ins *Ausland* dominierten die Preußen nun absolut. Da jedoch auch hier der vorgesehene Platz im Matrikelbuch nicht ausreichte, mussten, wie bei den oben erwähnten Verleihungen im Großherzogtum, von der neunten Verleihung des Jahres 1917 an ebenfalls zusätzliche Blätter eingelegt werden, die auch verloren sind. Alle anderen Verleihungen können im Folgenden vollständig angegeben werden (ohne/mit Schwerter[n]):

Verleihungsurkunde zum Ritterkreuz 2. Kl. des Falkenordens mit Schwertern aus dem Jahre 1916.

Jahr	Bayern	Öst.-Ung.	Preußen	Sachsen	:	insges.
(1913	3/0	0/0	25/1	20/0	:	48/1)
1914	2/0	0/0	13/72	20/29	:	35/101
1915	0/0	0/0	0/147	0/14	:	0/161
1916	1/0	0/1	1/103	4/8	:	6/112
1917	0/1	0/0	0/8	2/5	:	2/14
1918	0/0	0/0	-/-	2/11	:	2/11
1914/18	3/1	0/1	4/330	28/67	:	45/399

Auch hier müssen zu den nach Preußen verliehenen Stücken für die
Jahre 1917 und 1918 noch einmal ca. 150 hinzugerechnet werden, so
dass in die betreffenden Länder insgesamt etwa 550 Verleihungen des
Falkenordens mit Schwertern erfolgt sein dürften, davon nahezu 480
allein an preußische Staatsbürger!
Die Gesamtverleihungen in den einzelnen Klassen des Falkenorden
betrugen in den Jahren 1914–1918 etwa – größten Teils nachgewiesen,
kleineren Teils geschätzt – (ohne/mit Schwerter[n])[90]:

im/in/ins	GK	KKSt.	KK	RK I	RK II	:	insges.
grhzgl. Haus	0/2	0/0	0/0	0/0	0/0	:	0/2
and. reg. Häuser	1/11	0/0	0/0	0/0	0/0	:	1/11
Grhzgtm.	0/1	1/5	9/14	18/66	25/420	:	53/506
Ausland	*3/16*	*8/14*	*24/56*	*37/77*	*50/550*	:	*122/713*
insges.	4/30	9/19	33/70	55/143	75/970	:	176/1232

Kursiv gesetzte Zahlen sind geschätzt.

Wie zu erwarten, dominierten in den Kriegsjahren die Verleihungen
des Ordens mit Schwertern. Eliminierte man die Verleihungen des Ordens ohne Schwerter in den ersten sieben Monaten des Jahres 1914
aus der obigen Aufstellung, so erhielte man für die Kriegszeit ab 1. Au-

Kuvert eines Übersendungsschreibens aus dem Jahre
1916 und Siegel der groß-
herzoglich sächsischen
Ordenskanzlei auf der
Rs. des Kuverts.

gust 1914 ein noch eindeutigeres Bild. Allein bei der Verleihung der Ritterkreuze beider Abteilungen ergäbe das eine Zahl von ca. 115 Verleihungen, die von den 178 in der Aufstellung verzeichneten Falkenorden für zivile Verdienste abzuziehen wären.

Insbesondere die Zeit von September bis Ende 1914 war von hektischen Bestrebungen z. B. der Adjutantur des Großherzogs und des Stabes des Infanterie-Regiments Nr. 94 gekennzeichnet, die das Hofmarschallamt bestürmten, Kriegsauszeichnungen ins Feld zu liefern, d. h. Falkenorden mit Schwertern, Verdienstkreuze in Gold und Silber mit Schwertern und Allgemeine Ehrenzeichen an der Schwerterspange in allen Klassen. Obwohl Hofmarschallamt und Ordenshersteller taten, was nur möglich war, mussten von der Anforderung der Auszeichnungen bis zu deren Lieferung Wartezeiten von zwei bis vier Wochen hingenommen werden.

Die Akten geben auch Auskunft darüber, dass – mit dem Kriegsverlauf in wachsender Zahl – Amtsleiter und Unternehmer für ihre Mitarbeiter, die nun im Felde standen, auch Väter für ihre Söhne, die sich an der Front hervorgetan hatten, sich mit ebenso ausführlichen wie anrührenden Begründungen an den Großherzog wandten und um eine Weimarer Auszeichnung für diese baten; oftmals wurden die Verfasser der Schreiben jedoch auf den korrekten Antragsweg für die Verleihung von Orden und Ehrenzeichen hingewiesen, oder sie wurden über Voraussetzungen für eine Auszeichnung informiert, die in vielen Fällen nicht gegeben schienen.

Verleihungen von Falkenorden für ziviles Verdienst setzten 1915 und 1916 fast vollständig aus, während sie 1917 und 1918 wieder aufgenommen wurden. Den Orden ohne Schwerter erhielten in dieser Zeit auch wieder Beamte und Offiziere, die während des Krieges in der Etappe (in Materiallagern, Werkstätten usw.) und in der Heimat (in Rekrutierungsbehörden...) ihren Dienst versehen oder außer Dienst gestellt waren – aber auch noch einige Badekommissäre und -ärzte in Bad Kissingen!

Eine merkwürdige Verleihung registrieren die Akten des Hofmarschallamtes für 1917. Der Mitinhaber einer Segeltuchwaren- und Flag-

Große Ordensschnalle mit Auszeichnungen eines sächsischen Offiziers, erlangt zwischen 1907 und 1934 u. a. mit dem Ritterkreuz 2. Kl. des Falkenordens mit Schwertern. Schnalle nach 1934 angefertigt.

Auszeichnungsgruppe Otto
Werneburg, u. a. mit dem
Ritterkreuz des Falkenor-
dens 2. Abt. und dem Wil-
helm-Ernst-Kriegskreuz,
das ihm 1917 verliehen
wurde. Fotografie aus den
30er Jahren des 20. Jh.

genfabrik in Königsberg/Ostpreußen, William Hellgardt, bot dem
Großherzog die Stiftung einer Summe von 10 000.- Mark für das Feo-
dora-Heim zu Weimar an. Nachdem man Erkundigungen über den
Mann eingezogen hatte, verfügte Wilhelm Ernst die Annahme der
Spende, und der Fabrikbesitzer schickte den Betrag in Form von zwei
Schuldverschreibungen des Deutschen Reiches zu je 5000.- M. In
Kenntnis davon, dass Hellgardt an Auszeichnungen bisher das öster-
reichische Ehrenkreuz 2. Kl. und die preußische Rot-Kreuz-Medaille
erhalten hat, verlieh man ihm nun das Ritterkreuz 2. Abteilung des
Falkenordens. Der Vorgang währte mit vielen Schreiben und Wert-
sendungen, Aktennotizen, Vorlagen und Wiedervorlagen vom 24.
März (Datum des Angebots) bis zum 25. November 1917 (Datum des
Dankschreibens Hellgardts für die Ehrung).

Am 03.11.1914 verfügte Wilhelm Ernst, dass ihm alle Diplome für
Orden, die er im Felde verlieh, zur Unterschrift vorgelegt werden; für
alle anderen Diplome – auch bei Ordensverleihungen an zivile Bürger
– sei die Großherzogin unterschriftsberechtigt.

Das Präsidium des Großherzoglichen Staatsministeriums gab in einem
Schreiben vom 21.04.1915 aus nahe liegenden Gründen bekannt:
*Seine Königliche Hoheit der Großherzog haben zu bestimmen geruht,
daß Staatsangehörigen des Großherzogtums, die zum Heeresdienst ein-
berufen sind, zur Annahme und zum Tragen von Kriegsauszeichnun-
gen, die ihnen von deutschen Bundesfürsten verliehen worden sind, die
Höchste Erlaubnis allgemein erteilt sein soll..*[91] Mit anderen Worten:
Die Bestimmung, dass bei Verleihung einer *fremden* Auszeichnung

jeder Geehrte die Annahme- und Trageerlaubnis des eigenen Fürsten einzuholen hat, war für diesen Krieg aufgehoben, da auch nicht mehr realisierbar.

Zu den Verleihungen in andere deutsche Bundesstaaten und ins Ausland: Es war verständlich, dass nach Preußen viele Orden verliehen wurden, da Preußens Bürger die Reichsbehörden, Armee und Flotte usf. dominierten. Dass Preußen gegenüber den anderen Ländern jedoch in diesem Übermaß mit Ordensverleihungen bevorzugt wurde, ist schwer nachzuvollziehen. Dabei gingen nämlich auch alte Präferenzen – eine große Zahl von Verleihungen in die Niederlande, nach Russland oder Österreich-Ungarn – zurück, und selbst die Verleihungen an die benachbarten Sachsen und Thüringer verminderten sich deutlich. Die seit langem als *Feinde* Preußens – und damit Deutschlands – ausgemachten Engländer, Franzosen und Russen erhielten seit langem keine Weimarer Orden mehr. Die Enge der Verleihungspolitik ist auch daran zu ermessen, dass so gut wie keine Orden in die skandinavischen Länder und nach Italien, Spanien, Portugal usw. verliehen wurden. Leitender Staatsminister und Ordenskanzler blieb Dr. Karl Rothe, Ordenssekretär Dr. Ernst Wuttig.

Komtur 1. Klasse des Falkenordens mit Schwertern, Bruststern der Firma Th. Müller, Weimar.

DIE HERSTELLUNG DER ORDENSZEICHEN IM KRIEG

Die Firma Th. Müller belieferte die großherzogliche Ordenskanzlei auch weiterhin mit Ordenszeichen. Die Schreiben der Firma wurden nun auf Kopfbögen unter folgender Überschrift abgefasst: *Th. Müller – Juwelen, Orden, Gold- & Silberwaren, Fabrik mit Motoren-Betrieb, Weimar, Schillerstr. 5, Deinhardtsgasse 6, Inhaber: Hans Müller & Wilh. Müller.* Sodann wurde erklärt, dass die Inhaber Hofjuweliere Ihrer Königlichen Hoheiten der Großherzöge von Baden und Sachsen, Ihrer Durchlaucht des Fürsten von Schwarzburg-Rudolstadt sowie Ihrer Hoheiten der Herzöge von Meiningen und Altenburg sind. Dieser Schriftblock war umgeben von den fünf Wappen der genannten Fürstenhäuser und vier Auszeichnungsmedaillen, die der Firma auf Gewerbeausstellungen und bei anderen Gelegenheiten zuteil geworden sind. Auch in der neuerlich modifizierten Firmenanzeige dieser Zeit warben die Inhaber mit den o. g. Würden, vermehrt um die Aussagen: *Einzige Gold- und Silberwaren-Fabrik Thüringens – erstes Juwelen-, Gold- und Silberwaren-Lager Thüringens. Goldene Medaille Dresden 1906. Große Staatsmedaille Weimar 1908.*[92] Die doppelte Adressenangabe betraf das Ladengeschäft in der Schillerstraße und die Fertigungsstätte in der Deinhardtsgasse.

Im Verlauf des Krieges ergaben sich in der Ordensfertigung Veränderungen, die allerdings nicht so gravierend waren wie die bei einigen Ehrenzeichen, die von 1917 an aus einer Zinklegierung (Kriegsmetall)

hergestellt wurden, was eine andere Herstellungstechnologie bei mehr-
teiligen Stücken erforderte.[93]

Exakte Angaben zu den Veränderungen beim Falkenorden sind nicht
möglich, da keine Dokumente dazu aufgefunden werden konnten. Allerdings ist mit einiger Sicherheit anzunehmen, dass ab 1917 Ritterkreuze 1. Klasse mit Schwertern statt aus Gold aus vergoldetem Silber
hergestellt und so verliehen wurden. Möglicherweise wurden auch
Kreuze anderer Klassen von dieser Zeit an in Silber vergoldet gefertigt, wenngleich dies wenig wahrscheinlich ist.

Zu diesen Vermutungen führen folgende Fakten:

Am 14.10.1916 teilte die Firma Th. Müller der Ordensbehörde mit,
dass die Silbervorräte der Firma aus Friedenszeiten aufgebraucht seien,
Silber gegenwärtig doppelt so teuer sei wie früher, so dass die neu ge-
fertigten Verdienstkreuze und Medaillen um 10 % teurer würden;

schon am 26.01.1917 teilte Müller mit, dass sich wegen neuerli-
cher Verteuerung der Silberpreise
wie der Lohnkosten um 50 % die
Preise für ausgefertigte Stücke
noch einmal um 10 %, d. h. insgesamt um 20 % erhöhten; beiden Preiserhöhungen wurde sofort zugestimmt. Die Ritterkreuze des Falkenordens 2. Kl.
wurden in diesem Zusammenhang nicht erwähnt.

Am 08.01.1918 teilte die Firma
Müller mit, dass Gold für die
Fertigung der Medaillons und
der Schwerter des Wilhelm- Ernst-
Kriegskreuzes nicht mehr zur
Verfügung stünde, so dass diese
Teile – entsprechend einem bei-
liegenden Musterstück – nunmehr aus vergoldetem Silber gefertigt
werden müssten; der leitende Staatsminister Rothe genehmigte die
Veränderung unverzüglich.

Miniatur und Miniaturkett-
chen, u. a. mit den Ritterkreuzen des Falkenordens
1. und 2. Kl., angefertigt
nach 1934. Archiv der
Firma Bury & Leonhard.

Diese Gegebenheiten spielten für die Falkenorden nur insofern eine
Rolle, als es sich um die Preise für die Ritterkreuze 2. Abteilung, insbesondere für diejenigen mit Schwertern, und um Ritterkreuze 1. Abteilung mit Schwertern handelte, soweit sie nun aus vergoldetem Silber
gefertigt wurden. Ob die Ordenspreise in dieser Zeit den gestiegenen
Kosten für das Silber und den *Macherlohn* angepasst wurden, ist weder
festzustellen noch auszuschließen.

Bei der geringen Zahl der Verleihungen des Ritterkreuzes 1. Klasse
(ohne Schwerter) war es wahrscheinlich, dass die bis Anfang 1917 ge-
fertigten und die zurückgegeben Stücke ausreichten, um den Bedarf
zu decken – zumal die Verleihungseuphorie von 1914, 1915 und 1916
in den letzten beiden Kriegsjahren spürbar nachließ. Diese Überlegungen gelten auch für andere Ordensklassen.

Eine andere Frage ist, ob in den kargen Nach-kriegsjahren und den Zeiten der Weltwirt-schaftskrise nicht sil-bervergoldete Stücke im freien Verkauf von Ordensherstellern ver-trieben wurden. Dies ist aufgrund der allgemein knappen finanziellen Mittel durchaus wahr-scheinlich. So wäre das relativ häufige Vorkom-men des silbervergolde-ten Ritterkreuzes 1. Ab-teilung ohne Schwerter in zahlreichen Samm-

Briefkopf des Hofjuweliers und Ordensfabrikanten Th. Müller, Weimar. Ausschnitt aus einem Schreiben an die kgl. Zeughausverwaltung.

lungen erklärbar, ohne dass gleich an Fälschungen oder neuzeitliche Nachfertigungen zu denken wäre.

Die Preise für die Insignien des Falkenordens wurden – soweit von Th. Müller an die großherzogliche Ordenskanzlei geliefert – während der Kriegsjahre angegeben mit:

Klasse	ohne Schwerter	mit Schwertern
Großkreuzstern	68 M.	96.50 M.
Groß- u. Komturkreuz	105 M.	119.50 M.
Ritterkreuz 1. Kl. (Gold)	54 M.	66.50 M.
Ritterkreuz 2. Kl. (Silber)	35 M.	39.00 M.

Preisangaben für silbervergoldete Ritterkreuze 1. Abteilung beider Ka-tegorien sind nicht überliefert, sie erschienen auch nicht in den Preis-listen, die unmittelbar nach dem Kriege aufgestellt wurden.

Wie erwähnt, wurden im 1. Weltkrieg nicht nur neu produzierte Or-denszeichen verliehen – die Vorräte in der Ordensbehörde und in der Firma Müller wurden aufgebraucht, Ordenszeichen wurden der Or-denskanzlei eingeliefert, *die sich erledigt haben*, deren Träger also ver-storben sind; diese Orden wurden repariert, um- oder aufgearbeitet, manche mussten diese Prozedur schon zum wiederholten Male über sich ergehen lassen, um schließlich aufs neue verliehen zu werden. In einem Fall wurde bekannt, dass noch während des Krieges ein Ritter-kreuz mit Schwertern verliehen worden ist, dessen Reversmedaillon – wie bis 1870 gültig – von *Armaturen* umgeben war.

Die Durchschnittsmaße und -gewichte der Insignien des Falkenordens betrugen, soweit sie aus der Kriegszeit stammen, zirka (ohne Schwer-ter/mit Schwertern):

Ordenszeichen	Breite in mm	Höhe in mm	Gew. in g.
Großkreuz	50 / 50	85 / 85	35 / 35
Großkreuzstern	87 / 87	87 / 88	68 / 70
Komturkreuz	50 / 50	85 / 85	35 / 35
Komturstern	86 / 86	86 / 86	60 / 64
RK I. Abt. Go.	37 / 37	61 / 61	17 / 18
RK I. Abt. Sv.	37 / 37	61 / 61	19 / 20
RK II. Abt. Si.	37 / 37	61 / 61	19 / 19

Ordens- und Medaillenband lieferte während des 1. Weltkrieges ausschließlich der Hoflieferant Hugo Werner. Probleme traten erstmals Anfang 1917 auf. In einem Brief des Hoflieferanten an das Hofmarschallamt schrieb Werner am 1. Februar 1917, dass die Preise für Or-

Grabstätte der Familie Theodor Müller auf dem Historischen Friedhof, Weimar. Heutiger Zustand.

dens- (und Medaillen-)band gestiegen und deshalb die folgenden Preiserhöhungen erforderlich seien. Für das Großkreuzband von bisher 6,50 M. auf nunmehr 8,50 M., und für das Ritterkreuzband von 2,40 M. auf 2,60 M.

Am 09.10.1918 forderte Werner aus demselben Grund noch einmal höhere Preise – nunmehr sollte das Großkreuzband (rückwirkend ab 29.07.) 19 Mark je Meter und das Ritterkreuzband (rückwirkend ab 03.08.) 5,50 Mark je Meter kosten.

Die neuen Preise wurden von Ordenskanzler Rothe sofort genehmigt. Die oft endlose Feilscherei um Ordens-, Etui- und Bänderpreise der Ordenskanzlei mit den Lieferanten, wie in Friedenszeiten üblich, gehörte nun der Vergangenheit an.[94]

DER ORDEN NACH 1918

Die Niederlage des Deutschen Reiches im Weltkrieg, verbunden mit den Ereignissen der Novemberrevolution, veranlassten die deutschen Fürsten – so auch den sächsischen Großherzog – abzudanken; am 9. November 1918 unterzeichnete Wilhelm Ernst die vom Weimarer Arbeiter- und Soldatenrat diktierte Erklärung, für sich und seine Familie fortan auf den Thron und die Erbfolge im Großherzogtum zu verzichten. Die großherzogliche Familie zog sich auf ihren Privatsitz Heinrichau in Schlesien zurück. Am 12. November, also drei Tage nach der Abdankung, wurde Sachsen-Weimar-Eisenach Freistaat.

Ordensrechtlich durfte Wilhelm Ernst seinen Hausorden vom Weißen Falken weiterführen, doch musste er die Aufwendungen dafür aus seinem Privatvermögen bestreiten, da der Staat, der den Orden mit getragen hatte, aufgelöst war. Die staatlichen Ehrenzeichen Sachsen-Weimars, die nicht an das Fürstenhaus gebunden waren, durfte der Großherzog überhaupt nicht mehr verleihen, worauf die Behörden des Freistaates in der Folgezeit des Öfteren hinweisen mussten.

Bereits unmittelbar nach dem Umsturz war den Personen, die an der Verleihung und Herstellung der Orden und Ehrenzeichen beteiligt waren, klar: Das Kapitel großherzoglich sächsischer Auszeichnungen ist abgeschlossen. Sie versuchten auf folgende Weise mit dieser Situation umzugehen:

Erstens: Die Orden und Ehrenzeichen, deren Verleihung bis dahin vorbereitet war, deren Diplome der Großherzog bereits unterzeichnet hatte und die bereits an die Truppe ausgeliefert waren, wurden größtenteils noch verliehen. Dafür spricht eine Anfang 1919 *aus dem Felde* eingehende Mitteilung, beim Infanterie-Regiment Nr. 94 befänden sich keine Auszeichnungen mehr, die zurückgeliefert werden könnten; eine beigefügte Liste übernommener und ausgegebener Orden und Ehrenzeichen belege das.

Zweitens: Das Staatsministerium des neuen Freistaates war energisch bestrebt, in Ordensdingen reinen Tisch zu machen. So besagt ein Schreiben dieses Ministeriums vom 29.11.1918, unterzeichnet vom bisherigen Ordenssekretär Dr. Ernst Wuttig und dem Registrator Dietzel: Der Firma Th. Müller wurde am 11.11. untersagt, weiterhin Orden und Ehrenzeichen herzustellen, sie wurde angewiesen, die Prägestempel für Orden und Ehrenzeichen zurückzuliefern; die Fa. Müller sagte zu, so zu verfahren, behielt sich jedoch die Ablieferung der Vorräte an Orden und Ehrenzeichen sowie der sich in Fertigung befindlichen Stücke vor; am 18.11. sind jedoch einige der von Müller fertig gestellten Stücke im Staatsministerium abgeliefert worden; diese könnten sämtlich aufgebraucht werden, würden die ausgesprochenen Verleihungen noch erledigt.[95]

Das Staatsministerium sichtete daraufhin die eigenen Bestände an Orden und Medaillen und listete sie auf. Dabei wurde die bisher übliche akribische Arbeit der Beamten – hier in Gestalt des beauftragten Registrators Dietzel – nahtlos fortgesetzt. In der Aufstellung waren

Der neue Reichsadler in der Weimarer Republik, Entwurf 1919 und modifizierte Variante zur Verwendung in Staatsflaggen des Reiches.

nicht nur die genauen Zahlen der noch vorhandenen Auszeichnungen vermerkt, sondern auch, ob sich diese *im Ordenskasten – Reisetasche* oder *im Ordensschrank* befanden. Die Anzahl der verbliebenen Orden sei hier summiert wiedergegeben:

	GK	GKSt.	KK	KSt.	RK I	RK II
A. Friedensauszeichnungen:	10	60	27	20	11	18*
B. Kriegsauszeichnungen **	2	2	4	6	14	84 .

* darunter 4 der alten Form   ** also sämtlich mit Schwertern

Das Staatsministerium bat das Hofmarschallamt bereits am 30.11.1918 darum, diese Orden sowie eine beträchtliche Anzahl ebenso spezifizierter Ehrenzeichen und fünf Bündel Akten, Ordensangelegenheiten betreffend, zu übernehmen. Die Akten sind folgenden Inhalts:

a) und b) *Höchsten Orts genehmigte*, fertig geschriebene und z. T. eingetragene Ordenssachen, die mangels Orden nicht abgeschickt werden konnten
c) daselbst genehmigte, aber noch nicht fertige Ordenssachen
d) Ordenssachen, die nicht mehr vorgetragen werden konnten
e) unerledigte Eingänge
f) aus dem Felde zurückgekehrte Ordenssachen.

Nach dem ersten Flaggengesetz in der Weimarer Republik vom September 1919: Staatsflagge und Flagge des Reichspräsidenten.

Herr Hofsekretär (diesen Titel benutzte man noch) Schnetter übernahmt am 11. Dezember die genannten Bestände zuzüglich zweier inzwischen zurückgegebener Orden (je ein Ritterkreuz 1. und 2. Abt.) sowie *eine an die 51. Reservedivision gerichtete und aus dem Felde zurückgekehrte Ordenssendung – uneröffnet.* Das heißt auch: Orden, deren Träger verstorben waren, wurden weiter an das Hofmarschallamt oder das Staatsministerium (die Ordenskanzlei) zurückgesandt.[96]
Drittens: Die Hersteller von Orden, Ehrenzeichen, Bändern und Etuis machten von sich aus Inventur und waren bemüht, ihre nun nicht mehr benötigten Produkte noch an den Mann zu bringen.
So wurde in der Fa. Müller Anfang Dezember 1918 eine Liste von fertigen und halbfertigen Orden und Ehrenzeichen aufgestellt, unter denen sich an Falkenorden befanden:

3 Großkreuzsterne ohne Schwerter	je 68.00 M.
1 Großkreuzstern mit Schwertern	96,50 M.
21 Medaillons	je 35.00 M.
10 Komturkreuze ohne Schwerter	je 105.00 M.
2 Komturkreuze mit Schwertern	je 124.50 M.
1 Komturstern ohne Schwerter	45.00 M.
2 Komtursterne mit Schwertern	je 64.50 M.
5 Medaillons	je 25.00 M.
5 Ritterkreuze 1. Abt. mit Schwertern	je 66.50 M.

Die Firma bot an, den ganzen Posten entweder für 6010.- Mark zu liefern oder ihn für 3200.- Mark *für Sammlungen und den Ersatz verlo-*

ren gegangener Stücke selbst zu übernehmen. Das Hofmarschallamt beschloss am 24.05.1919 den Ankauf des von Müller angebotenen Postens. Da sich die Zahl der fertig gestellten Orden und Ehrenzeichen inzwischen erhöht hatte und auch die Bezahlung der Prägestempel noch ausstand, überwies die Behörde der Firma nun 6348,- plus 2810.- Mark. Kurz darauf wurde die Lieferung bestätigt. Auch der Hoflieferant Hugo Werner, der bis dahin die Ordens- und Medaillenbänder geliefert hatte, versuchte zu seinem Geld zu kommen. In einem Schreiben vom 09.12.1918 *an die Ordenskommission des Hofmarschallamtes* stellte er fest: *Infolge des durch den Umsturz bedingten Ausfalles von Ordensverleihungen ist mein Lager in Ordensbändern völlig entwertet. Hierdurch entsteht mir großer Schaden...* Es folgte eine Aufstellung vorhandener Bänder für Orden und Ehrenzeichen von insgesamt 3487,40 m Länge in einem Wert von 20477,67 Mark; darüber hinaus seien noch 500 Schleifen für das Ehrenzeichen für Frauenverdienst im Kriege vorhanden.

Das Hofmarschallamt übernahm die Schleifen für 969,50 Mark, weigerte sich aber zunächst, den restlichen Schaden zu begleichen. Nach vielem Hin und Her bot die Behörde im September 1919 an, 2000.- Mark als Ausgleich zu zahlen. Werner protestierte und verlangte zumindest die Erstattung der Selbstkosten in Höhe von 11037,90 Mark. Am 20.10.1919 entschied das Finanzministerium des Freistaates: Werner erhielt 2000.- Mark, sonst nichts. Ein Rechtsanspruch der Firma bestehe nicht, W. habe während des Krieges mehr als üblich verdient; andere seien auch geschädigt worden, ohne abgefunden zu werden; Ordensbänder würden auch jetzt noch getragen und müssten erneuert werden; der Vorrat sei also nicht wertlos, er könne nur langsamer verkauft werden.[97]

Heinrichau/Schlesien, Schloss und Turm der Klosterkirche. Heutiger Zustand.

Die folgenden Jahre waren gekennzeichnet von Nachverleihungen für Kriegsverdienste, von neu verfügten Verleihungen, einschließlich solcher im Hause Sachsen-Weimar und von Vorgängen um Überlassung von Orden und Ehrenzeichen zu verschiedenen Zwecken.

Das Hofmarschallamt, das mindestens bis 1921 fortbestand, war weiter mit Ordenssachen des Großherzogtums befasst. Es kooperierte dazu mit dem inzwischen gebildeten Kabinettssekretariat des Großherzogs in Heinrichau. Dieses teilte dem Hofmarschallamt am 31.03.1919 mit, der Großherzog habe verfügt, dass künftig alle Ordensangelegenheiten dieses Kabinettssekretariat regelt.

Das bedeutete jedoch nicht, dass Weimarer Behörden ausgeschaltet werden konnten, war der Großherzog doch auf deren Hilfe angewiesen. Nur drei Gründe dafür seien genannt: Erstens – zur Zeit der erwähnten großherzoglichen Anordnung war das Hofmarschallamt

noch im Besitz des größten Teils der verbliebenen Orden und Ehrenzeichen – diese musste der Großherzog erst einmal haben, sollte sein
Sekretariat die Ordensdinge verwalten können; zweitens – auch auf
die Orden, die Hinterbliebene ehemaliger Träger an die Weimarer Behörden zurückgaben, wollte Wilhelm Ernst zurückgreifen; drittens –
dazu benötigte er vom Hofmarschallamt die Listen der Ordensverleihungen, vor allem die seit Erscheinen des letzten sachsen-weimarischen
Staatshandbuchs im Jahre 1913, damit die zurückzugebenden Ordenszeichen eingefordert werden konnten.

Das genannte Schreiben vom 31.03.1919 enthielt dann auch eine erste
Anforderung, nachdem Weimar offenbar die Überstellung des gesamten Bestandes an Orden und Ehrenzeichen angeboten hatte: Es
sollten zunächst die folgenden Kriegsauszeichnungen nach Heinrichau
gesandt werden: drei Großkreuze, fünf Ritterkreuze 1. Abt. und 20
Ritterkreuze 2. Abt. sowie eine beträchtliche Anzahl Ehrenzeichen,
darunter die *Wilhelm-Ernst-Kriegskreuze – sämtlichst.* Das Hofmarschallamt schickte daraufhin in einer Wertsendung zu 3000.- M: zwei
Komturkreuze, fünf Ritterkreuze 1. Abt., 20 Ritterkreuze 2. Abt., die
verlangten Mengen an Ehrenzeichen, darunter vier Wilhelm-Ernst-
Kriegskreuze, sowie acht Bündel Akten nach Schlesien. Die restlichen
Auszeichnungen wurden dem Kabinettssekretariat überstellt.

In einem Schreiben vom 16.02.1921 wandte sich das Kabinettssekretariat in Heinrichau an das Hofmarschallamt in Weimar, darin wurde
gebeten, die Listen mit den sachsen-weimarischen Ordensverleihungen
über die Angaben des Staatshandbuchs von 1913 hinaus nach Heinrichau zu senden. Der Grund ist oben genannt. Am 15.03.1921 wurde
der Eingang der Listen der verliehenen Orden und Ehrenzeichen vom
Kabinettssekretariat bestätigt.[98]

Die Ordensverleihungen nach dem 9. November 1918 sind also in drei
Kategorien zu teilen:

1. Nachverleihungen für Kriegsverdienst, die bereits davor verfügt,
ausgefertigt und unter den Jahreszahlen 1918 oder 1919 (ohne genaues
Datum der Verleihung) im Matrikelbuch registriert waren;

2. Verleihungen, die nach dem Umsturz zunächst durch den Großherzog, nach dessen Tode 1923 dann durch die Großherzogin vollzogen wurden; sie waren in den Dokumenten nicht lückenlos registriert,
umfassten jedoch insgesamt nur eine geringe Anzahl und währten von
1919 bis in die 40er Jahre,

3. Verleihungen im Hause Sachsen-Weimar-Eisenach bis 1951.

1918 erfolgten nur Nachverleihungen der ersten Kategorie.

Für 1919 sind nur zwei Verleihungen registriert: das Komturkreuz mit
Schwertern erhielt der kgl. preußische Major Dieterichs, Kommandeur des 1. Hessischen Infanterie-Regiments Nr. 97, das Ritterkreuz
1. Abteilung der kgl. sächsische Hofrat Richard Linnemann in Leipzig-
Gohlis. Von diesen Auszeichnungen ist unklar, ob sie der ersten oder
der zweiten Kategorie zuzuordnen sind.[99]

Falkenorden mit Schwer-
tern, Knopflochminiatur
der Berliner Firma
F. Sedlatzek, As. und Rs.

1920 wurde dann die größte Anzahl von Verleihungen für Auszeichnung im Kriege – mit Sicherheit der zweiten Kategorie zugehörig –
registriert; das sind:

fünf Ritterkreuze mit Schwertern an Offiziere des Heeres,
die Verleihung von zwei Ritterkreuzen 1. Abt. und acht Ritterkreuzen 2. Abt., alle mit Schwertern, an ehemalige Angehörige der Schutztruppe in Deutsch-Ostafrika, Südwestafrika und Kamerun,
die Verleihung von sechs Ritterkreuzen mit Schwertern an einen Marineoffizier, zwei Leutnante des Heeres, zwei Landwehroffiziere und einen Hauptmann aus dem 94er Regiment.[100]
1921 ist lediglich die Verleihung eines Ritterkreuzes 2. Abt. mit Schwertern an einen Leutnant a. D., gleichfalls aus dem früheren Inf.-Regiment 94, dokumentiert.
1922 wurden noch einmal ein Ritterkreuz 1. Abt. mit Schwertern an einen Fregattenkapitän und sieben Ritterkreuze 2. Abt. an Offiziere und Reserveoffiziere verliehen.[101]

Grabmal Wilhelm Ernsts von Sachsen-Weimar-Eisenach in Heinrichau/Schles.

Die Akten verzeichnen keine weiteren Verleihungen mehr, der Tod des Großherzogs im April 1923 mag hierfür ausschlaggebend gewesen sein. Dennoch ist belegt, dass weitere Verleihungen erfolgten, nunmehr verfügt von der Großherzogin Feodora.
Die erste Informationsquelle für Verleihungen in dieser Zeit sind Verleihungsurkunden und Besitzzeugnisse, die sich bis heute in privaten und öffentlichen Sammlungen befinden; unter diesen beispielsweise ein Besitzzeugnis vom 01.11.1929 für Otto Deichmüller, Kaltennordheim, über ein Ritterkreuz 1. Abt., ausgefertigt auf dem Kopfbogen des *Kabinettssekretariats Ihrer Königlichen Hoheit der Frau Großherzogin von Sachsen, Heinrichau, Bezirk Breslau,* unterzeichnet von W. Wolff, dem Generalbevollmächtigten der Großherzogin.
Die zweite Quelle sind Aussagen von Beliehenen. So erklärte Prinz Georg von Sachsen-Weimar-Eisenach, der bis zu seinem Tode 2011 unter dem Namen Jörg Brena in Süddeutschland lebte, seine Brüder und er hätten jeweils am Tage ihres 21. Geburtstages, aus der Hand ihrer Mutter, der Großherzogin, das Großkreuz des Falkenordens erhalten – sein ältester Bruder, Erbgroßherzog Carl August (vormals Wilhelm Ernst), am 28. Juli 1933, sein zweitältester Bruder, Prinz Bernhard Friedrich, am 3. März 1938 und er selbst am 24. November 1942. Die letzte ihm bekannte Verleihung im Hause Sachsen-Weimar sei 1951 erfolgt, nämlich die an die Erbgroßherzogin Elisabeth, geb. Freiin v. Wangenheim, die den Orden zur Hochzeit Otto v. Habsburgs erstmals getragen habe. Inzwischen sei sie im begnadeten Alter von 99 Jahren in München gestorben.

Familienfeier im Gobelin-
saal des Schlosses Heinrichau anlässlich der Taufe
Prinzessin Katharinas im
Februar 1944. Auf dem
Foto u. a.: die Eltern: Felici-
tas Katharina und Prinz
Bernhard Heinrich von
Sachsen-Weimar Eisenach
(vorn Mitte), Großherzogin
Feodora (rechts daneben),
Erbprinz Carl August,
vormals Wilhelm Ernst
(stehend in Uniform)
sowie Prinz Georg,
nachmals Jörg Brena
(stehend, 3. von rechts).

Überdies könne er sich erinnern, dass zwei enge Mitarbeiter der Groß-
herzogin mit dem Falkenorden geehrt wurden, das waren mit dem
Großkreuz: der Präsident der Vermögensverwaltung des Hauses und
Generaldirektor der großherzoglichen Güter in Schlesien W. Wolff
(1938), und mit dem Komturkreuz: der Geheime Hofrat Frank
(Datum unbekannt). Das Großkreuz erhielt noch im März 1943 Prinz
Emich von Salm-Horstmar.

Was den Ersatz verloren gegangener Ordenszeichen anlangt, gingen
beim Staatsministerium und beim Hofmarschallamt, später auch beim
Kabinettssekretariat ein knappes Dutzend Anträge ein, die allesamt
genehmigt wurden. Den Trägern wurden die entsprechenden Insignien gegen Erstattung der Kosten zugesandt.

Da zugleich Gesuche von Museen um Überlassung großherzoglicher
Orden und Ehrenzeichen eintrafen, forderte das Hofmarschallamt
noch einmal eine aktuelle Preisliste von der Firma Th. Müller an, die
diese auch umgehend lieferte (26.02.1919). Sie umfasste 36 Positionen Orden und Ehrenzeichen sowie sechs Positionen Bänder. Für den
Falkenorden wurden die folgenden Preise (in Mark) mitgeteilt:

Klasse des Falkenordens	Orden	Schwerter	Etuis
Großkreuzstern, alte Form*	68,00	28,50	4,50
dsgl. neue Form**	60,00	28,50	4,50
Komturkreuz	105,00	14,50	2,70
Ritterkreuz 1. Abteilung	54,00	12,50	1,80
Ritterkreuz 2. Abteilung	35,00	4,00	1,80

* gewöhnliche Form   ** Form für allgemeine Verdienste

Ferner galten diese Preise: für GK- und K-Band   19.00 M. je m,
für Ritterkreuzband   5,50 M. je m.

Zu denen, die um die Überlassung von Orden und Ehrenzeichen ein-
kamen, gehörten die folgenden Museen:
Das Vaterländische Museum in Celle. Es teilte am 14.02.1919 mit, dass
im Anschluss an das bestehende Museum ein Deutsches Ordensmu-
seum geschaffen werden solle und bat um Unterstützung des Vorha-
bens durch Übersendung je eines Ordens- bzw. Ehrenzeichens in jeder
Klasse mit entsprechendem Zubehör (Bänder, Etuis, Drucksachen).
Ferner bat das Museum um Zusendung von Exemplaren aller noch
vorhandenen älteren Formen dieser erloschenen Auszeichnungen. Um
seinem Anliegen Nachdruck zu verleihen, fügte das Museum ein un-
terstützendes Schreiben des dortigen *Arbeiter- und- Soldatenrates* bei.
Am 06.03. wurde dem Museum aus Weimar eine Liste verfügbarer
Auszeichnungen mit den entsprechenden Preisen übersandt. Am
12.04. antwortete das Museum, es verfüge nicht über die zu einem Ankauf nötigen Mittel und bäte um kostenlose Überlassung. Am 18.04.
erging die abschlägige Mitteilung der Ordensbehörde.
Das Städtische Museum in Langensalza. Es ersuchte im März 1919 um
die *schenkungsweise Überlassung* eines Falkenordens mit Schwertern
sowie einiger Ehrenzeichen, darunter des Wilhelm-Ernst-Kriegskreuzes. Der Antrag wurde von Weimar nach Heinrichau gesandt, der
Großherzog lehnte jedoch ab, eine Überlassung sei nur gegen Bezahlung der Stücke möglich.
Das Museum in Altenburg. Nach entsprechendem Angebot aus Weimar bat es im März 1919 um Zusendung eines Ritterkreuzes 2. Abteilung des Falkenordens mit Schwertern sowie von neun Ehrenzeichen
per Nachnahme. Die Sendung erfolgte, der Zahlungsbetrag ging am
14. April in Weimar ein.[102]

FAZIT

Der sachsen-weimarische Orden der Wachsamkeit oder vom Weißen
Falken berührt uns Menschen des 21. Jahrhunderts noch immer auf
vielfältige Weise.
In Thüringen leben noch die Nachkommen von Ordensträgern, die
die Ordenszeichen ihrer Vorfahren – nicht selten mit den dazu gehörenden Verleihungsdiplomen – als Stücke ihres eigenen materiellen
und geistigen Erbes aufbewahren. Und es ist denkbar, dass sie mehr

Ausstellung von Orden
und Ehrenzeichen der
thüringischen Staaten,
darunter zahlreiche
Exponate zum Groß-
herzogtum Sachsen-
Weimar-Eisenach,
anlässlich der Jahrestagung
der Deutschen Gesellschaft
für Ordenskunde 2008 im
Altenburger Residenz-
schloss.

Freude an den bewahrten Kleinoden haben als diejenigen, die sie ir-
gendwann einmal veräußert haben, am erlösten Geld.
Ein Mann, bis vor kurzem im Schwarzwald zu Hause, hat – wie erwähnt – vor nunmehr sieben Jahrzehnten als Prinz Georg das Großkreuz aus den Händen seiner Mutter, der Großherzogin von Sachsen,
Feodora, erhalten. Er ist der einzige männliche Träger des Falkenordens, der am Beginn des 21. Jahrhunderts noch unter uns weilte. Er
bewahrte das Kreuz in einem besonderen Schrank auf, betrachtete es
von Zeit zu Zeit und nahm es in die Hand. Was mag ihm dabei durch
den Kopf gegangen sein? Wer weiß. Fest steht: Mildtätigkeit und
Nächstenliebe, die zu üben von den Ordensrittern gefordert waren,
gehörten stets auch zu den Maximen seines eigenen Lebens.
Falkenorden befinden sich zahlreich in Privatsammlungen. Das sind
die immer noch häufigen – und damit relativ preiswerten – silbervergoldeten Ritterkreuze 2. Abteilung mit Schwertern aus dem Ersten
Weltkrieg, das sind die hochwertigen goldenen Stücke, auch höherer
Klassen oder seltener Typen, mit Bändern und Etuis, Verleihungsdiplomen und Übersendungsschreiben. Die Sammler achten sie als Sach-
zeugen vergangener Zeiten, als Gegenstände vorzüglicher kunsthandwerklicher Gestaltung und als Wertgegenstände. Und wenn diese
Sammler nicht mehr sein werden, werden sich neue Besitzer an den
Orden erfreuen.
Auch historische Museen und Gedenkstätten bewahren Falkenorden
auf: die Klassik Stiftung Weimar und das Deutsche Historische Mu-
seum Berlin, die Burg Hohenzollern/Hechingen und die Bismarck-
Gedenkstätte in Friedrichsruh, das Militärhistorische Museum der
Bundeswehr und das Münzkabinett in Dresden. Oft geschieht das in
größerem Maße, als man gemeinhin annimmt, da längst nicht aller
Museumsbesitz ständig gezeigt wird.

Im Dresdner Albertinum war 1997/1998 eine Ausstellung sächsischer Orden und Ehrenzeichen zu bewundern, auch großherzoglich sächsischer. Sie gewährte den Besuchern einen Einblick in die Geschichte der präsentierten Auszeichnungen und bot ihnen eine beträchtliche Zahl prachtvoller und z. T. höchst seltener Exemplare dar. Die Ausstellung konnte in dieser Qualität nur zustande kommen, weil der Veranstalter, das Dresdner Münzkabinett, sowohl Stücke aus Museumsbesitz wie auch aus Privatsammlungen zusammengeführt und gezeigt hat.

Das Schlossmuseum in Altenburg/Thüringen hat im Zusammenwirken mit Mitgliedern der Deutschen Gesellschaft für Ordenskunde e. V. im Jahre 2010 eine wissenschaftlich höchst fundierte Ausstellung von Orden und Ehrenzeichen vormals Thüringer Staaten dargeboten, darunter auch solche des sächsischen Großherzogtums; diese Ausstellung war über Monate zu sehen und hervorragend besucht.

In beiden Fällen ist es zu einer schönen, nützlichen Kooperation zwischen öffentlichen und privaten Sammlern gekommen, die sich nicht selten rivalisierend gegenüberstehen, oft aber auch zu Unrecht auseinanderdividiert werden.

Allen Bewahrern solchen historischen Gutes wird es endlich zu danken sein, wenn künftig interessierte Zeitgenossen auch in hundert Jahren noch Falkenorden in ihrer realen Gestalt betrachten und – im wahrsten Wortsinn – auch begreifen können.

DER FALKENORDEN IM ÜBERBLICK

DER HERZOGLICHE HAUSRITTERORDEN DE LA VIGILANCE ODER VOM WEISSEN FALKEN

O. 1   Ordenskreuz, Gold, Brillanten, Email

DER GROSSHERZOGLICHE HAUSORDEN DER WACHSAMKEIT ODER VOM WEISSEN FALKEN

Großkreuz
O. 2.1   GK für Fürstlichkeiten, zivile Variante, Go., Em.
O. 2.2   GK für Fürstlichkeiten, militärische Variante, Go., Em.
O. 2.3   GK für Fürstlichkeiten, militärische Variante mit Schwertern, Go., Em.
O. 2.4   GK, zivile Variante, Go., Em.
O. 2.5   GK mit Schwertern, Go., Em.
O. 2.6   GK, militärische Variante, Go., Em.
O. 2.7   GK, militärische Variante mit Schwertern, Go., Em.
O. 2.8   GK für allgemeine Verdienste, Go., Em.
O. 3.1   GKSt., gestickt, Gold- und Silberlamé
O. 3.2   GKSt. mit Brillanten, Si, Aufl. Go., Brillanten, Em.
O. 3.3   GKSt. f. Fürstlichkeiten, brillantiert, Si, Aufl. Go., Em.
O. 3.4   GKSt., Si, Auflagen Go., Em.
O. 3.5   GKSt. mit Schwertern, Si, Auflagen Go., Em.
O. 3.6   GKSt. für allgem. Verdienste, Si, Auflagen Go., Em.

Komtur
O. 4.1   KKr., zivile Variante, Go., Em.
O. 4.2   KKr., militärische Variante, Go., Em.
O. 4.3   KKr., militärische Variante mit Schwertern, Go., Em.
O. 4.4   KKr. mit Schwertern, Go., Em.
O. 4.5   KKr. für allgemeine Verdienste, Go., Em.
O. 5.1   KSt., gestickt, Gold- und Silberlamé
O. 5.2   KSt., Si, Auflagen Go., Em.
O. 5.3   KSt., mit Schwertern, Si, Auflagen Go., Em.

Ritterkreuz 1. Abteilung
O. 6.1.1   RKr. I, zivile Variante, Go., Em.
O. 6.1.2   RKr. I, zivile Variante, Si. vg., Em.
O. 6.2   RKr. I, militärische Variante, Go., Em.
O. 6.3   RKr. I, militärische Variante, mit Schwertern, Go., Em.
O. 6.4.1   RKr. I, mit Schwertern, Go., Em.
O. 6.4.2   RKr. I, mit Schwertern, Si. vg., Em.
O. 6.5   RKr. I, für allgemeine Verdienste, Go., Em.

Ritterkreuz 2. Abteilung
O. 7.1   RKr. II mit den Initialen CF, Si., Go., Em.
O. 7.2   RKr. II mit den Initialen CA, Si., Go., Em.
O. 7.3   RKr. II mit den Initialen CA mit Schwertern, Si., Go., Em.
O. 7.4   RKr. II mit den Initialen WE, Si., Go., Em.
O. 7.5   RKr. II mit den Initialen WE m. Schwertern, Si., Go., Em.
O. 7.6   RKr. II neuen Typs, Si., Em.
O. 7.7   RKr. II neuen Typs mit Schwertern, Si., Em.

Anmerkungen zum Kapitel DIE ORDEN

[1] Ackermann, Gustav Adolph: Ordensbuch sämmtlicher in Europa blühender und erloschener Orden und Ehren zeichen. Annaberg 1855. S. 76/77 und 200/201.

[2] Altes Testament, 2. Buch Mose/Exodus Kap. 21 oder: Der kleine Katechismus des D. M. Luther, das 2. der 10 Gebote.

[3] Biedenfeld, Ferdinand Frhr. v.: Geschichte und Verfassung aller geistlichen und weltlichen erloschenen und blühenden Ritterorden. Weimar 1841. Bd. 1, S. 139.

[4] Zitiert nach Biedenfeld, a. a. O., S. 139 ff.

[5] Zitiert nach Biedenfeld, a. a. O., S. 146 f.

[6] Biedenfeld, a. a. O.

[7] Der Fruchtbringenden Gesellschaft geöffneter Erzschrein, das Köthener Gesellschaftsbuch Fürst Ludwigs I. von Anhalt Köthen 1617–1650. Hg. v. K. Conermann. Weinheim 1985. Reprint.

[8] Stiftungsbrief und Ordensritter zitiert nach: Urkunden zum Leben J. Ernsts des jüng., Herzogs zu Weimar...

[9] Zitiert nach: Gottschalg, Johann Gottlieb: Geschichte des herzoglichen Fürstenhauses Sachsen-Weimar und Eisenach. Weißenfels und Leipzig 1797. S. 87.

[10] Wette, Gottfried Albin de: Kurzgefaßte Lebensgeschichte der Herzoge zu Sachsen-Weimar. 1770. S. 255.

[11] Zedler, Joh. Heinr.: Großes vollständiges Universal-Lexikon, Bd. 56, Sp. 1203. Leipzig u. Halle 1748.

[12] Zeitgenöss. Statutendruck o. O. und o. J.

[13] Allgemeine Thüringische Landeszeitung Deutschland v. 25.08.1932.

[14] Geschichte des jüngst verstorbenen Hertzogs von Sachsen-Weimar und Eisenach, Ernst Augusts. Erfurt 1749. S. 105.

[15] Ebenda, S. 110.

[16] Weimarisches Wochenblatt, Nr. 31 vom 18.04.1807.

[17] Nach der letzten bekannten Liste der Ordensmitglieder von 1788 sowie versch. Jahrgängen des *Hochfürstl. SachsenWeimar= und Eisenachischen Hof= und AdreßCalenders* zwischen 1757 und 1808. Weimar, Hof-Buchdruckerey.

[18] Das Falkenbuch Kaiser Friedrichs II. Nach der Prachthandschrift in der Vatikanischen Bibliothek. 7. Aufl. Dortmund 1991.

[19] Knortz, K., Die Vögel in Geschichte, Sage, Brauch und Literatur. München 1913. S. 273.

[20] Carolo d`Arcusia de Capre: Falconaria etc, Frankfurt am Mayn MDCXVII, p. 48 f., m. Abb. Nach: Fotomechanischer Neudruck. Leipzig 1974.

[21] Vgl.: Theodor Mebs: Greifvögel Europas und die Grundzüge der Falknerei. Stuttgart 1964. S. 64 f. – sow. Heinzel, Fitter, Parslow: Pareys Vogelbuch. Hamburg und Berlin 1972. S. 90 f.

[22] Ackermann, G. A., a. a. O. S. 77.

[23] Klaus H. Feder: Ein barocker Damenorden am Fürstenhof zu Weimar. In: *Militaria*. 26. Jg., Heft 6, Nov./Dez. 2007.

[24] Lyncker, S. 13 f.

[25] Weimar, Lexikon zur Stadtgeschichte, a. a. O. S. 282.

[26] Valmy, Marcel, Die Freimaurer. München 1988. S. 52 f.

[27] Lyncker, a. a. O. S. 14.

[28] Egloffstein, Hermann Frhr. v.: Carl August auf dem Wiener Kongreß. Jena 1915. S. VII.

[29] Egloffstein, a. a. O. S 142.

[30] Belegt in einem Schreiben Carl Augusts an des Landgrafs Prinzen Christian zu Hessen-Darmstadt, aufbewahrt im dortigen Hessischen Staatsarchiv.

[31] Statutendruck, Weimar, Hof-Buchdruckerei, o. J [1815].

[32] Rotteck, C. v. und C. Welcker: Staats-Lexikon oder Encyklopädie der Staatswissenschaften. 12. Bd. Altona 1841. S. 13 ff.

[53] Weimarisches offizielles Wochenblatt auf das Jahr 1816. Nr. 11, vom 06.02.1816.

[34] Der Terminus *Ritter* ist zu jener Zeit nicht auf die Träger der Ritterkreuze beschränkt.

[35] Pfannenberg, L. v., Geschichte des Infanterie-Regimentes *Großherzog von Sachsen* (5. Thüringisches) Nr. 94. Berlin 1912. S. 167 f.

[36] ThHStAW, Akten des HMA 2909.

[37] Goethes Werke, *Weimarer Ausgabe,* 36. Band. Weimar 1893.

[38] Briefwechsel Goethes mit Voigt, Bd. IV. Weimar (Böhlau), 1962. S. 192 f.

[39] Steiger, R. und A. Reimann, Goethes Leben von Tag zu Tag. Eine dokumentarische Chronik. Zürich und München 1993. S. 322: Mittwoch, 31. Januar 1816.

[40] Goethes Werke, *Weimarer Ausgabe*, 34. Bd., 1. Abt. Weimar 1902. S. 147 f.

[41] Goethes Leben von Tag zu Tag, a. a. O., S. 322, Notiz zum 01.02.1816. Und: Scheffler, Wolfgang: Goldschmiede Hessens. Daten, Werke, Zeichen. Berlin, New York, 1976. S. 509 f. Sowie: Herfurth: Ordenshersteller, S. 79 ff.

[42] Ghzgl. Sachsen-Weimar-Eisenachisches Hof- und Staats-Handbuch a. d. J. 1819. Weimar o. J.

[43] Müller, Friedrich v.: Erinnerungen aus den Kriegszeiten 1806–1813. Hamburg 1913. S. 178 f.

[44] Staatshandbücher des Ghzt. Sachsen-Weimar-Eisenach für 1823 und 1827.

[45] Staatshandbücher des Ghzt. Sachsen-Weimar-Eisenach für 1823, 1827 u. 1830.

[46] Nach: Gustav Andreas Tammann, Die Orden Goethes. In: Orden-Militaria-Magazin, 2/1982, S. 28 ff.

[47] Staatshandbuch des Ghzt. Sachsen-Weimar-Eisenach für 1830. Weimar o. J.

[48] ThHStAW, Akten des HMA 2916 a.

[49] Sonderdruck der Statuten des Großherzoglich Sachsen-Weimarischen Hausordens der Wachsamkeit oder vom Weißen Falken. Weimar 1840/1842.

[50] Zitiert nach einem Artikel zum 150. Todestag Röhrs *Im Geist der Vernunft und Sittlichkeit,* in der Ev. Wochenzeitung für Thüringen *Glaube und Heimat* vom 21.06.1998. S. a.: Hansche, Erhardt: D. Johann Friedrich Röhr. Ein Streiter für evangelische Wahrheit und einen vernunftgemäßen tätigen Glauben. 3. Aufl. Berlin 1999.

[51] S. a.: Herfurth, Klauß: Weiße Falken.

[52] Staatshandbuch für das Ghzt. Sachsen-Weimar-Eisenach 1855. Weimar o. J.

[53] ThHStAW , HMA 2909.

[54] S. a.: Herfurth, Dietrich: Die Hersteller des ghzgl. sächs. Ordens der Wachsamkeit oder vom Weißen Falken. In: *Orden und Ehrenzeichen*, Jahrbuch 2003. S. 79 ff.

[55] ThHStAW, Akten des HMA Nr. 2916 a.

[56] Ebenda, HMA Nr. 2912.

[57] Statutendruck der Weimarer Hof-Buchdruckerei. Weimar o. J.

[58] Staatshandbuch für das Ghzt. Sachsen-Weimar-Eisenach 1874. Weimar 1874. S. 58.

[59] Gritzner, Maximilian: Handbuch der Damen-Stifter. Frankfurt/M. 1893. S. 80 ff. und Tafel VI, Nr. 39.

[60] Statutendruck der Weimarer Hof-Buchdruckerei. S. 14 f.

[61] Staatshandbuch für das Ghzt. Sachsen-Weimar Eisenach 1874. Weimar 1874.

[62] Herfurth, Klauß: Weiße Falken in Weimar.

[63] Staatshandbuch, a. a. O.

[64] Franke, O.: Das 5. Thüringische Infanterie-Regiment Nr. 94 *Großherzog von Sachsen* im Kriege gegen Frankreich 1870–1871. Weimar 1872. S. 356.

[65] Statutendruck der Weimarer Hof-Buchdruckerei. S. 16 f.

[66] Ebenda.

[67] Da dieses Kreuz jedoch als Ehrenzeichen klassifiziert werden muss, wird es ausführlicher im Ehrenzeichenteil besprochen und abgebildet.

[68] ThHStAW, Akten des HMA 2909.

[69] Adressbücher der Haupt- und Residenzstadt Weimar, versch. Jgg.

[70] Statutendruck der Weimarer Hof-Buchdruckerei.

[71] S. a.: Schriftenreihe *Museum*. Ernst-Haeckel-Haus der Universität Jena. Braunschweig 1990.

[72] Staatshandbuch für das Ghzt. Sachsen-Weimar-Eisenach 1891. Weimar 1891.

[73] ThHStAW, Akten des HMA von 1891, 1189.

[74] Ebenda, HMA 2909.

[75] *Adreß=Buch der Ghzgl. Haupt- und Residenzstadt Weimar.* Jg. 1889.

[76] Statutendruck der Hof-Buchdruckerei. Weimar o. J. S. 20 f.

[77] ThHStAW, Akten des HMA 2909.

[78] Bojanowski, Paul v.: Hundert und vierzig Jahre Weimarischer Geschichte in Medaillen (1756–1898). Weimar 1889.

[79] ThHStAW, Akten des HMA 2909.

[80] Staatshandbuch für das Ghzt. Sachsen-Weimar-Eisenach 1900. Weimar o. J.

[81] S. a. Kapitel Ehrenzeichen.

[82] Statutendruck der Hof-Buchdruckerei, Weimar o. J.

[83] ThHStAW, Akten des HMA 2912.

[84] Die Jahresschritte ergeben sich aus dem Erscheinungsrhythmus der ghzl. Staatshandbücher.

[85] Staatshandbücher für die Jahre 1900, 1909 und 1913.

[86] ThHStAW, Akten des HMA 2957 a.

[87] S. Anm. 77.

[88] Thüringische Allgemeine Zeitung vom Jg. 1912.

[89] Alle Angaben nach ThHStAW, Akten des HMA 2909.

[90] Alle Angaben nach: ThHStAW, Akten des HMA 2957a. Zur Ergänzung wurden außerdem die Angaben von R. Lundström und D. Krause herangezogen. S.: Verleihungen von militärischen Orden und Ehrenzeichen im Großherzogtum Sachsen(-Weimar) im Ersten Weltkrieg 1914–1918. Konstanz 2008.

[91] ThHStAW, Akten des HMA 2887.

[92] Adressbuch für die Grhzgl. Haupt- und Residenzstadt Weimar, 1916.

[93] Angaben über Verdienstkreuze mit Schwertern und Schwerterspangen der Medaillen des Allgemeinen Ehrenzeichens – a. a. O.

[94] ThHStAW, Akten des HMA 2909.

[95] Ebenda.

[96] Alle Angaben nach ThHStAW, Akten des HMA 2888.

[97] Ebenda, 2910.

[98] Ebenda, 2888.

[99] Ebenda, 2957a.

[100] Ebenda, 2957 d und e.

[101] Ebenda, 2957 f.

[102] Ebenda, 2910.

DIE EHRENZEICHEN

Von Jürgen Klee

Einführung

Dem Leser, insbesondere dem Ordenskundler und dem Medaillenfreund, sind bereits Aufstellungen der sachsen-weimarischen Medaillen, Schnallen und Kreuze zugänglich, soweit diese vom Souverän gestiftet und verliehen wurden, z. Teil auch mit skizzenhaften Annotationen über Stiftung, Verleihungsbedingungen und Verleihungszahlen, Gestalt und Maße der Ehrenzeichen, zum großen Teil auch deren Abbildung, zu allermeist jedoch nur in Schwarz-Weiß. Die wichtigsten derartigen Werke, auf die der Interessent bis heute für gewöhnlich zurückgreift, sind: der Hessenthal/Schreiber[1] (Abb. des Titelblattes s. unten.), Nimmerguts Handbuch Deutsche Orden und Ehrenzeichen[2] und der OEK desselben Autors.[3] (Abb. der Covergestaltungen desgl.) Die ersten beiden Werke mit ausführlicheren Sachangaben, das dritte – jeweils auf dem neuesten Kenntnisstand und mit aktuellen Preisen für die Ehrenzeichen – gehörten bisher zu den relativ leicht verfügbaren Quellen der Phaleristiker, wenn sie etwas über sachsen-weimarische Ehrenzeichen wissen wollten. Spezialwerke vor allem über Weimarer Medaillen des 18. und 19. Jahrhunderts ergänzen dieses Wissensarsenal.

Mit dem hier vorliegenden Kapitel über die Ehrenzeichen des Großherzogtums wird nun versucht, erstmals umfassend über die (vorwiegend tragbaren) staatlichen Auszeichnungen Sachsen-Weimar-Eisenachs zu informieren und sie in farbigen Bildern darzubieten – und zwar so komplett wie derzeit möglich, nach sorgfältiger Archivarbeit, wie sie zu sachsen-weimarischen Auszeichnungen noch nicht geleistet worden ist. Informationen über Stiftungen, Verleihungsanlässe, Persönlichkeiten, die mit solchen Distinktionen geehrt wurden, Bezüge zu anderen – insbesondere deutschen – Auszeichnungen ähnlicher Art u. v. a. m. werden das unbedingt Notwendige an Mitteilung ergänzen. So wird dieser Teil des Buches auch für diejenigen von Gewinn sein, die sich *nur* allgemein für Weimar, das Weimarer Land oder Thüringen interessieren.

Und sie werden am praktischen Beispiel erfahren: Das sächsische Großherzogtum hat bemerkenswerte Leistungen bei der Stiftung und Vergabe seiner Ehrenzeichen aufzuweisen.

Nicht nur, dass es Treue und Verdienst um Land und Fürsten, Mannesmut und Disziplin, Strebsamkeit und Fleiß durch derlei Auszeichnungen würdigte, es förderte mit ihnen gleichermaßen Gemeinsinn, Bürgernähe und humanitäres Wirken wie auch die wissenschaftlichen und künstlerischen Bemühungen der Geehrten.

Die Systematik der Darstellung folgt nicht der bisherigen Praxis in den genannten und anderen Abhandlungen, sondern die Ehrenzeichen werden chronologisch nach ihrer Stiftung und Verleihungszeit dargeboten – grob gegliedert in fünf Kapitel nach ihren Stiftern/Verleihenden – Herzog Carl August sowie den Großherzögen Carl August, Carl Friedrich, Carl Alexander und Wilhelm Ernst.

Die verzeichneten Maße und Gewichte der Kreuze und Medaillen können nicht absolut angegeben werden. In zum Teil langen Verleihungs- und Herstellungszeiten wandelten sich die Fertigungsbedingungen. Neben Unterschieden auf Grund der Verwendung neuer Prägewerkzeuge sind auch zeitlich bedingte Unterschiede in der Stärke der ausgeprägten Medaillen feststellbar. Hinzu kommt, dass einige Medaillen dem Beliehenen zum Teil ohne Trageöse und ohne Bandring übergeben wurden und – so dieser die Genehmigung zum Tragen zugesprochen bekam – er die Ösen in eigener Regie anbringen lassen musste. Die Folge waren unterschiedlich geformte Ösen und deren Anbringung z. T. mit gesonderten Metallstreifen, mit unterschiedlich großen und starken Bandringen und damit unterschiedlichen Maßen und Gewichten.

So war die Beschränkung auf Durchschnittsangaben unumgänglich, und zwar ohne das jedesmalige *Cirka* vor die Zahlenangaben zu setzen. Bei schwer zugänglichen Stücken, die die Autoren des Buches nicht selbst vermessen und wiegen konnten, wurden – nach allen quellenkritischen Regeln – zuweilen auch Angaben aus der seriösen Ehrenzeichenliteratur, dem Internet oder den Auktions- und Verkaufskatalogen entnommen. Die Ehrenzeichen sind in der Regel im Maßstab 1:1 abgebildet.

Für die Bänder, an denen die Dekorationen getragen wurden, sind z. T. die Breiten wie auch die Farben der Mittel- und Seitenstreifen angegeben. Die feinen schwarzen oder gelben Bordierungen, welche die Farbstreifen häufig begrenzen, werden im Text jedoch nicht extra erwähnt, sind aber aus den Abbildungen zu ersehen.

Etuis und Urkunden zu den Kreuzen, Medaillen und Schnallen sind zumeist einheitlich für das jeweilige Ehrenzeichen hergestellt bzw. nach amtlich bestätigten Mustern ausgefertigt worden. Nur in Kriegszeiten und nach dem Ende der Monarchie wurden auch formlose Besitzzeugnisse und Bescheinigungen vergeben. Die offiziellen Urkunden trugen in der Regel das Siegel und die Unterschrift des Großherzogs und waren vom Ordenskanzler gezeichnet, nicht selten begleitet vom Zeichen des Sekretärs. Die Verleihung eines Ehrenzeichens mit einem großherzoglichen Handschreiben galt als besondere Gunsterweisung.

Auch für das Ehrenzeichenkapitel gilt, was in der generellen Einführung am Beginn diese Buches bereits ausführlich begründet wurde: Aufgrund der Konzeption und des Umfangs des Werkes war es unmöglich, alle vorzeigbaren Varianten der Ehrenzeichen zu erwähnen und bildlich darzustellen. Insbesondere wegen fehlender oder lückenhafter historischer Quellen konnten beispielsweise auch die Verleihungszahlen z. T. nicht bis auf das Stück genau ermittelt und präsentiert werden. Wenngleich auch das vorliegende Kapitel nur eine Momentaufnahme des gegenwärtigen Kenntnisstandes darstellt, waren die Autoren bemüht, verglichen mit anderen Publikationen die bisher umfangreichste Arbeit zum Thema mit den zuverlässigsten Angaben vorzulegen.

DIE UNTER HERZOG CARL AUGUST (1782–1815) AUSGEGEBENEN PREISMEDAILLEN DER ZEICHENSCHULEN

0.1   Die Preismedaille 1782 mit dem Bildnis Carl Augusts
       Rs. Allegorie des Fleißes / IN HOFFNUNG DER ZUKUNFT
       Silberne Medaille, nt.
0.2   Die Preismedaille 1782 mit dem Bildnis Carl Augusts
       Rs. FÄHIGEN UND FLEISSIGEN
0.2.1 Goldene Medaille (ab 1784), nt.
0.2.2 Silberne Medaille, nt.
0.3   Die Preismedaille 1782 mit der Allegorie des Fleißes
       Rs. FÄHIGEN UND FLEISSIGEN
       Silberne Medaille, nt.
0.4   Die Schulprämienmedaille von D. Loos, um 1800
       Bienenkorb und Umschrift SICH UND ANDEREN NÜTZLICH
       Rs.: Inschrift ZUR NACHAHMUNG
0.4.1 Goldene Medaille, nt.
0.4.2 Silberne Medaille, nt.

Die hier beschriebenen Preismedaillen waren Belohnungen für gute Leistungen in der Weimarer, Jenaer und Eisenacher Zeichenschule und sollten als Ansporn dienen, sich in seinen künstlerischen und handwerklichen Fähigkeiten stetig weiter zu entwickeln. Sie waren, streng genommen, nicht das, was man heute *staatliche Auszeichnungen* nennt. Neben den Lehrern oblag es dem Herzog, die talentiertesten Schüler für besonders gelungene Arbeiten auszuzeichnen. Die jährlichen Ausstellungen der Zeichenschule boten dafür die passende Gelegenheit. Später entwickelte man aus der 1816 gestifteten Zivilverdienstmedaille zwei besondere Arten, die ausschließlich zur Vergabe an den Zeichenschulen vorgesehen waren. Neben diesen Medaillen vergab man auch Exemplare, die als Gelegenheitsmedaillen mit verschiedenen Sinnsprüchen käuflich erworben werden konnten.
Erste Vorschläge zur Gründung einer Zeichenschule gehen auf Friedrich Justin Bertuch (1747–1822) zurück, der im August 1774, wohl auf Anregung der regierenden Herzogin Anna Amalia, einen Entwurf zur Gründung einer *freien Zeichenschule* vorlegte. Nach Bertuch war eine freie Zeichenschule *fast die einzige Quelle, woraus die Verbesserung der Künstler und Handwerker in einem Lande abzuleiten ist. Der Handwerker wird alsdann vollkommen, wenn er gute Arbeit in schönen Formen abliefert. Wie aber soll er schöne Formen liefern, wenn er selbst nicht zeichnen kann und nicht den mindesten Begriff davon hat, was schön oder nicht schön ist? [...] Dies wäre der Hauptzweck einer freien Zeichenschule; wichtig genug, in Betracht gezogen zu werden.*
Der Besuch der Kurse der Zeichenschule sollte somit auch den handwerklich Tätigen zu einer allgemeinen Verbesserung der Qualität befähigen und zur Schärfung ihres ästhetischen Empfindens bei der Gestaltung und Ausführung von Gütern beitragen.

Bertuch weiter: *Ein anderer und nicht geringer Nebenvorteil wäre der,
welchen sie Vätern und Müttern in der Stadt verschaffte, ihre Kinder
von der frühesten Jugend an in die Zeichenschule zu schicken und ihre
Talente entwickeln zu lassen – wenn man anders den Unterricht im
Zeichnen einer guten Erziehung nicht für überflüssig halten will. Wie
mancher junge Mensch würde dann vielleicht ein guter Künstler um dem
Staate ein brauchbarer Mann werden, der itzt aus Mißverstand seiner
wahren Bestimmung oder Mangel der Gelegenheit zu seiner Bildung ein
höchst mittelmäßiger sogenannter Gelehrter und dem Staate oder Fürsten, der ihn ernähren soll, eine Last wird.*

Goethe, dem ab 1815 unter dem Dach der *Oberaufsicht über die unmittelbaren Anstalten für Wissenschaft und Kunst in Weimar und Jena,*
auch die Direktion der Zeichenschule unterstand, beschrieb das Ziel
des Instituts dahingehend, *daß die Handwerker überhaupt im Zeichnen
mit einiger Sorgfalt unterrichtet werden, ...damit das Schiefe, Krumme
in dem Auge selbst weh täte und sie das Unschickliche, Abgeschmackte
hassen lernten.*[4]

In den verschiedenen Klassen der Zeichenschule wurde neben Zeichnen, Kupferstichkunde, Baulehre auch Mathematik und Altertums-
kunde gelehrt. Der Besuch der Kurse, die nach Alter und Fertigkeiten
getrennt waren, war kostenlos und sollte Schüler beiderlei Geschlechts
und aus allen Klassen und Ständen zusammenführen. Nach Gründung
der ersten Klassen begann in Weimar 1776 unter den Lehrern Georg
Melchior Kraus und zeitweise auch von Adam Friedrich Oeser die Un-
terrichtung der ersten Schüler.[5]

Die Zeichenschule sollte nicht im Stillen wirken, und so fand erstmals
am Geburtstag Herzog Carl Augusts am 3. September 1779 eine öffentliche Ausstellung in Weimar mit Werken der Schüler statt. Seine
Eindrücke beschreibt Goethe in einem Brief vom 4. September an
Charlotte von Stein: *Es ist schade, daß Sie nicht zugegen waren und die
Ausstellung unsres kleinen Anfangs sahen. Jedermann hatte doch auf seine
Art Freude daran, und es ist gewiß die unschuldigste Art der Aufmunte-
rung, wenn doch jeder weiß, daß alle Jahre einmal öffentlich auf das, was
er im Stillen gearbeitet hat reflektiert und sein Name in Ehren genannt
wird. Übrigens haben wir's ohne Sang und Klang und Prunk auf die gewöhnliche Weise gemacht. Den Herzog hat's vergnügt, daß er doch einmal was gesehn hat, das unter seinem Schatten gedeiht, und das ihm
Leute dafür danken, daß er ihnen zum Guten Gelegenheit gibt.*[6]

Mit der ersten erfolgreichen Ausstellung war der Grundstein für die
Ausstellungen der Zeichenschule gelegt, die fortan im jährlichen
Rhythmus stattfanden. Erst 1784 verfügte Carl Augusts auch die
Gründung einer Zeichenschule in Eisenach, die dann schon wenige
Monate darauf, am 3. September, mit dem Unterrichtsbetrieb begann.
Die erste Ausstellung fand dort im August 1788 statt.

Der jeweilige Direktor der Zeichenschule legte jährlich dem Herzog
einen Bericht über den Fortgang und die Entwicklung der Schule vor.
Die Berichte erhielten eine genaue Auflistung aller Schüler, hier Scho-
lares genannt, aus denen ersichtlich war, in welcher Klasse sich diese
ausbildeten und wie ihre Fähigkeiten einzuschätzen waren.

Preismedaille der Zeichenschulen Nr. 0.1, As. und Rs.

Zur Belohung erbrachter Leistungen wurden schon von Anbeginn
kleinere Geschenke an die Schüler zumeist in Form von Zeichenmaterial vergeben. Erst 1781 nahmen Überlegungen, eine spezielle Preismedaille zu schaffen, Gestalt an.

Für die Ausführung zog man zunächst den Ilmenauer Medailleur Johann Leonhard Stockmar (1755–1852) in Betracht, der schon zur Zufriedenheit des Hofes 1779 eine Medaille auf die Geburt des ersten
Kindes des Fürstenpaares, der Prinzessin Luise Augusta Amalia, geschnitten hatte.[7] Offenbar verzögerte sich die Fertigstellung einer entsprechenden Stempelvorlage, so dass man mit dem Berliner Medailleur
Abraham Abra(ha)mson (1754–1811) in Beziehung trat. Abramson
lieferte dann auch eine erste Vorlage nach Weimar.[8]

Für die Vorderseite der Medaille war das Porträt des Herzogs bestimmt, für die Rückseite eine Allegorie auf den Fleiß mit Inschrift
sowie als Variante hiervon die einfache Zweckinschrift FAEHIGEN UND
FLEISSIGEN.

Die Ausführung des Fürstenbildnisses für die Vorderseite lehnt sich
stark an eine Porträtbüste Martin Klauers an, die dieser 1779 vom Herzog geschaffen hat. Möglicherweise hat Abramson nach einer bossierten Vorlage Klauers gearbeitet, wofür auch der geringe Preis von 40
Talern spricht, den er für die Anfertigung des Vorderseitenstempels
berechnet hat.

Ob Stockmar ebenfalls noch ein Muster nachlieferte, ist nicht sicher.
Dem Geheimen Consilium lagen vergleichende Kostenberechnungen
Stockmars und Abramsons vor, nach denen letztlich über den Auftrag
zur Prägung der Medaille entschieden wurde. Der Auftrag ging an Ab-
ramson, der am 18. Mai 1782 die ersten an der königlichen Münze zu
Berlin ausgeprägten 25 silbernen Medaillen mitsamt den drei Stem-
peln nach Weimar lieferte. Ausweislich der Rechnungen betrug der
Preis insgesamt 289 Reichstaler 1 Groschen. Darunter je 100 Rth. für
die beiden Rückseiten (Allegorie sow. FAEHIGEN UND FLEISSIGEN), 40
Rth. für die Vorderseite sowie den Rest für Prägekosten etc.[9]

Für die Verteilung der Preismedaillen gab es, soweit bekannt, kein ein-
heitliches System, welche Medaillen jeweils vergeben oder wann Gnadengeschenke ausgegeben wurden. Offenbar richtete sich dies nach
der Verfügbarkeit der Medaillen wie auch nach den jeweiligen Nei-

Preismedaille der Zeichenschulen Nr. 0.2, As. und Rs.

gungen des Landesherrn und der Zeichenlehrer. Grundsätzlich erhielten die fortgeschrittenen Schüler der höheren Klassen bei ausgezeichneten Leistungen Medaillen; Schüler unterer Klassen bevorzugt
Zeichenmaterialien. Vereinzelt wurden Gnadengeschenke zu einem
Dukaten vergeben; in wenigen Fällen sogar stählerne Degen.[10] Man
darf jedoch voraussetzen, dass zumindest ein allgemeines Reglement
für die Vergabe der Preismedaillen existiert hat, auf welche Weise die
besten Schüler auszuzeichnen waren.

Carl Freiherr von Lyncker (1767–1843), seit 1780 Page am herzoglichen Hof, schreibt 1813 in seinen Erinnerungen: *Eine Zeichenschule
war indessen durch den Maler Krause eingerichtet und mehrere Säle mit
Statuen und Büsten aller Art ausgestattet worden. Die höchsten Herrschaften fanden großen Geschmack daran, weil die Herzogin Mutter
selbst vortrefflich zeichnete. Es wurden auch bedeutende Kunstwerke angekauft, von denen die noch vorhandenen Schätze und Göthe'schen Ka-
binette zeugen. Der bekannte Professor Oeser, von welchem der
verstorbene Geheime Rath Fritsch ein Gartenhaus mit chiniesischen Fi-
guren, die Herzogin Mutter aber einen Salon hatte malen lassen, kam
häufig hierher und half die Zeichenanstalt erweitern. Mittwochs und
Sonnabends waren junge Herren und Damen von den angesehensten
Ständen in dem Zeichensaale zu finden. An diejenigen, welche Vorzügliches leisteten, wurden Prämien mit dem Bilde des Herzogs ausgetheilt,
auf denen nach Maßgabe der Leistungen Inschriften „in Hoffnung der
Zukunft" oder „dem Fähigen und Fleißigen" zu lesen waren. Auch mir
wurde die geringere zu theil.*[11]

Eine Liste der Medaillenverleihungen von 1781 bis 1797 belegt anschaulich die Praxis der Preisverteilung. Danach wurden *auf Serenissimi gnädigen Befehl* in 17 Jahren in allen Zeichenschulen 162
Medaillen vergeben. Davon entfielen auf weibliche Schüler 65, auf
männliche 97. Zusätzlich wurden von 1786 bis 1788 noch fünf Gnadengeschenke zu je einem Dukaten vergeben sowie einmalig zwei stählerne Degen. Für 1793 verzeichnet die Aufstellung keine Medaillenvergaben, da wegen *Abwesenheit Serenissimi keine ausgetheilt worden.*[12]
Carl August nahm zur Zeit dieser Jahresausstellung als preußischer General am Feldzug der Koalitionstruppen gegen Frankreich teil.[13]

Ein Vorschlag der Eisenacher Zeichenschule von 1788, die Medail-

Preismedaille der Zeichenschulen Nr. 0.3, As. und Rs.

lenarten in Werte abzustufen, fand keinen Beifall. Christian Friedrich
Schnauß (1722–1797), ab 1781 Geheimer Rat und Mitglied des Geheimen Conseils, entschied, dass *niemals dergleichen Unterschied in
Ansehung des Geprägs und Auf= oder Umschrift beobachtet, sondern solche allhier sowohl als in Eisenach perle mele, ohne darauf einige Rücksicht
zu neh-men oder auf eine oder andere grösseren Wert zu legen, ausgeteilt
worden. Es würde dahero eine künftige Abteilung der Medaillen in gewisse Klassen bey denjenigen, welche dergleichen bereits erhalten, aller-
hand Verdruß, Eifersucht und Verwirrung veranlassen, dahero man, um
solches zu vermeiden, davon abstrahiert hat.*[14]
Anders verhält es sich bei den goldenen Medaillen, die allein schon
wegen ihres hohen Metallwertes nur sparsam ausgegeben wurden. Die
goldenen Medaillen wurden nicht in der Berliner Münze, sondern in
Clausthal-Zellerfeld gepägt. So 1784 acht Stück, 6 Dukaten schwer,
zu 193 Rth. 28 Groschen, und 1785 weitere sechs Stück zu 10 Dukaten. Diese Medaillen wurden ausweislich der Schatullrechnungen auf
Befehl Carl Augusts zur Verwendung als Präsente des Herzogs geprägt.
Man darf davon ausgehen, dass die goldenen Medaillen nicht zur Verteilung an den Zeichenschulen, sondern vorwiegend als Geschenke
Verwendung fanden.
Die zweite Auflage der silbernen Medaillen erfolgte schon im August
1783 in einer Höhe von 100 Stück, und zwar jeweils 33 Stück der ersten und zweiten und 34 Stück der dritten Art. Die Kosten betrugen
204 Rth., 7 Gr. Eine weitere Charge von 100 Stück wurde 1789 zu 192
Rth. und 18 Gr. geliefert.[15]
Zuweilen bevorzugten Schüler statt der Medaille eine Anerkennung
in Form eines Geldgeschenkes. So erhielten 1824 zwei Schüler auf
Wunsch statt der zuerkannten Medaille je einen Dukaten in Gold.[16]
Schülern, die bereits eine Medaillen erhalten hatten, wurde oftmals
statt einer weiteren Medaille ein Geldgeschenk überreicht: *...den Scho-
laren Horny und Starcke jedem 2 Louisdor gegeben worden, weil sie so
[...] gute Stücke geliefert und die Preis-Medaille bereits erhalten haben.*[17]
Die Klassenlehrer erhielten zumeist ein kleines Kontingent an Medaillen zur Vergabe. Falls weniger gute Arbeiten abgeliefert wurden,
behielt man die überzähligen Medaillen auf Vorrat zurück.[18] Als besonders anerkennenswert galt die Teilnahme an der jährlichen Aus-

Prämienmedaille der Berliner Medaillen-Münze von G. Loos Nr. 0.4, As. und Rs.

stellung. Die Auszeichnung mit einer Medaille wurde vom Herzog entschieden. Die Schüler, die auf der Ausstellung eine Preismedaille erhielten, wurden zudem auf einer *Medaillisten-Tafel* verzeichnet.

Viele bekannte Namen des damaligen Weimars sind in den Schüler- und Medaillenlisten vertreten: die Schauspielerinnen Corona Schröter und Caroline Jagemann, die Maler Franz Horny, Friedrich Preller d. Ä., Franz Martersteig, Julie von Egloffstein, Caroline Badua, Friedrich August Martersteig und Carl Hummel, die Medailleurin und Bildhauerin Angelica Facius, der Gelbgießer Adolph Straube und der Hofstuckateur Carl Hüttner. Für manche von ihnen legte der Besuch der Zeichenschule den Grundstein für ihre spätere erfolgreiche künstlerische Tätigkeit.

Die Medaille 0.1 zeigt auf der Vorderseite das Brustbild Herzog Carl Augusts nach rechts blickend im Harnisch mit umgelegtem Mantel und Kragen mit der Umschrift CARL AUGUST HERZOG ZU SACHSEN. Am unteren Rand befindet sich die Medailleurssignatur ABR (für Abramson). Die Rückseite zeigt eine Allegorie des Fleißes, eine nach links gewendete Frau im antiken Gewand, die ein Propfreis auf ein Bäumchen setzt. Rechts von ihr umschwärmen Bienen einen Bienenkorb. Umschrift: IN HOFFNUNG DER ZUKUNFT. Die Signatur A befindet sich rechts am Sockel. Der Durchmesser beträgt 42,3 mm, das Gewicht der silbernen Medaille 29 g. Sie wurde deutlich weniger vergeben als die nachfolgenden zwei Medaillen, die sich in den Aufstellungen der Medaillenvergaben regelmäßig wiederfinden.[19]

Die Medaille 0.2 zeigt bei gleicher Vorderseite auf der Rückseite in einem freien Feld die Inschrift FAEHIGEN / UND / FLEISSIGEN. Der Durchmesser beträgt 42,3 mm, das Gewicht in Gold 27,5–29 g, in Silber: 20 g.

Die Medaille 0.3 zeigt als Vorderseite die Allegorie des Fleißes (Rückseite der Medaille 0.1) und auf der Rückseite die Inschrift FAEHIGEN / UND / FLEISSIGEN. Der Durchmesser beträgt 42,3 mm, das Gewicht in Gold 27,5 g, in Silber 28 g.[20]

Diese Medaille wurde am häufigsten vergeben.

Daneben wurde eine weitere Medaille aus dem Verkaufsprogramm des Ateliers von D. F. Loos, ab 1812 von der Berliner Medaillen-Münze G. Loos recht häufig als Preismedaille ausgegeben – in dieser Aufzählung unter 0.4 verzeichnet. Es handelt sich hierbei um eine der zahlreichen Gelegenheitsmedaillen aus dem Loos-Katalog, die jeder käuflich erwerben konnte. Es bot sich daher an, bei Bedarf auf solche Medaillen zurückzugreifen.

Die Medaille zeigt auf der Vorderseite einen Bienenstock als Allegorie auf die sinnvolle Benutzung der Jugendzeit und die Umschrift SICH UND ANDEREN NÜTZLICH. Auf der Rückseite findet sich in einem Kranz aus Blumen die Inschrift ZUR / NACHAHMUNG.[21] Die Vergabe dieser Medaille lässt sich bereits früh nachweisen. Sie diente auch in der Folgezeit häufig zur Auszeichnung der Schüler.

DIE VON GROSSHERZOG CARL AUGUST (1815–1828) GESTIFTETEN MEDAILLEN

1   Die Größere Zivilverdienstmedaille 1816
       CAROLUS AUGUSTUS MAGNUS DUX SAXONIAE
1.1   Goldene Medaille
1.2   Silberne Medaille
1.3   Bronzene Medaille

2   Die Größere Zivilverdienstmedaille 1816
       MITESCUNT ASPERA SAECLA
2.1   Goldene Medaille
2.2   Silberne Medaille
2.3   Bronzene Medaille

Mit der Stiftung der Zivilverdienstmedaille durch Herzog Carl August begann ein neues Kapitel in der Auszeichnungsgeschichte Sachsen-Weimars. Noch vor der Erneuerung des Hausordens der Wachsamkeit oder vom Weißen Falken entschloss sich Herzog Carl August 1814, diese Auszeichnung zu stiften. Die Medaille ist die bisher vielgestaltigste des jungen Großherzogtums. Sie wurde sowohl als Geschenk des Landesherrn, als Verdienstmedaille für ziviles und militärisches Verdienst sowie als Preismedaille der Zeichenschule jeweils mit verschiedenen Vorder- und Rückseiten vergeben.

Die Medaille zählt zu den gelungensten Schöpfungen der Weimarer Medaillenkunst. Von der Idee bis zur Ausprägung der ersten Exemplare 1816 vermitteln die einzelnen Phasen der Entstehung einen aufschlussreichen Einblick in das Handeln und Bestreben der damit befassten Personen, vor allem Carl Augusts und Goethes.

Da keine offizielle Stiftung erfolgte, darf der Brief Carl Augusts aus Paris vom 28. Mai 1814 an den Staatsminister und Geheimen Rat von Voigt, in dem der Großherzog seinen Entschluss zur Schaffung einer Medaille offiziell mitteilt, als Stiftungsdokument angesehen werden. Im Brief heißt es: *Ich habe bey meinem Hierseyn die gute Gelegenheit benutzt mein Portrait poussieren zu lassen und es zu einer Medaille bestimmt, wozu der Stempel unter der Direction des p. Denon graviert werden wird. Die Anlage zeigt ihnen die desfälligen Bedingungen und Preise. Auf dem Revers wünsche ich eine lateinische Inschrift zu haben.*

Hauptportal der Pariser
Münze, heutiger Zustand.

*Erzeigen Sie mir den Gefallen und fertigen eine oder mehrere zur Aus-
wahl, damit ich solche bey meiner Nachhausekunft vorfinden und sie
gleich hierher zum Gravieren senden kann. Mit dem geheimen Rath von
Göthe werden sie sich darüber besprechen, und seine Meinung und Gedanken vernehmen. Übrigens beziehe ich mich in allem, was ich ihnen
gerne mitteilen möchte, auf meine Briefe an meine Frau, die Sie in Kenntnis davon setzen wird, und auf dasjenige was Ihnen Graf Edling
schreibt...* [22]*

Mit der Wahl der Pariser Staatsmünze als Prägestätte entschied sich
Carl August für eine der führenden Münzstätten Europas, die unter
der Direktion von Dominique Vivant Denon stand. Denon (1747–
1828) war als Staatsmann und Künstler eine der schillernsten Personen
des vergangenen Kaiserreichs. Die Leitung der Pariser Münze hatte er
seit 1803 inne.

Beim Stempelschneider fiel die Wahl auf den Pariser Medailleur und
Stahlstecher Bertrand Andrieu (1759–1822), der mit seinen künstle-
risch gelungenen Medaillenschöpfungen wie die auf die Schlacht von
Marengo (1800) sowie die Taufmedaille auf den Sohn Napoleons, des
Königs von Rom, (1811), hervorgetreten ist.

Carl August besaß eine genaue Vorstellung vom Aussehen der Medaille, die Voigt am 9. Juni 1814 Goethe vermittelt: [...]*Es sollen zu
mehreren Exemplaren Inschriften auf die Kehrseite vorgeschlagen werden. Das Bild soll keine Umschrift haben, also muß der Name auf die
Kehrseite kommen...* Für die Vorderseite sollte das von dem in Berlin
tätigen Reliefplastiker Leonhard Posch (1750–1831) bossierte Brustbild Carl Augusts Verwendung finden, das dieser während seines Pa-
Pariser Aufenthaltes vom Herzog angefertigt hatte.

Wegen der von Carl August gewünschten lateinischen Inschrift
wandte sich Voigt an den Altphilologen Eichstädt, der am 26. Juni
1815 verschiedene Empfehlungen unterbreitete. Karl Heinrich Abraham Eichstädt (1772–1848), Professor an der Jenaer Universität,

Pariser Münze, Direktor
Denon in seinem Atelier.

schlug zunächst fünf verschiedene Inschriften vor. Die Schwierigkeiten, geeignete Inschriften zu finden, bemerkte Eichstädt zugleich in seinem Begleitschreiben an Voigt: *Ew. Exellenz sende ich zwar hier... einige Inschriften, aber ich sehe voraus, dass keine derselben genügen wird. Ohne alle Beziehung auf den die Medaille verherrlichenden Fürsten, kann auch nichts weiter als ein allgemeines Motto zum Vorschein kommen. Die erste Aufschrift würde wohl die passendste sein, wenn der neutrale Sinn so erfasst würde, dass die Medaille nicht als Denkmal für den Fürsten, sondern als Andenken an ihn für die Unterthanen, geprägt worden, während der tiefere und edlere Sinn derjenige bliebe, in welchem Hadrian sich jenen Wahlspruch erkohren haben soll.*[23]

Tatsächlich bereitete die Auswahl der Rückseiteninschriften noch manche Schwierigkeiten und blieb zunächst ungelöst. Zudem verzögerte sich die Ausführung des Auftrages wegen der Erkrankung von Andrieu. Über den in Paris residierenden Sachsen-Weimarischen Ministerialresidenten Franz Ludwig v. Treitlinger († 1831) übersendet Denon endlich im Januar 1816 einen ersten Probeabschlag vom Vorderseitenstempel in Blei nach Weimar. Im Begleitbrief Denons werden noch einige Verbesserungsvorschläge gemacht.[24] Ein Vergleich zwischen diesem Abschlag und den geprägten Medaillen zeigt, dass die Vorlage von Andrieu nach den Vorstellungen Goethes weitgehend umgearbeitet wurde. Der Großherzog erscheint nun in antiker Gewandung und auch die Veränderungen der Augen verbessern den Eindruck der Medaille deutlich.

In einem Promemoria vom 25. Februar fasste Goethe den Stand der Medaillenangelegenheit zusammen: *Zuförderst würde man dasjenige,*

Die Größere Zivilverdienstmedaille Nr. 1.1 am Band
des Falkenordens in Silber,
As. und Rs..

*was Herr Denon an der Me-
daille verbessert zu werden
wünscht, mit Beifall erkennen,
weil die Bemerkungen ganz
richtig sind, besonders wäre die
vorgeschlagene Belebung der
Haare zu empfehlen. Alsdann
fragt sich's ob man dem Auge
etwas mehr Kraft geben könnte.
Durch wenige Vertiefung des
Augapfels unter dem oberen Au-
genlied und Erhöhung des
Stirnknochens über dem Augen-
winkel. Ferner will die nackte
Schulter und Brust nicht gefallen und würde dieselbe ohne
große Schwierigkeiten zu bede-
cken sein. Was die Rückseiten
betrifft, so wünsche ich, dass jede
derselben mit einem Kranz eingefasst sei. Die Franzosen ma-
chen dergleichen fürtrefflich, wovon ich mehrere Beispiele vorlegen kann.
Antike Muster gibt es viele. Münzen ohne irgend etwas kunstreich gebil-
detes wollen mir nie gefallen, sie erinnern mich an calvinische Kirchen.
No. 1 mit dem Namen, könnte einen Eichenkranz
No. 2 bezüglich auf die Person, einen Lorbeerkranz
No. 3 nähme man zur Vorderseite die Rückseite von No. 1 und zur
Rückseite einen Lorbeerkranz mit Inschrift, bezüglich auf den
Empfänger, zu No. 4 Vorderseite, die Rückseite von No. 3, zur
Rückseite eine leere Fläche, doch auch nicht unbekränzt.*
Voigt setzte hinzu: *Mitescunt Aspera Saecla* hat bei mir den Vorzug.[25]
Die geplante Verwendung der Medaille als Geschenk und zur Aus-
zeichnung von unterschiedlichen Verdiensten bereitete bei der Suche
nach der passenden Rückseite auch weiterhin manches Kopfzerbre-
chen. Neue Inschriften wurden vorgeschlagen und verworfen, darunter der Wahlspruch des erst kürzlich neu erstandenen weimarischen
Hausordens, dem aber Carl August ebenso wenig zustimmte. Nachdem Voigt dem Großherzog in dieser Sache am 27. Februar Vortrag
gehalten hatte, entschied dieser, dass Goethe eine Instruktion an
Denon entwerfen solle. Statt des gedachten Lorbeerkranzes sollte für
die Rückseite jedoch ein Eichenkranz genügen. Wegen der Inschriften sollte sich Voigt zuvor nochmals mit Goethe beraten. Dieser bemerkte schon fast resignierend: *Was diesen Punkt betrifft, so weiß ich
kaum noch etwas darüber. Pace et iustitia möchte allgemeiner für alle
Zeit sein als Mitescunt Aspera Saecla. Mehrere Rückseiten wollen Serenissimus auch nicht haben.*[26]
Goethes Promemoria, das die noch offenen Fragen nun abschließend
klärte, wiederholte die Verbesserungsvorschläge und legte die Gestaltung und die Inschrift der Rückseiten endgültig fest:

Die erste Rückseite zeige in einem stark belaubten Eichenkranz den großherzoglichen Namen CAROLUS AUGUSTUS MAGNUS DUX SAXONIAE. Sodann eine zweite Rückseite, im Erntekranz von Kornähren und Blumen MITESCUNT ASPERA SAECLA.[27]

Die Größere Zvilverdienst-
medaille Nr. 1.1 in Bronze,
As. und Rs..

Mit diesen drei Stempeln würde folgendermaßen verfahren:
1. *Avers: der Kopf, Revers: der Name. Hiervon 25 in Gold, 100 in Silber, 200 in Bronze.*
2. *Avers: der Kopf, Revers, die Aufschrift. Hiervon 12 in Gold, 50 in Silber, 200 in Bronze.*
3. *Avers: der Name, Revers: die Aufschrift, Hiervon keine in Gold, 60 in Silber, 50 in Bronze.*
4. *Avers: die Aufschrift, Revers: die leere Fläche. Hiervon 100 in Silber.*
Carl August setzte dem noch handschriftlich hinzu: *Nr. 4 wäre für die Zeichenschule u. dergl.*[28]
Mit Datum vom 6. März erhielt Ministerialresident Treitlinger ein Schreiben des Großherzogs mit den Unterweisungen an Denon. Vier Monate später übersandte Treitlinger weitere Probestücke zur Begutachtung nach Weimar, die freundlich aufgenommen wurden. Die Anregung der Pariser Münze, die leere Seite der Medaille Nr. 4 auch mit einem Lorbeerkranz auszuschmücken, traf in Weimar auf keine Gegenliebe. Goethe äußerte sich gegenüber Voigt am 18. und 19. Juli 1816: *Anbei folgt nebst den Medaillen mein unmaßgebliches Gutachten, welches ins Französische übersetzt an Herrn von Treitlinger gelangen könnte. Es ist aber immer wohlgeraten, sich nicht durch fremde Ansichten von den ersten überdachten Vorsätzen abwenden zu lassen.[...] Die gefällig mitgeteilten Medaillen verdienen allen Beifall und wäre an denselben wohl nichts zu erinnern noch auszusetzen. Was jedoch den vorgeschlagenen Lorbeerkranz betrifft, so kann man demselben nicht einstimmen, aus Ursachen, welche teils Herr von Treitlinger schon angeführt, teils weil man auf die leere Seite die Namen derjenigen eingraben zu lassen gedenkt, welche die Medaillen für irgendwelche Bedeutung erhalten sollen, nicht weniger die Jahreszahl, wodurch das Feld genugsam ausgeführt wird. Daher wünschte ich, dass es bei der ersten Bestellung in allem sein Bewenden haben möge.*[29]
Während der Prägearbeiten in Paris erhielt der Vorderseitenstempel mit dem Brustbild des Herzogs einen Sprung, so dass der Stempel neu geschnitten wurde. Der Unterschied des neuen Stempels zum alten fällt allerdings beim Vergleich beider Medaillen kaum auf. Treitlinger meldete am 13. September 1816 die Absendung aller 797 Medaillen nach Weimar. Geprägt wurden von allen vier Varianten insgesamt 37 goldene, 310 silberne und 450 bronzene Medaillen, sämtlich ohne Tragevorrichtung. Die Rechnung der Medaillenmünze belief sich auf 18.022,50 Francs. Andrieu erhielt für seine hervorragende Arbeit

Die Größere Zivilverdienstmedaille Nr. 1.2 in Silber,
As. und Rs..

3.400 Francs. Die ausge-
prägten goldenen Medaillen
kosteten rund 253 Francs
pro Stück, die silbernen
11,70 Francs und die bronzenen 3 Francs. Hinzu
kamen die Kosten für Etuis
etc. Im Auftrag des Groß-
herzogs erhielt Denon von
Treitlinger eine goldene Medaille als Dank für die gelungene Arbeit der Pariser
Münze zugeeignet.[30]
Die Medaillen wurden in
einem besonderen Münz-
schrank aufbewahrt, der sich
in der Großherzoglichen Bibliothek befand; er wurde auf Wunsch Carl
Augusts im Oktober 1816 für diesen Zweck angefertigt. Nach den
Schatullrechnungen handelt es sich um ein *kleines Münz-Cabinett mit
24 Auszügen von tiefgebräuntem Holz, fein geschliffen, gebeitzt und poliert.* Der Buchbinder Müller besorgte die Ausfütterung der Fächer
mit Papier.[31]
Die Medaille führte die offizielle Bezeichnung *Civilverdienstmedaille*
und wurde erst im Jahre 1822, nach der Stiftung der Kleineren Zivilverdienstmedaille mit der Inschrift DOCTARUM FRONTIUM
PRAEMIA, als Größere Zivilverdienstmedaille bezeichnet.[32] Dem
Großherzog gefiel die Medaille ausnehmend gut, und er bezeichnete
sie in einem Schreiben an Denon als *supérieurement bien réuisse.*[33]
Mit der Größeren Zivilverdienstmedaille wurden allgemeine Verdienste in Friedenszeiten belohnt, bis zur Stiftung der Kleineren Zivilverdienstmedaille auch Verdienste um Kunst- und Wissenschaft.
Vor allem in Silber und Bronze diente sie auch zur Ehrung von Personen, die nicht für die Verleihung des Hausordens in Frage kamen.
Verleihungsgrundsätze oder -bestimmungen wurden nicht erlassen.
Der Großherzog bestimmte allein über die Vergabe der Medaille, wenn
auch teils unter Hinzuziehung des Staatsministeriums, so z. B. bei der
Verleihung der Medaille für lange Dienstleistungen. Hierin drückt sich
noch das absolutistische Selbstverständnis aus, das auch Carl August
nicht fremd war.
Die Medaille diente sowohl als Geschenk- wie auch als Verdienstmedaille. Als Geschenkmedaillen wurden alle Arten verwendet. Die goldenen kamen nur einem kleinen Kreis ausgewählter Personen zu.
Hochgestellte Persönlichkeiten wurden mir ihr bedacht und Personen, die Carl August auf seinen Reisen nach Marienbad, Gent und
Berlin mit der Medaille beschenkte. Carl August vergab die goldenen
Medaillen ebenfalls als Schmuck für goldene Tabatieren, die von den
Juwelieren J. C. Müller, Bury und Jünger in Hanau angefertigt wurden. Die Schatullrechnungen weisen solche Dosen verschiedentlich
aus, so 1816: *675 Rth und 18 Gr [...] für goldene Dosen an Bury in*

*Hanau, welche zu außerordentlichen Präsenten bestimmt worden [...]
und 425 Rth [...] für eine goldene Dose mit 4 Brillanten und dem Medaillen Bildnis Sr. Königl. Hoheit von Bury in Hanau, welche der Kapellmeister Sür? in Berlin zum Geschenk erhalten.*[34]
Nach einer Liste in den Akten des Staatsministeriums wurden bis zum
Januar 1821 insgesamt 17 goldene, 23 silberne und 37 bronzene Ge-
schenk- bzw. Verdienstmedaillen ausgegeben.[35]
Zu den ersten Empfängern der goldenen Medaillen gehörten die
Großherzogin, die Erbgroßherzogin Maria Pawlowna, Frau v. Hey-
gendorff und der Geheime Hofrat Kirms. Silberne Medaillen erhielten
die Gräfin O'Donell in Wien, die Hofschauspielerin Malkolmi und
der Kurator Schwabe. Auch fürstlichen Sammlungen, Medaillen- und
Münzkabinetten übergab man silberne Medaillen. Bronzene Exemplare wurden oft anlässlich von Jubiläen vergeben. Dem Weimarer und
dem Eisenacher Landsturm wurden sieben bzw. fünf Medaillen zur
Verteilung an verdiente Männer übersandt.
Verschiedene Verleihungsvorgänge sind geeignet, die Praxis der Medaillenvergabe unter Carl August näher zu beleuchten:
Im Februar 1817 erhielt der französische Oberst Louis Auguste Ful-
cher de Monistrol (1784–1838) als einer der ersten eine goldene Medaille. Monistrol gehörte zu der französischen Truppe, die nach der
Doppelschlacht von Jena und Auerstedt im Oktober 1806 Weimar besetzte. Nicht zuletzt ihm war es auch zu danken, dass die Stadt von
noch schlimmerem Elend verschont blieb. Carl August erinnerte sich
dankbar an Monistrol und veranlasste deshalb *wegen der im Jahre 1806
bei der französischen Invasion sich um die Stadt Weimar erworbenen
Verdienste* die Aushändigung der Medaille.[36]
Die einzige zu Zeiten Carl Augusts nachweisbare Verleihung einer
tragbaren goldenen Zivilverdienstmedaille an eine Frau erfolgte 1824.
Im Regierungsblatt hieß es: *Se. Königliche Hoheit, der Großherzog
haben der Professorin Frau Amalie Batsch [1765–1852], allhier, in gnädigster Anerkenntnis des Eifers und stets gleichen Aufmerksamkeit welche dieselbe bey der ihr anvertraut gewesenen Aufsicht und Pflege der
Fürstlichen Kinder der Durchlauchtigsten Aeltern in einer langen Reihe
von Jahren bewährt hat, die goldene Civil-Verdienst-Medaille mit der
Erlaubnis zum Tragen am rothen Bande des Falkenordens am 7ten dieses Monats zu verleihen geruhet.*[37]
1818 erhielt Frau Henriette Beck die silberne Medaille mit der Erlaubnis zum Tragen. Ursprünglich verwendete sich Carl August bei
der Prinzessin Marianne von Preußen dafür, der Hofschauspielerin
Beck den preußischen Luisenorden zu verleihen, da sich Beck unter
Einsatz ihres Lebens außerordentliche Verdienste um die Pflege verwundeter Soldaten 1813/14 erworben hat. Da die Statuten des Lui-
senordens jedoch einer Verleihung entgegenstanden, erhielt sie
stattdessen die weimarische silberne Medaille.[38]
1827 wurde die privilegierte Stahl- und Armbrustschützen-Gesell-
schaft in Weimar mit der goldenen Medaille geehrt wegen der *stets
dargelegten treu- und devoten patriotischen Gesinnung*. Sie war *am
Bande in dem Kleinodienschranke der Armbrustschützen auszulegen*.[39]

Sie gehörten zu den Trägern der Größeren Zivilverdienstmedaille mit dem Bildnis Carl Augusts: Johann Samuel Schwabe (1746–1835) und Christian August Vulpius (1762–1827). Nach Darstellungen von J. J. Schmeller, um 1825.

Die Medaille wurde je nach Verleihungsanlass und Stellung des Beliehenen mit einem von Carl August unterzeichneten Handschreiben übersandt oder den Empfängern durch Beauftrage übergeben. Personen, die Carl August besonders auszeichnen wollte, erhielten die Medaille aus seiner Hand.[40]

Bemerkenswert ist die Auszeichnung von Johann Georg Lenz, der als einziger mit zwei Zivilverdienstmedaillen ausgezeichnet wurde. Großherzog Carl August schreibt an Goethe im Oktober 1817 nach Jena: *...Um dem alten Lenz ein Vergnügen zu machen, lege ich beykommende Medaille, die ich ihm zu übergeben bitte, mit der Bemerkung, daß er sie mit dem gewöhnlichen rothen Ordensband im Knopfloch trage. Es muß eine Öß an die M. gegossen werden.* Dabei handelte es sich zunächst um die silberne Zivilverdienstmedaille, die Lenz zu seinem 45-jährigen Dienstjubiläum erhielt. Bereits fünf Jahre später, zu seinem 50-jährigen Jubiläum, wurde er mit der goldenen Medaille geehrt. Friedrich Heinrich Schwabe beschreibt die Feierlichkeiten zum Dienstjubiläum von Lenz auf originelle Weise: *Doch aller Aufmerksamkeit wurde rege, und der Frohsinn erreichte seine höchste Staffel, als um 4 Uhr auf Befehl des Großherzogs und Veranstaltung des Staatsministers von Göthe ein Vulkan aufgesetzt wurde, welcher Feuer sprühend eine goldene Verdienstmedaille auswarf.*[41] Die Medaille war bereits mit einer Tragevorrichtung versehen. – Interessant ist, dass Lenz als Wissenschaftler nicht mit der kleineren, sondern mit der größeren Zivilverdienstmedaille ausgezeichnet wurde.

Die Unterscheidung zwischen Geschenk- und Verdienstmedaillen ist in den Akten oftmals fließend, so dass im Einzelfall keine exakte Zuordnung möglich ist. In den Regierungsblättern wurden jedoch nur die Verleihungen von Medaillen am Band des Falkenordens erwähnt, und es bleibt offen, welche der beiden Inschriften für welchen Zweck verwendet wurde. Dass die Medaille MITESCUNT ASPERA SAECLA bevorzugt an Künstler vergeben wurde, ist nicht nachweisbar.[42] Aus den dargelegten Gründen sind Anzahl und Art der ausgegebenen Medaillen nicht zu ermitteln.

Zum Tragen bestimmte Medaillen waren rückgabepflichtig. Ordenssekretär Ackermann verzeichnete wiederholt die Einnahme solcher Medaillen in den Medaillenbestand. Anfang 1820 betrug dieser im Medaillenschrank 448 Stück, davon eine goldene, 304 silberne und 144 bronzene.[43] Soweit nachweisbar, wurden für zurückgelieferte goldene Medaillen je 60 Taler Kassengeld erstattet.[44]
Carl August bestimmte im Januar 1820 die Ausarbeitung einer Verordnung über die Rückgabe der Medaillen nach dem Tode eines mit der tragbaren Medaille Beliehenen. Ordenssekretär Ackermann, dem diese Aufgabe übertragen wurde, vermerkte, *dass Arten über die schöne Idee und über die Prinzipien... der Vertheilung nicht vorhanden sind, indem sich die verschiedenen nur auf die Wahl der Inschriften und die Prägung beziehen, daher noch keine offizielle Kunde wie vom erneuerten Falkenorden ins Publikum, und danach sie eine Anzeige wie solche Auszeichnung zu verdienen [...] nicht verbreitet sein mag.*[45]
Die Verordnung wurde im Regierungsblatt veröffentlicht.[46] Auf Ackermann geht auch die Anregung zurück, die Personen, die zum Tragen bestimmte Medaillen erhalten hatten, künftig in den Staatshandbüchern kenntlich zu machen.[47]
Nach dem Regierungsantritt Carl Friedrichs im Juni 1828 wurden die Verleihungen der bisherigen Zivilverdienstmedaillen noch einige Jahre fortgeführt. Bis gegen Ende 1828 war die Medaille noch am Band des Falkenordens zu tragen, ab Anfang 1829 sind Verleihungen am landesfarbigen Band erfolgt. So erhielt im März 1829 der Bauinspektor Heinrich Heß die silberne Zivilverdienstmedaille an dem *aus den Staatsfarben des Großherzoglichen Wappens gewebten Band.*[48]
Die Hofhauptkasse verzeichnete 1852 noch einen Bestand von drei großen und zwei kleinen goldenen Medaillen im Wert von 199 Talern. Das Staatsministerium wies das Hofmarschallamt an, diese zur Deckung des Aufwandes für die Ausprägung neuer Verdienstmedaillen zu veräußern. 1853 wurden noch drei goldene Medaillen aus dem Bestand der großherzoglichen Hauptkasse im Wert von 114 Talern eingeschmolzen, da für sie keine Verwendung mehr bestand.

1 Die Größere Zivilverdienstmedaille 1816–1834
Die Medaille zeigt auf der Vorderseite das nach rechts gewendete Brustbild Carl Augusts mit antikem Umhang und der Signatur ANDRIEU F. am Schulterabschnitt.
Die Rückseite zeigt in einen Kranz aus dichten Eichenzweigen, deren untere Enden mit einer Bandschleife verbunden sind, die Inschrift CAROLUS / AUGUSTUS / MAGNUS / DUX SAXONIAE (Carl August Großherzog von Sachsen). Die Medaille hat beidseitig einen glatten Überrand.
Geprägt wurden 1816 insgesamt 25 goldene, 100 silberne und 200 bronze Stücke.
Der Durchmesser beträgt 40,3 mm, das Gewicht der nicht tragbaren Medaille in Gold 66,1 g, in Silber 42,2 g und in Bronze 42,3 g.
Das Band ist rot, ab Anfang 1829 schwarz-grün-gelb.

Das rote Band des Falkenordens und das landesfarbene Band für Medaillen nach 1828.

Konkordanzen: HuS Nr. 1551–1553; Nimmergut OEK Nr. 2346–2347/1 und DOE Nr. 3242–3244.

2   Die Größere Zivilverdienstmedaille var. 1816–1834
Vorderseite: wie vorige.
Die Rückseite zeigt in einem dichten Erntekranz aus Ähren, Rosen und Feldblumen, der mit einer Bandschleife umbunden ist, die Inschrift MITESCUNT / ASPERA / SAECLA. In der Inschrift (Mild werden die rauen Zeiten) kommt der Zeitgeist kurz nach dem Ende der Befreiungskriege zum Ausdruck.
1816 wurden 12 goldene, 50 silberne und 200 bronzene Stücke geprägt.
Der Durchmesser beträgt 40,3 mm, das Gewicht der nicht tragbaren Medaille in Gold 66,1 g, in Silber 42,2 g und in Bronze 37,4 g.
Das Band ist rot, ab Anfang 1829 schwarz-grün-gelb.
Die Medaillen wurden je nach Anlass und Stellung des Empfängers in Lederetuis, kleinen Futteralen oder Pappschachteln oder in Seidenpapier eingeschlagen vergeben.

Konkordanzen: HuS Nr. 1554–1556; Nimmergut OEK Nr. 2348–2350 und DOE Nr. 3245–3248.

3   Die Preismedaille der Zeichenschulen 1816
       MITESCUNT ASPERA SAECLA
3.1. Silberne Medaille mit der Rs.-Inschrift CAROLUS
       AUGUSTUS MAGNUS DUX SAXONIAE
3.2   Bronzene Medaille, desgl.
3.3   Silberne Medaille, Rs. leer

Mit der Stiftung einer Zivilverdienstmedaille im Jahre 1814 änderte sich auch die Vergabe der Preismedaillen der Zeichenschulen in ihrer bisherigen Form. Die neuen Medaillen boten erstmals durch die Kombination unterschiedlicher Vorder- und Rückseiten mehr Möglichkeiten zur Belohnung guter Leistungen. Zudem war nach der Erhebung Carl Augusts zum Großherzog die vorderseitige Umschrift der Preismedaillen nicht mehr zeitgemäß.
Schon während der Entstehung der neuen Zivilverdienstmedaille (s. Ehrenzeichen Nr. 1 und 2) wurde festgelegt, dass diese in einer besonderen Form auch als Preismedaille zu verwenden sei, und zwar in zwei Varianten:
Die erste Variante der Medaille zeigt auf der Vorderseite in einem Erntekranz die Inschrift MITESCUNT ASPERA SAECLA (analog Ez. 2) und auf der Rückseite in einem Eichenkranz die Inschrift CAROLUS AUGUSTUS MAGNUS DUX SAXONIAE (analog Ez.1). Von dieser Medaille wurden 1816 in Paris 50 Exemplare in Silber und 60 in Bronze bestellt. Ihr Durchmesser beträgt 40,5 mm, ihr Gewicht in Silber 40,9 g., in Bronze 38,7 g.
Die zweite Variante der Medaille weist auf der Vorderseite die Inschrift MITESCUNT ASPERA SAECLA auf, die Rückseite ist leer.

Großherzog Carl August bestimmte zunächst, 600 Medaillen davon auszuprägen. Dazu vermerkte er: *...für die Zeichenschule u. dergl.* Bestellt wurden dann aber nur 100 Exemplare (in Silber). Der Durchmesser beträgt 40,5 mm, das Gewicht 38,6 g. Einen Abschlag dieser Medaille in Gold hat Carl August der Großherzogin mit der persönlichen Inschrift:

Die Preismedaille der Zeichenschulen Nr. 3.3 mit Rückseitengravur für den Geehrten, As. und Rs..

Meiner Luise überreicht. Die Medaille der ersten Variante war nicht nicht besonders begehrt. Johann Heinrich Meyer, seit 1807 Direktor der freien Zeichenschule, schlug daher vor, die Namen der Preisträger jeweils auf dem Medaillenrand einstechen zu lassen, was dann auch geschah. Die bronzenen Medaillen rangierten hinter den silbernen, wie aus verschiedenen Jahresberichten hervorgeht.[49]

1820 quittierte Meyer acht bronzene Medaillen mit beiden Inschriften zur Verteilung an Schüler der 1. Klasse. *Moechten Ihro Hoheit dem Hofrath Meyer vor seiner Abreise etwa acht Stück kupferne [bronzene] Medaillen gnädigst anvertrauen, so würden wir die Schüler der ersten Klasse höchstlich erfreuen. Sie haben sich von oben herein gut gehalten, sowie von unten herauf, daß sie in den Prämien gleich zu halten sind. Die unteren Klassen wollen wir auf eine andere Weise, mitunter auch durch einiges Zeichenmaterial aufzumuntern versuchen.*[50]

Die Medaillen wurden zumeist am Geburtstag des Landesherrn anlässlich der jährlichen Ausstellungen der Zeichenschulen vergeben, auf denen die gelungensten, also preiswürdigsten Arbeiten der Öffentlichkeit vorgestellt wurden.

Auf die leere Rückseite der silbernen Medaille 3.3 wurden überwiegend das Jahr der Auszeichnung und die Namen der Ausgezeichneten eingraviert. Am 11. April 1827 bestätigte Goethe den Empfang von silbernen Medaillen: *Durch Serenissimi Gnade sind mir 24 Stück silberne Medaillen mit der Inschrift MITESCUNT ASPERA SAECLA und leerer Rückseite, zu Prämien der Zeichenschule und in sonstigen Fällen ausgezeichneten Fleißes, durch H. Geh. Hofrath Helbig überliefert worden, welches ich dankbar bescheinige.*[51]

Die Verteilung der Medaille FAEHIGEN UND FLEISSIGEN endete um 1829.[52]

Die Berliner Medaillen-Münze bot in den dreißiger Jahren noch weitere Gelegenheitsmedaillen zum Kauf an, darunter mehrere Denkmünzen zur *Ermunterung des Fleißes,* die mit verschiedenen Allegorien und Inschriften versehen waren. Mehrere dieser Medaillen wurden dann auch im Großherzogtum Sachsen-Weimar-Eisenach als Preismedaillen verwendet.

Heinrich Müller, Professor an der Eisenacher Zeichenschule, quittierte
am 21. Oktober 1837 neben drei silbernen Medaillen mit der Inschrift
MITESCUNT ASPERA SAECLA *noch drey kleine silberne mit der
Zuschrift LOHN und EHRE und drey kleine silberne mit der Zuschrift
ZUR NACHAHMUNG welche zum Gebrauch für die Zeichenschule in
Eisenach empfangen zu haben bescheinigt.* Weitere Medaillen mit der
Inschrift *Dem Arbeitsamen Lohn und Ehre* wurden 1834 ausgeteilt.[53]
In einem Brief an Hofrat Meyer schlug Goethe vor, auch die Medaille
auf das 50-jährige Regierungsjubiläum Carl Augusts als Preismedaille
zu verwenden: *Sie erhalten hiebei, mein Teuester, das Verzeichnis der
ausgestellten Bilder mit dem Ersuchen, hiernach die Versetzung der Schü-
ler und die allenfalsigen Prämien zu überdenken und mir, besonders über
letzteres, nähere Auskunft zu geben. Ich wäre nicht abgeneigt, zu bestimmen und zu widmen. / Serenissimae desgl. in Silber / 1 Loosische /
Ferner in Bronze soviel nötig wären.*[54]
Da der Medaillenvorrat Anfang der dreißiger Jahre erschöpft war, be-
half man sich mit den preislich günstigeren Stücken aus Berlin.[55]
Am 14. Oktober 1832, nur wenige Monate nach Goethe, starb auch
Heinrich Meyer, Direktor der Zeichenschule seit 1807. Die Bedeutung der Zeichenschule hatte sich schon in den Jahren zuvor gewandelt
und verlor nach Goethes und Meyers Tod nochmals einiges von ihrem
Glanz.
Nachfolger Meyers wurde Johann Karl Ludwig v. Schorn (1793–
1842), Kunstgelehrter, Kustos der Großherzoglichen Kunstsammlung.
Neue Medaillen wurden unter seinem Direktorat allerdings nicht
mehr geprägt. Zur Auszeichnung der Schüler vergab man nach wie vor
die Medaillen mit dem Bilde Carl Augusts. Eine dieser Medaillen befindet sich heute im Bestand der Klassik Stiftung Weimar. Die Medaille mit Rückseitengravur ist 1835 dem Schüler Friedrich Eulenstein
ausgehändigt worden.

Konkordanzen: HuS Nr. 1554–1556, Nimmergut DOE Nr. 3249–
3251.

4   Die Kleinere Zivilverdienstmedaille 1822 für Kunst und
       Wissenschaft DOCTARUM FRONTIUM PRAEMIA
4.1   Goldene Medaille
4.2   Bronzene Medaille

Verdienste in Kunst und Wissenschaft wurden im klassischen Weimar
auf verschiedene Weise gewürdigt. Hier und da wurde die Größere Zivilverdienstmedaille zwar zur Auszeichnung künstlerischer und wissenschaftlicher Verdienste verliehen, jedoch war dies nicht die Regel.
Als Auszeichnung auf diesem Gebiet vergab man Geldgeschenke und
Stipendien, kaufte Kunstwerke an oder verfügte Rangerhöhungen und
Beförderungen.
Wenige Jahre nach der Stiftung der Größeren Zivilverdienstmedaille
reiften die ersten Überlegungen zu einer neuen Medaille heran, die
ausschließlich für Verdienste auf dem Gebiet der Wissenschaften und

Künste bestimmt sein sollte. Nicht zuletzt machten die hohen Materialkosten der goldenen Andrieuschen Stücke die Stiftung einer kleineren Medaille ratsam. Zudem waren die beiden Inschriften CAROLUS AUGUSTUS MAGNUS DUX SAXONIAE und MITESCUNT ASPERA SAECLA für diesen Zweck zu allgemein gehalten.

Die Kleinere Zivilverdienstmedaille für Kunst und Wissenschaft Nr. 4.1, As. und Rs. Abb. im Maßstab 1,2:1.

Wohl im April 1821 beauftragte Großherzog Carl August den geheimen Legationsrat Karl Friedrich Anton von Conta mit der Angelegenheit, der sich wie gewohnt mit Goethe als Staatsminister mit der Oberaufsicht über die unmittelbaren Anstalten für Wissenschaft und Kunst in Weimar und Jena beriet.

Herr Geh. Legationsrat Conta wegen einer Medaille von Serenissimo intentioniert und *Herr Geh. Legationsrat Conta wegen einer kleinen goldenen Medaille,* lauten die ersten Hinweise in Goethes Tag- und Jahresheften.[56]

Die Entwürfe von unbekannter Hand sahen für die Rückseite eine lateinische Inschrift in einem Kranz aus Ähren mit Weinlaub und Trauben vor. Wahrscheinlich war bei der Suche nach einer geeigneten Rückseiteninschrift wieder der Jenaer Philologe Eichstädt beteiligt, der schon 1816 die Inschrift der Größeren Zivilverdienstmedaille vorgeschlagen hatte. Die Wahl fiel letztlich auf DOCTARUM FRONTIUM PRAEMIA, also: *Belohnung gelehrter Stirnen.*[57]

Auf die Ausführung eines Musters der Vorderseite wurde verzichtet, da diese sich an die Andrieusche Medaille anlehnte. Abgüsse des bossierten Modells sandte Goethe am 17. Mai 1821 an Conta zur Weiterleitung an die Pariser Münze: *Ew. Hochwohlgeboren erhalten, da es schwierig war, eine Zeichnung zu erlangen, in beykommenden Schächtelchen zwey Abgüsse der neulich vorgezeigten Medaille, um solche nach Paris zu senden. Zugleich wäre zu bemerken, dass man zwar die Aehren als Hauptverbindung des Kranzes beybehalten, statt der Trauben aber Blumen, statt des Weinlaubs Epheu wünsche. Unsere Medaille würde etwas kleiner werden.*[58]

Die Wahl des Stempelschneiders fiel auf den Pariser Medailleur Jean Jaques Barre d. Ä. (1793–1855), der bereits 1819 mit einer ersten Ausstellung seiner Arbeiten im Pariser Salon auf sich aufmerksam gemacht hatte. Der sachsen-weimarische Ministerialresident Franz Ludwig von Treitlinger, der die Geschäfte des Großherzogtums in Paris führte, wird wohl den jungen Barre in Weimar empfohlen haben. Barre schnitt dann in Anlehnung an das Brustbild von Andrieu einen ersten Probestempel, der erst nach über einem halben Jahr nach Weimar abgesendet werden konnte. Am 24. Dezember schickte Goethe ein Muster an Conta: *Ew. Hochwohlgeboren sende ich den mitgeteilten Probedruck*

Die Kleinere Zivilverdienst-
medaille für Kunst und
Wissenschaft Nr. 4.2,
As. und Rs.

dankbarlichst zurück, nach Rückspra-
che mit Hofrat Meyer das gestern Ge-
äußerte wiederholend! Es ist zu wün-
schen, das der geschickte Künstler, der
die Ähnlichkeit vorzüglich zu treffen
das Glück hatte, seine Arbeit an der grö-
ßeren Medaille nochmals prüfe, den
Haaren etwas mehr Ausführung und
Bedeutung gebe, sodann auch die we-
nige Draperie, mit dem Knopf auf der
Schulter befestigt, anbringe; es wird so-
dann ein höchst erfreuliches und bedeutendes Kunstwerk sein.[59]

Die schließlich in Auftrag gegebene Medaille ist kleiner als die von
Andrieu, zeigt auf der Vorderseite das Bild Großherzogs Carl Augusts
mit der Umschrift CAROLUS AUGUSTUS MAGNUS DUX SA-
XONIAE und auf der Rückseite die Inschrift DOCTARUM FRON-
TIUM PRAEMIA in einem Kranz aus Efeublättern und Blumen,
jedoch ohne Ähren, wie von Goethe ursprünglich vorgeschlagen.
Am 19. Februar 1822 traf die fertige Lieferung in Weimar ein. Die Pariser Münze prägte 50 Medaillen in Gold und nur 5 in Bronze – wie
üblich ohne Tragevorrichtungen, um eine diffferenzierte Vergabe zu
ermöglichen. Silberne Exemplare wurden nicht ausgeprägt. Goethe erhielt von Carl August sogleich eine goldene Medaille verehrt, die sich
noch heute in seinen Sammlungen befindet.[60] Der Empfänger antwortete: *Ew. Königliche Hoheit haben in dieser letzten Zeit mich mit...so*
vielen angenehmen Aufträgen erfreut und mit der... wohlgeratenen Me-
daille beglückt, dass ich meinen verpflichtenden Dank nicht länger zu-
rückhalten darf.[61]
Eine bronzene Geschenkmedaille, die nicht zum Tragen bestimmt war,
hatte Conta auf Anweisung Carl Augusts noch Goethes Mitarbeiter
Prof. Riemer übergeben.[62]
Die Medaille wurde offiziell als *Kleinere Civilverdienstmedaille* bezeichnet.[63]
Ähnlich wie bei der Größeren Zivilverdienstmedaille wurde in jedem
Fall einzeln über die Tragegenehmigung am Band des Falkenordens
entschieden, wahrscheinlich von Carl August selbst. Die Kriterien sind
nicht bekannt. Die Genehmigung zum Tragen wurde unmittelbar mit
der Verleihung ausgesprochen oder auf gesondertes Ersuchen des Beliehenen nachträglich erteilt. So wurde dem *Stadt= Hauptmann Rich-*
ter zu Schleiz, das Tragen der ihm früherhin verliehenen Großherzog-
lichen goldenen Civil=Verdienst=Medaille am... 3. März d. J. zu erlau-
ben gnädigst geruht.[64]
Da zur Auszeichnung nur goldene Medaillen verwendet wurden, war
der Kreis der Empfänger klein und spiegelt das Wohlwollen des Großherzogs und die Beziehung des Beliehenen zum Weimarer Hof wider.
So auch im Fall des Egerer Polizei- und Gerichtsrats Grüner, der die
kleinere Medaille am 28. April 1824 mit der Erlaubnis zum Tragen am
Band des Falkenordens erhielt. Grüner (1780–1864) war mit Goethe
wohlbekannt und teilte dessen Interessen an naturwissenschaftlichen

Themen, namentlich an mineralogischen und geologi-
schen.[65]
Ferner erhielt 1823 eine nicht tragbare Medaille der Bau-
rat Friedrich Weinbrenner (1766–1826) aus Karlsruhe
sowie 1828 der Weimarer Hofkupferstecher Carl August
Schwerdtgeburth (1785–1878) mit der Trageerlaubnis.
Die bronzenen Medaillen waren Gelegenheitsgeschenke
und Erinnerungsstücke.
Bis Oktober 1828 sind mindestens 15 goldene Medaillen
verliehen worden. Im Regierungsblatt wurden bis zum
Tode Carl Augusts Mitte 1828 allerdings nur sieben davon
veröffentlicht, die Verleihungen an ausländische Bürger
wurden hier nicht publiziert. Die Angaben in den Akten
des Staatsministeriums und in den Regierungsblättern weichen voneinander ab, so dass die Anzahl der tatsächlich
verliehenen Medaillen nicht zu ermitteln ist. 1824 wurden
19 und 1829 noch einmal 12 goldene Medaillen nachge-
prägt.[66]
Wie schon bei den Größeren Zivilverdienstmedaillen wurden im Regierungsblatt nur die Verleihungen mit Trageberechtigung veröffentlicht. Diese wurden mit einem vom
Großherzog unterschriebenen Begleit- oder Handschreiben überge-

Joseph Sebastian Grüner,
Träger der Kleineren Zivilverdienstmedaille für Kunst
und Wissenschaft. Zeich-
nung von J. J. Schmeller,
um 1825.

ben. Wie bei der großen goldenen Medaille händigte Carl August die
Medaille verschiedentlich selbst aus.[67]
Man hat deshalb in Weimar stets einen kleinen Vorrat an Medaillen
mit Kugel- oder Bügelösen versehen lassen. Im Medaillenschrank, den
der Ordenssekretär des Falkenordens verwaltete, befanden sich im Oktober 1822 auch mehrere *Medaillen mit Öhsen*.[68] Zudem wurden zurückgegebene Medaillen mit Tragevorrichtung wieder verliehen. Da
sich Träger der Verdienstmedaille eine Tragevorrichtung auch privat
anfertigen ließen, kommen davon verschiedene Ausführungen vor.
Ähnlich wie bei der Größeren Zivilverdienstmedaille waren die Grenzen zwischen Geschenk- und Verdienstmedaillen fließend.
Nach dem Tod Carl Augusts verlieh Carl Friedrich diese Medaille noch
einige Jahre weiter. Von 1828 bis 1834 wurden mindestens noch zwei
weitere kleinere Medaillen vergeben. Wohl zur besseren Unterscheidung von den Verleihungen unter Carl August waren die Medaillen
nun am landesfarbenen Band zu tragen.[69]
Hinsichtlich der Rückgabe tragbarer Verdienstmedaillen am Band des
Falkenordens galten die Bestimmungen der Verordnung vom 20. Juni
1820 weiter.[70]
Die Kleinere Zivilverdienstmedaille zeigt auf der Vorderseite das nach
rechts gewendete Bild Carl Augusts nach der Medaille von Andrieu
in antiker Gewandung mit der Umschrift CAROLUS AUGUSTUS
MAGNUS DUX SAXONIAE. Am unteren Medaillenrand befindet
sich die Signatur BARRE F. Die Rückseite weist in einem dichten
Kranz von Efeublättern und Rosen die von Horaz entlehnte Inschrift
DOCTARUM / FRONTIUM / PRAEMIA auf. Die Medaille hat
beidseitig einen glatten Überrand.

Der Durchmesser beträgt 35 mm; das Gewicht der goldenen Medaille 33,6 g, der bronzenen 20,4 g.

Die Medaille war zunächst am roten Band des Hausordens, ab 1829 am landesfarbigen schwarz-grün-gelben Band zu tragen.[71]

Sie wurde in Lederetuis oder in kleinen Pappschachteln vergeben, die mit modischen Papiermustern beklebt waren.

Konkordanzen: HuS Nr. 1560–1562; Nimmergut OEK Nr. 2354–2356 und DOE Nr. 3255–3257.

5	Die Militärverdienstmedaille Treuen Kriegern 1815
5.1	Silberne Medaille
5.2	Bronzene Medaille

Zwei Monate nach der Erneuerung des Hausordens der Wachsamkeit oder vom Weißen Falken stiftete Großherzog Carl August eine Verdienst- und Erinnerungsmedaille für die Teilnehmer der Feldzüge von 1809 bis 1815. Dies wurde im Januar 1816 in der Presse angezeigt.[72]

Im *Reglement über die Austheilung der Verdienst-Medaille an das Militär* vom 4. Dezember 1815 wurde u. a. bestimmt: *Nur diejenigen Militärs sollen die Ehrenauszeichnung erhalten und auf selbige Anspruch haben, welche in den Feldzügen seit 1809 sich durch Bravour und Treue, ihrer Schuldigkeit gemäß hervorgetan, und sich dabei eines groben Exzesses oder Verbrechens nicht schuldig gemacht haben.* Weiterhin: *Einem jeden Militär, welcher die Medaille erhält, soll zugleich ein von dem Präsidio der Commission vollzogenes Certificat zugestellt werden, in welchem die Ursache der Belohnung dessen Verdienste bemerkt ist, das demselben zur Legitimation und zur Vorbeugung etwaigen Missverständnisses und Unordnung dienen kann.*

Eine unter Leitung des Generalmajors von Egloffstein gebildete Kommission sollte darüber entscheiden, *welcher von den Militärs würdig ist, diese Medaille zu erhalten.* Dem Entwurf fügte Carl August noch eigenhändig hinzu: *Bey erwiesener schlechter Aufführung eines mit der*

Die Militärverdienstmedaille in Bronze an alter Schnalle, bezogen mit dem Band des Falkenordens aus der ersten Verleihungszeit.

Medaille gezierten Individuum hat die Commission das Recht, selbige ihm wieder abzusprechen und Bericht an mich deswegen zu erstatten. – In zweifelhaften Fällen hat der General-Major v. Egloffstein über die Austheilung, als Vorsitzender der Commission, die Entscheidung zu führen oder von Mir die Entschliessung mittelst Rapports einzuholen, und zu gegenwärtigen.[73]

Eine Ordre vom 17. Dezember 1816 nennt die Voraussetzungen, unter denen die Medaille dem Träger aberkannt werden konnte:
1. Wem grober Vergehungen halber Zuchthausstrafe als Kriminalstrafe zuerkannt worden, ist des ferneren Tages der Medaille für immer unwürdig zu achten.

Die Militärverdienstmedaille in Silber, As. und Rs., mit Zwischen- und Bandring.

2. Wer mit Gefängnisstrafe Verbrechen halber (Polizeivergehen ausgeschlossen) belegt wird, ist des Tragens für ein Jahr verlustig, die Strafzeit ungerechnet.[74]

Da das Reglement nur die Modalitäten der Verleihung regelte, fehlten dort Angaben zum Namen und Aussehen der Medaille, dem Material sowie zum Band und der Tragewiese. In der Regimentsgeschichte des 5. Thüringischen Infanterie-Regiments No. 94 heißt es ergänzend über die Stiftung: *Durch Parolebefehl vom 5. Dezember 1815 sprach der Großherzog Carl August den Bataillonen für ihr treues und tapferes Verhalten während des Feldzuges seinen Dank aus. Außerdem hatte der Großherzog noch während der Abwesenheit der Truppen zum Andenken an die seit dem Jahre 1809 so ehrenvoll durchgefochtenen Feldzüge eine Medaille von Bronze mit der Aufschrift „Treuen Kriegern", am roten Band auf der linken Brust zu tragen, gestiftet, die noch im... Dezember an sämtliche aus dem Felde zurückgekehrten Offiziere und Mannschaften zur Verteilung kam.*[75]

Die Medaille führt bis heute unterschiedlichste Bezeichnungen, so u. a. *Medaille für treue Krieger, Feldzugsmedaille, Champagne-Medaille, Militär-Medaille* und *Kriegs-Ehren-Medaille.* In den Aktenfragmenten, den Staatshandbüchern für das Großherzogtum sowie in amtlichen Schriftwechseln wird hingegen durchgängig von der *Militärverdienstmedaille* gesprochen. Dieser Name ist somit als offizielle Bezeichnung der Auszeichnung anzusehen.[76]

Die Medaille ist nicht nur für die Teilnehmer an den Feldzügen der Befreiungskriege gestiftet worden, sondern darüber hinaus auch für alle Militärs, die an den Feldzügen 1809 in Österreich, 1810 auf dem spanischen Kriegsschauplatz und 1812 in Rußland etc. teilgenommen haben. Es war gewiss ein Herzensanliegen Carl Augusts, auch die Veteranen dieser Kampagnen mit auszuzeichnen. Das kleine weimarische Kontingent verzeichnete in den zurückliegenden Feldzügen wiederholt hohe Verluste und musste mehrmals neu aufgestellt werden. *Die seit 1806 nur wenig unterbrochene Kriegsperiode des weimarischen Kontingents war zu Ende, und jeder Angehörige des kleinen Landes konnte stolz auf dieselbe zurückblicken. War das Häuflein in den ver-*

Die Militärverdienstmedaille in Silber, As. und Rs., größere Variante (s. a. Text auf S. 211).

Ottokar v. Thon, dargestellt
mit dem Falkenorden und
der MVM Treuen Kriegern,
von J. J. Schmeller, 1836.

schiedenen, blutigen Kriegen wiederholt ganz aufgerieben worden, hatte es die Drangsale ertragen, wie sie
oft nicht schrecklich genug ausgemalt werden können, so
hatte es doch überall – sowohl unter den Trümmern
der unglücklichen Armee von Jena und Auerstädt, in
den Schluchten Tirols, in den Gebirgen Kataloniens,
auf den Schneefeldern Rußlands, in der Avantgarde
des Yorckschen Korps, in Frankreich und Belgien – seine
Fahne hochgehalten...[77]

Am 19. Januar 1816 wurde daher im Weimarischen
Wochenblatt ein Aufruf mit folgendem Wortlaut
veröffentlicht: *Ihro Königliche Hoheit der Großherzog haben für die in den seit 1809 vorgewesenen Feldzügen sich treu bewiesenen Militärs aus Höchst Ihro
beyden Linien=Bataillons eine Verdienst=Medaille
zu stiften und deren Vertheilung an die betr. Indivi-
duen gnädigst anzubefehlen geruhet. Es werden daher
alle jetzt beurlaubte oder nicht mehr im Dienst befindlichen Militärs, die nach der höchsten Bestimmung
Anspruch auf diese Medaille zu haben glauben, hiermit
aufgefordert, sich in der Kürze entweder mündlich oder schriftlich, und
zwar die Beurlaubten bey ihrem Herrn Kompagnie=Chefs; die außer
Dienst Befindlichen aber bey unterzeichneter Commission, welche mit
der Vertheilung beauftragt ist, zu melden.*[78]

Ob Daniel Friedrich Loos oder der Weimarer Medailleur Friedrich
Wilhelm Facius den Stempel geschnitten hat, ist nicht festzustellen.[79]
Die Ausprägung der Medaille erfolgte jedoch durch die Berliner Medaillen-Münze von G. Loos, die bereits im Dezember 1815 einen Teil
der Medaillen nach Weimar geliefert hat. [80]

Ehrentafel in der Weimarer
Jakobskirche für die Teilnehmer an den Befreiungs-
kriegen 1808–1815.
Heutiger Zustand.

Neben den bronzenen Medaillen sandte Loos auf besondere Anforderung von Großherzog Carl August auch 24 silberne Medaillen. In den Akten der Schatullverwaltung findet sich dazu der Hinweis: *Bei Loos in Berlin am 8. Januar 1816 sind 24 silberne Medaillen bestellt worden. Seine Königliche Hoheit hat bestimmt, dass sie zur Verleihung in exzeptionellen Fällen verwendet werden.* Weiter heißt es am 14. Mai: *Nachdem 12 silberne Champagne-Denkmünzen verliehen wurden, verbleibt der Rest im Bestand der Schatulle.*[81]

Welche Voraussetzungen für die Verleihung von silbernen Medaillen gegeben sein mussten, ist nicht bekannt. Carl August hat über diese besonderen Verleihungen von Fall zu Fall wohl selbst entschieden.[82] Ob die Auszeichnung für herausragende militärische Verdienste oder nur aufgrund der besonderen Stellung der Beliehenen erfolgte, ist ungewiss. Die Staatshandbücher führen alle Träger der bronzenen Medaillen auf, jedoch keinen Weimarer als Träger der silbernen Medaille. Dies könnte für eine Verleihung an Ausländer sprechen.

Die genaue Zahl der verliehenen Medaillen geht aus den verfügbaren Dokumenten nicht hervor. G. Loos lieferte insgesamt 2000 Medaillen nach Weimar.[83] Dass die bronzene Medaille später auch als Verdienstmedaille neben der Größeren Zivilverdienstmedaille verliehen und am landesfarbenen Band getragen wurde, ist auszuschließen. Verschiedentlich fanden einige Nachverleihungen bis in die dreißiger Jahre hinein statt.[84]

Nach dem Tode des Trägers war die Medaille zunächst zurückzugeben. Eine Großherzogliche Order vom 20. September 1820 verfügte dann: *Indem ich dieses dem Herrn General-Major v. Egloffstein benachrichtige, dass heute an die beiden Ober-Consistorien die Verfügungen ergangen sind, eben so wie in den Königlich Preussischen und anderen Staaten, auch in den Unsrigen, die von verstorbenen Militär hinterlassenen Denkmünzen in den Kirchen ihrer Geburtsorte aufhängen zu lassen, ertheile Ich demselben zugleich die Ordre: diese Meine Entschließung den beiden Bataillonen bekannt machen zu lassen.*[85]

Die Militärverdienstmedaille Treuen Kriegern in Bronze, As. und Rs.

Die Medaille zeigt auf der Vorderseite Carl Augusts Initialen CA und auf der Rückseite die Inschrift Treuen / Kriegern, jeweils in Frakturschrift. Der Durchmesser beträgt 28,6 mm, die Höhe mit angeprägter Öse 35,2 – 35,5 mm, das Gewicht in Silber mit Zwischen- und Bandring 12,4 g, in Bronze 10,7 g. Von der silbernen Medaille ist eine größere Variante bekannt. Durchmesser 28,8 mm, Höhe mit angelöteter Tropfenöse 35,8 mm, Gewicht 11,8 g ohne Ringe.

Die Medaillen weisen beidseitig einen Überrand auf.

Desgl. ohne Öse.

Neben tragbaren Auszeichnungen existieren zeitgenössische Medaillen ohne Öse bei gleichem Durchmesser und einem Gewicht von 7,7 g. Evtl. konnten diese als Erinnerungsstücke erworben werden.

Von den Stempeln wurden in den dreißiger Jahren verschiedentlich Nachprägungen vorgenommen.

Auf zeitgenössischen Abbildungen wird sowohl die Seite mit den Initialen CA als auch die Inschriftenseite Treuen Kriegern als Vorderseite getragen. Abbildungen Carl Augusts zeigen zumeist die Initialen als Vorderseite. Verschiedene offizielle Porträts bilden ihn mit der bron-

zenen Medaille ab, die er nach 1815 neben dem Stern des Hausordens bevorzugt trug. Nach amtlichen Schriftwechseln war die Inschrift als Vorderseite bestimmt.
Die Medaillen wurden mit einem Zertifikat vergeben und am roten Seidenband des Falkenordens getragen.
Eine größere Anzahl nicht verliehener bronzener Exemplare wird in den Sammlungen der Klassik Stiftung Weimar aufbewahrt.
Für weitere offizielle Prägungen verwendete man einen neuen Stempel, dabei sind Inschrift und Initialen größer gehalten und die Stücke deutlich dicker.

Konkordanzen: HuS Nr. 1615; Nimmergut OEK Nr. 2396–2396/1 und DOE Nr. 3300–3301.

DIE VON GROSSHERZOG CARL FRIEDRICH (1828–1853) GESTIFTETEN EHRENZEICHEN

6   Die Kleinere Zivilverdienstmedaille 1829
         MERITIS NOBILIS
6.1   Silberne Medaille
6.2   Bronzene Medaille

Einige Monate nach dem Tod Carl Augusts am 14. Juni 1828 und nach dem Regierungsantritt seines Sohnes Carl Friedrich wurden erste Überlegungen zu einer neuen Verdienstmedaille angestellt.
Die bis dahin verliehenen größeren Zivilverdienstmedaillen sollten durch die neue Auszeichnung abgelöst werden, die Preismedaillen der Zeichenschule wurden in der bisherigen Form beibehalten.
Im Dezember 1828 bestimmte Großherzog Carl Friedrich daher, dass eine neue Medaillen zu prägen sei. Maßgeblich für diese Entscheidung war u. a., dass die Kosten für die Herstellung der Medaillen in Dukatengold unverhältnismäßig hoch waren und die Medaille wegen ihrer Größe und ihres Gewichtes *mit einiger Unbequemlichkeit verbunden und das Anbringen eines Öhrs an dieselbe schwierig ist.*[86]
Auf Anregung des Geheimen Rates Helbig[87] schlug Minister v. Fritsch Goethe vor, den bewährten Vorderseitenstempel von Jean Jaques Barre zur Medaille DOCTARUM FRONTIUM PRAEMIA erneut zu verwenden und die Rückseite jeweils mit einer wechselnden Inschrift zu versehen. Goethe befasste sich um die Jahreswende 1828/1829 noch ausführlicher mit der Gestaltung der Medaille und korrespondierte über die Frage der Rückseiteninschrift intensiv mit dem Jenaer Philologen Carl Wilhelm Göttling:
Ew. Wohlgeboren / haben die Gefälligkeit mir in Beantwortung einer Frage beyräthig zu seyn, die man mir in diesen Tagen vorgelegt. Auf der Rückseite der goldnen Verdienst-Medaille des höchstseligen Herrn stehen, wie Sie wissen, die Worte: Doctarum frontium praemia; nun wünschte man einen und den andern Vorschlag zu einer Inschrift, die in's Weitere, Allgemeinere deutete. Wir hatten früher auf einer Preismedaille für die Zeichenschule die Inschrift: Fähigen und Fleißigen; in dem gegenwärti-

gen Falle, wo die Worte sich auf Ältere, Verdiente beziehen sollen, müßte man an etwas Ernsteres denken, als wenn man sagte: Treuen Geprüften, / Thätigen Geprüften, / Thätigen Ausdauernden, / Treuen Verdienten, / denn um diese Begriffe dreht sich das Ganze herum. Hiezu wünschte man ein paar lateinische Worte, wo möglich aus irgend einem antiken Verse. Geht Ihnen dergleichen bey, so haben Sie die Güte mir solches mitzutheilen, ich werde es dankbar anerkennen. / Die Niederländer haben ein Ordens-Motto: Felix meritis, welches kaum schöner dürfte gefunden

Die Kleinere Zivilverdienstmedaille 6.1 am Band des Falkenordens, As. und Rs.

werden; vielleicht führt es uns auf einen guten Gedanken.Bey dieser Gelegenheit vermelde vorläufig: daß ein geistreicher Freund und Kenner,in allem Ernste, den Pomponius Mela verdächtig macht; ist Ihnen etwa schon früher bekannt, daß man an der Echtheit dieses Autors gezweifelt habe? Soviel für dießmal. Möge im neuen Jahr Ihnen alles wohlgelingen. Ergebenst / Weimar den 7. Januar 1829 / J. W. v. Goethe [88]

Aus der Vielzahl möglicher Inschriften unterbreitete Goethe v. Fritsch Anfang 1829 Vorschläge für die Gestaltung der Rückseite. Da die goldenen Medaillen für Kunst und Wissenschaft mit der Inschrift DOCTARUM FRONTIUM PRAEMIA auch weiterhin verliehen werden sollten, schlug Goethe noch weitere Rückseiteninschriften vor, die je nach Anlass zu verwenden seien: *Ew. Exzellenz / beeile mich die Inschriften vorzulegen, welche aus zutraulichen Verhandlungen mit dem vorzüglichen Professor Göttling hervorgegangen; es sind folgende: / Exploratae fidei / Intemeratae fidei (Verg. Aen. II, / Decus quaesitum neritis (Horat. Od. III, 30,14)* Erlesener Schmuck der Stirn / *Merita decorusfronde (Horat. Od. IV, 2, 35)* /Nach erfolgreichen Mühen / *Prosperis laboribus* Nach erfolgreichen Mühen / *Meritorum conscius* Des Lohnes nun gewiß / Meritis nobilis Edel durch Verdienst / *Digna pro laudibus praemia (vgl. Aen. IX, 250)* Würdig des errungenen Preises. / *Diese, wie sie vorliegen, betrachtend und den Zweck vor Augen habend, würde folgende Vorschläge zu einiger Einleitung wagen.*

Man behielte für einen Teil der zu verleihenden Medaillen die bisherige Rückseite bey: – Doctarum frontium praemia – mit einem Kranze aus Blumen und Epheu, als Literatoren, Dichtern und Künstlern geziemet, ließe aber noch etwa zwey andere Rückseiten zu schicklicher Auswahl stehen z. B. Prosperis Laboribus mit einem Erntekranz, bestehend aus Aehren, Mohn sowohl Blumen als Köpfen, für Landleute und gar wohl für alle technischen Verdienste schicklich. Sodann Meritis nobilis mit einem Eichenkranze für die übrigen Verdienste um den Staat. Würdigen Ew. Exellenz diese ohnmaßgeblichen Vorschläge weiterer geneigter Betrachtung / Weimar, den 18. Januar 1829 [89]

Man entschied sich schließlich dafür, nur eine Medaille mit der Inschrift MERITIS NOBILIS zu prägen. An den sachsen-weimarischen

Die Kleinere Zivilverdienstmedaille 6.2, As. und Rs.

Ministerialresidenten von Treitlinger in Paris erging am 28. Februar 1829 der Auftrag, den Stempel schneiden und die ersten Exemplare prägen zu lassen. Da lediglich der Rückseiten-stempel neu geschnitten wurde, konnten bereits am 21. Mai 1829 24 silberne und 48 bronzene Medaillen nach Weimar geliefert werden.[90] Goldene Exemplare wurden für Verleihungszwecke nicht geprägt.

Verdienste in Kunst und Wissenschaft wurden weiterhin mit der goldenen Medaille DOCTARUM FRONTIUM PRAEMIA ausgezeichnet, sonstige Verdienste mit der neuen silbernen und bronzenen Verdienstmedaille. Verleihungsgrundsätze o. ä., die Aufschluss über die Verleihungskriterien hätten geben können, sind nicht überliefert. Der alten Praxis folgend, wurde die Medaille sowohl als tragbare wie als nichttragbare Auszeichnungs- und Geschenkmedaille vergeben. Die Trageberechtigung wurde im Verleihungsdiplom oder im Übersendungsschreiben jeweils vermerkt. Die Medaillen wurden ohne Tragevorrichtung wie Öse oder Bügel geliefert, sie wurden erst bei entsprechendem Bedarf angebracht. Im Regierungsblatt wurden nur die Verleihungen der tragbaren Medaillen angezeigt. Von diesen können von 1829 bis Ende 1833 insgesamt nur vier silberne und eine bronzene Medaillen nachgewiesen werden. Hierbei handelt es sich nur um die in den Regierungsblättern aufgeführten Verleihungen. Da die jeweiligen Rückseiteninschriften nicht genannt werden, können keine Verleihungszahlen für die Medaille angegeben werden. Nach Einführung der Zivilverdienstmedaille mit dem Bilde Carl Friedrichs wurde die Medaille MERITIS NOBILIS vermutlich nicht weiter verliehen.[91]

Die Vorderseite der Medaille entspricht der Medaille von Barre mit dem nach rechts gewendeten Brustbild Großherzogs Carl Augusts mit antikem Umhang und der Umschrift CAROLUS AUGUSTUS MAGNUS DUX SAXONIAE. Unten befindet sich die Stempel-schneidersignatur BARRE F. Die Rückseite zeigt in einem oben offenen Eichenkranz, der unten mit einer Bandschleife gebunden ist, die Inschrift MERITIS / NOBILIS.

Die Medaille hat einen Durchmesser von 35 mm. Ihr Gewicht in Silber mit Öse und Tragring beträgt 21,1 g, in Bronze 20,6 g.

Sie hat beidseitig einen glatten Überrand.

Soweit die Medaillen zum Tragen bestimmt sind, haben sie eine Bügelöse oder eine kugelförmige bzw. einfache runde Öse mit Tragering. Die Medaille wurde am landesfarbigen Band getragen und mit einem vom Großherzog unterzeichneten Verleihungsdiplom vergeben.

Konkordanzen: HuS Nr. 1557–1559; Nimmergut OEK Nr. 2352–2353 und DOE Nr. 3252–3254.

7   Die Zivilverdienstmedaille 1833
7.1   Goldene Medaille
7.2   Silberne Medaille
7.3   Bronzene Medaille

Es dauerte noch sechs Jahre nach dem Regierungsantritt Großherzog Carl Friedrichs, bis die Verleihungen der Größeren und Kleineren Zivilverdienstmedaillen mit dem Bildnis Carl Augusts endgültig eingestellt wurden. Von 1828 bis 1833 lassen sich noch mindestens 18 Verleihungen dieser Medaillen in den Regierungsblättern nachweisen und zwar 3 goldene, 12 silberne und 3 bronzene. Die Verleihungen von 1829 an erfolgten am landesfarbigen Band. Zweifelsohne sollten damit die unter Carl Friedrich vollzogenen Verleihungen von denen unter Carl August unterschieden werden. Für eine noch unter Carl August verliehene goldene Medaille an den Medizinalrat Stoltze in Töplitz erteilte Carl Friedrich 1829 noch nachträglich die Erlaubnis, diese am landesfarbigen Bande zu tragen. Die Größeren Goldenen Medaillen, die noch bis 1833 verliehen wurden, wie z. B. die an den Justiz-Amtmann Heinemann zu Wieselbach, waren hingegen am Band des Falkenordens zu tragen.[92]
An die Stelle der bisher verliehenen Medaillen trat nun die Verdienstmedaille, die mit den erforderlichen Modifikationen bis zum Ende der Monarchie im November 1918 verliehen wurde. In die Vorbereitungen zur Prägung der neuen Medaille war Goethe wie gewohnt einbezogen. Noch in den letzten Lebensmonaten bis zu seinem Tod am 22. März 1832, beförderte er nachdrücklich die Bemühungen um die Medaillengestaltung und die Inschriften.

Die silberne Zivilverdienstmedaille mit dem Bildnis Carl Friedrichs, nicht tragbar, As. und Rs.

Erste Überlegungen sahen vor, die Stempel nach einem von Leonhard Posch gefertigtem Bildnis des Großherzogs schneiden zu lassen. Gegenüber dem Geheimen Hofrat Helbig bemerkte Goethe: *In Bezug auf die Medaille möchte ich die Frage aufwerfen, wo sich die Bildnisse der höchsten Herrschaften befinden, welche der treffliche Posch bey seinem hiersein bossiert hat. Da mein Vorschlag dahin gehen würde, unseres regierenden Fürsten Bildniß zum Avers zu nehmen, wovon das Weitere nächstens.*[93] Hiervon kann man dann später ab, und Carl Friedrich betraute stattdessen die junge Weimarer Künstlerin Angelica Facius mit dieser Aufgabe, die das Profil für die Medaille alsdann auch zur Zufriedenheit des Großherzogs anfertigte. Angelica Bellonata Facius (1806–1887), die Tochter des Weimarer Medailleurs und Gemmenschneiders Friedrich Wilhelm Facius, war Schülerin Rauchs in Berlin und wurde später eine der bedeutendsten deutschen Medaillenschöpferinnen.[94]
Ausführlicher befasste sich Goethe dann in einer Aktennotiz vom Januar 1832 mit dem Fortgang der Arbeiten: *Da Ihre Königl. Hoheit un-*

Die bronzene Zivilver-
dienstmedaille mit dem
Bildnis Carl Friedrichs am
landesfarbenen Band,
As. und Rs.

ser gnädigster Herr, der jungen Künstlerin, die Erlaubnis gegeben sein Profil
zu bossiren, welches wohl gerathen seyn
scheint, so wäre nunmehr an die Medaille zu denken, welche durch Herrn
Rauch zur Sprache gebracht worden. /
Man könnte vorerst eine kleinere ver-
anstalten, wie die ist welche von dem se-
ligen Herrn ausgeprägt wurden und als
Civil-Verdienst-Medaille verliehen wird.
Es würde dieselbe zu gar manchen Zwecken dienlich seyn und nicht den Aufwand einer größeren erfordern. Bey der
Zeichenschule z. B. sind alle zu dem
Zweck für Prämien aufgebraucht, und
würde daher eine neue höchst willkom-
men seyn.../ So findet sich auch mancher Fall, wo Serenissimus eine Ar-
tigkeit erzeigen wollen, ohne gerade den Orden zu ertheilen; da es denn
immer ohne bedeutenden Aufwand geschehen könnte. Ließe man sie in
Goldblech ausprägen, so gäbe es wie vor dem eine schickliche Zierde von
Dosen, indem man, durch das Bild, einer Dose von geringeren Werth,
einen höheren verliehe.../ Hier würde ich nun auch bloß zu dem Kopfe ra-
then, weil er doch immer von bedeutender Größe wird. Eine Achselzierde
nach bekannter antiker Weise, würde auch gut kleiden. / Auf die Rückseite würde ich das Großherzogliche Wappen wünschen, mit der Königskrone und dem Fürstenmantel. / Die Inschrift: CAROLUS
FRIDERICUS, MAGNUS DUX SAXONIAE, würde wohl schicklich
empfunden. Allegorische Bezüge sind immer schwer zu erdenken, eben
so wie Sinnsprüche nicht leicht auf alle Fälle passen. / Hierüber erbiete ich
mich, mit Herrn Rauch zu conferiren, um eine Berechnung der Kosten,
sowohl der erforderlichen Materialien, als besonders auch der Ausprägung zu erfahren um die Bestellung ohne Bedenken machen zu können.[95]
Die Niederschrift streift nochmals die Praxis der Medaillenvergabe
unter Carl August und betont den praktischen wie auch den finanziellen Aspekt der Stiftung einer Verdienstmedaille. Damit knüpfte Goethe auch an die bisher übliche Verwendung der Zivilverdienstmedaillen als Preise der Zeichenschule und zum Schmuck für Geschenk-
dosen an und wollte diese Praxis weitergeführt wissen. Goethe waren
die Probleme, die die verschiedenen Rückseiteninschriften der alten
Zivilverdienstmedaillen aufgeworfen hatten, noch in unfreundlicher
Erinnerung, weswegen er sich für eine Medaille aussprach, die jedem
Verleihungsanlaß gerecht werden sollte.
Der Berliner Bildhauer Christian Daniel Rauch (1777–1857) sollte
die Schaffung der Medaille begleiten, sobald entsprechende Kostenberechnungen vorlägen. Der Auftrag an Rauch dürfte auch mit dem
engen Verhältnis zwischen Angelica Facius und ihrem Lehrmeister aus
ihrer Berliner Zeit als dessen Schülerin von 1827 bis 1834 zu erklären
sein. Nachdem Facius die Vorlage zur Zufriedenheit ausgeführt hatte,
fertigte Rauch die ersten Proben an.

Die Vorderseite des bronzenen Musters zeigte das nach links gewendete Brustbild Großherzog Carl Friedrichs mit der lateinischen Umschrift CAROLUS FRIDERICUS MAGNUS DUX SAXONIAE. Am unteren Halsabschnitt befand sich die Signatur A. F. F. für Angelica Facius fecit. Die Rückseite trug in einem zweifach gebundenen, stark erhabenen Kranz aus Eichenblättern die Inschrift DEM / VERDIENSTE. Der Durchmesser betrug 35 mm, das Gewicht 31,1 g.

Entgegen den Wünschen Goethes befand sich auf den Proben die lateinische Umschrift nur auf der Bildnisseite wieder. Dem Wechsel zwischen lateinischer und deutscher Inschrift stimmte der Großherzog erwartungsgemäß nicht zu, und er verwarf die vorgelegten Proben. Die Medaillen wurden schließlich bis auf wenige Exemplare wieder eingeschmolzen.

Den Auftrag zur Herstellung eines neuen Stempels nach dem Vorbild der verworfenen Medaille, jedoch mit deutscher Umschrift, erhielt nun der Dresdner Münzgraveur Anton Friedrich König d. J. (1794–1844). Dabei sollte die Gestaltung der Rückseite beibehalten werden. König lieferte die Stempel 1833 nach nur acht Tagen mit dem Hinweis, dass er die Arbeit unentgeltlich ausgeführt habe. *Er weigert sich standhaft, dafür etwas zu berechnen*, notiert Geheimrat Helbig, der zu dieser Zeit Sekretär des Falkenordens war. *Er bleibt dabei, daß er diese Arbeit mit Vergnügen für Dem. Facius, seine ehemalige Schülerin, übernommen habe. Es wird also nichts übrig bleiben, als das Dlle. Facius dem Münzgraveur König persönlich dankt. Sie will dies thun, bittet aber um ein Exemplar der Verdienstmedaille in Silber, um dadurch den Werth ihres Dankes zu erhöhen.*[96]

Die Ausprägung erfolgte sodann an der Königlich Sächsischen Münze zu Dresden. Mit der ersten Lieferung wurden 10 Stücke in Gold, 50 in Silber und 100 Exemplare in Bronze nach Weimar geliefert. Es folgten weitere Bestellungen, so im Dezember 1829 an die staatliche Dresdner Münze zur Ausprägung von 12 goldenen Medaillen, weitere 12 goldene 1845, das Stück zu 9 Dukaten, sowie 1852 nochmals über 12 goldene Exemplare für 377 Taler.[97] Ob in den Folgejahren noch weitere Prägungen in Auftrag gegeben wurden, ist nicht belegt.

Verleihungsdokument zur bronzenen Zivilverdienstmedaille für den Pächter Dietzel zu Madelungen.

Verleihungsdokument zur silbernen Zivilverdienst medaille für den Stabstrompeter Koch des kgl. preuß. Kürassier-Regiments.

Die Medaillen wurden wie üblich ohne Ösen geprägt, da ein Teil davon als Auflagen für Golddosen, Geschenkmedaillen u. a. Verwendung fand. So erhielt 1837 der Wirkliche Geheimrath und Oberkammerherr Freiherr von Wolfskehl aus Anlass seines 50-järhigen Dienstjubiläums eine goldene Dose mit der aufgelegten Porträtmedaille Carl Friedrichs überreicht. Da der Wert solcher Dosen erheblich war, trat 1855 die verwitwete Freifrau von Spiegel an das Großherzogliche Hofmarschallamt mit der Bitte heran, die seinerzeit ihrem Mann überreichte Dose zum Preis von 350 Talern wieder anzukaufen, was auf Veranlassung Carl Friedrichs auch geschah.[98]

Die Anzahl der in der Regierungszeit Carl Friedrichs und in den ersten Jahren unter Carl Alexander verliehenen Stücke lässt sich nicht genau bestimmen. Für die Zeit von 1833 bis 1853 lassen sich insgesamt 35 goldene, ca. 75 silberne und 55 bronzene im Lande verliehene Medaillen nachweisen.[99] Nach dem Regierungsantritt Carl Alexanders 1853 wurde bis 1857 die Medaille mit dem Bildnis Carl Friedrichs noch weiter verliehen, dann erst abgelöst durch die Medaille mit dem Bild Carl Alexanders.

Das Hofmarschallamt verfügte 1858 noch über acht goldene, fünf silberne und 17 bronzene Medaillen. Diese wurden durch den Weimarer Juwelier Wilhelm Wirsing zum Einschmelzen angekauft und mit der nächsten Ordenslieferung verrechnet.

Die Vorderseite zeigt das Brustbild Carl Friedrichs nach links mit der Umschrift CARL FRIEDRICH GROSSHERZOG ZU SACHSEN. Auf dem Halsabschnitt befindet sich vertieft die Signatur A. F. F. Die Rückseite weist in einem zweifach gebundenen dichten Kranz aus Eichenblättern die Inschrift DEM / VERDIENSTE auf.

Der Durchmesser beträgt 35 mm, das Gewicht der goldenen Medaille 31,7 g, das der silbernen 25,5 g und das der bronzenen 24,1 g.

Die Medaille wurde am landesfarbigen schwarz-grün-gelben Band getragen und in Lederetuis oder Pappschachteln mit einem Verleihungsdiplom vergeben (s. a. Ehrenzeichen Nr. 4). Die Übergabe der Medaillen wurde von einem Übersendungsschreiben oder als besonderen Gunstbeweis von einem *Höchsten Handschreiben* begleitet.

Konkordanzen: HuS Nr. 1563–1565; Nimmergut OEK Nr. 2363–2365 und DOE Nr. 3265–3267.

8   Das Dienstehrenzeichen 1834
8.1   Kreuz für 20 Jahre
8.2   Kreuz für 10 Jahre

Großherzog Carl Friedrich stiftete die Dienstauszeichnung mit Statuten vom 14. November 1834. *In Folge einer, dem unterzeichnet Militär= Kommando ertheilten höchsten Ordre, werden die nachstehenden Statuten über das von Sr. Königlichen Hoheit, dem Großherzoge, gestiftete Kreuz zur Auszeichung für langjährige treu und vorwurfsfrey geleistete Dienste in Höchstihrem Militär, sowie über die Stiftung einer Praemien=Zulage für achtzehn der ältesten und qualifizirtesten Unter=Offiziere der Großherzoglichen Infanterie, hiermit zur Kenntnis gebracht.* Mit diesen Worten wird die Stiftung der Dienstauszeichnung im Regierungsblatt bekannt gemacht.[100]
Das Großherzogtum folgte hiermit anderen deutschen Staaten, die zur Belohnung geleisteter Dienste entsprechende Auszeichnungen gestiftet haben – so z. B. Preußen mit einem Dienstauszeichnungskreuz für Offiziere 1825 und Sachsen mit einer Dienstauszeichnung für Unteroffiziere und Soldaten 1831.
Mit der weimarischen Stiftung kamen auch Unteroffiziere und Mannschaften in den Genuß einer tragbaren Auszeichnung, die sonst nur in Ausnahmefällen mit einem Ehrenzeichen bedacht wurden. Die Verdienstmedaillen waren trotz ihrer Stellung und ihres Charakters als Ehrenzeichen nur in Ausnahmefällen dem einfachen Soldaten oder Unteroffizier zugänglich. Allerdings wurde die Auszeichnung in derselben Form auch an Offiziere ausgegeben. Einige deutsche Staaten verfügten zur Auszeichnung langjähriger Dienste der Offiziere über gesonderte Auszeichnungen, die zumeist erst nach 21- oder 25-jähriger Dienstzeit verliehen wurden.

Das Kreuz 1. Klasse für XX vorwurfsfrei geleistete Militärdienstjahre.

Die genannte Verfügung regelte alle Verleihungsmodalitäten für beide Klassen des Ehrenzeichens. Das Reglement enthielt weiter detaillierte Bestimmungen, die zur Versagung und zum Verlust der Auszeichnung führen können, da *die Verleihung des Dienstauszeichnungskreuzes treue und vorwurfsfreie Dienstleistung erforderte. Daher machen Verletzung der Treue, sowie jede entehrende Handlung zur Erlangung dieses Ehrenzeichens unfähig.*[101] Die Verordnung über die Stiftung des Dienstehrenzeichens und die dazu erlassenen Statuten werden im Dokument 25 im Anhang dieses Buches wiedergegeben.
Obwohl in den Statuten durchgängig nur von Militärpersonen die Rede ist, bestimmen sie endlich, dass auch *nicht Streitbare* auf die Erteilung der Auszeichnung Anspruch haben. Hiermit sind insbesondere die Angehörigen des Gendarmeriekorps gemeint.

Besitzzeugnis für das
Dienstauszeichnungs-
kreuz 2. Klasse.

Die Träger des Ehrenzeichens waren berechtigt, es nach dem Austritt
aus dem Militärdienst weiter zu tragen.
Die Anzahl der Verleihungen kann nicht ermittelt werden, da rele-
vante Unterlagen nicht mehr vorhanden sind. Die Truppenstärke
Sachsen-Weimars betrug 1831 beispielsweise 2010 Mann.[102]
Die Hersteller des Ehrenzeichens sind nicht bekannt.
Die Kreuze bestehen aus schwarz gebeiztem Gußeisen mit geraden,
nach außen breiter werdenden Armen. Die Vorderseite trägt in einem

Das Kreuz 2. Klasse für X
vorwurfsfrei geleistete
Militärdienstjahre.

runden Mittelschild die von einer Krone überhöhte und verschlungene Namenschiffre CF für Carl Friedrich. Das Medaillon der Rückseite zeigt innerhalb eines schmalen Lorbeerkranzes die römische

Zahlen XX bzw. X. Das Kreuz für 20 Dienstjahre wird zusätzlich von einem geriffelten silbernen Rahmen eingefasst. Für die Gestaltung hat das Eiserne Kreuz als Vorbild gedient.
Das Kreuz für 20 Dienstjahre misst 34 x 34
mm, es wiegt 12,8 g, das für 10 Dienstjahre
misst 29 x 29 mm, 11 g.
Die Kreuze haben stehende Ösen mit einem
Bandring und werden am landesfarbigen
schwarz-grün-gelben Band getragen.

Konkordanzen: HuS Nr. 1563–1565; Nimmergut OEK Nr. 2363–2365 und DOE Nr.
3327–3328.

DIE VON GROSSHERZOG CARL ALEXANDER (1853–1901)
GESTIFTETEN EHRENZEICHEN

9   Die Zivilverdienstmedaille 1857
       mit dem jüngeren Bildnis
9.1   Goldene Medaille
9.2   Silberne Medaille
9.3   Bronzene Medaille

Nach dem Tode Großherzog Carl Friedrichs am 8. Juli 1853 und der Thronbesteigung seines Sohnes Carl Alexander traten hinsichtlich der Verleihung der Zivilverdienstmedaille zunächst keine Änderungen ein. Die Medaille wurde in der bisherigen Form, d. h. mit dem Bild Carl Friedrichs, in allen drei Stufen weiter verliehen – das waren von 1853 bis 1857 mindestens 47 Zivildienstmedaillen, davon 9 in Gold, 21 in Silber und 17 in Bronze.[103] Erst im Jahre 1858 veranlasste das Hofmarschallamt, die noch vorhandenen 8 goldenen, 5 silbernen und 17 bronzenen Zivilverdienstmedaillen 1834 dem Hofjuwelier Wirsing zum Einschmelzen zu übergeben.[104]

Die goldene Zivilverdienstmedaille mit dem jüngeren Bildnis Carl Alexanders, nicht tragbar, As. und Rs.

1857 erhielt der Gothaer Hofmedailleur Ferdinand Helfricht den ersten Auftrag zur Herstellung eines Stempels mit dem Bildnis Carl Alexanders für die neuen Verdienstmedaillen. Fortan lieferte Helfricht Stempel und Medaillen zu verschiedensten Anlässen nach Weimar.

Mit der Verordnung über die Verleihung der Verdienstmedaille vom 7. Dezember 1889 wurden erstmals seit der Ausgabe großherzoglicher Medaillen 1816 und 36 Jahre nach dem Regierungsantritt Carl Alexanders nähere Bestimmungen über die Verleihungsmodalitäten festgelegt. Veranlassung gab hierzu die Stiftung einer Medaille für Wissenschaft und Kunst, die mit gleicher Verordnung ins Leben gerufen wurde.[105] (S. a. Ehrenzeichen Nr. 16 und 21.)

Die Medaille wurde als Auszeichnung für Verdienste aller Art verliehen. Die offizielle Bezeichnung lautete bis 1892 *Civilverdienstmedaille*, bevor sich um 1892 der Name Verdienstmedaille durchsetzte und offiziell gebräuchlich wurde.[106]

Von 1858 bis 1890 wurden mindestens 681 Medaillen verliehen, davon 37 goldene, 484 silberne und 160 bronzene.[107]

Die wenigen Verleihungen der goldenen Medaille erfolgten zumeist an Künstler und Staatsbedienstete. Von 1879 bis einschließlich 1889 wurden keine goldenen Medaillen mehr verliehen, erst zwischen 1890 und 1892 vergab man nochmals sieben Medaillen.

Mit der silbernen Verdienstmedaille wurden vor allem Zivilpersonen ausgezeichnet, z. B. Bürgermeister, Lehrer und Personen in vergleichbaren mittleren Stellungen des Hof- und Staatsdienstes. Die hohe Zahl

Die silberne Zivilverdienstmedaille am landesfarbenen
Band, As. und Rs.

der verliehenen silbernen Medaillen erklärt sich auch dadurch, dass viele treue und lange Dienstleistungen ausgezeichnet wurden. Überdies führte schon die Dominanz der in Hof- und Staatsstellungen Beschäftigten zu einem natürlichen Übergewicht bei den Auszeichnungen. Militärpersonen zählten nur ausnahmsweise zu den Empfängern dieser Medaille.

Die bronzene Medaille erhielten überwiegend Arbeiter, Handwerker und Personen der unteren Rangklassen des Staatsdienstes. Militärpersonen wurden auch mit dieser Medaille nur in Einzelfällen ausgezeichnet.[108]

Obwohl auch Frauen zum Kreis der auszuzeichnenden Personen gehörten, sind in 35 Jahen nur fünf Verleihungen nachweisbar, und zwar vier silbene und eine bronzene an Hebammen.[109]

Großherzog Carl Alexander bestimmte im Herbst 1870, dass die Rückseite der silbernen Medaille für Verdienste während des Deutsch-Französischen Krieges 1870/71 zusätzlich mit der Jahreszahl 1870 zu versehen ist. Die mindestens 68 verliehenen Medaillen dieser Art sind in den genannten Verleihungszahlen enthalten.[110]

Eine ungewöhnliche Verleihung der Zivilverdienstmedaille für die Rettung eines Kindes vor dem Ertrinken ist 1867 zu registrieren. Üblicherweise wurden Personen, die sich um die Rettung eines Menschenlebens verdient gemacht haben, bis zur Stiftung der Lebensrettungsmedaille 1881 im Großherzogtum durch eine öffentliche Belobigung im Regierungsblatt bekannt gemacht und mit einem Geldgeschenk ausgezeichnet. Dass es auch hiervon Ausnahmen gab, belegt die genannte Verleihung.[111]

Als Stempelschneider wählte man wieder Ferdinand Helfricht, der die Stempel 1857 anfertigte und die ersten Exemplare nach Weimar lieferte. Für die Anfertigung des Stempels erhielt Helfricht 150 Taler. Der Preis für die Ausprägung der Medaillen mit dem jüngeren Bildnis betrug in feinem Dukatengold je 34,10 Taler für die Medaille mit Öse, 34 Taler für die Medaille ohne Öse, in Silber 1 Taler 28 Groschen und in Bronze 8 Groschen.[112] Wieviele Medaillen insgesamt ausgeprägt wurden, ist nicht mehr feststellbar. Die Stempel wurden nach der Prägung jeweils wieder an das Hofmarschallamt zurückgegeben.

Helfricht prägte bei Bedarf Medaillen nach, so 1868 sechs Stück in *Dukatengold* und 12 Medaillen *in feinem Silber*. Gleichzeitig erhöhte sich der Preis für die goldene Medaille mit Öse um 19 Groschen, für die silberne um 3 Groschen. Nach dem Tode Helfrichts 1892 übernahm Hofjuwelier Th. Müller die Prägung der Medaillen unter Verwendung der alten Stempel zum selben Preis.[113]

Ob – wie in den Jahrzehnten davor – auch nicht tragbare Geschenkmedaillen, also solche ohne Öse, ausgegeben wurden, kann nicht belegt werden – allerdings tauchen solche immer wieder auf.

Für die Verdienstmedaillen bestand keine Rückgabepflicht. Sie verblieben nach dem Tode des Trägers den Erben zu Erinnerung. Offenbar aus gegebenem Anlaß wies das Staatsministerium 1866 das Hofmarschallamt darauf hin, dass die Verdienstmedaillen von den Erben nicht veräußert werden dürfen, damit diese nicht von Unbefugten getragen werden. *Seine königliche Hoheit wollen vielmehr, daß es bei der Verordnung vom 20. Juni 1820 sein Bewenden behalten, jedoch mit der Modifikation, daß der Wert der Medaillen geschätzt und die Rücklieferung den Erben zu erstatten ist.*[114]

Prof. Ferdinand Helfricht mit seiner Frau. Gipsmodell von Emil Helfricht für ein nicht ausgeführtes Medaillenprojekt, 1876.

Die Vorderseite der Medaille zeigt das nach links gewendete Bildnis Carl Alexanders mit der Umschrift CARL ALEXANDER GROSS-HERZOG VON SACHSEN. Am unteren Rand befindet sich die Signatur HELFRICHT F. Die Rückseite trägt in einem zweifach gebundenen Eichenlaubkranz die Inschrift DEM / VERDIENSTE.

Der Durchmesser beträgt 35,8 mm, das Gewicht der goldenen Medaille 34.6, das der silbernen 23,4 und der bronzenen 24.5 g.

Auf dem oberen Medaillenrand der goldenen Medaillen ist zumeist die Feingehaltspunze 979 F eingeschlagen, auf dem der silbernen teilweise SILBER 0,990 oder SILBER 990.

Die tragbaren Medaillen haben einfache runde Ösen mit Ring, wurden am landesfarbigen schwarz-grün-gelben Band getragen und im Etui mit einem Verleihungsdiplom übergeben.

Konkordanzen: HuS Nr. 1566–1568; Nimmergut OEK Nr. 2366–2368 und DOE Nr. 3268–3270.

10   Die Zivilverdienstmedaille 1870
       mit dem jüngeren Bildnis
10.1 Silberne Medaille
10.2 Silberne Medaille mit Schwertern

Mit der Zivilverdienstmedaille 1870 wurden Personen ausgezeichnet, die sich während des Deutsch-Französischen Krieges 1870/71 Verdienste erworben haben, die nicht unmittelbar mit dem militärischen Geschehen auf dem Kriegsschauplatz zusammenhingen.

Großherzog Carl Alexander bestimmte im September 1870, dass die Rückseite der Zivilverdienstmedaille für Verdienste während des Krieges zusätzlich mit der Jahreszahl 1870 zu versehen ist. Eine förmliche Verordnung hierzu erging nicht, doch ist diese Bestimmung zeitgleich mit dem Nachtrag zu den Statuten des Hausordens vom 22. Septem-

Die silberne Zivilverdienstmedaille 1870 mit dem
jüngeren Bildnis Carl
Alexanders, As. und Rs.

ber 1870 zu sehen, die festlegten, dass
der Hausorden für Verdienste vor
dem Feinde mit Schwertern verliehen
werden konnte. Während die Schwerter beim Hausorden für alle Klassen
eingeführt wurden, sind diese nur für
die silberne Verdienstmedaille vorgesehen gewesen.[115]

Dabei wich man erstmals von dem
Prinzip ab, dass für die Verleihung der
Medaille neben dem Verdienst auch
der Rang des Beliehenen maßgeblich
war. Verleihungen der Medaille mit
Schwertern und mit der Inschrift
DEM VERDIENSTE 1870 erfolgten
nun für alle Personen des Unteroffi-
ziers- und Mannschaftsstandes – oder Militär- und Zivilpersonen in
vergleichbarer Stellung – ausschließlich in der Silberstufe.

Da die relevanten Akten hierzu nicht mehr vorhanden sind, konnte
bisher nicht eindeutig festgestellt werden, ob die Medaillen für die
Dauer des Krieges ausschließlich mit der ergänzten Rückseite oder daneben auch mit der bisherigen Inschrift DEM VERDIENSTE vergeben
wurden. In der Weimarer Zeitung werden die Bezeichnungen *Verdienstmedaille ohne Schwerter* oder *Civilverdienstmedaille* verwendet,
wobei die Verleihungen getrennt aufgeführt sind. So sind wohl beide
Ausführungen nebeneinander verliehen worden.

Den Stempel schnitt Ferdinand Helfricht unter Verwendung des Vorderseitenstempels der Zivilverdienstmedaille 1857. Helfricht lieferte
den Stempel zum Preis von 60 Talern am 14. Oktober 1870 sowie die
ersten 52 geprägten Exemplare für 66 Taler 56 Groschen an die Großherzogin Sophie, da sich Carl Alexander auf dem Kriegsschauplatz befand. Weitere Lieferungen trafen in den folgenden Monaten, v. a. 1871,
im Weimarer Staatsministerium ein.[116]

Für die Medaille mit Schwertern sind von 1870 bis 1873 beachtliche
831 Verleihungen nachweisbar.[117] Nach amtlichen Veröffentlichungen
waren die Verleihungen mit wenigen Ausnahmen 1873 abgeschlossen.[118] Verleihungen an Frauen sind in dieser Zeit nicht nachweisbar;
Frauenverdienste wurden mit dem Ehrenzeichen Für rühmliche Tätigkeit 1870/1871 gewürdigt. (S. a. Ehrenzeichen Nr. 12.)

Da die Veröffentlichungen nur zwischen Medaillen mit Schwertern
und ohne diese unterscheiden, wurden sicherlich sowohl Medaillen
mit und ohne Jahreszahl 1870 ausgegeben. Medaillen mit der Jahreszahl 1870 sind nicht für lange Dienstleistungen verliehen worden.[119]

Die silberne Medaille zeigt auf der Vorderseite das nach links gewendete jüngere Bildnis Großherzog Carl Alexanders mit der Umschrift
CARL ALEXANDER GROSSHERZOG VON SACHSEN. Am
unteren Rand befindet sich die Signatur HELFRICHT F.

Die Rückseite zeigt in einem dichten, zweifach gebundenen Eichenlaubkranz die Inschrift DEM / VERDIENSTE / 1870.

Die silberne Zivilverdienstmedaille 1870 desgl. mit
Schwertern, As. und Rs.

Die Medaille hat beidseitig einen schmalen Überrand und eine ste-
hende Öse mit gewöhnlichem Bandring.
Ihr Durchmesser beträgt 36 mm bei einem Gewicht von 24,1 g.
Im Falle der Verleihung mit Schwertern ist dem Medaillenband eine
Spange mit gekreuzten Schwertern aufgelegt. Die silbernen, einzeln
gearbeiteten Schwerter haben glatte Parierstangen und liegen auf
einem rechteckigen 42,5 x 17,5 mm großen silbernen Rahmen. Die
Größe der Schwerter beträgt 37 x 3 mm. Auf der Rückseite der Band-
spange befinden sich zumeist zwei Steckhaken.
Die Medaille trägt am oberen Medaillenrand und auf der Schwerter-
spange zumeist den Stempel SILBER 0,990 oder SILBER 990 mit
Halbmond und Krone.
Die Auszeichnung war auf der linken Brust am landesfarbenen Band
zu tragen. Sie wurde mit einem Verleihungsdiplom vergeben und verblieb nach dem Tode des Trägers im Besitz seiner Erben.

Konkordanzen: HuS Nr. 1569–1570; Nimmergut OEK Nr. 2400–
2401 und DOE Nr. 3302–3303.

11   Die Zivilverdienstmedaille 1870, 1889
      mit dem älteren Bildnis
11.1 Silberne Medaille
11.2 Silberne Medaille mit Schwertern

Von der Zivilverdienstmedaille 1870 wurden noch vor der Jahrhun-
dertwende Ersatzprägungen hergestellt, da es im Laufe der Zeit zu Verlusten und Beschädigungen der Auszeichnungen gekommen war. Die
Beliehenen beschafften sich in der Regel die Ersatzdekoration gegen
Zahlung der Herstellungskosten beim Großherzoglichen Hofmarschallamt. Dies betraf insbesondere die Verdienstmedaille mit Schwertern, bei der die Öse der Schwerterspange leicht abbrechen konnte.

Die silberne Zivilverdienst-
medaille 1870 (1889) mit
Schwertern mit dem älteren
Bildnis Carl Alexanders,
As. und Rs.

Nachdem der Medaillenvorrat erschöpft war und eine Nachprägung
der Medaillen nicht zweckmäßig erschien oder der Stempel abgenutzt
war, entschied sich das Staatsministerium zur Prägung einer Ersatz-
medaille. Möglicherweise scheute man die hohen Kosten, die die Anfertigung eines neuen Stempels für die wenigen Prägungen verursacht
hätte und verwendete den seit 1889 gebräuchlichen Vorderseitenstempel mit dem älteren Bildnis Carl Alexanders. Als Rückseite diente
der vorhandene Stempel. Von dieser Medaille sollen nur zehn Exemplare geprägt worden sein.[120]

Soweit die Medaille mit Schwertern versehen wurde, fand die 1870
eingeführte Schwerterspange Verwendung. Über die Prägung der Medaille etc. sind keine Akten mehr verfügbar, doch kann man davon ausgehen, dass Ferdinand Helfricht den Auftrag ausgeführt hat.

Die Klassik Stiftung Weimar besitzt in ihren älteren Beständen ein solches Exemplar ohne Schwerterspange.

Die in Silber ausgeprägte Medaille zeigt auf der Vorderseite das nach
links gewendete ältere Bildnis Carl Alexanders mit der Umschrift
CARL ALEXANDER GROSSHERZOG VON SACHSEN. Am
unteren Rand befindet sich die Signatur HELFRICHT F.

Die Rückseite zeigt in einem dichten, zweifach gebundenen Eichenlaubkranz die Inschrift DEM / VERDIENSTE / 1870.

Sie hat beidseitig einen schmalen Überrand und eine stehende Öse mit
gewöhnlichem Bandring.

Der Durchmesser der Medaille beträgt 36 mm, das Gewicht 32 g ohne
Schwerterspange.

Sie trägt am oberen Rand und auf der Schwerterspange meist den
Stempel SILBER 0,990 oder SILBER 990 mit Halbmond und Krone.
Die Medaille wurde im Etui mit einem Verleihungsdiplom übergeben.

Konkordanzen: HuS Nr. 1574–1575; Nimmergut OEK Nr. 2402–
2403 und DOE Nr. 3304–3305.

12   Das Ehrenzeichen Für rühmliche Tätigkeit 1870/1871
        Silberne Medaille

Am 19. Juli 1871 stiftete Großherzog Carl Alexander gemeinsam mit Großherzogin Sophie ein *Ehrenzeichen für rühmliche Thätigkeit, um Unserer dankbaren Anerkennung der verdienstlichen Thätigkeit, mit welcher Männer, Frauen und Jungfrauen während des Krieges gegen Frankreich in den Jahren 1870 und 1871 für die Sache des Vaterlandes gewirkt haben, einen äußeren Ausdruck zu verleihen...*
Das Ehrenzeichen diente der Anerkennung ziviler Verdienste für diejenigen Personen, die *durch pflichteifrige Erfüllung dienstlicher Obliegenheiten oder durch freiwillige Aufopferung sich ein besonderes Verdienst erworben haben.*[121] Überwiegend kam das Ehrenzeichen damit für Personen in Betracht, die sich auf sozialem Gebiet, so bei der Versorgung und Betreuung Verwundeter oder auf andere Art, Verdienste erwarben, die unmittelbar mit den kriegerischen Ereignissen auf dem französischen Kriegsschauplatz oder in der Heimat zusammen hingen. Empfangsberechtigt waren Angehörige des Großherzogtums und solche Personen, die während des Krieges ihren Aufenthalt im Großherzogtum hatten.[122]
Den Auftrag zur Herstellung des Stempels erhielt der Gothaer Hofmedailleur Ferdinand Helfricht, der diesen für 25 Taler lieferte.[123] Die Prägung und Lieferung des Ehrenzeichens erfolgte durch den Weimarer Juwelier und Goldarbeiter Carl Koch, der um die Jahreswende 1870/71 insgesamt 456 Exemplare geliefert hat.[124] Der Preis für die Prägung der Ehrenzeichen betrug (ohne Materialkosten) 121 Taler und 18 Groschen.[125]
Die ersten Ehrenzeichen wurden bereits im Januar 1872 verliehen, und zwar an die Großherzogin Sophie, die Prinzessinnen Marie und Elisabeth sowie an Prinz Hermann von Sachsen-Weimar.[126] Die Verleihungen, die zeitnah in der *Weimarischen Zeitung* veröffentlicht wurden, erfolgten zügig und waren im Wesentlichen 1872 abgeschlossen. Es wurden insgesamt 284 Ehrenzeichen verliehen, davon 242 an Frauen und 42 an Männer. 1873 erfolgte noch eine Nachverleihung an den Stabshornisten Henning.[127] Das Ehrenzeichen wurde am landesfarbenen schwarz-grün-gelben Band auf der Brust getragen, für Frauen zu einer Schleife gebunden. Für die Verleihung an Frauen war die Großherzogin vorschlagsberechtigt.
Die Größe beträgt 37 x 46 mm, das Gewicht 20 g bei dem Ehrenzeichen mit länglichem Tragring,

Das Ehrenzeichen Für rühmliche Tätigkeit 1870/1871, As. und Rs.

Verleihungsdiplome zum Ehrenzeichen Für rühmliche Tätigkeit und zur goldenen Verdienstmedaille für den Geheimen Justizrat Wilhelm Zwetz aus den Jahren 1871 und 1873.

bzw. 17,7 g in der Ausführung mit gewöhnlichem Zwischenring. Das rautenförmige silberne Ehrenzeichen zeigt auf der Vorderseite die von einem gebundenen Lorbeerkranz umgebene Inschrift FÜR / RÜHMLICHE / THÄTIGKEIT / 1870. 1871 (auch: ...1870/ 1871). Die Rückseite enthält die von einer Krone überhöhte verschlungene und gespiegelte Namenschiffre CAS für Carl Alexander und Sophie.

Große Ordensschnalle eines Arztes mit dem preußischen Kronenorden 4. Kl. mit dem Roten Kreuz, dem Ehrenzeichen Für rühmliche Tätigkeit 1870/1871 und der Kriegsdenkmünze 1870/71 in Stahl für Nichtkämpfer.

Das Ehrenzeichen hat beidseitig einen erhöhten Rand und eine Öse mit länglichem Tragring oder einen Zwischenring zur Befestigung der Schleife bzw. des Bandes. Auf dem Tragring befindet sich in einem Rahmen der Stempel C. KOCH.

Das Ehrenzeichen wurde mit einer Verleihungsurkunde übergeben. Nach dem Ableben des Inhabers verblieb das Ehrenzeichen im Besitz der Hinterbliebenen.

Wegen der eigenwilligen, aber gelungenen Form wurde das Ehrenzeichen im Volksmund auch als *Garnwickel* bezeichnet.[128]

Konkordanzen: HuS Nr. 1600; Nimmergut OEK Nr. 2404 und DOE Nr. 3306 u. 3307.

13	Die Dienstauszeichnung 1872
	Dienstauszeichnungsschnalle
13.1	Schnalle für 21 Jahre
13.2	Schnalle für 15 Jahre
13.3	Schnalle für 9 Jahre

Nach dem Preußisch-Österreichischen Krieg 1866 und der Gründung des Norddeutschen Bundes unter der Führung Preußens im August 1866 schloss Sachsen-Weimar am 26. Juni 1867 eine Militärkonvention mit Preußen ab. Am 1. Oktober 1867 erfolgte der Übertritt des Haus-Regiments als 5. Thüringisches Infanterie-Regiment Nr. 94 (Großherzog von Sachsen) in den Verband des XI. Armeekorps.[129] Damit war die Selbstständigkeit des sachsen-weimarischen Kontingents beendet und die Vorherrschaft Preußens im Norddeutschen Bund auch militärisch manifestiert.[130]

Die Militärkonvention war der Anstoß dafür, die bestehenden Regelungen für die Verleihungen der Dienstauszeichnungen zu modifizieren und sie dem preußischen Vorbild anzugleichen.

Großherzog Carl Alexander hob daher am 6. April 1872 *die von Unserem Militär-Kommando unterm 14. November 1834 publicirten Statuts über das Dienstauszeichnungskreuz und über die Prämienzulage bei Unserer Infanterie* auf, und am 9. März 1872 erging die Ministerial-Bekanntmachung über die Einführung der neuen Dienstauszeichnung.[131]

Die Dienstauszeichnung *ist bestimmt für Unteroffiziere und Gemeine, welche in unserem Kontingente mit Einschluß des Landwehrstamm=Kommandos und in Unserem Gendamariekorps dienen, dieselben mögen Unserem Großherzogthume oder einem anderen Deutschen Bundesstaate angehören, wenn sie nachstehend bestimmte aktive Dienstzeiten mit Pflichttreue und guter moralischer Führung vollbracht haben.*

Die Dienstauszeichnung wurde in drei Klassen verliehen, die 1. Klasse nach 21-jähriger, die 2. Klasse nach 15-jähriger, die 3. Klasse nach 9-jähriger Dienstzeit.

Dienstauszeichnungsschnallen 1. bis 3. Klasse. Mit den Initialen C. A. für Carl Alexander.

Als Dienstzeiten anzurechnen waren auch diejenigen Dienstjahre, *welche in einem anderen Truppenteil des bedachten Heeres* (d. h. des Bundeskontingentes) *geleistet worden sind. Kriegsjahre werden doppelt gerechnet. Die Zeit der Gefangenschaft wird nicht als Dienstzeit berechnet.* Bei der Stiftung des Dienstehrenzeichens 1834 waren nur die bei einem großherzoglichen Truppenverband abgeleistet Dienste anrechenbar. Hatte der Träger einer Dienstauszeichnung eine Festungsstrafe abzubüßen, war während dieser Zeit das Tragen der Auszeichnung nicht gestattet, im Falle von Vergehen, die den teilweisen oder gänzlichen Verlust der staatsbürgerlichen Rechte zur Folge hatte, war die Auszeichnung abzuerkennen.

Unteroffiziere, die bereits im Besitz des Dienstauszeichnungskreuzes 2. Klasse für 10-jährige Dienstzeit von 1834 waren und noch mit der Dienstauszeichnungsschnalle für 15 oder 21 Jahre ausgezeichnet wurden, trugen diese nebeneinander. Die früheren Bestimmungen über Prämien wurden ersatzlos gestrichen.

Die Dienstauszeichnungen wurden jeweils am 24. Juni und 24. Dezember ausgegeben. Der Beliehene erhielt einen Beglaubigungsschein über die Verleihung.[132]

Offizieren war der Erwerb dieser Dienstauszeichnung verwehrt, sie erhielten stattdessen nach vollendeter vorwurfsfreier 25jähriger Dienstzeit das preußische Dienstauszeichnungskreuz für Offiziere zuerkannt. Diese Bestimmung unterstreicht einmal mehr die besondere Stellung des Offizierskorps, das in erster Linie nicht mehr dem jeweiligen Landesherrn verpflichtet war, sondern sich als Teil einer Elite unter der Führung Preußens ansah.

Die Dienstauszeichnung besteht in allen drei Stufen aus einer rechteckigen Schnalle, die mit dem landesfarbenen Band bezogen ist. Hierauf ist eine Spange aufgelegt, der auf fein gekörntem oder glattem Grund in Frakturschrift die erhaben geprägte großherzogliche Namenschiffre C. A. trägt. Die Chiffre auf den Spangen für 21 und 15 Jahre ist von einer doppelten Zierlinie eingefasst.

Auf der Rückseite ist waagerecht eine Scharniernadel angebracht. Die Spangen sind in der 1. Klasse aus vergoldetem Silber, in der 2. Klasse aus Silber und in der 3. Klasse aus Silber mit geschwärztem Mittelteil. Die aufgelegte Spange misst in allen Klassen 12 x 42 mm. Die Schnallen wiegen in der 1. Klasse 8,4 g, in der 2. Klasse 10,6 g und der 3. Klasse 11,7 g.

Konkordanzen: HuS Nr. 1622–1624; Nimmergut OEK Nr. 2421–2423 und DOE Nr. 3329-3331.

14   Das Verdienstkreuz des Hausordens 1878
      Silbernes Kreuz

Am 8. Juli 1878, dem Tag seines 25-jährigen Regierungsjubiläums, stiftete Großherzog Carl Alexander mit dem fünften Nachtrag zu den Statuten des Hausordens der Wachsamkeit oder vom Weißen Falken ein Verdienstkreuz.[133] Damit erweiterte der Großherzog die Möglichkeiten zur Auszeichnung von Personen, deren Verdienste nicht mit dem Hausorden gewürdigt werden konnten, um ein zusätzliches Ehrenzeichen. Das Verdienstkreuz war dem Hausorden affiliiert, wodurch es dem Rang nach die Stellung einer Auszeichnung zwischen dem Hausorden und den Verdienstmedaillen einnahm. Man folgte damit dem Beispiel vieler europäischer Länder, die die staatlichen Orden durch ihnen angeschlossene Verdienstkreuze und -medaillen erweitert hatten.

Die mit dem Verdienstkreuz Beliehenen galten nicht als Ordensritter, sondern wurden als *Inhaber* bezeichnet. Bei Vorliegen weiterer auszeichnungswürdiger Verdienste war aber der Aufstieg in die Ritterklasse des Falkenordens möglich.

Die veröffentlichten Verleihungen vermitteln ein Bild von der Verleihungspraxis des Hofmarschallamtes sowohl im Großherzogtum als auch im Ausland. Inhaber der Auszeichnung sind ausschließlich Männer. Hierbei finden sich bei den Verleihungen im Großherzogtum überdurchschnittlich viele Staatsbedienstete wie Lehrer, Rektoren und Bürgermeister, von denen viele zur Zeit der Verleihung bereits als *außer Dienst* verzeichnet sind.

Das Verdienstkreuz des Hausordens mit den Initialen CA für Carl Alexander, As. und Rs.

Das Verdienstkreuz diente im Großherzogtum damit zur Auszeichnung langjähriger Dienste im mittleren Staatsdienst. Es kam dem Wunsche nach einer zusätzlichen Auszeichnung von Verdiensten im Staatsdienst entgegen, die bisher nur mit Verdienstmedaillen gewürdigt werden konnten. Goldene Medaillen wurden nur in besonderen Fällen vergeben, sie kamen wie der Hausorden nicht zur Auszeichnung von treuen Diensten in Frage. Die ausländischen Empfänger des Verdienstkreuzes waren ebenfalls im Staats- oder Hofdienst tätig.

Das Verdienstkreuz wurde unter Carl Alexander sparsam verliehen. Von 1878 bis 1900 wurden insgesamt 150 Personen mit dem Verdienstkreuz ausgezeichnet, davon 77 in- und 73 ausländische Staatsangehörige. Für das Stiftungsjahr 1878 führt die Liste nur 13 Verleihungen auf. In den folgenden Jahren wurden die Kreuze offenbar ausschließlich an Ausländer vergeben, erst 1885 setzt die Verleihung an Weimarer Staatsangehörige wieder ein. Im Jahr der Goldenen Hochzeit des großherzoglichen Paares 1892 wurden mit 27, davon 17 an Inländer, die meisten Kreuze verliehen. In dieser Zeit gingen zehn Auszeichnungen in die Niederlande, mit denen das Haus Sachsen-Weimar eng verbunden war, 29 gingen nach Preußen und zehn nach Sachsen. 1894 wurde ein Verdienstkreuz einem Inder verliehen.

Die häufigsten Verleihungen erfolgten jedoch 1901 mit insgesamt 68

Auszeichnungen, davon 49 an Ausländer. Da Carl Alexander bereits am 5. Januar dieses Jahres starb, sind diese Verleihungen ganz sicher von Wilhelm Ernst verfügt worden, wobei es sich noch um Verdienstkreuze mit der Chiffre CA gehandelt haben dürfte.[134]

Das Verdienstkreuz war unter Carl Alexander eine zivile Auszeichnung. Der dritte Statutennachtrag zum Falkenorden vom 22. September 1870, der die Möglichkeit einer Auszeichnung mit Schwertern vorsah, wurde bei diesem Verdienstkreuz nicht angewendet. Militärpersonen wurden für ihre Verdienste je nach Dienststellung mit dem Hausorden oder der Verdienstmedaille ausgezeichnet. Die Statuten des Verdienstkreuzes bestimmten zudem, dass die Inhaber *aufhören, dasselbe zu tragen, wenn sie zu Ordensrittern ernannt werden. In diesem Falle und ebenso nach dem Ableben eines Inhabers ist die Dekoration an die Ordenskanzlei zurückzugeben.*[135].

Die Stempel des Verdienstkreuzes schnitt wiederum Ferdinand Helfricht, der hierfür 120 Mark erhielt. Helfricht lieferte die ersten Exemplare 1878, und zwar: *24 Stück Verdienstkreuze in f. Silber... à 10 Mark, 24 Etuis hierzu à 1 Mark.* Eine weitere Sendung von 25 Stück erfolgte am 25. März 1879.[136] Professor Helfricht starb am 16. Mai 1892. Das Hofmarschallamt übertrug daraufhin im Juni 1892 dem Weimarer Hofjuwelier Th. Müller die weitere Prägung der Verdienstmedaillen und des Verdienstkreuzes.[137] Die Bänder lieferte der Weimarer Hoflieferant Meyer.

Das silberne Malteserkreuz zeigt auf der Vorderseite in einem runden Medaillon die von einer Krone überhöhte Namenschiffre CA des Stifters Carl Alexander, umgeben von der Devise des Hausordens VIGILANDO ASCENDIMUS. Unter der Devise befindet sich ein sechsstrahliges Sternchen. Das Kreuz hat fein gekörnte, matt grundierte Arme, die von einem erhöhten polierten Rand eingefaßt sind. Die Rückseite trägt in einem zweifach gebundenen Eichenlaubkranz die Inschrift DEM / VERDIENSTE. Am oberen Kreuzarm befindet sich eine einfache Öse mit rundem Tragring.

Der Durchmesser beträgt 36 mm, das Gewicht 17,3 g.

Das Verdienstkreuz wurde am roten Band des Falkenordens auf der linken Brust getragen und mit einem Verleihungsdiplom in einem Etui übergeben.

Konkordanzen: HuS Nr. 1543; Nimmergut OEK Nr. 2341 und DOE Nr. 2341.

15   Die Lebensrettungsmedaille 1881
        Silberne Medaille

Die Träger von Lebensrettungsmedaillen standen in den deutschen Staaten seit jeher in hohem Ansehen, da der Empfänger solcher Auszeichnungen in der Regel unter eigener Lebensgefahr eine Rettungstat vollbracht hatte. Sachsen-Weimar-Eisenach hatte bereits 1776 und 1823 erste gesetzliche Bestimmungen zur Regelung von Fällen erlassen, die mit einer solchen Rettungstat verbunden waren.[138]

Der § 1 des Gesetzes zur Rettung verunglückter Personen bestimmte damals: *Jeder Unterthan und Einwohner des Großherzogthums hat die Obliegenheit, wenn er einen Menschen in Lebensgefahr oder schon in einem todähnlichen Zustande findet, zur Rettung derselben ohne Verzug, so weit es irgend möglich ist, die Mittel anzuwenden, ...die vorgeschrieben sind...*

Die Lebensrettungsmedaille, As. und Rs.

Dagegen soll zu desto wirksamerer Anregung der Achtsamkeit und Belebung des Eifers und Muthes, hinsichtlich der bey Lebensrettung eines Verunglückten etwa zu überwindenden außerordentlichen Gefahren, denjenigen, welche zum Behuf einer solchen Rettung... die erste wesentliche Handlung vollbracht... deshalb eine öffentliche Belobung, auch im Falle einer bewiesenen vorzüglichen Entschlossenheit mit Zweckmäßigkeit des Verfahrens und dadurch bewirkten glücklichen Erfolges eine besondere Ehrenauszeichnung, oder wenn sie ausdrücklich darum nachsuchen, eine Prämie in Geld und zwar, nach Maßgabe der von ihnen bethätigten Anstrengung und Aufopferung, im Betrage von drey bis zehn Thalern ertheilt werden. – Die hiernach verwilligten Prämien sind aus dem Vermögen oder dem Nachlasse desjenigen, zu dessen Lebensrettung die Bemühung angewendet worden ist, zu entnehmen.[139]

Somit waren verschiedene Arten von Auszeichnungen für die Lebensrettung möglich: Die öffentliche Belobigung, die Ehrenauszeichnung sowie eine Anerkennung mit einer Geldprämie.

Öffentliche Belobigungen wurden regelmäßig im Regierungsblatt bekannt gemacht, so z. B. eine Rettungstat im Jahre 1818: *Am 19ten Juny 1820 rettete der Tagelöhner Christoph Peupelmann zu Berka, das fünfjährige Kind des dasigen Tagelöhners Heinrich Oschatz aus dem Ilmmühlgraben daselbst, als selbiges bereits untergesunken und nur 2 bis 3 Schritte vom Mühlenrade entfernt war, indem er bis an den Unterleib in das Wasser sprang und das Kind ergriff. Für diese lobenswerthe Handlung haben Se. Königliche Hoheit, der Großherzog, genannten Peupelmann eine Geld=Prämie zu verwilligen geruhet.*[140]

Die Auszeichnung mit einer Medaille wurde nur wenigen Personen zuteil, und zwar für Rettungstaten, die mit besonderer Entschlossenheit und unter drohender Lebensgefahr ausgeführt wurden. So wurden 1830 zwei Lebensrettern Zivilverdienstmedaillen verliehen. Dazu hieß es: *Bey dem am 27. Febr. d. J. erfolgten Eingange der Ilm bei Stadtsulza... erretteten der Lohgerbergeselle Zuckschwerdt [und] der Schuhmachergeselle Bernhard Illge... mit Verachtung der augenscheinlichsten und drohendsten Lebensgefahr ihren Kameraden, den Seilergesellen Apley daselbst aus den Fluten...Se. Königliche Hoheit, der Großherzog, haben... mittels höchsten Reskripts vom 6. April die bronzene Civil=Verdienst=Medaille zum Tragen derselben an dem landesfarbigen Bande*

Die Lebensrettungsme-
daille, As., im Etui der
Firma Th. Müller..

huldvoll zu verleihen geruht.[141] Eine weitere Medail-
lenverleihung für eine erfolgreiche Rettung erfolgte
1867 an den Unteroffizier Reinhold Henske. Dieser
bewahrte den fünfjährigen Sohn des Großherzoglichen Militär-Musikdirektors vor dem Ertrinken in
der Ilm. Carl Alexander bestimmte, dass dem Unteroffizier für die Rettung des Kindes eine besondere
Auszeichnung zuzuerkennen sei. Dem Oberhofmarschall von Beust teilte das Staatsministerium mit,
dass *der Großherzog gnädigst beschlossen haben, dem
genannten Henske in huldvoller Anerkennung der von
demselben mit Muth und Entschlossenheit und Nicht-
beachtung eigener Lebensgefahr ausgeführten Lebensrettung die bronzene Zivilverdienstmedaille mit der
Erlaubnis zum Tragen derselben am landesfarbigen
Band zu erteilen.*[142]

Am 24. Juni 1881 stiftete Großherzog Carl Alexander in weiterer Ausführung der Bestimmungen von
1823 schließlich die Lebensrettungsmedaille als besondere Ehrenauszeichnung für Fälle, in denen die
im Gesetz wie auch in der Verordnung über die Stiftung der Lebensrettungsmedaille[143] formulierten Voraussetzungen erfüllt waren.

Nach amtlichen Unterlagen wurden bis 1918 157 Lebensrettungsmedaillen ausgegeben.[144]

Die Lebensrettungsmedaille gehörte zu den wenigen Auszeichnungen, die bis zur Gründung des Landes Thüringen im Mai 1920 vom
Ministerium des Innern weiter verliehen wurden. Die Reichsregierung
teilte im Januar 1920 dem Staatsministerium den Beschluss des Reichskabinetts mit, dass gegen die weitere Verleihung der Medaille keine
Bedenken bestünden.[145] So ist noch eine Verleihung im Juni 1919 an
den Jenaer Bäckermeister Haltnorth nachweisbar.[146] Das Kabinettssekretariat des Großherzogs in Heinrichau/Schles. lieferte aus seinem
Bestand am 18. Juli 1919 noch sechs Lebensrettungsmedaillen zur weiteren Verwendung nach Weimar.[147]

Den Stempel zur Medaille schnitt der Gothaer Hofmedailleur Ferdin-
and Helfricht zum Preis von 200 Mark. Am 28. Juni 1881 lieferte
Helfricht die ersten 13 Medaillen zum Preis von je 5,50 Mark.[148]Nach
dem Tode Helfrichts 1892 übernahm der Weimarer Hofjuwelier
Theodor Müller die Herstellung der Medaillen, der die Ehrenzeichen
zum selben Preis lieferte.[149] 1918 betrug der Preis für die Medaille in
Silber 7,15 Mark und 2,80 Mark für das Etui.[150]

Das Ehrenzeichen besteht aus einer ovalen silbernen Medaille. Auf
glattem Grund befindet sich in der Mitte der sächsische Wappenschild
mit Hermelinmantel, überhöht von einer fünfbügeligen Krone. Im
Schriftring innerhalb zweier Linien befindet sich umlaufend der Wahlspruch des Hausordens VIGILANDO ASCENDIMUS. Den unte-
ren Abschluss bilden drei sechsstrahlige Sterne, die beidseitig von je
einem Punkt eingeschlossen sind.

Die Rückseite zeigt die Inschrift FÜR / RETTUNG / AUS / LE-BENSGEFAHR in einem umlaufenden zwölfteiligen Rautenkranz. Die Medaille hat jeweils einen schmalen Überrand und eine stehende Öse mit gewöhnlichem Ring zum Durchziehen des Bandes. Teilweise befindet sich der Stempel SILBER 0,990 oder SILBER 990 auf dem oberen Medaillenrand.
Die Medaille misst 31,5 x 34 mm und wiegt 15,4 g.
Die Medaille wurde am landesfarbigen grün-gelb-schwarzen Band auf der linken Brust getragen und zusammen mit einer Urkunde verliehen. Sie war nach dem Tode des Trägers nicht rückgabepflichtig, konnte jedoch von den Erben gegen Erstattung des Metallwertes an das Ordenssekretariat zurückgegeben werden.

Konkordanzen: HuS Nr. 1601; Nimmergut OEK Nr. 2395 und DOE Nr. 3299.

16   Die Verdienstmedaille für Wissenschaft und Kunst 1889
16.1   Ovale goldene Medaille
16.2   Runde goldene Medaille

Im Jahr 1821 hatte Großherzog Carl August die Kleinere Zivilverdienstmedaille DOCTARUM FRONTIUM PRAEMIA gestiftet, die ausschließlich für Verdienste in Wissenschaft und Kunst verliehen wurde. Mit dem Regierungsantritt Carl Friedrichs wurde diese Auszeichnung dann nur noch kurzeitig weiter verliehen. Verdienste der genannten Art wurden in der Folgezeit mit der neuen Zivilverdienstmedaille gewürdigt. Offenbar bestand während der Regierung Carl Friedrichs und Carl Alexanders zunächst kein dringendes Bedürfnis, eine ausschließlich für Wissenschaft und Kunst bestimmte Auszeichnung ins Leben zu rufen.
Erst 22 Jahre nach seinem Regierungsantritt stiftete Großherzog Carl Alexander am 7. Dezember 1889 mit der Verordnung über die Verleihung der Verdienstmedaillen eine entsprechende Auszeichnung. *Für hervorragende Verdienste auf dem Gebiete der Wissenschaft oder der Künste behalten Wir Uns vor, die goldene Medaille zu Tragen am Bande Unseres Hausordens der Wachsamkeit... zu verleihen und zwar in zwei Klassen, nämlich: die erste Klasse in ovaler Form mit dem Bande des Komthurkreuzes zum Tragen um den Hals, die zweite Klasse in der gewöhnlichen Form mit dem Bande des Ritterkreuzes zum Tragen auf der Brust.*[151]
Den Auftrag zur Herstellung der Stempel und zur Prägung der Medaillen erging an den Gothaer Hofmedailleur Ferdinand Helfricht, der

Die Verdienstmedaille für Wissenschaft und Kunst 1. Klasse , As. und Rs., nicht tragbares Exemplar ohne Ketteneinfassung.

die Vorderseite der Medaille mit dem älteren Bildnis Carl Alexanders wahrscheinlich nach einer im Sommer 1886 vollendeten Büste des Bildhauers Adolf von Hildebrand gestaltete, die sich heute im Weimarer Schlossmuseum befindet.[152] Helfricht lieferte den Stempel am 28. Dezember 1889 für 350 Mark sowie einige Exemplare der 1. Klasse zu je 108 Mark. Die runden goldenen Medaillen lieferte Helfricht zum selben Preis.[153]

Verleihungen der 1. Klasse fanden nach der Weimarer Zeitung zwischen 1889 und 1901 nur zwei statt: 1897 an den Schweizer Maler Arnold Böcklin sowie 1898 an die Gräfin Ersilia v. Caetano-Lovatelli aus Rom. Böcklin (1827–1901) erhielt (zusammen mit Reinhold Begas und Franz Lenbach) 1860 einen Ruf nach Weimar an die neu gegründete Großherzogliche Kunstschule, an der er als Lehrer für Landschaftsmalerei unter Direktor Stanislaus v. Kalckreuth unterrichtete. Schon 1862 verließ er Weimar wieder, um nach Italien zu gehen. Weitere Stationen seines Wirkens waren München, Zürich und Florenz, wo er 1901 starb. – Gräfin v. Lovatelli (1840–1925) entstammte einer italienischen Adelsfamilie. Früh entdeckte sie die Archäologie für sich und galt später als eine herausragende Wissenschaftlerin auf dem Gebiet der römischen Antike. Ausgezeichnet mit mehreren Doktorwürden – u. a. der Universität Halle (1894) – und Ehrenmitgliedschaften renommierter Akademien, starb sie 1925 in Rom.

Die Medaille der 2. Klasse wurde im selben Zeitraum nachweislich neun Mal verliehen.[154]

Wie verfügt, wurde die Medaille der 1. Klasse am Komturband des Hausordens, die der 2. Klasse am Band der Ritterklasse getragen. Die Medaille war nicht rückgabepflichtig. Sie konnte allerdings von den Erben gegen Erstattung des Metallwertes an das Ordenssekretariat abgegeben werden.[155]

Die ovale goldene Medaille zeigt das nach links gewendeten Bildnis Großherzog Carl Alexanders mit älteren Zügen und der Umschrift CARL ALEXANDER GROSSHERZOG VON SACHSEN. Diese wird von einem geperlten Zierrand eingefaßt. Am unteren Medaillenrand befindet sich ein sechsstrahliges Sternchen sowie unterhalb des Halsabschnitts das Medailleurszeichen HELFRICHT F.

Die Rückseite zeigt in einem zweifach gebundenen Lorbeerkranz die Inschrift DEM / VERDIENSTE.[156] Die Medaille ist mit einer Einfassung aus geflochtenem Golddraht umlegt. Am oberen Rand befindet sich eine stehende Öse für den Bandring. Entgegen der Verordnung befindet sich auf der Rückseite ein Lorbeerkranz.

Die Vorderseite der kreisrunden goldenen Medaille ist mit der zeitgleich gestifteten Verdienstmedaille von 1889 identisch.

Die Medaille 1. Klasse misst 35 x 44 mm und wiegt 40 g, die der 2. Klasse hat einen Durchmesser von 34 mm und wiegt 35,1 g.

Da nach der Verordnung die rückseitigen Kränze beider Klassen wie die Verdienstmedaillen einen Eichenkranz zeigen sollten, darf man vermuten, dass man bei der Gestaltung der 2. Klasse ebenfalls von dieser Vorgabe abwich. Da bisher keine solche Medaille bekannt ist, muss die Frage offen bleiben.

Konkordanzen: HuS Nr. 1602–1603; Nimmergut OEK Nr. 2357–2358 und DOE Nr. 3258–3259.

17.1 Das Ehrenzeichen für Mitglieder der Feuerwehren 1890
Großes Feuerwehr-Ehrenzeichen
Schnalle mit silbervergoldeter Spange

Wegweisende Impulse zum Feuerschutz und zur Brandbekämpfung gingen in Deutschland schon früh vom Herzogtum Sachsen-Weimar aus, das bereits 1589 eine Landesordnung zum Feuerschutz in Kraft setzte. Über 150 Jahre später erließ Herzog Ernst August 1742 als besonderes Kuriosum eine *Tellerordnung*, die den Weimarer Bürgern empfahl, zur effektiven Brandbekämpfung geweihte Holzteller einzusetzen. Weitaus ernstere Bestrebungen unternahm Herzogin Anna Amalia, die am 1. August 1760 die erste *Sachsen-Weimarische Obervormundschaftliche Feuerordnung* erließ, die bis zum Anfang des 19. Jahrhunderts gültig war.

Ausgelöst durch den Schock des Schlossbrandes am 6. Mai 1774, der das Weimarer Residenzschloss fast vollständig zerstört hatte, wurden unter Goethes Leitung mit dem Aufbau eines Feuerschutzes begonnen. Ein erster Schritt zur Formierung einer Berufsfeuerwehr war 1825 die Aufstellung einer *Feuer-Compagnie* von 30 Mann, der 1830 noch eine *Spritzenwachen-Compagnie* angeschlossen wurde. 1848/49 wurde für Männer vom 18. bis zum 60. Lebensjahr eine Löschpflicht eingeführt. Im Jahre 1869 gründete sich dann der Thüringer Feuerwehrverband, dem alle Weimarer Wehren künftig angehörten.[157]

Mit der Verordnung vom 22. November 1890 stiftete Großherzog Carl Alexander erstmals ein besonderes Ehrenzeichen für die Mitglieder der Feuerwehren im Großherzogtum.[158] Mit der Stiftung des Ehrenzeichens folgte man dem Beispiel anderer deutscher Staaten, die bereits über Feuerwehr-Auszeichnungen verfügten.

Das Ehrenzeichen war für Feuerwehr-Mannschaften bestimmt, welche sich im Feuerwehrdienst durch treue und nützliche Dienste oder auf der Brandstätte durch besondere Leistungen ausgezeichnet haben. Die Inhaber des Ehrenzeichens waren berechtigt, dieses sowohl im als auch außer Dienst und nach Austritt aus dem Dienst zu tragen. Das Tragen des Bandes ohne das Ehrenzeichen war hingegen nicht gestattet, um eine Verwechselung mit dem Band der Verdienstmedaille und anderer Ehrenzeichen zu vermeiden.

Zu einem bisher unbekannten Zeitpunkt trat neben dieses Ehrenzeichen ein weiteres Feuerwehr-Ehrenzeichen, das für 25-jährige Dienstleistungen verliehen wurde. (S. Ehrenzeichen Nr. 17.2.) Von da an verwendete man für diese Ehrenzeichen offiziell die Bezeichnung Großes und Kleines Feuerwehr-Ehrenzeichen, ohne dass dies Eingang in die Stiftungsverordnung gefunden hat. In der Weimarischen Zeitung wurden jedoch nur die Verleihungen des

Das Große Feuerwehr-Ehrenzeichen in zwei Fertigungsvarianten.

Der Weimarer Brandmeister Schröder mit zahlreichen Auszeichnungen, darunter das weimarische Große Feuerwehr-Ehrenzeichen (ganz unten).

Großen Feuerwehr-Ehrenzeichens angezeigt, da es sich bei diesem um eine Verdienstauszeichnung handelte. Legt man diese Angaben sowie die in den Akten des Hofmarschallamtes genannten jährlichen Verleihungszahlen zugrunde, dürften von 1890 bis bis zum Ende der Monarchie rund 130 Ehrenzeichen verliehen worden sein, darunter von Carl Alexander nur etwa 13. Danach wurden nur noch wenige dieser Ehrenzeichen verliehen.[159] Über die Verleihungen von November 1918 bis Mai 1920 sind keine Unterlagen vorhanden. Die Schnalle lieferte Hofjuwelier Th. Müller. Der Preis betrug 1902 zunächst 13 Mark und stieg bis 1918 auf 16,90 Mark an.

Dieses Ehrenzeichen gehört zu wenigen, deren Verleihung noch bis zur Gründung des Landes Thüringen im Mai 1920 gestattet war. Dem Weimarischen Ministerium des Innern wurde im Januar 1920 der Beschluß des Reichskabinetts übermittelt, dass bis auf weiteres nichts dagegen einzuwenden ist, dass die Landesregierungen das Feuerwehr-Ehrenzeichen weiter verleihen.[160]

Im Juli 1919 fragte das Weimarische Innenministerium beim Kabinettssekretariat des Großherzogs in Heinrichau an, ob und unter welchen Bedingungen noch vorhandene Feuerwehr-Ehrenzeichen an das MdI abgegeben werden könnten. Das Kabinettssekretariat übersandte daraufhin dem Hofmarschallamt fünf Ehrenzeichen aus seinem Bestand zur weiteren Verwendung. Im September 1919 waren noch fünf Feuerwehr-Ehrenzeichen mit Etui vorrätig, die das MdI gegen Erstattung von je 19,90 RM ankaufte.[161] Ob Wilhelm Ernst bis 1923 das Feuerwehr-Ehrenzeichen von Heinrichau aus noch weiter verlieh, ist nicht belegt.

Das Große Feuerwehr-Ehrenzeichen besteht aus einer Schnalle, der eine durchbrochen gearbeitete rechteckige silbervergoldete Spange aufgelegt ist, in deren Mitte sich der von einer Krone überhöhte Großherzoglich Sächsische Wappenschild befindet. Um den Schild ist ein Spruchband mit der Devise des Hausordens VIGILANDO ASCENDIMUS gelegt, der beiderseits von Feuerwehrsymbolen eingefasst ist. Die Spange liegt auf einer rechteckigen Grundplatte, die mit dem landesfarbigen Band bezogen ist. Auf der Rückseite befindet sich eine waagerecht verlaufende Scharniernadel. Teilweise ist die Spange rückseitig mit TH. MÜLLER und den Marken SILBER 990 oder SILBER 0,990 punziert.

Eine spätere Variante des Großen Ehrenzeichens weist einen etwas kleineren Wappenschild und geänderte Feuerwehrattribute auf.

Das Ehrenzeichen misst mit Rahmen 40,8 x 44,2 mm, es wiegt 15,9 g. Es wurde in einem speziellen Etui mit einem vom Staatsministerium ausgefertigten Diplom übergeben.

Das Ehrenzeichen verblieb nach dem Tode des Inhabers bei den Erben. Die Verordnung bestimmte jedoch, dass diese *ebenso wenig als der In-*

haber selbst das Ehrenzeichen an jemand anderen verkaufen durften *als an die Staatsverwaltung, und zwar gegen einen den Kosten der Herstellung entsprechenden, vom Ordenskanzler zu bestimmenden mäßigen Betrag.*[162]

Konkordanzen: HuS Nr. 1631, Nimmergut OEK Nr. 2394 und DOE Nr. 3298.

17.2 Das Ehrenzeichen für Mitglieder der Feuerwehren
Kleines Feuerwehr-Ehrenzeichen
Schnalle mit silberner, teilvergoldeter Spange

Das Kleine Feuerwehr-Ehrenzeichen wurde ausschließlich für 25-jährige Dienstleistung im Feuerwehrdienst vergeben. Es wurde in der Literatur stets als ein Ehrenzeichen des Freistaates Sachsen-Weimar- Eisenach angesehen, der vom November 1918 bis zur Gründung des Landes Thüringen am 1. Mai 1920 existierte. Unsicherheit bestand lediglich darüber, ob es sich um eine offizielle Stiftung des Freistaates oder um eine Dienstauszeichnung des Thüringer Feuerwehrverbandes handelte. Die einfache Gestaltung des Ehrenzeichens mit dem sächsischen statt dem großherzoglichen Wappenschild machte die Annahme plausibel, dass es sich um ein republikanisches Ehrenzeichen handelte. Dagegen spricht, dass die Ehrenzeichen auch noch nach dem Ende der Monarchie verliehen wurden. Eine Neustiftung in der Zeit des Freistaats erübrigte sich somit.[163]

Das Kleine Feuerwehr-Ehrenzeichen für 25 Dienstjahre.

Tatsächlich handelt es sich hierbei um eine Auszeichnung, die schon zur Zeit des Großherzogtums bestand und verliehen wurde. Ob es sich um eine offizielle Auszeichnung Sachsen-Weimars oder um eine solche des Thüringer Feuerwehrverbandes handelt, die einen quasi-offiziellen Status erlangte, ist bisher nicht zu beantworten.
Eine Stiftungsverfügung ist nicht bekannt, lediglich eine Verordnung der Staatsregierung von 1920 über die Weiterverleihung großherzoglich sächsischer Auszeichnungen belegt die Existenz der Auszeichnung bereits im Großherzogtum. Die Verordnung über die Weiterverleihung der Feuerwehr-Ehrenzeichen lautet:
Die Staatsregierung hat beschlossen, das sog. kleine Ehrenzeichen für Feuerwehrleute, die in einer Feuerwehr vorwurfsfrei 25 Jahre gedient haben, und das sogenannte große Ehrenzeichen für Feuerwehr-Mannschaften, die sich im Feuerwehrdienst durch treue und nützliche Dienste oder auf der Brandstätte durch eine besonders hervorragende Leistung ausgezeichnet haben, auch weiterhin zu verleihen. – Die Verleihung des kleinen Ehrenzeichens erfolgt durch die Ministerialabteilung des Innern, während über die Verleihung des großen Ehrenzeichens die Staatsregierung in der Gesamtsitzung entscheidet.[164]
Dieses Ehrenzeichen wurde somit regelmäßig nach einer vorwurfsfreien 25-jährigen Dienstzeit im Brandschutz verliehen, während das Große Feuerwehr-Ehrenzeichen zur Auszeichnung besonderer Leistungen vergeben wurde. Zumeist waren diejenigen, die das Große Ehrenzeichen erhielten, bereits Träger des Kleinen Ehrenzeichens.[165]

Verleihungszahlen können nicht genannt werden, da Auszeichnungen für treue Dienstleistungen etc. nicht in der Weimarer Zeitung veröffentlich wurden und keine auswertbaren amtlichen Verleihungslisten vorhanden sind. Die Verleihungszahl liegt jedoch deutlich über der des Großen Ehrenzeichens.

Auch für das Kleine Ehrenzeichen galten die Bestimmungen über das Verbot des Verkaufs an Dritte und die Kostenerstattung wie für das Große Ehrenzeichen.

Das Ehrenzeichen besteht aus einer Schnalle mit aufgelegtem landesfarbigen schwarz-gelb-grünen Band. Darauf liegt auf einer silbernen Grundplatte der vergoldete Sächsische Wappenschild, eingefasst von Lorbeer- und Eichenzweigen und je einem Feuerwehrbeil. Überhöht wird der Schild von der goldfarbenen Zahl 25.

Auf der Rückseite befindet sich eine waagerecht verlaufende Scharniernadel.

Das Ehrenzeichen misst 35,3 x 18,3 mm, es wiegt 8,2 g.

Konkordanzen: Nimmergut OEK Nr. 2429/1 und DOE Nr. 3338.

18   Die Medaille DEM VERDIENSTE 1892
18.1   Goldene Medaille
18.2   Silberne Medaille
18.3   Silberne Medaille mit Schwertern
18.4   Bronzene Medaille

Die lange Regierungszeit des Großherzogs Carl Alexander machte eine Angleichung seines Bildnisses auf der Medaillenvorderseite an sein gegenwärtiges Aussehen ratsam. Der Bildniswechsel erfolgte gleichzeitig mit der Stiftungsverordnung vom 25. August 1892, mit der die Verordnung über die Verdienstmedaille vom 7. Dezember 1889 aufgehoben wurde.

In der Stiftungsverordnung heißt es hierzu: *Die für Verdienste, welche durch eine Wirksamkeit in Angelegenheiten des Großherzogthums Sachsen und des deutschen Reiches erworben sind, von Uns zu verleihende Medaille (Verdienst=Medaille) besteht aus einer runden Schaumünze, deren Vorderseite Unser Bildnis zeigt, während die Rückseite die Inschrift Dem Verdienste enthält, umrahmt von einem aus Eichenlaub geflochtenen Kranze.*[166]

Dieser Text erhellt sich durch die Verleihungspraxis, wonach die Verdienstmedaille überwiegend zur Auszeichnung von Weimarer Staatsbürgern vorgesehen war, während die Anerkennungsmedaille Ausländern vorbehalten sein sollte. Verleihungen der Verdienstmedaille an Ausländer sind ebenso erfolgt, wenn die Verdienste die Angelegenheiten des deutschen Reiches betrafen.[167]

Eine ähnliche Regelung wurde später durch den 7. Nachtrag zu den Statuten des Falkenordens vom 8. Oktober 1892 für den Hausorden getroffen, der um eine zusätzliche Form des Ordenszeichens erweitert wurde, die nun für Ausländer bestimmt war. Der Zeitpunkt, von dem an die Medaillen mit dem älteren Bildnis ausgegeben wurde, dürfte mit dem Jahreswechsel 1891/1892 anzusetzen sein.

Den Auftrag, den neuen Vorderseitenstempel zu schneiden, erhielt Ferdinand Helfricht im Jahr 1889. Als Vorlage diente diesem eine im selben Jahr vom Münchner Prof. Hildebrand geschaffene Büste des Großherzogs. Adolf v. Hildebrand (1847–1921) war mit Carl August gut bekannt und stand mit ihm im regen Briefwechsel und persönlichen Kontakt. Die Vorarbeiten zur Büste Carl Alexanders entstanden wahrscheinlich in Florenz, wo Hildebrand das Kloster San Francesco di Paola besaß. Carl Alexander war während seiner Italienreise dort zu

Silberne Verdienstmedaille mit dem älteren Bildnis Carl Alexanders, As. und Rs.

Gast. Die Plastiken Hildebrands tragen klassizistische, beinahe mediterrane Züge. Die Formgebung ist ruhig und klar auf das Wesentliche reduziert. Hildebrand bevorzugte den Menschen als Gegenstand seiner Arbeiten, der ihm auch als das vornehmste Thema der Kunst allgemein erschien.

Helfricht erhielt für seine Arbeit ein Honorar von 300 Mark, für die Proben der goldenen Medaillen je 108 Mark, für die silbernen je 6,20 Mark und für die bronzenen je 1,20 Mark.[168] Zur Ausprägung der Medaillen durch Helfricht kam es jedoch nicht mehr, da die Prägestempel im Januar 1890 auf Weisung des Hofmarschallamtes an den Hofjuwelier Müller abzugeben waren. Müller lieferte dann erst im Juni 1892 sein erstes Probeexemplar.

Mit dem älteren Bildnis wurden nur noch tragbare Medaillen vergeben. Der Vorderseitenstempel wurde Mitte der 90er Jahre für wenige Ersatzprägungen der silbernen Verdienstmedaille 1870 mit Schwertern verwendet, da der Medaillenvorrat erschöpft und der Stempel mit dem jüngeren Bildnis unbrauchbar geworden war.

Von 1892 bis 1900 wurden nach amtlichen Angaben 412 Medaillen verliehen, daunter 9 goldene, 299 silberne und 104 bronzene. Unter den Empfängern der goldenen Medaille war nur eine Frau, die Hofschauspielerin Rosa Lüdt (1898); die anderen Verleihungen an Frauen – eine silberne und fünf bronzene Medaillen – gingen an Hebammen.[169]

Für die Verleihung von Verdienstmedaillen mit Schwertern existierten bisher keine speziellen Bestimmungen in den relevanten Verordnungen. Die Medaillenverleihungen für Verdienste im Krieg 1870/71 bildeten eine Ausnahme und wurden in Anlehnung an die Schwerterverleihungen zum Hausorden vorgenommen.

Mindestens in einem Fall kam es zur Verleihung einer Verdienstmedaille mit Schwertern, nämlich die an den Gefreiten Albert Straßburg im III. Seebataillon im Jahre 1900 für seine Verdienste um die Vertei-

Große Ordensschnalle, As. und Rs., daran die seltene silberne Verdienstmedaille mit Schwertern mit dem älteren Bildnis Carl Alexanders, flankiert vom preußischen Militär-Ehrenzeichen 2. Kl. (li.) und der China-Denkmünze des Deutschen Reiches.

digung der deutschen Gesandtschaft in Peking.[170] Nach seinem Rang hätte Straßburg nur die bronzene Medaille zugestanden, doch wurde die seit 1870 geübte Praxis beibehalten, nur silberne Medaillen für militärische Verdienste zu verleihen. (Zur Gestaltung der Schwerterspange s. a. Ehrenzeichen Nr. 11.2.)

Die Medaille zeigt auf der Vorderseite das nach links gewendete Brustbild Carl Alexanders mit älteren Gesichtszügen und der Umschrift CARL ALEXANDER GROSS-HERZOG VON SACHSEN. Am Halsabschnitt befindet sich die Signatur HELFRICHT F. Die Rückseite trägt in einem zweifach gebundenen dichten Eichenlaubkranz die Inschrift DEM / VERDIENSTE. Der Durchmesser beträgt 36 mm, das Gewicht der goldenen Medaille 35 g, der silbernen 19,1 g und das der bronzenen 22 g. Am oberen Medaillenrand der goldenen Medaillen ist der Feingehaltsstempel 979 F eingeschlagen, auf den silbernen Exemplaren teilweise die Stempel SILBER 0,990 oder SILBER 990.

Die Medaille hat beidseitig einen schmalen Überrand, oben eine stehende Öse und einen einfachen runden Ring.

Die Medaille wurde am landesfarbenen schwarz-gelb-grünen Band getragen. Überreicht wurde sie in einem Etui mit einer Verleihungsurkunde. Sie war nicht rückgabepflichtig.

Konkordanzen: HuS Nr. 1576–1578, Nimmergut OEK Nr. 2372–2374 und DOE Nr. 3271–3273.

19   Die Anerkennungsmedaille 1892
19.1   Goldene Anerkennungsmedaille
19.2   Silberne Anerkennungsmedaille
19.3   Bronzene Anerkennungsmedaille

Großherzog Carl Alexander stiftete am 25. August 1892 unter Aufhebung der Verordnung vom 7. Dezember 1889 zwei neue Verdienstmedaillen, welche die Zivilverdienstmedaille in ihrer bisherigen Form ablösten. Neben einer Medaille, die ausschließlich für Verdienste, *welche durch eine Wirksamkeit in Angelegenheiten des Großherzogthums Sachsen und des Deutschen Reiches* erworben sind, verliehen werden sollte, wurde noch eine *Anerkennungsmedaille* gestiftet, die zur Belohnung *sonstiger löblicher Leistungen oder guter Dienste* bestimmt war. Die Verordnung korrespondiert mit dem auf den Tag des silbernen Ehejubiläums am 8. Oktober 1892 datierten 7. Nachtrag zu den Statuten des Falkenordens, der ebenfalls eine besondere Form des Ordenszeichens einführte, die in der Regel nur *Ausländern* zugänglich war.[171] In beiden Verordnungen wird nicht explizit erwähnt, dass diese nur Ausländern vorbehalten sein sollen, jedoch zeigt neben dem uns heute etwas schwer verständlichen Text der Bestimmung vor allem die Verleihungspraxis, dass dies so gehandhabt wurde. Erst unter Großherzog Wilhelm Ernst sprechen die Grundsätze über die Verleihung des Allgemeinen Ehrenzeichens ausdrücklich davon, dass an *Ausländer* nur die besondere Form mit dem höchsten Namenszug verliehen werden soll.

Die Verdienstmedaille wurde auch nicht-weimarischen Bürgern bei Verdiensten um das Deutsche Reich verliehen, was mehrfach nachweisbar ist. So wurden im Laufe der Jahre 19 Verdienst- wie auch Anerkennungsmedaillen an württembergische Soldaten verliehen.[172] Den Auftrag zur Herstellung der neuen Stempel erhielt wieder der Gothaer Hofmedailleur Prof. Helfricht, der die Vorderseite der Medaille bereits 1889 nach der Büste Hildebrandts gestaltet hatte. (S. a. Ehrenzeichen Nr. 18.)

Silberne Anerkennungsmedaille mit dem Bilde Carl Alexanders, As. und Rs.

Die Vorderseite der Medaille zeigte nun das Bildnis Carl Alexanders mit älteren Gesichtszügen auf einer Verdienstmedaille. Die ersten Verleihungen erfolgten möglicherweise schon 1889, obwohl die Stiftung des Ehrenzeichens offiziell erst 1892 veröffentlicht wurde.

Nach der Fertigstellung des Stempels wurden die ersten Exemplare an das Weimarer Hofmarschallamt geliefert, und zwar fünf goldene Medaillen zu je 108 Mark, 50 silberne zu je 6,20 Mark sowie 30 bronzene zu je 1,20 Mark.[173]

Helfricht, von einem Hirnleiden geplagt, konnte seine Aufgaben nicht mehr mit voller Kraft erfüllen; er starb am 16. Mai 1892. Die Prägung der Medaille übernahm der Weimarer Hofjuwelier Theodor Müller, der sie in den nächsten Jahren zum selben Preis wie Helfricht lieferte.[174]

Verleihungszahlen können wegen fehlender Unterlagen nicht angegeben werden. In der Weimarischen Zeitung, dem amtlichen Mitteilungsorgan des Großherzogtums, sind lediglich vier Verleihungen der silbernen Anerkennungsmedaille in den Jahren 1900 und 1901 verzeichnet. Dabei handelt es sich um Sonderfälle oder einen Irrtum, da die Verleihungen von Ehrenzeichen an ausländische Staatsangehörige üblicherweise nicht veröffentlicht wurden.[175] Ähnlich wie bei der Verdienstmedaille dürfte auch die silberne Anerkennungsmedaille weit häufiger als die bronzene verliehen worden sein.

Im Oktober 1901 veräußerte das Hofmarschallamt noch vier überzählige massiv goldene Anerkennungsmedaillen zum Preis von 320 Mark.[176]

Die Medaille zeigt auf der Vorderseite das nach links gewendete Brustbild Carl Alexanders mit älteren Gesichtszügen und der Umschrift CARL ALEXANDER GROSSHERZOG VON SACHSEN. Am Halsabschnitt befindet sich die Signatur HELFRICHT F. Die Rückseite zeigt auf glattem Grund die ineinander geschlungenen verspiegelten Buchstaben CA mit darüber schwebender Krone.

Die Medaille hat beidseitig einen glatten Überrand mit einer stehenden Öse und einem einfachen Ring zum Durchziehen des Bandes.[177]

Der Durchmesser beträgt 36 mm, das Gewicht der goldenen Medaille 35 g, das der silbernen 23,8 g und das der bronzenen 22 g.

Auf dem oberen Rand der goldenen Medaille ist die Feingehaltspunze 979 F eingeschlagen, auf der silbernen Medaille zumeist die Stempel SILBER 0,990, nur 0,990 oder SILBER 990, z. T. auch mit Krone und Halbmond.

Die Medaille war am landesfarbigen Band zu tragen, sie wurde mit einer Verleihungsurkunde übergeben.

Die Medaille war nicht rückgabepflichtig.

Konkordanzen: HuS Nr. 1576–1578, Nimmergut OEK Nr. 2372–2374 und DOE Nr. 3274–3276.

20   Die Jubiläumsmedaille zur Goldenen Hochzeit 1892
20.1   Goldene Jubiläumsmedaille mit der Krone
20.2   Goldene Jubiläumsmedaille
20.3   Silberne Jubiläumsmedaille
20.4   Bronzene Jubiläumsmedaille

Am 8. Oktober 1892 jährte sich zum 50. Male der Tag der Vermählung von Großherzog Carl Alexander mit der Großherzogin Sophie. Der damalige Erbprinz lernte seine spätere Gemahlin im Frühjahr 1842 anlässlich eines Besuches in den Niederlanden kennen. Die junge Prinzessin hatte als Tochter des Prinzen von Oranien, des späteren Königs Wilhelm II. der Niederlande und der Prinzessin Anna Paulowna, am 8. April 1824 in Den Haag das Licht der Welt erblickt. Zwischen dem stattlichen jungen Fürsten und der anmutigen Prinzessin entwickelten sich bald nähere Beziehungen, die auf eine tiefere Herzensneigung beider schließen ließen. So feierte man bereits am 5. April 1842 die Verlobung, der am 8. Oktober desselben Jahres die Vermählung in Den Haag folgte. Zwischen dem Weimarer Hof und dem niederländi-

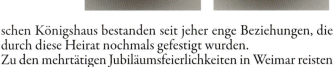

schen Königshaus bestanden seit jeher enge Beziehungen, die durch diese Heirat nochmals gefestigt wurden.

Zu den mehrtägigen Jubiläumsfeierlichkeiten in Weimar reisten neben dem Deutschen Kaiser und König von Preußen, der Königin der Niederlande und dem König von Sachsen, regierende Fürsten, königliche Prinzen sowie Abgesandte deutscher und europäischer Höfe an. Für wenige Tage standen das kleine Großherzogtum und seine Hauptstadt wieder im Blickpunkt der Aufmerksamkeit des europäischen Hochadels und der Gesellschaft.

Anlässlich dieses Ehrentages stifteten Großherzog Carl Alexander und Großherzogin Sophie eine Jubiläumsmedaille. Schon zur silbernen Hochzeit des Paares wurde 1867 eine Erinnerungsmedaille in Silber und Bronze geprägt. Den Stempel schnitt Angelika Facius.

Die Medaille von 1892 führte den Namen *Jubiläums-Medaille* und war unmittelbar hinter den Medaillen zu tragen, die *für Verdienste gegeben wurden, die dem Vaterlande, dem Großherzoglichen Hause oder Seiner Königlichen Hoheit dem Großherzog selbst geleistet wurden.*[178]

Sie wurde vergeben *als ein dauerndes Erinnerungszeichen an den festlichen Tag, andererseits als ein Zeichen höchstihres Dankes für die königlichen Hoheiten ausgesprochene Beteiligung und für die erfolgreichen Bemühungen um die Verschönerung des Festes durch gemeinnützige Stiftungen, Widmungen und Gaben.*[179]

Der Kreis der empfangsberechtigten Personen für die Medaille war außerordentlich weit gefasst: Verleihungslisten weisen weit über 1000 Personen aus. Darunter befanden sich die zu den Feierlichkeiten geladenen fürstlichen Gäste, Mitglieder des Hofstaates, großherzogliche Beamte, das diensthabende Militär, die Dienerschaft, Handwerker und Stifter. Die Anzahl der verliehenen Medaillen in den verschiedenen Ausprägungen lässt sich nicht mehr ermitteln. In den amtlichen Schriftwechseln sowie in den erhaltenen Verleihungslisten und Empfangsbestätigungen werden nur rudimentär Angaben zum Material der Medaillen gemacht. Auch Verleihungen an die Mitglieder des großherzoglichen Hauses und der auswärtigern Höfe, die in größerer Anzahl erfolgten, gehen aus den Listen nur teilweise hervor.[180]

Obwohl es sich überwiegend um ein Erinnerungszeichen handelte, wurde die Jubiläumsmedaille in vier Abstufungen verliehen: in Gold

Die goldene (si. vg.) Jubiläumsmedaille zur Goldenen Hochzeit des Großherzogspaares, As. und Rs., und das speziell hierfür bestimmte Verleihungsetui.

Die goldene Jubiläumsme-
daille zur Goldenen Hoch-
zeit des Großherzogspaares
mit der Krone, As. und Rs.,
Exemplar des Privatsekre-
tärs und Flügeladjutanten
der niederländischen
Königin v. Ranitz .

mit der Krone, in Gold, Silber und Bronze.
Genaue Bestimmungen, nach denen die Vergabe einzelner Stufen erfolgten, sind nicht
vorhanden. In der Fachliteratur wird allgemein vermutet, dass die goldene Medaille mit
Krone für Fürstlichkeiten bestimmt war und
nur 25 Medaillen in dieser Stufe verliehen
wurden. Diese Vermutung beruht offenbar
auf einer in den Akten des Hofmarschallamtes vorhandenen Liste verliehener goldener
Medaillen an 169 Personen, darunter königliche und fürstliche Teilnehmer, die durch
Unterstreichung hervorgehoben sind. Diese
als Empfänger der goldenen Medaillen mit
Krone zu interpretieren, ist aber gewagt und
nicht zu belegen. Auf zeitgenössischen Abbildungen tragen selbst die Mitglieder des
weimarischen Fürstenhauses nur die goldene Medaille ohne Krone.
Mindestens in einem Fall kann aber zweifelsfrei eine Verleihung der
Medaille mit Krone einer Person zugeordnet werden: Diese erhielt der
Privatsekretär der niederländischen Königin, der Jonkher van Ranitz
(1846–1916). Die Medaille befindet sich mit der Besitzurkunde im
Paleis Het Loo in den Niederlanden.
Die goldene Medaille wurde weit häufiger verliehen als andere Stufen.
So erhielten diese Stufe alle Vereine, die am 9. Oktober am histori-
schen Festzug durch Weimar teilgenommen haben, ebenso die 268
Vereine des Großherzoglich Sächsischen Krieger- und Militärvereins-
Bundes. Die Medaille war jeweils unter den Vereins-Kleinodien zu ver-
wahren und durfte an der Vereinsfahne getragen werden.[181] Verschiedent-

Verleihungsdokument
zur oben abgebildeten
Jubiläumsmedaille.

Frackkettchen mit 13 Dekorationen verschiedenster Herkunft; an 9. Stelle v. re. ist die silberne Jubiläumsmedaille zur Goldenen Hochzeit montiert.

lich erteilte das Großherzoglich Sächsische Staatsministerium neu gegründeten Kriegervereinen die Erlaubnis, die Jubiläumsmedaille eines aufgelösten Vereins zu übernehmen.[182] Goldene Jubiläumsmedaillen erhielten auch die Offiziere des Infanterie-Regiments Nr. 94 sowie die Pagen des großherzoglichen Hofes.[183] Silberne und bronzene Medaillen wurden offenbar meist an Personen der Hof- und Staatsverwaltung der unteren Rangklassen etc. vergeben.

Den Auftrag zur Prägung der Medaille erhielt die Berliner Medaillen-Münze L. Ostermann, ehemals Firma Loos. Das hat auch mit dem Tod des Gothaer Hofmedailleurs Ferdinand Helfricht zu tun, der im Mai 1892 verstarb und bisher die Weimarer Ehrenzeichen hergestellt hatte. Nachfolger Helfrichts wurde der Weimarer Hofjuwelier Theodor Müller, der bis dahin nur mit der Anfertigung der Dekorationen des Hausordens betraut war. Den Stempel schnitt W. Uhlmann.[184]

Im Januar 1899 wurde aufgrund höchster Entschließung veranlasst, dass die im Stempelkabinett des Geheimen Haupt- und Staatsarchivs aufbewahrten Stempel an den Hofjuwelier Theodor Müller ausgehändigt wurden. Müller wurde damit beauftragt, weitere 30 goldene (vergoldete) Medaillen auszuprägen, um Ersatz für verloren gegangene Stücke gegen Bezahlung abgeben zu können.[185] Daneben hat es offenbar noch weitere Nachprägungen gegeben. Dabei wurden die Stempel der Vorder- und Rückseiten jeweils vertauscht, so dass insgesamt vier Prägetypen mit jeweils unterschiedlichen Stempelsignaturen nachgewiesen werden können:

1. Vs: W. UHLMANN SC. G. LOOS DIR., Rs: G. LOOS D.
2. Vs: W. UHLMANN SC. G. LOOS DIR., Rs: LOOS
3. Vs: UHLMANN SC. G. LOOS DIR., Rs: G. LOOS. D.
4. Vs: UHLMANN SC. G. LOOS DIR., Rs: LOOS

Vergleicht man die Verleihungszahlen mit denen der Hochzeitsmedaillen anderer Staaten – z. B. denen des Großherzogtums Baden mit 409 Verleihungen in allen Stufen –, ist die große Anzahl der Verleihungen für Sachsen-Weimar-Eisenach bemerkenswert.

Die Ausgabe der Medaille erfolgte durch das Großherzoglich Sächsische Hofmarschallamt mit 23,5 x 18 cm großen Urkunden, von denen zwei Typen bekannt sind. Die Urkunde mit dem aufgedruckten Datum 8. Oktober 1892 wurde für die überwiegende Zahl der Verleihungen verwendet, so auch für die Verleihung der goldenen Medaille mit Krone. Der zweite Urkundentyp mit dem Datum 12. Oktober 1892 und einem variierten Text war für die am historischen Festumzug beteiligten Vereine und Institutionen bestimmt.

Die Medaillenvorderseite weist die nach links gewendeten Porträts von Großherzog Carl Alexander und Großherzogin Sophie auf. Am unteren Medaillenrand befinden sich die Herstellersignaturen, wie oben beschrieben. Die Rückseite zeigt die von einer Königskrone überhöhten verschlungenen Namenszüge CAS für Carl Alexander und Sophie in einem Myrtenkranz, der mit einem fliegenden Band gebunden ist. Das Band trägt die Inschrift 1842 – 8. OCTOBER – 1892, darunter die Signaturen. Am oberen Medaillenrand befindet sich eine Öse mit einem gewöhnlichen Ring zum Durchziehen des Bandes.

Der Durchmesser der goldenen Medaillen beträgt 28,7 mm, der silbervergoldeten, silbernen und bronzenen Medaillen beträgt 27–27,8 mm, das Gewicht der goldenen Medaille (ohne Krone) 19,5 g, das der silbernen 12,7 g, der silbervergoldeten 12 g und der bronzenen 14,9 g. Die Medaille war am landesfarbigen Band, vermehrt um einen orangefarbigen Streifen, der Farbe der Oranier, auf der linken Brust zu tragen. Frauen trugen die Auszeichnung an einer Schleife.

Zur Medaille gehört ein Etui mit dem goldenen Aufdruck 8. October / 1842 – 1892, der von einer Krone überhöht ist.

Die Medaille war nicht rückgabepflichtig.

Eine besondere Ausführung der Jubiläumsmedaille erhielt der Deutsche Kaiser Wilhelm II. Die Medaille befindet sich heute in den Sammlungen von Huis Doorn/NL. Diese nichttragbare, echt goldene Medaille entspricht in der Gestaltung den herkömmlichen Medaillen, ist aber mit einem Durchmesser von 34 mm und einem Gewicht von 22,5 g deutlich größer und schwerer. Sie ist zusätzlich mit einem mehrfach verschlungenen Golddraht umlegt. Die Krone ist nicht mit der Medaille verbunden, sondern liegt im Samt ausgeschlagenen Präsentationsetui lose auf dem oberen Rand der Medaille auf. Die Signaturen entsprechen denen des ersten Prägetyps.

Von dieser Sonderausführung existieren auch silbervergoldete Exemplare, die zugleich mit der gewöhnlichen goldenen Medaille an Personen der näheren Umgebung des großherzoglichen Paares als besonderer Ausdruck der Wertschätzung vergeben wurden. Die Medaille hat bei den selben Maßen ein Gewicht von 19,4 g. Sie wurde im gleichen Etui wie die Sonderform für Wilhelm II. vergeben.

Konkordanzen: HuS Nr. 1616–1619, Nimmergut OEK Nr. 2391–2393 und DOE Nr. 3293–3297.

Neben der offiziellen Jubiläumsmedaille existiert noch eine nichttragbare Gedenkmedaille, die ein eigens dafür gegründetes *Komitee zur Prägung einer Denkmünze* unter dem Vorsitz des Staatsministers

Groß in 772 Exemplaren geprägt wurde. Ihr Erlös kam sozialen Zwecken zugute. Dem Großherzoglichen Paar wurden mehre dieser Medaillen als Geschenk überreicht.

Bronzene Gedenkmedaille zur Goldenen Hochzeit des Großherzogspaares, As. und Rs.

Die Gedenkmedaillen sind erheblich größer als die Jubiläumsmedaillen und zeigen auf der Rückseite statt der verschlungenen Namenszüge der Jubilare die gegeneinander gestellten Wappenschilde der Häuser von Sachsen und Oranien.[186] Die Vorderseite ist identisch mit derjenigen der Jubiläumsmedaille.

Die Medaille wurde in Gold, Silber und Bronze geprägt, ihr Durchmesser betrug 50 mm, sie wiegt in Silber 59,3 g und in Bronze 66 g. Auch zu dieser Medaille gehört ein Etui.

Konkordanzen: HuS Nr. 1616–1619, Nimmergut OEK Nr. 2391–2393 und DOE Nr. 3293–3297.

21   Die Medaille Dem Verdienste in der Kunst 1896
      Silberne Medaille mit dem älteren Bildnis

1896 bestimmte Großherzog Carl Alexander, dass die Möglichkeiten zur Auszeichnung von Verdiensten zu erweitern sind. Gleichzeitig mit der Stiftung der Anerkennungsmedaille am 25. Januar 1896 wurden die Medaillen für Wissenschaft und Kunst um eine zusätzliche Auszeichnung ergänzt.

In der Verordnung heißt es dazu unter Ziffer 5: *Die zur Anerkennung rühmlichen Wirkens, gemeinnütziger Thätigkeit und anderer löblicher Leistungen und Dienste auf dem Gebiete der Kunst von Uns verliehene Medaille besteht aus einer am landesfarbigen Bande auf der Brust zu tragenden silbernen Schaumünze mit geflochtenen Rand, deren Vorderseite unser Bildniß zeigt, während die Rückseite die Inschrift: „Dem Verdienste in der Kunst" trägt, die ein mit einem Band umwundener Lorbeerkranz einschließt.*[187]

Für die Vorderseite verwendete man den 1889 von Helfricht geschnittenen Stempel der Zivilverdienstmedaille, während der Rück-

Die Medaille Dem
Verdienste in der Kunst,
As. und Rs.

seitenstempel neu angefertigt wurde. Da Helfricht bereits im Mai 1892 verstorben war, wurde der Rs.-Stempel wohl von Hofjuwelier Müller oder einem von ihm beauftragten Medailleur geschnitten.[188]

Die Weimarer Zeitung als amtliches Mitteilungsblatt hat von 1896 bis 1901 keine Verleihungen veröffentlicht. Da amtliche Unterlagen nicht existieren, sind keine Verleihungszahlen bekannt. Einzig nachweisbar ist eine Verleihung an den Musiker Eduard Lassen (1830–1904). 1858 als Hofmusikdirektor im Weimar tätig, trat er 1861 die Nachfolge Franz Liszts als Hofkapellmeister an; er hatte dieses Amt bis 1895 inne und schied als Generalmusikdirektor aus. Aufgrund der kurzen Verleihungszeit dürften nur sehr wenige dieser Medeaillen verliehen worden sein.

Die Medaille ist eine eigenständige Auszeichnung neben den Medaillen für Kunst und Wissenschaft, was sich auch in der ungewöhnlichen Gestaltung mit einem um die Medaille liegenden geflochtenen Silberdraht ausdrückt. Derartiges ist offiziell nur noch für die 1. Klasse der Medaille für Kunst und Wissenschaft und die Sonderausführungen der Jubiläumsmedaille von 1892 verwendet worden. Verschiedentlich wurden jedoch auch andere sachsen-weimarische Medaillen privat mit solchem Schmuck versehen.

Die silberne Medaille zeigt auf der Vorderseite das nach links gewendete ältere Bildnis Großherzog Carl Alexanders und die Umschrift CARL ALEXANDER GROSSHERZOG VON SACHSEN. Unterhalb des Halsabschnittes befindet sich die Stempelschneidersignatur HELFRICHT F.

Die Rückseite enthält in einem mehrfach gebundenen Lorbeerkranz die Inschrift DEM / VERDIENSTE / IN DER / KUNST. Die Medaille ist in einen profilierten Rahmen gesetzt, um den eine Kette aus Silberdraht gelegt ist. Durch den oberen Kettenrand ist eine stehende Öse mit einem Bandring angebracht.

Der Durchmesser beträgt 44 mm, das Gewicht 33 g.

Die Auszeichnung war am landesfarbenen Band auf der Brust zu tragen. Sie war nicht rückgabepflichtig, konnte jedoch von den Erben gegen Erstattung des Metallwertes an das Ordenssekretariat abgegeben werden.[189]

Konkordanzen: HuS Nr. 1604, Nimmergut OEK Nr. 2359 und DOE Nr. 3260.

22 Das Ehrenzeichen für Frauen 1899
22.1 Ehrenzeichen III. Abteilung
22.2 Ehrenzeichen II. Abteilung
22.3 Ehrenzeichen I. Abteilung

Großherzog Carl Alexander stiftete mit der Verordnung vom 31. Dezember 1899 ein besonderes Ehrenzeichen für Frauen. Das Ehrenzeichen war bestimmt *zum bleibenden Gedächtnis Unserer in Gott ruhenden Frau Mutter, weiland Ihrer Königlichen Hoheit der Großherzogin Maria Paulowna, Großfürstin von Rußland und Unserer gleichfalls in Gott ruhenden Gemahlin, Ihrer Königlichen Hoheit der Großherzogin Sophie, Prinzessin der Niederlande und in dankbarer Würdigung der bisherigen segensreichen Thätigkeit des Patriotischen Instituts der Frauenvereine im Großherzogthum Sachsen für Verdienste, welche Frauen durch hingebende Wirksamkeit im Dienste der Vaterlands= und Nächstenliebe erworben haben...*[190]
Das Patriotische Institut der Frauenvereine wurde während des Befreiungskrieges auf Initiative der Erbgroßherzogin Maria Pawlowna (1786–1859) am 15. August 1815 ins Leben gerufen, um durch tätige Hilfe die herrschende Not und Armut zu lindern.
Als Teutschland mit Frankreichs Usurpator um seine Freiheit kämpfte, und alles mit vereinten Kräften zu dem allgemeinen Zwecke beitrug, traten auch die Frauen zusammen, und ihre Fürsorge für die Streitenden, Pflege der Verwundeten, Unterstützung der Hinterlassenen von dem im

Das Ehrenzeichen für Frauenverdienst III. Abteilung an einer Bandschleife.

Das Ehrenzeichen für Frauenverdienst II. Abteilung an einer Bandschleife, verkleinert.

Felde gebliebenen war nicht ohne Erfolg, und nach erlangter Unabhängigkeit, nach erlangtem Frieden hörten die Frauen noch nicht auf, ferner die Fürsorge für Einzelne zu erhalten und zu befördern. In Weimar entstand zuerst der Gedanke, einen Verein zur Unterstützung der Notleidenden, zur Beförderung patriotischer Gefühle zu stiften... Seine wohltätigen Zwecke erstreckten sich besonders auf die Unterstützung und Pflege verlassener Kranker, auf schleunige Hilfe für andere Personen in dringenden unverschuldeten Nothfällen.....und vorzüglich auf die Erziehung und den Unterricht der verlassenen weiblichen Jugend.[191]

Trotz großer Forschritte in der Fürsorge beklagte der Weimarer Prinzenerzieher Frédéric Soret (1795–1865) im Jahre 1824: *Um das öffentliche Wohl kümmert sich nur die Großherzogliche Familie, die anderen sind entweder zu arm oder zu sehr Egoisten.... Man bemüht sich vor allem um die Erziehung armer Kinder, aber leider sind deren zu viele, und über die anzuwendenden Mittel ist man nicht einig.*[192]

Das Ehrenzeichen für Frauenverdienst II. Abteilung in originaler Größe.

Mit ihrer Tatkraft und ihrem unermüdlichen Einsatz gab Maria Pawlowna der Weimarer Bevölkerung ein tätiges Vorbild, dem viele Bürger durch Stiftungen, Vermächtnisse und persönlichen Einsatz nacheiferten. Im Laufe der Jahre wurden eine Arbeitsschule und eine Spinnschule eingerichtet, eine Anstalt für Unterricht im Kochen, Waschen, Schneidern, ein Verein zur Unterstützung armer Wöchnerinnen gegründet sowie ein Spital und ein Armenhaus erbaut. *Sie ist in Weimar Mutter der Armen, der Unlücklichen und verwahrlosten Kinder. Sie thut für die Erziehung und Veredlung der Jugend... soviel Gutes, daß noch nach Jahrhunderten Ihr Wirken reiche Früchte bringen wird.*[193]

Das Ehrenzeichen wurde in drei Abteilungen an *Frauen und Jung-*
frauen verliehen, *welche sich im Dienste der Vaterlands- und Nächsten-*
liebe, insbesondere auf dem Gebiete der Kranken-, Armen= und
Gemeindepflege, in Bezug auf Kinderbewahranstalten, Industrie=,
Koch=, und Haushaltungsschulen und dergleichen, sei es als Mitglieder
der Frauenvereine des Großherzogtums, oder sonst ausgezeichnet haben.
Die Verleihung der I. Abteilung setzte in der Regel eine 20-jährige, die
der II. eine 30-jährige, die der III. eine 40-jährige Tätigkeit voraus. In
Ausnahmefällen konnten auch Personen, die nicht dem Patriotischen
Frauenverein angehörten, die Medaile erhalten, wenn sie *im Dienste*
der Vaterlands- und Nächstenliebe wirkten und in Vorschlag gebracht
wurden. Voraussetzung hierfür war eine durch einen ähnlichen Zeitraum
sich erstreckende, ... ganz besonders hervorragende Thätigkeit...[194]
Im April 1916 ergänzte das Großherzoglich Sächsische Staatsministerium die Verordnung insoweit, als es die bisher erforderliche volle Anzahl von Dienstzeiten mit Hinweis *auf*
die sich stetig steigernde Inanspruch-
nahme der weiblichen Mitarbeit auf
den Arbeitsgebieten des Patriotischen
Instituts der Frauenvereine nicht mehr
zur unbedingten Voraussetzung für die
Verleihung der Auszeichnung machte.
Einschränkend heißt es weiter: *Bezüg-*
lich des Ehrenzeichens erster Abteilung
soll dies jedoch nur dann zulässig sein,
wenn wenigstens 15 Jahre im Dienst der
Frauenvereinssache zurückgelegt sind.[195]
Das Zentraldirektorium der Frauenvereine wies alle Hauptvereine auf die
Änderung hin und betonte nochmals
grundsätzlich die strenge Einhaltung
der Bestimmungen: *Nach wie vor ist*
aber nicht die Zahl der Dienstjahre al-
lein die entscheidende Begründung für

die Verleihung. Es erscheint uns wünschenswert, auch jetzt nochmals da-
rauf aufmerksam zu machen, daß Ihre königliche Hoheit die Frau Groß-
herzogin, unsere erlauchte Obervorsteherin, wiederholt auszusprechen
geruht hat, daß alle Vorschläge zur Verleihung des Ehrenzeichens außer
durch die Zahl der Dienstjahre auch durch *besondere Verdienste der*
Damen begründet werden müssen, die über das Maß treuer Erfüllung
übernommener Pflichten hinaus gehen.[196]
Da die Voraussetzungen zur Verleihung des Ehrenzeichens eng gefasst
waren, zählten zu den Beliehenen vorrangig die Vorsteherinnen der
Vereine. Ab 1916 konnten auch die Gehilfinnen nach einem langen
verdienstvollen Wirken das Ehrenzeichen erhalten, soweit sie einer
Einrichtung eines Haupt- oder größeren Ortsvereins vorstanden.[197]
Die Verleihung des Ehrenzeichens erfolgte auf Vorschlag der Ortsvor-
steherin des Patriotischen Instituts der Frauenvereine im Großherzogtum Sachsen jeweils am Geburtstag der Obervorsteherin/ Groß-

Das Ehrenzeichen für Frauenverdienst I. Abteilung
an einer Bandschleife.

herzogin und zum Weihnachtsfest mit einem Verleihungsdiplom.[198]
Das Ehrenzeichen der I. Abteilung wurde von 1899 bis 1918 insgesamt 226 Mal verliehen, das der II. Abteilung 49 und der III. Abteilung 19 Mal.[199] Die Modifizierung der Verordnung von 1916 drückt sich in den Verleihungszahlen desselben Jahres aus, in dem 47 Frauen das Ehrenzeichen der I., 14 der II. und drei der III. Abteilung erhielten.
Bei Verleihung der höheren Stufe war die Medaille der niederen an die Ordenskanzlei zurückzugeben. Mit Genehmigung des Großherzogs konnte es jedoch auch der Kirche des Wohnortes der Inhaberin zur Aufbewahrung überlassen werden.
Der mit der Herstellung beauftragte Hofjuwelier Theodor Müller berechnete 1902 für die Anfertigung der Ehrenzeichen der III. bis I. Abteilung 21,00, 13,50 bzw. 5,80 Mark. Ab 1918 verlangte er dann 27,30, 17,55 und 7,54 M. Für die Verleihungsetuis wurden pro Stück zunächst 2,25 RM, sodann 5,60 RM berechnet.[200]
Über den Stempelschneider sowie über die Anzahl der ausgeprägten Stücke liegen keine Angaben vor.
Die Bänder lieferte der Weimarer Hoflieferant Hugo Werner.
Die Vorderseite der ovalen Medaille zeigt das nach rechts gewendete Brustbild Maria Pawlownas, umgeben von der Umschrift MARIA PAWLOWNA GROSSHERZ. V. SACHSEN GROSSF. V. RUSSLAND in einem Perlrand. Unterhalb des Bildes befindet sich ein sechsstrahliges Sternchen. Die Medaille hat einen breiten Überrand. Am oberen Rand befindet sich eine einfache Öse für den Bandring.
Die Rückseite zeigt die von einer Krone überhöhte verschlungene Namenschiffren CAS für Carl Alexander und Sophie; die Chiffre S ist teilweise geperlt. Darunter befindet sich die dem Rand folgende Inschrift FÜR FRAUEN-VERDIENST. Um die Medaille III. Abteilung ist zusätzlich ein zweifach gebundener vergoldeter Lorbeerkranz gelegt. Laut Statuten war beim Ehrenzeichen III. Abteilung statt eines Lorbeerkranzes ein goldener Ölbaumzweig vorgeschrieben. Die Kronen der II. und III. Abteilung sind mit Innenscharnieren beweglich mit den Medaillen verbunden.
Die Medaille III. Abteilung ist aus teilweise vergoldetem Silber, misst 41 x 69 mm (die Krone 20,5 x 22,6 mm) und wiegt 43,7 g,
Die Medaille II. Abteilung ist aus teilvergoldetem Silber, misst 32,5 x 63,7 mm (die Krone 20,5 x 22,6 mm) und wiegt 30,3 g, Die Medaille I. Abteilung ist aus Silber, misst 32,5 x 46 mm und wiegt 30,6 g,
Das Ehrenzeichen wurde am Band des Hausordens, das beidseitig von orangegelben Streifen eingefasst und zu einer Schleife gebunden war, an der linken Schulter getragen. Die Seitenstreifen weisen auf die Farbe der Oranier hin, denen die Großherzogin Sophie als geborene Prinzessin der Niederlande entstammte.
Die Medaillen, die in speziellen Etuis mit einem Verleihungsdiplom übergeben wurden, waren rückgabepflichtig.

Konkordanzen: HuS Nr. 1608–1610, Nimmergut OEK Nr. 2387–2389 und DOE Nr. 3289–3291.

DIE VON GROSSHERZOG WILHELM ERNST (1901–1918)
GESTIFTETEN EHRENZEICHEN

23   Die Dienstauszeichnung 1901
        Dienstauszeichnungsschnalle
23.1   Schnalle für 21 Jahre
23.2   Schnalle für 15 Jahre
23.3   Schnalle für 9 Jahre

Nur wenige Wochen nach dem Tode von Großherzog Carl
Alexander am 5. Januar 1901 verfügte Wilhelm Ernst in
einem *Nachtrag zu den Dienstauszeichnungen*[201] die anste-
henden Veränderungen. Sie bestanden darin, dass den Spangen der Dienstauszeichnungsschnallen nunmehr die Namenschiffre WE für Wilhelm Ernst einzuprägen sei und die Ver-
leihungstermine auf den 10. Juni und – wie gehabt – den 24.
Dezember festgelegt werden. Die Auszeichnungsvorschläge
seien jeweils am 20. Mai und am 1. Dezember beim Staatsministerium, Departement des Innern, einzureichen.

Die Dienstauszeichnung besteht aus einer Schnalle, die mit
einem landesfarbenen Band bezogen und der eine Spange aufgelegt ist; diese trägt innerhalb einer doppelten Linieneinfas-
sung in Frakturschrift den erhaben geprägten großherzoglichen Namenszug W. E. Auf der Rückseite befindet sich eine
waagerecht angebrachte Scharniernadel. Die Spangen sind in
der 1. Klasse silbervergoldet, in der 2. Klasse aus Silber und
in der 3. Klasse aus Silber und Eisen mit geschwärztem Mittelteil.

Die Klasseneinteilungen, Dienstzeiten und andere Bestimmungen blieben bestehen. Dasselbe gilt für die Schnallen, die einheitlich 12,5 g
wogen. Lediglich die Maße der Spangen erhöhten sich geringfügig auf
42 x 13,8 mm, und die Grundierung des Feldes bestand nun aus einer
rautenförmigen Riffelung.

Dienstauszeichnungsschnal-
len 1. bis 3. Klasse mit den
Initialen W. E. für Wilhelm
Ernst.

Konkordanzen: HuS Nr. 1625–2427, Nimmergut OEK Nr. 2424–
2426 und DOE Nr. 3332–3334.

Das Verdienstkreuz des Hausordens 1902
24.1   Goldenes Verdienstkreuz
24.2   Goldenes Verdienstkreuz mit Schwertern
24.3   Silbernes Verdienstkreuz
24.4   Silbernes Verdienstkreuz mit Schwertern

Großherzog Wilhelm Ernst erweiterte 13 Monate nach seinem Regierungsantritt am 25. April 1902 mit dem 8. Nachtrag zu den Statuten des Hausordens das Verdienstkreuz um eine weitere Abteilung und
unterteilte damit die bisher einklassige Auszeichnung in ein goldenes
und in ein silbernes Verdienstkreuz. Zusätzlich bestimmte der Statu-

Das goldene Verdienstkreuz am landesfarbenen Band (bis 1909), As. und Rs. sowie das silberne Verdienstkreuz desgl., As.

tennachtrag, dass, wenn das Verdienstkreuz vor dem Feinde erworben ist, es mit Schwertern zu verleihen ist.[202]

Um die Kriterien, nach denen die Verdienstkreuze verliehen wurden, transparent zu regeln, formulierte das Staatsministerium des Innern um die Jahreswende 1903/1904 erstmals verbindlich die Grundsätze für die Verleihung des Verdienstkreuzes.[203]

Das silberne Verdienstkreuz soll danach zur Auszeichnung nicht akademisch vorgebildeter mittlerer Beamter und gleichstehender Personen des öffentlichen Dienstes Verwendung finden, jedoch nicht vor Beendigung einer 30-jährigen Dienstzeit. Bei der Verabschiedung aus dem Dienst kann von der Bestimmung abgewichen werden. Für die Verleihung des silbernen Verdienstkreuzes kamen in Frage: Hofoffizianten, Beamte der Besoldungsgruppen XI–XIII, Volksschullehrer und andere nicht akademisch vorgebildete Lehrer, Bürgermeister mittlerer Orte, Friedensrichter, Standesbeamte und Ortstaxatoren der größeren Städte und gleichstehenden Personen.

Käme der Ausgezeichnete später für eine nochmalige Ehrung in Frage, sollte in der Regel das goldene Verdienstkreuz, unter Umständen bei Inhabern des goldenen Verdienstkreuzes auch das Ritterkreuz des Hausordens erteilt werden.[204]

Tatsächlich erhielt die Mehrzahl der Empfänger das Verdienstkreuz überwiegend für langjährige Tätigkeit im Staatsdienst. Die erhaltenen Verleihungslisten und die Veröffentlichungen in der Weimarer Zeitung verzeichnen bis zum Kriegsbeginn eine entsprechend große Anzahl von Beamten, darunter mehrheitlich Lehrer, Oberlehrer, Bürgermeister, Hofbedienstete usw. Andere Personen aus dem gesellschaftlichen, politischen, künstlerischen und wirtschaftlichem Umfeld des Großherzogtums, die nicht im Staatsdienst angestellt waren, sind weniger verzeichnet. Zu diesen gehörte z. B. der großherzogliche Hofphotograph Louis Held, der 1903 das silberne und nach 1913 das goldene Verdienstkreuz erhielt.

Diese Grundsätze galten nur für die Verleihungen im Großherzogtum. Ausländer, die das Verdienstkreuz erhielten, waren ebenso überwiegend in den verschiedenen Verwendungen im Militär- und

Staatsdienst tätig und erhielten nach den Verleihungsgrundsätzen die Auszeichnung nach ihrer Rangklasse oder öffentlichen Stellung.

Die Verleihungslisten des Hofmarschallamtes weichen von den in der Weimarer Zeitung veröffentlichten verschiedentlich ab, so dass exakte Zahlen nicht angegeben werden können. Zudem wurden in der Weimarer Zeitung nur die Verleihungen an Inländer bis 1913 veröffentlicht. Daher können die Verleihungszahlen nicht exakt angegeben werden. Zieht man die Aufzeichnungen des Hofmarschallamtes heran, wurden von 1901 bis 1918 insgesamt 781 Kreuze verliehen, davon 507 Kreuze an Inländer und 188 an Ausländer.[205] Während unter Carl Alexander die Verleihungen moderat erfolgten, vervielfachten sich die Verleihungen unter seinem Nachfolger. Bereits im zweiten Jahr seiner Regierung erreichten die Verleihungen des Verdienstkreuzes die Gesamtzahl der Verleihungen unter Carl Alexander. 1903 verlieh Wilhelm Ernst allein im Großherzogtum 79 silberne Verdienstkreuze und an Personen anderer Staaten 28. Mit Beginn des Krieges gingen dann die Verleihungen deutlich zurück.

Für das goldene Verdienstkreuz galten die gleichen Verleihungsgrundsätze, doch mit dem Unterschied, dass hiermit überwiegend höher gestellte Personen unter den Verleihungsberechtigten geehrt wurden. Als Richtlinie für die Verleihung des goldenen Verdienstkreuzes galt, dass die Beamten

Das silberne Verdienstkreuz am Band des Falkenordens (nach 1909) eines österreichischen Trägers, As. und Rs.

der Rangklassen IX bis X, die Rektoren von Volksschulen und Personen in gleichartigen Stellungen des öffentlichen Dienstes neben dem silbernen auch das goldene Verdienstkreuz erhalten konnten. Es finden sich unter den Beliehenen mit diesem Verdienstkreuz eine große Anzahl Schuldirektoren, Bürgermeister größerer Kommunen, Rechnungsräte, Fabrikanten etc. Das goldene Kreuz erhielten von 1901 bis 1918 insgesamt 84 Inländer und 35 Ausländer.

Der Empfang des goldenen Kreuzes setzte nicht den Besitz des silbernen voraus. Weimarer Staatsangehörige erhielten in 51 Fällen sowohl das silberne als auch das goldene Verdienstkreuz. Ein weiterer Aufstieg zum Ritterkreuz 2. Abteilung des Hausordens war möglich.[206]

Das goldene .Verdienstkreuz mit Schwertern am Band des Falkenordens (nach 1909), As. und Rs. sowie das silberne .Verdienstkreuz mit Schwertern desgl., As.

Wilhelm Ernst verlieh nach seiner Abdankung aus seinem Exil in Heinrichau/Schles. bis zu seinem Tode 1923 mindestens noch drei goldene Verdienstkreuze mit Schwertern, vier silberne mit Schwertern sowie ein silbernes Kreuz ohne Schwerter. Ob sich unter den Ehrenzeichen, die Großherzogin Feodora auch weiterhin verlieh oder als Erinnerungszeichen ausgab, auch Verdienstkreuze befanden, ist nicht überliefert. Verleihungen an Frauen sind in dieser Zeit nicht nachweisbar.

Das Verdienstkreuz war in Friedenszeiten eine rein zivile Auszeichnung. Militärpersonen wurden bis 1914 nicht damit bedacht. Langjährige Militärdienste wurden seit 1834 mit den Dienstauszeichnungen für das Militär anerkannt; allgemeine Verdienste von Unteroffizieren und Mannschaften in Friedenszeiten mit der Verdienst- oder Anerkennungsmedaille. Abgesehen von zwei Verleihungen wurden alle Verdienstkreuze mit Schwertern im Ersten Weltkrieg verliehen.

1907 erhielt der Lazarettinspektor Gustav Tonndorf in Mühlhausen i. E. das goldene Verdienstkreuz mit Schwertern, dazu 1908 noch das Ritterkreuz des Falkenordens mit Schwertern. Tonndorf diente von 1900 bis 1907 in Deutsch Südwest-Afrika, zuletzt als Feldlazarett-Inspektor beim Güterdepot in Swakopmund.

Ein weiteres goldenes Verdienstkreuz mit Schwertern erhielt 1908 der Proviantassistent Reinhold Ernst aus Torgau.[207]

Während das silberne Verdienstkreuz an Unteroffiziere bis zum Rang eines Feldwebels vergeben wurde, waren für das goldene Verdienstkreuz in der Regel Unteroffiziere im Rang eines Offiziersstellvertreters empfangsberechtigt. Für Militärbeamte und Offiziersbewerber galt eine vergleichbare Dienststellung.

Verliehen wurden von 1914 bis 1917 insgesamt 86 silberne Verdienst-

kreuze mit Schwertern, davon 72 an Weimarer Staatsangehörige und 14 an Ausländer. Das goldene Verdienstkreuz mit Schwertern wurde 146 Mal an Inländer und 19 Mal an Ausländer verliehen.[208]
Wie breits erwähnt, vergab Wilhelm Ernst aus seinem Exil bis 1923 noch mehrere Verdienstkreuze.[209] Weitere Verleihungen in beiden Stufen bis zum Tod Wilhelm Ernsts 1923 können nicht ausgeschlossen werden, da das Verdienstkreuz dem Hausorden affiliiert war und das großherzogliche Haus weiterhin das Recht zu dessen Verleihung besaß.
Die Herstellung der Verdienstkreuze wurde 1902 dem Hofjuwelier Theodor Müller übertragen. Das silberne Verdienstkreuz kostete 10 und das silbervergoldete Kreuz 12 Mark. Für das Verdienstkreuz in Silber mit Schwertern wurden 14 Mark und für ein silbervergoldetes Kreuz mit Schwertern je 16,50 Mark berechnet. Die Etuis wurden für je 1,55 Mark geliefert. Der Preis des Bandes, das vom Hoflieferanten Hugo Werner geliefert wurde, betrug zunächst 2,60 Mark/Meter, ab dem 1. Februar 1917 dann 2,80 Mark/Meter.[210]

Leutnant Max Schulz, der neben dem Falkenorden mit Schwertern vorschriftsgemäß auch das goldene Verdienstkreuz mit Schwertern trägt. Fotografie aus der Zeit des 1. Weltkrieges.

Die Verdienstkreuze wurden bis 1918 ausschließlich in Silber hergestellt. Erst im Februar 1918 wirkte sich die strenge Rationierung von Edelmetallen auch auf die Herstellung dieser Dekorationen aus. Edelmetall wurde grundsätzlich nur noch für Auslandsaufträge freigegeben. Hoflieferant Müller beantragte, nachdem die Silbervorräte in seiner Werkstatt zur Neige gegangen waren, die Verdienstkreuze statt wie bisher in Silber nunmehr in einer Zinklegierung mit oxidierter Oberfläche herzustellen. Die Zinklegierung war dem Zink vorzuziehen, weil bei letzterem das Silber nach kurzer Zeit abblätterte. Dasselbe galt für die vergoldete Ausführung. Das Material machte es zudem erforderlich, die Schwerter, statt wie bisher an die Kreuzarme anzulöten, in einem Arbeitsgang mitzuprägen. Hierfür wurde eine neue Vorrichtung angeschafft.
Das Hofmarschallamt stimmte dem zu. Die Preise betrugen für das versilberte Kreuz nun 5,50 Mark und für das vergoldete 7,50 Mark. Für die oxidierten Kreuze waren 4,50 Mark veranschlagt.[211]
Das Ehrenzeichen in Form eines Malteserkreuzes zeigt auf der Vorderseite in einem runden Medaillon die von einer Krone überhöhte Namenschiffre WE für Wilhelm Ernst, umgeben von der Devise des Hausordens VIGILANDO ASCENDIMUS. Darunter befindet sich ein sechsstrahliges Sternchen. Das Kreuz hat fein gekörnte, matt grundierte Arme, die von einem erhöhten polierten Rand eingefasst sind. Die Rückseite trägt in einem zweifach gebundenen Eichenkranz die Inschrift DEM / VERDIENSTE. Am oberen Kreuzarm befindet sich eine einfache Öse mit rundem Tragring.
Die gekreuzten Schwerter ragen über die Spitzen der Kreuzarme deutlich hinaus.

Große Ordensschnalle u. a.
mit dem Ritterkreuz des
Falkenordens 2. Kl. mit
Schwertern und dem golde-
nen Verdienstkreuz mit
Schwertern, ein weiteres
Zeugnis dafür, dass beide
Auszeichnungen nebenein-
ander getragen wurden. Ver-
kleinerte Darstellung.

Das silbervergoldete Kreuz hat einen Durchmesser von 35 mm und
wiegt 17,5 g. Bei gleichen Abmessungen wiegt das Kreuz mit Schwertern 17,9 g. Das Kreuz aus Kriegsmetall hat einen Durchmesser von
36 mm und wiegt 18 g, dasselbe Kreuz mit Schwertern einen Durchmesser von 37 mm bei einem Gewicht von 19,8 g.
Das Verdienstkreuz wurde bis 1909 am landesfarbenen, danach am
roten Band des Hausordens auf der linken Brust getragen.[212]
Inhaber des silbernen Verdienstkreuzes hatten dieses an die Ordenskanzlei zurückzugeben, wenn ihnen das goldene verliehen wurde. Inhaber des goldenen Kreuzes durften dieses bei Verleihung des Hausordens weiter tragen.
Die Auszeichnung wurde in einem Etui mit einem vom Großherzog
unterschriebenen Verleihungsdiplom übergeben.

Konkordanzen: HuS Nr. 1544–1547a, Nimmergut OEK Nr. 2342–
2345 und DOE Nr. 3229-3236.

25   Das Allgemeine Ehrenzeichen 1902
            DEM VERDIENSTE
25.1   Goldene Medaille
25.2   Silberne Medaille
25.3   Silberne Medaille mit Schwertern
25.4   Bronzene Medaille

Großherzog Wilhelm Ernst stiftete das Allgemeine Ehrenzeichen mit
der Verordnung vom 25. Juni 1902 unter gleichzeitiger Aufhebung der
Bestimmungen über die Verdienst- und Anerkennungsmedaillen vom
25. Januar 1896.
Das Allgemeine Ehrenzeichen sollte zur Belohnung ausgezeichneter
Verdienste, langjähriger ausgezeichneter Pflichterfüllung sowie als Zeichen besonderer Anerkennung verliehen werden.
Mit der Stiftung dieses Ehrenzeichens wurde eine Lücke im Auszeichnungswesen Sachsen-Weimars geschlossen. Zwar wurden bereits bisher lange und treue Dienste durch die Verleihung des Verdienstkreuzes
ausgezeichnet, doch beschränkte sich dies nur auf die mittleren Rang-

klassen des Staatsdienstes. Mit der Stiftung des Allgemeinen Ehrenzeichens war es erstmals im größeren Umfang möglich, auch die- jenigen auszuzeichnen, die auf lange und vorwurfsfreie Dienste im
Staatsdienst, in privaten Betrieben und Haushalten zurückblicken
konnten, aber aufgrund ihrer Stellung bisher nicht mit einer Auszeichnung bedacht werden konnten. Mit dieser Verdienstauszeichnung
erweiterte sich der Kreis derjenigen, die für eine Auszeichnung in Frage
kamen, beträchtlich – was sich im Übrigen als allgemeine Tendenz seit
der Thronbesteigung Wilhelm Ernsts erweisen sollte. Bemerkenswert
ist, dass in der Stiftungsverordnung erstmals erwähnt ist, dass die Verleihung auch an Frauen erfolgen kann. Bisher wurden Frauen kaum
mit der Verdienstmedaille geehrt, außer Hebammen, zumeist in der
Bronzestufe. Verleihungen der Zivilverdienstmedaille an Frauen sind
unter allen Großherzögen erfolgt, blieben jedoch immer die Ausnahme.

1904 erließ das Staatsministerium erstmals detaillierte Verleihungsgrundsätze. Darin wurden
auch die alternativen Rückseiteninschriften FÜR TREUE DIEN-
STE und FÜR TREUE ARBEIT benannt. Die im April 1902 durch
den 8. Nachtrag zu den Statuten
des Falkenordens weggefallene
Unterteilung des Hausordens in
eine Abteilung für Inländer und
eine für Ausländer wurde für das
Allgemeine Ehrenzeichen nicht
übernommen. Die ersten Ehrenzeichen wurden gegen Ende 1902
verliehen. Bis dahin wurden noch
die Medaillen mit dem Bild Carl
Alexanders ausgegeben.

Verleihungszahlen für einzelne
Stufen des Allgemeinen Ehrenzeichens können von 1902 bis
zum Ausbruch des ersten Weltkrieges nur unvollständig angegeben werden. Die Nachweise
des Hofmarschallamtes und die
Meldungen der Weimarer Zeitung weichen von einander ab, da
in der Weimarer Zeitung nur die
Ehrenzeichen mit der Inschrift
DEM VERDIENSTE veröffentlicht
wurden.[213]

Die Auswertung der Verleihungen belegt den sprunghaften Anstieg der Auszeichnungen unter

Ein Verleihungsdiplom zum
Allgemeinen Ehrenzeichen
DEM VERDIENSTE in Silber.

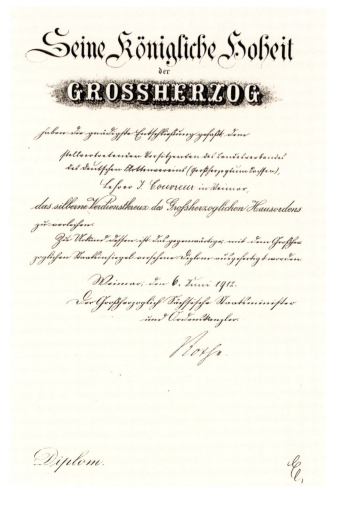

Das Allgemeine Ehrenzeichen DEM VERDIENSTE in Gold (sivg.), Silber und Bronze, As.

Wilhelm Ernst im Vergleich mit denen seiner Vorgänger. Danach wurden an Weimarer Staatsangehörige im genannten Zeitraum von allen Varianten des Ehrenzeichens 58 goldene, 647 silberne, 7 silberne mit Schwertern und 711 bronzene Stücke verliehen. Verleihungen an Frauen sind bis 1912 nur in zehn Fällen erfolgt. Davon 1908 eine goldene Medaille an die Lehrerin am Weimarer Sophienstift Sophie v. Goeckel, 1909 eine silberne Medaille an eine Wirtschafterin und acht bronzene Medaillen an Hebammen.[214] (S. a. Ehrenzeichen Nr. 34.)

Die sehr sparsam ausgegebene goldene Medaille erhielten überwiegend ausländische Staatsangehörige. Dabei handelt es sich oft um Erstverleihungen, bei denen die gehobene Stellung des Ausgezeichneten die Verleihung der goldenen Medaille nach sich zog.

Das silberne Ehrenzeichen mit der Rückseiteninschrift DEM VERDIENSTE war überwiegend für Personen des unteren Staatsdienstes für verdienstvolle, mindestens 30-jährige Dienstzeit sowie für Personen in vergleichbaren Stellungen bestimmt. Die Verleihungsnachweise für 1902 bis 1914 nennen insgesamt 1423 Verleihungen.

Die nur an Dienstboten und Arbeiter verliehenen Medaillen mit den Rückseiteninschriften FÜR TREUE DIENSTE und FÜR TREUE ARBEIT wurden grundsätzlich nur in Bronze verliehen. (S. a. Ehrenzeichen Nr. 26 und 27.)

Da sich die Wahl der jeweiligen Stufe des Allgemeinen Ehrenzeichens vorrangig nach der Dienststellung des Auszuzeichnenden richtete, war eine Ehrung mit der jeweils nächsthöheren Stufe nicht vorgesehen. Von einer wiederholten Auszeichnung einer Person sollte aus grundsätzlichen Erwägungen abgesehen werden.

Verleihungen des goldenen Allgemeinen Ehrenzeichens nach einem silbernen dürften daher ebenso die Ausnahme sein, wie die Verleihung silberner und goldener Ehrenzeichen mit den Inschriften FÜR TREUE DIENSTE und FÜR TREUE ARBEIT.[215]

Die Verleihungslisten, die auch Beruf und Stellung des Ausgezeichneten verzeichnen, belegen, dass das Allgemeine Ehrenzeichen und das Verdienstkreuz für Inländer ähnlich wie die Verdienstmedaille unter Carl Alexander fast ausschließlich für lange und treue Dienstleistungen vergeben wurden. Trotz eines relativ entwickelten Auszeichnungswesens im Großherzogtum waren die Einwohner, soweit sie nicht in staatlichen oder halbstaatlichen Diensten standen, von der Möglichkeit einer Verdienstauszeichnung, die auch soziale und kulturelle Verdienste anerkannte, weitgehend ausgeschlossen. Erst die Kriegsereignisse führten zu einer Wandlung des Allgemeinen Ehrenzeichens hin zu einer Massenauszeichnung.

Den Auftrag zur Herstellung des Prägestempels erhielt der Berliner Stempelschneider Arthur Krüger, der diesen nach einer fotografischen Porträtvorlage des Weimarer Hofphotographen Louis Held anfertigte. Krüger war seit 1895 Inhaber der Berliner Medaillen-Münze.[216]

Geprägt wurden die Medaillen bis 1914 vom Weimarer Hofjuwelier Müller. Dieser erhielt von der ersten Lieferung im Oktober 1902 an für die silbervergoldete Medaille 6,50 Mark, für die silberne 4,95 Mark und für die bronzene 1,95 Mark. Wegen gestiegener Metallpreise und Lohnkosten wurden die Preise für die bronzene Medaille auf 2,15 Mark angehoben. Hoflieferant Hugo Werner berechnete für den Meter Ordensband 2,60 Mark, ab 1917 2,80 Mark.[217]

Anfang 1918 gingen durch die Rationierung der Edelmetalle auch die Silbervorräte des Juweliers Müller zur Neige. Silber wurde nur noch in Ausnahmefällen für Auslandsaufträge freigegeben. Mit Genehmigung des Hofmarschallamtes wurden für das Allgemeine Ehrenzeichen neue Preise festgesetzt. Hofjuwelier Müller gab zu bedenken, dass aus Zink gefertigte oxidierte Ehrenzeichen den versilberten vorzuziehen seien, da bei den letzteren die Versilberung nicht haltbar sei. Dasselbe gelte für vergoldete Ausführungen. Das Hofmarschallamt entschied sich gegen den Vorschlag Müllers und bestimmte, dass künftig die Eh-

Das Allgemeine Ehrenzeichen DEM VERDIENSTE in Gold (svg.), Silber und Bronze, Rs.

renzeichen in versilberter bzw. vergoldeter Ausführung zu liefern seien.[218]

Die Medaille zeigt auf der Vorderseite das nach links gewendete Bildnis Wilhelm Ernsts mit der Umschrift WILHELM ERNST GROSSHERZOG VON SACHSEN.

Die Rückseite zeigt in einem zweifach gebundenen Eichenkranz die Inschrift DEM / VERDIENSTE. Die Medaille hat beidseitig einen Überrand und eine stehende Öse mit einem Bandring. Unterhalb des Halsabschnitts befindet sich die Signatur A. KRÜGER F.

Das Allgemeine Ehrenzeichen DEM VERDIENSTE mit Schwertern in Silber, As. und Rs.

Auf dem oberen Rand der silbervergoldeten und silbernen Medaillen befindet sich meist die Punze SILBER 0,990 oder SILBER 990.

Die Medaillen haben einen Durchmesser von 36 mm. Das Gewicht beträgt für die goldene (sivg.) Medaille 23,4 g, für die silberne Medaille 24,2 g und für die bronzene Medaille 23 g.

Die Medaille wurde am schwarz-gelb-grünen Band getragen. Sie wurde mit einem Verleihungsdiplom in einem Etui übergeben.

Zum Allgemeinen Ehrenzeichen DEM VERDIENSTE mit Schwertern: Bereits unter Großherzog Carl Alexander wurde die Zivilverdienstmedaille für den Krieg 1870/71 erstmals mit Schwertern verliehen. Eine Verleihung für Verdienste in den deutschen Schutzgebieten oder Kolonien unter Carl Alexander ist bisher nur in einem Fall nachweisbar.

Die Verleihungsgrundsätze von 1904 bestimmten nun erstmals, dass für Verdienste vor dem Feind, die Medaille mit einer Schwerterspange verliehen werden konnte. Die koloniale Expansion des Deutschen Reiches, an der auch Soldaten Sachsen-Weimar-Eisenachs im Verbund der preußischen und kaiserlichen Schutztruppen teilnahmen, machte eine solche Erweiterung der Verleihungsgrundsätze ratsam, zumal die ersten Schwerterverleihungen in der Regierungszeit Wilhelm Ernsts schon 1902 erfolgten. In diesem Jahr erhielten sechs Soldaten die Verdienstmedaille mit Schwertern. Wie schon 1870/71 wurden diese Soldaten – unabhängig von ihrem Rang – jeweils mit silbernen Medaillen ausgezeichnet.

Damit folgte man vor allem praktischen Überlegungen, da bereits früher in kleiner Anzahl Schwerter zu Verdienstmedaillen nachweisbar sind. (S. a. Ehrenzeichen Nr. 11.2.) Besonders der Einsatz des Infanterie-Regiments Nr. 94 in China und in Südwestafrika machte die Stiftung der Schwerter zum Allgemeinen Ehrenzeichen ratsam.[219]

Unter Wilhelm Ernst sind bis zum Beginn des I. Weltkrieges elf Auszeichnungen mit Schwertern nachweisbar, und zwar: 1902 an Ernst Dietsch, Oskar Kresse, den Unteroffizier Karl Lorenz, den Gefreiten Oskar Oder, Hermann Wölbing und Unteroffizier Wilhelm Zelle – alle im Ostasiatischen Expeditionskorps, 1903 an Karl Hermann Hoffmann – desgl. 1906 an Feldwebel Friedrich Standau – Deutsch Ostafrika, 1907 an Vizefeldwebel Valentin Ihling – Deutsch-Südwest-Afrika und 1908 an die Feldwebel Gustav Schmelzer und Friedrich Rispeter – desgl.

Die Schwerterspange zum Allgemeinen Ehrenzeichen besteht aus einem silbernen oder silbervergoldeten Rahmen, auf dem zwei gekreuzte Schwerter aufliegen. Alle Teile sind einzeln gefertigt. Die Rahmen tragen die Punze SILBER 0,990 auf der Rückseite.

Die Spange misst 44 x 18 mm und wiegt ca. 7 g, die Medaille mit Spange und Durchzugsband zusammen ca. 28 g.

Konkordanzen: HuS Nr. 1579–1584, Nimmergut OEK Nr. 2375–2377 und 2405–2407 sowie DOE Nr. 3277–3279.

Das Allgemeine Ehrenzeichen in Silber in einem Etui der Firma Müller.

26/27   Das Allgemeine Ehrenzeichen 1902
26   FÜR TREUE DIENSTE
26.1   Goldene Medaille
26.2   Silberne Medaille
26.3   Bronzene Medaille
27   FÜR TREUE ARBEIT
27.1   Goldene Medaille
27.2   Silberne Medaille
27.3   Bronzene Medaille

Am Allgemeinen Ehrenzeichen zeigt sich exemplarisch die soziale Differenzierung, die das Auszeichnungswesen von Sachsen-Weimar vornahm. Bestimmend für die jeweilige Stufe des Ehrenzeichens waren vorrangig Stand und Stellung der Person in der Gesellschaft und nicht deren besondere Verdienste – beginnend mit dem goldenen Verdienstkreuz für mittlere Staatsbedienstete bis hin zum bronzenen Allgemeinen Ehrenzeichen.

Die ausschließlich für Arbeiter und Dienstboten bestimmten Medaillen FÜR TREUE DIENSTE und FÜR TREUE ARBEIT sollten grundsätzlich nur in Bronze verliehen werden. Da es sich um keine reine Dienstauszeichnung handelte, waren die 30 Dienstjahre, nach denen eine Aus-

Das Allgemeine Ehrenzeichen FÜR TREUE DIENSTE in Silber und das Allgemeine Ehrenzeichen FÜR TREUE ARBEIT in Bronze, As. und Rs.

zeichnung frühestens erfolgen sollte, lediglich eine Grundvoraussetzung für die Ehrung. Demnach waren Verleihungen eines silbernen oder goldenen Allgemeinen Ehrenzeichens nach der Verordnung nur in begründeten Ausnahmefällen vorgesehen. Sollten Verleihungen solcher Medaillen an Arbeiter und Dienstboten tatsächlich erfolgt sein, dann nur sehr sparsam bei ganz besonderen Verdiensten oder ungewöhnlich vielen Dienstjahren.

Verleihungszahlen für diese Ehrenzeichen können nicht genannt werden, da die Verleihungsnachweise des Hofmarschallamtes und die Meldungen der Weimarer Zeitung keine eindeutige Zuordnung nach dem jeweiligen Auszeichnungstyp zulassen. Im Gegensatz zu den anderen Arten des Allgemeinen Ehrenzeichens durften die genannten Medaillen durch Beschluss des Reichskabinetts auch nach dem Ende der Monarchie weiter verliehen werden.[220]

Die Medaillenvorderseite wurde bereits beim Ehrenzeichen Nr. 25.1 beschrieben.

Die Rückseite zeigt in zwei doppelt gebundenen, oben offenen Eichenzweigen die Inschriften FÜR / TREUE / DIENSTE oder FÜR / TREUE / ARBEIT.

Die Medaille hat einen Überrand und eine stehende Öse mit Bandring. Unterhalb des Halsabschnitts befindet sich das Stempelschneiderzeichen A. KRÜGER F.

Auf dem oberen Medaillenrand der silbervergoldeten und silbernen Medaillen befinden sich in der Regel die Punzen SILBER 0,990 oder SILBER 990. Die Medaille hat beidseitig einen schmalen Überrand und ist mit einer gewöhnlichen Öse und einem einfachen runden Durchzugsring für das Band versehen.

Die Medaillen haben einen Durchmesser von 36 mm, die goldene (sivg.) und die silberne Medaille wiegen 24,3 g, die bronzene 22 g.

Die Auszeichnung wurde am landesfarbenen schwarz-gelb-grünen Band getragen. Sie wurde mit einem Verleihungsdiplom vergeben.

Sie wurde in einem Etui mit einem Verleihungsdiplom übergeben.

Konkordanzen: HuS Nr. 1585–1590, Nimmergut OEK Nr. 2375–2380 und DOE Nr. 3280–3285.

28   Das Allgemeine Ehrenzeichen 1902
        mit dem Namenszug WE
28.1   Goldene Medaille
28.2   Silberne Medaille
28.3   Bronzene Medaille

Nach den Verleihungsgrundsätzen des Staatsministeriums von 1904 wurde die unter Carl Alexander eingeführte Regelung beibehalten, dass ausländischen Staatsangehörigen die Verdienstmedaille mit einer besonderen Rückseite zu verleihen ist. Es wurde lediglich die Medaillenrückseite mit der Chiffre WE versehen.

Das Allgemeine Ehrenzeichen mit dem Namenszug WE in Gold (sivg.), As. und Rs.

Verleihungszahlen für dieses Ehrenzeichen können für die Zeit von 1902 bis 1918 nicht angegeben werden, da die Angaben in den Akten des Hofmarschallamtes eine exakte Zuordnung nicht möglich machen.

Die Verleihung des Ehrenzeichens wurde mit Beginn des Krieges eingestellt. Fortan erhielten auch ausländische Staatsangehörige die Medaille mit der Rückseiteninschrift DEM VERDIENSTE 1914, und zwar sowohl mit Schwertern als auch ohne diese.

Die Medaillenvorderseite ist identisch mit den vorigen.

Die Rückseite zeigt auf glattem Grund die von einer Krone überhöhte verschlunge Namenschiffre WE für Wilhelm Ernst.

Die Medaillen haben einen Durchmesser von 36 mm. Das Gewicht beträgt für die goldene (sivg.) Medaille 23,4 g, für die silberne Medaille 24,2 g und für die bronzene Medaille 23 g

Die Auszeichnung war am landesfarbigen Band zu tragen. Sie wurde in einem Etui mit einer Verleihungsurkunde vergeben.

Konkordanzen: HuS Nr. 1591–1593, Nimmergut OEK Nr. 2384–2386 und DOE Nr. 3286–3288.

29   Die Medaille für Kunst und Wissenschaft 1902
29.1   Ovale goldene Medaille
29.2   Runde goldene Medaille
29.3   Runde silberne Medaille

Mit der Verordnung über die Medaillen für Kunst und Wissenschaft vom 16. April 1902 wurden die bisher gültigen Bestimmungen von 1896 dahingehend abgeändert, dass die Auszeichnung um eine dritte Klasse erweitert und die Medaillen zusätzlich in allen Klassen mit einem Lorbeerkranz umrahmt wurden. Die Vorderseite zeigt nun das

Bronzeabschlag von der
ovalen goldenen Medaille
für Kunst und Wissen-
schaft, As. und Rs.

Bild des Großherzogs Wilhelm Ernst
mit Umschrift, während die Rückseiten aller Klassen die Inschrift Für
Kunst und Wissenschaft aufwei-
sen.[221]

Obwohl die Anzahl der unter Wilhelm
Ernst verliehenen Orden und Ehrenzeichen deutlich höher war als unter
seinen Vorgängern, blieb die Medaille
für Kunst und Wissenschaft die weitaus am sparsamsten verliehene Auszeichnung Sachsen-Weimars. Von 1902
bis einschließlich 1918 sind nur 7 Verleihungen der 1. Klasse, 20 der 2. Klasse
und 26 der 3. Klasse nachweisbar.

Träger der I. Klasse waren der Direktor
der Weimarer Malerschule Theodor Hagen (1903), der Hofpianist
Eugen d'Albert (1904), der Kgl. Bayer. Hoftheaterintendant Ernst Rit-
ter v. Possart (1905), der Bildhauer Prof. Max Klinger (1907), Prinz
Ernst von Sachsen-Meiningen (1908), der Generalmusikdirektor Dr.
Richard Strauß (1914) sowie der Maler Max Liebermann (1917).[222]

Die Stempel schnitt der Berliner Medailleur und Bildhauer Arthur
Krüger, seit 1895 auch Inhaber der Berliner Medaillen-Münze. Das
Hofmarschallamt erteilte am 15. August 1902 den Auftrag zur Prägung der Medaillen an den Hofjuwelier Müller, der zwei Medaillen
der 1., fünf der 2. und drei der 3. Klasse lieferte.[223]

Die Vorderseite der Medaillen zeigt das nach links gewendete Bildnis
Wilhelm Ernsts mit der Umschrift WILHELM ERNST GROSS-
HERZOG VON SACHSEN. Am unteren Halsabschnitt findet sich
die Stempelschneidersignatur A. KRÜGER F. Bei der 1. Klasse steht
die Umschrift innerhalb eines Perlringes, unter dem Bildnis ein sechsstrahliges Sternchen.

Die Rückseite der Medaillen zeigt auf glattem Grund die Inschrift
FÜR / KUNST UND / WISSENSCHAFT. Darunter befindet sich
ein größerer sechsstrahliger Stern. Die Medaillen sind von einem
mehrfach mit Bändern umwundenen Lorbeerkranz umgeben und mit
einer stehenden ovalen/runden Öse mit Bandring versehen.

Die Medaille 1. Klasse ist oval und aus Gold, die Medaillen 2. und 3.
Klasse sind rund und silbervergoldet bzw. aus Silber. Die 1. Klasse war
am Komturband des Hausordens am Hals, die Medaillen der anderen
Klassen waren am Ritterkreuzband auf der Brust zu tragen.

Die Größe der ovalen goldenen Medaille beträgt 30,5 x 40,3 mm, ihr
Gewicht 39 g, die silbervergoldeten und silbernen Medaillen haben
einen Durchmesser von 44 mm und wiegen 23 g.

Die Medaillen wurden in speziellen Etuis zusammen mit einem Verleihungsdiplom übergeben

Bei Verleihung einer höheren Klasse musste die Medaille der niedri-
geren Klasse zurückgegeben werden. Beim Tode des Geehrten bestand
Rückgabepflicht.

Runde goldene (sivg.) Medaille für Kunst und Wissenschaft, As. und Rs.

Konkordanzen: HuS Nr. 1605–1607, Nimmergut OEK Nr. 2360– 2362 und DOE Nr. 3261–3263.

30   Das Ehrenkreuz für Krieger- und Militärvereine 1902
        Fahnenkreuz für Vereine

In seiner Eigenschaft als Protektor des Großherzoglich Sächsischen Krieger- und Militärvereinsbundes stiftete Großherzog Wilhelm Ernst aus Anlass des 200-jährigen Stiftungstages des 5. Thüringischen Infanterie-Regiments Nr. 94 ein Ehrenkreuz für Krieger- und Militärvereine als Zeichen seines Wohlwollens und seiner Anerkennung. Das weimarische Staatsministerium, Departement des Innern, hatte sich schon früher eingehend mit den Möglichkeiten einer Auszeichnung von Vereinen beschäftigt. In einem Schreiben vom 16. Juni 1898 an den Kammerherrn des Großherzogs Major v. Nostitz informierte das Ministerium darüber, dass Carl Alexander angeregt hatte, ein besonderes, zugleich als Auszeichnung verstandenes Ehren- und Erinnerungsabzeichens für dem Bund angehörende Kriegervereine zu stiften.[224]
Zur beabsichtigten Stiftung kam es dann wegen des Todes von Carl Alexander nicht mehr, jedoch waren die Vorbereitungen weit gediehen, so dass mit höchstem Patent vom 28. Oktober 1902 das Ehrenkreuz gestiftet werden konnte. Danach sollte das Kreuz an die dem Krieger- und Militärvereinsbund angehörnden Vereine verliehen werden, welche *sich durch langjährige Mitarbeit an der Erhaltung und Pflege patriotischen und kameradschaftlichen Geistes besondere Verdienste erworben haben.*[225]
Der genannte Krieger- und Militärvereinsbund wurde 1893 gegründet. Datiert wurde die Gründung allerdings auf den 8. Oktober 1892, den Tag der goldenen Hochzeit des großherzoglichen Paares. 1894 umfasste der Bund 291 Vereine mit 1 830 Mitgliedern. 1904 war die

Das Ehrenkreuz für Krieger- und Militärvereine (Fahnenkreuz), hier in versilberter Form, As. und Rs.

Anzahl der Vereine bereits auf 360 mit insgesamt rund 17 000 Mitgliedern angewachsen.

Wenige Wochen später, am 15. November 1902, erließ das Großherzogliche Staatsministerium eine Ministerial-Bekanntmachung mit den ergänzenden Bestimmungen. Darin hieß es u. a.: *Nur solche Krieger-, und Militärvereine sollen vorgeschlagen werden, welche seit wenigstens 25 Jahren bestehen und dem Großherzoglich Sächsischen Krieger- und Militär-Vereins-Bunde mindestens 10 Jahre angehören...*

Die Verleihung erfolgte auf Vorschlag des Staatsministeriums durch den Großherzog. Dem Verein wurde darüber ein Besitzzeugnis ausgestellt. Im Falle einer Auflösung war die Auszeichnung zurückzugeben. Großherzog Wilhelm Ernst behielt sich das Recht vor, einem Verein, der sich der verliehenen Auszeichnung unwürdig erweisen sollte, die Auszeichnung abzuerkennen.[226]

Der Vorstand des Krieger- und Militärvereinsbundes sah sich auf Nachfrage des Staatsministeriums im Mai 1904 wegen Bedenken, ob der *gewünschte patriotischen Geist* in allen Vereinen in ausreichendem Maße vertreten sei, zu einer ausführlichen Stellungnahme veranlasst. Im Antwortschreiben führt der Bund aus, [...] *dass die Vereine bemüht seien, in einer Zeit sinkender Vergeistigung und Zerrissenheit den monarchistischen und vaterländischen Gedanken hoch zu halten und den Sinn für die Opferbereitwilligkeit zum Besten des Reiches und seiner Glieder zu beleben. / Die Leistungen der Vereine bezüglich der Erhaltung und Pflege patriotischen und kameradschaftlichen Geistes sind naturgemäß sehr verschieden: das hängt von verschiedenen Umständen ab, besonders von der Führung. Der Bundesvorstand kann aber [...] bezeugen, daß in den Vereinen ein guter Geist herrscht, daß zuverlässige Männer an der Spitze stehen, die zweifelhafte Mitglieder im Verein nicht dulden und auf Ordnung und Kameradschaft halten, daß sie den staatserhaltenden Geist des Kriegervereinsstandes in weite Kreise der Bevölkerung tragen und durch mannhaftes Eintreten für das Deutsche Kaiserreich und Monarchie in Achtung stehen.*[227]

Das Ehrenkreuz für Krieger- und Militärvereine am Fahnenband.

Von 1903 bis 1914 erhielten 118 Militärvereine das Ehrenkreuz für ihre Fahnen verliehen. Während des Krieges wurden von 1915 bis 1918 keine weiteren Ehrenkreuze mehr ausgegeben. Verleihungen nach dem Weltkrieg sind, wie beim Kriegervereins-Ehrenkreuz von 1909, nicht nachweisbar.[228]

Mit der Herstellung der Kreuze war der Weimarer Hofjuwelier Th. Müller beauftragt, der für die Kreuze je 8.50 RM verlangte.[229] Die Bänder lieferte einmal mehr die Firma Hugo Werner.

Die Auszeichnung besteht aus einem mattierten bronzenen Georgskreuz. Die Kreuzarme sind fein gekörnt und haben eine breite, glatte

Bordierung. Das glatte Medaillon der Vorderseite zeigt im Zentrum
die verschlungene Namenschiffre WE, überhöht von einer Krone. In
einem doppelten Medaillonring befindet sich der Wahlspruch des
Hausordens VIGILANDO ASCENDIMUS mit drei Sternchen.
Das Rückseitenmedaillon enthält in einem mit einer Schleife gebun-
denen Eichenkranz die Inschrift *Für / Deutsche / Treue*. Am oberen
Kreuzarm ist eine Öse für den Bandring angebracht.
Der Durchmesser beträgt 53 mm, das Gewicht 34,7 g.
Das Ehrenkreuz wurde an einem langen, breiten grün-gelb-schwarzen
Band an der Fahne oder der Standarte des Vereins befestigt.[230]

Konkordanzen: HuS Nr. 1613, Nimmergut OEK Nr. 2414 und DOE
Nr. 3323.

31   Das Kriegervereins-Ehrenkreuz 1909
        Kreuz für Mitglieder

Fast sechs Jahre nach der Stiftung des Ehrenkreuzes für die Krieger-
und Militärvereine ergänzte Großherzog Wilhelm Ernst das Stif-
tungspatent und fügte dem Fahnenkreuz ein gesondertes Ehrenzeichen für Mitglieder hinzu, das offiziell – verwirrender Weise – ebenfalls *Ehrenkreuz für Krieger- und Militärvereine* hieß, in der phaleristischen Fachliteratur jedoch unter *Kriegervereins-Ehrenzeichen* fir-
miert. Es konnte nun, in kleinerer Form, auch an Einzelpersonen
verliehen werden, die sich hervorragende Verdienste um das Krieger-
und Militärvereinswesen und die damit zusammenhängenden gemeinnützigen Bestrebungen erworben haben.[231] In dem Patent wurden die gemeinnützigen Bestrebungen der Vereine erstmals ausdrücklich hervorgehoben und als auszeichnungswürdig angesehen.
Tatsächlich wandelten sich mit den Jahren und dem zunehmenden
Alter der Veteranen auch das Selbstverständnis und die Aufgaben der
Krieger- und Militärvereine. In den Gründerjahren richtete sich die
Unterstützung der Vereine noch weitgehend auf die Versorgung der
Hinterbliebenen gefallener Soldaten. Neben dem Gedenken an die
vergangenen Waffengänge und der Pflege des patriotischen Geden-
kens innerhalb und außerhalb der Vereine trat die ergänzende soziale
Fürsorge für die betagten Veteranen immer mehr in den Vordergrund.
Als erster Träger der Auszeichnung war der Vorsitzende des Großher-
zoglichen Krieger- und Militärvereinsbundes Prof. Dr. Redslob aus
Weimar ausgewählt. Im Übersendungsschreiben an Redslob vom 30.
Dezember 1909 heißt es: *Es gereicht uns zu besonderer Freude und Genugtuung, das Ehrenkreuz Ihnen als ersten von allen, die diese Auszeichnung verliehen erhalten, aushändigen zu können, in dankbarer
Anerkennung Ihrer hervorragenden Verdienste um die Gründung und
die glückliche Weiterentwicklung des großherzogl. Sächs. Krieger- und
Militärvereinsbundes und in Würdigung Ihrer langjährigen aufopfern-
den Bemühungen für das gesamte Kriegervereinswesen des Großherzogtums.*[232] Am selben Tag erhielten noch weitere 19 Mitglieder des
Militärvereinsbundes diese Auszeichnung.

Die Verleihung des Ehren-
kreuzes fand grundsätzlich
an zwei Terminen im Jahr
statt, nämlich am 10. Juni,
dem Geburtstag des Groß-
herzogs, sowie am 24. De-
zember. Eine Kontingen-
tierung der Auszeichnung
war nicht offiziell vorgeschrieben, jedoch hat man
stets darauf geachtet, dass
jeweils nur eine begrenzte
Anzahl jährlich zur Verleihung kam. An Wilhelm
Ernst wurde aus dem Bun-
desvorstand die Bitte he-
rangetragen, dass er als

Das Kriegervereins-Ehren-
kreuz für Mitglieder,
As. und Rs.

Protektor des Bundes das Ehrenkreuz selbst anlegen solle.[233]
Nach amtlichen Angaben wurden von 1909 bis 1918 insgesamt 157
Ehrenkreuze verliehen.[234]
Schließlich wurden die Verleihungsbestimmungen für das Ehrenkreuz
noch ergänzt. Durch Erlass vom 14. Juni 1916 bestimmte Wilhelm
Ernst, dass der Empfängerkreis der Auszeichnung auf die Personen zu
erweitern sei, *die sich hervorragende Verdienste um die militärische Vorbereitung der Jugend* erworben haben.[235] Von 1916 bis 1918 sind allein aus diesem Verleihungsgrund nochmals 196 Kreuze vergeben
worden, so dass sich von 1909 bis 1918 eine Gesamtzahl von 353 Verleihungen ergibt.[236]
Mit dem Ende der Monarchie in Sachsen-Weimar wurde die Verleihung der Ehrenkreuze kurz eingestellt, um dann von Heinrichau/
Schles. durch Wilhelm Ernst wieder aufgenommen zu werden, ähnlich wie der Hausorden, das Allgemeine Ehrenzeichen, das Ehrenkreuz
für Heimatverdienste u. a. Das Kabinettssekretariat fertigte die Besitzzeugnisse aus und sendete sie in der Regel an den Vorstand des Weimarer Krieger- und Militärvereinsbundes zur Ausgabe an die
Empfänger. Th. Müller lieferte nach wie vor die benötigten Ehrenkreuze aus; teilweise direkt an die jeweiligen Vereine. Die Reichsregierung teilte 1920 dem Kabinettssekretariat dann mit, dass der
Großherzog zu keiner weiteren Verleihung der Auszeichnung mehr befugt sei.[237] Unter Umgehung dieser Regelung wurden diese Kreuze
dennoch weiterhin als *Erinnerungsstücke* ausgegeben.
Großherzog Wilhelm Ernst starb überraschend am 24. April 1923.
Am 1. Mai 1924 brachte seine Witwe, Großherzogin Feodora, in
einem Schreiben an den Vorstand des Krieger- und Militärvereins-
Bundes ihre Bereitschaft zum Ausdruck, zum Andenken an den heim-
gegangenen Protektor des Bundes aus den vorhandenen Beständen wie
früher Kriegervereins-Ehrenkreuze auf Antrag geschenkweise zu überlassen. Von dieser Regelung wurde dann in den folgenden Jahren Gebrauch gemacht.

Das bis dahin übliche Verfahren, dass der Militärvereinsbund dem Kabinettssekretariat entsprechende Vorschläge unterbreitete, über die dann Feodora entschied, wurde beibehalten. Der Beliehene erhielt weiterhin neben dem Kreuz ein Besitzzeugnis und ein Begleitschreiben des Bundesvorstandes. Darin wurde nochmals auf den besonderen Charakter der Auszeichnung hingewiesen: *Da das Kreuz nur als Erinnerungsstück zu betrachten ist, ist ein Band nicht mitgegeben worden. Sollten Sie beabsichtigen, das Kreuz zu tragen, so geschieht dies am schwarz-gelb-grünen Bande...Um Mißverständnissen vorzubeugen, wird gebeten, über die Überlassung des Krieger-Ehrenkreuzes nichts in die Presse zu bringen*[238]

Die Anzahl der bis 1927 aus dem Exil veranlassten Verleihungen ist nicht bekannt.

Die Auszeichnung besteht aus einem bronzenen Georgskreuz, die Kreuzarme sind fein gekörnt und haben eine breite, glatte Bordierung. Das Medaillon der Vorderseite zeigt im Zentrum die verschlungene Namenschiffre WE, darüber eine Königskrone. In einem doppelten Medaillonring befindet sich die Devise des Hausordens VIGILANDO ASCENDIMUS mit drei Sternchen.

Das rückseitige Medaillon enthält in einem mit einer Schleife gebundenen Eichenkranz die Inschrift *Für / Deutsche / Treue*. Am oberen Kreuzarm ist eine gewöhnliche Öse zum Durchführen des Bandringes angebracht.

Das Kreuz misst 55,8 x 55,8 mm und wiegt 33,8 g. Es wurde am grüngelb-schwarzen Band getragen.

Konkordanzen: HuS Nr. 1614, Nimmergut OEK Nr. 2415 und DOE Nr. 3324.

32   Die Dienstauszeichnung 1913
32.1   Kreuz für 15 Dienstjahre
32.2   Medaille für 12 Dienstjahre
32.3   Medaille für 9 Dienstjahre

Großherzog Wilhelm Ernst stiftete am 20. Dezember 1913, unter teilweiser Änderung der Statuten vom 9. März 1872 und der Nachträge vom 23. Februar 1901, für Unteroffiziere und Gemeine des Infanterie-Regimentes Nr. 94 und für das Gendarmeriekorps neue Dienstauszeichnungen, die die bisherigen Schnallen ablösten. Die Einteilung in drei Klassen wurde beibehalten, jedoch wurden sowohl die Form der Auszeichnungen wie auch die Zahl der erforderlichen Dienstjahre verändert.

Mit dieser Neuerung folgte man in Sachsen-Weimar einer Tendenz, die sich in den deutschen Staaten im 19. und 20. Jahrhundert allgemein abzeichnete. Sowohl in der Uniformierung wie auch in der Gestalt der militärischen Auszeichnungen war das Streben nach einem mehr und mehr einheitlichen Bild erkennbar. Von einem System von edel gestalteten Offizierskreuzen für verschieden lange Dienstzeiten und Dienstauszeichnungen für Unteroffiziere und Soldaten in Form von Schnallen gelangte man bei den letzteren am Ende zu einem fast identischen System von Kreuzen für eine 15-jährige und Medaillen für eine 12- und 9-jährige Dienstzeit. Diese wurden in den deutschen Königreichen Bayern, Preußen, Sachsen und Württemberg – von Gestaltungsunterschieden einmal abgesehen – nahezu formengleich erst 1913 eingeführt. Der Sinn bestand offenbar darin, für gleiche Dienstzeiten in den militärischen Einheiten des Deutschen Reiches ähnliche Ehrenzeichen zu verleihen.

Das Kreuz für 15 Dienstjahre, As. und Rs.

In der immer enger zusammenwirkenden Truppe sollte man auf einen Blick erkennen können, wer mit welchen Distinktionen geehrt worden war. Zum anderen war mit dem Wechsel von Schnallen zu Kreuzen und Medaillen eine Aufwertung der Auszeichnungen für lange und treue Dienste gegeben. Schließlich waren die neuen Ehrenzeichen besser als Schnallen geeignet, in größeren Arrangements, etwa den Großen Ordensschnallen, zusammengefasst zu werden.

Für das Militär und die Gendarmerie Sachsen-Weimars galt nun ab 1909: Diejenigen, die Dienstauszeichnungen der bisherigen Art trugen, aber nicht mehr dem stehenden Heer oder dem Gendarmeriekorps angehörten, konnten sich die neuen Auszeichnungen auf eigene Kosten beschaffen.[239] Diese Möglichkeit räumen auch die entsprechenden Bestimmungen der meisten anderen deutschen Staaten ein. Wie bei den Dienstauszeichnungsschnallen fehlen auch hier alle Unterlagen, so dass weitere Angaben nicht möglich sind.

Das Kreuz der 1. Klasse ist aus vergoldetem Kupfer. Im Vorderseitenmedaillon befindet sich in einer doppelten Kreislinie der von einer Krone überragte verschlungene Namenszug WE. Das Rückseitenmedaillon zeigt, ebenfalls in einer doppelten Kreislinie, die Zahl XV.

Die Medaille für 12 Dienstjahre, As. und Rs. sowie diejenige für 9 Dienstjahre, Rs.

Das Allgemeine Ehrenzei-
chen 1914 in Gold, As. und
Rs. und in Bronze, As.

Die Medaillen der 2. und 3. Klasse sind aus Tombak bzw. Neusilber
und zeigen auf der Vorderseite die verschlungene Namenschiffre WE
innerhalb der Umschrift TREUE DIENSTE BEI DER FAHNE. Die
Rückseiten tragen je nach Klasse die Zahlen XII oder IX.
Das Kreuz misst 36 x 36 mm und wiegt 15 g. Der Durchmesser der
Medaillen beträgt 30 mm, ihr Gewicht 11,7 g für die 2. und 3. Klasse.
Die Dienstauszeichnungen wurden an einem 30 mm breiten landes-
farbenen schwarz-gelb-grünen Band getragen.

Konkordanzen: HuS Nr. 1628–1630, Nimmergut OEK Nr. 2427–
2429 und DOE Nr. 3335–3337.

33   Das Allgemeine Ehrenzeichen DEM VERDIENSTE 1914
33.1   Die goldene Medaille (Si. vg.)
33.2   Die goldene Medaille mit Schwertern (Si. vg.)
33.3   Die silberne Medaille
33.4   Die silberne Medaille mit Schwertern
33.5   Die bronzene Medaille
33.6   Die bronzene Medaille mit Schwertern

Mit Beginn des 1. Weltkrieges wurde durch eine Verfügung des Großherzogs der Rückseiteninschrift des Allgemeinen Ehrenzeichens DEM
VERDIENSTE die Jahreszahl 1914 hinzugefügt. Medaillen ohne Jahreszahl wurden von da an nicht mehr verliehen.
Die gewohnte Praxis unter Carl Alexander, wonach die Auszeichnung
für militärische Verdienste ausschließlich mir der silbernen Verdienstmedaille unabhängig vom Rang des Beliehenen erfolgte, wurde mit
Beginn des Krieges nicht fortgeführt. Vielmehr war nun jeweils der
militärische Rang des Auszeichnenden für die Wahl der Stufe des
Allgemeinen Ehrenzeichens maßgebend.[240] Eine Auszeichnung mit
der nächsthöheren Stufe des Ehrenzeichens ist bei erneuter Auszeich-

nung sowie beim Aufstieg in einen höheren Rang vielfach nachweisbar.

Verleihungsnachweise sind in den Akten des Hofmarschallamtes für alle Stufen vorhanden. Danach wurde das Allgemeine Ehrenzeichen mit Schwertern von 1914 bis 1919 verliehen: in Gold 810 Mal, in Silber 4 911 Mal und in Bronze 12 322 Mal.

Die nahezu inflationäre Vergabe der bronzenen Medaille ist vor allem dadurch zu erklären, dass sie in der Regel der Verleihung des preußischen Eisernen Kreuzes 2. Klasse folgte.[241]

Das Allgemeine Ehrenzeichen 1914 in Silber mit Schwertern, As. und Rs.

Nach der Abdankung des Großherzogs 1918 verlieh dieser von seinem Wohnsitz in Heinrichau aus bis zu seinem Tode 1923 das Allgemeine Ehrenzeichen weiter. Aufgrund eines Beschlusses des Staatsministeriums vom 6. Januar 1920 konnte das Allgemeine Ehrenzeichen nach Abschaffung der Monarchie zunächst weiter verliehen werden. Nachdem das Staatsministerium in Weimar dem Kabinettssekretariat des Großherzogs mitgeteilt hatte, dass die Verleihungen staatlicher Auszeichnungen durch den Großherzog unstatthaft seien, wurden die offiziellen Verleihungen eingestellt. Das Allgemeine Ehrenzeichen wurde fortan als *Erinnerungszeichen* übergeben.[242] Bis einschließlich 1927 sind insgesamt 156 Verleihungen nachweisbar, davon 16 in Gold, 66 in Silber und 74 in Bronze.[243]

Nach 1914 soll zudem die Orden- und Effektenfabrik Meybauer in Berlin alle Klassen des Allgemeinen Ehrenzeichens hergestellt haben. Mit der Rationierung von Edelmetallen im Februar 1918 wurden keine silbernen Medaillen mehr ausgeprägt. Man verwendete stattdessen oxidiertes Zink. Der Preis für die vergoldete Medaille betrug

Miniaturschnalle u. a. mit dem silbernen und dem bronzenen Allgemeinen Ehrenzeichen 1914 mit Schwertern, in originaler Größe.

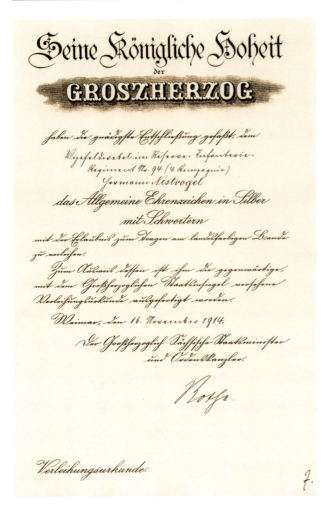

Verleihungsurkunde.

nun 4,50 Mark, für die versilberte 3,25 und für die oxidierte Medaille 2,75 Mark.[244] Hugo Werner berechnete für den Meter Ordensband 2,60, ab Februar 1917 2,80 Mark.

Die Medaille zeigt auf der Vorderseite das Bildnis Wilhelm Ernsts und die Umschrift WILHELM ERNST GROSSHERZOG VON SACHSEN, die Rückseite in einem zweifach gebundenen Eichenkranz die Inschrift DEM / VERDIENSTE / 1914.

Auf dem oberen Medaillenrand der silbervergoldeten und der silbernen Medaillen befindet sich in der Regel die Punze SILBER 990.

Die Medaille hat beidseitig einen Überrand und eine quer stehende Öse für den Bandring. Das Medailleuerszeichen A. KRÜGER F. wurde für diese Medaillen nicht mehr verwendet.

Das Gewicht der silbernen Medaillen entspricht dem der zuvor beschriebenen, das der Medaillen in Kriegsmetall beträgt bei der goldenen 26 g, der silbernen 24,4 g und der bronzenen 19,1 g.

Die Ehrenzeichen waren nicht rückgabepflichtig. Mehrere Medaillen durften nebeneinander getragen werden.

Urkunde für das Allgemeine Ehrenzeichen 1914 mit Schwertern in Silber.

Konkordanzen: HuS Nr. 1594–1599a, Nimmergut OEK Nr. 2408–2413 und DOE Nr. 3311–3322.

34   Das Hebammen-Ehrenzeichen 1914
   Silberne Brosche

Die ersten Hebammenordnungen für Sachsen-Weimar finden sich in der Kirchenordnung von 1664 und in der Verordnung über die Hebammenausbildung von 1673. 1763 wurden dann auf Anregung der Herzogin Anna Amalia im Herzogtum Amtsärzte eingestellt und Hebammen ausgebildet, um der hohen Mütter- und Kindersterblichkeit entgegenzuwirken.

Auf Initiative Herzog Carl Augusts von Sachsen-Weimar, seines Leibarztes Johann Friedrich Hufeland d. Ä. und des Medizinprofessors Justus Christian Loder wurde 1778 beschlossen, eine akademische Entbindungsanstalt, das *Accouchier-haus*, in Jena zu errichten. In dem zunächst mit sechs bzw. acht Betten ausgestatteten Haus wurden Entbindungen durchgeführt sowie Hebammen und Studenten ausgebildet, ehe 1830 im Zuge der Gebietserweiterung nach dem Wiener Kongress und der steigenden Akzeptanz solcher Einrichtungen unter der Bevölkerung ein neues und größeres Haus errichtet wurde. 1812 wurde Johann Christian Stark (1769–1837) zum großherzoglichen Leibarzt und Stadtphysicus ernannt. Stark war zudem Direktor der ambulatorischen Klinik und des Entbindungsinstitutes. Er scheint sich jedoch im Besonderen der Geburtshilfe gewidmet zu haben, da er nicht nur 26 Jahre hindurch Hebammen unterrichtete, sondern auf Aufforderung der großherzoglichen Landesdirektion zu Weimar noch 1837 ein neues Hebammenlehrbuch schrieb. Die Bedeutung einer fundierten Hebammenausbildung war in Zeiten hoher Säuglingssterblichkeit, die besonders 1850 bis 1900 hoch war, unabdingbar. So starben in Deutschland 1870 im Durchschnitt 25 von 100 und 1910 noch 13 von 100 Kindern; 2002 waren es 4,4 von Tausend.[245]

Das Hebammen-Ehrenzeichen wurde durch Ministerialverordnung vom 6. Januar 1914 durch das Großherzoglich Sächsische Staatsministerium, Departement des Innern mit höchster Genehmigung ins Leben gerufen.[246] Der Anstoß zu dieser Auszeichnung ging von Großherzogin Feodora aus, zu der Großherzog Wilhelm Ernst lediglich seine Zustimmung erteilte, ohne dass eine höchste Verordnung hierzu erlassen wurde.

Bis zur Stiftung des Hebammen-Ehrenzeichens konnten Hebammen nach 40 Jahren Dienstausübung mit dem Allgemeinen Ehrenzeichen DEM VERDIENSTE in Bronze und nach 50 Jahren mit dem in Silber ausgezeichnet werden. Von den nachweisbaren 22 Verleihungen dieses Ehrenzeichens an Frauen erhielten Hebammen 18 Medaillen, davon fünf silberne.[247]

Das Hebammen-Ehrenzeichen im speziell dafür geschaffenen Etui der Firma Th. Müller.

Das Hebammen-Ehrenzeichen, As. und Rs.

Nach der Ministerialverordnung war die Brosche für Hebammen bestimmt, *die ihren Beruf 25 Jahre lang in einwandfreier Weise erfüllt haben. [...] Die Inhaberinnen sind berechtigt, das Ehrenzeichen sowohl in als auch außer Dienst zu tragen. Das Ehrenzeichen darf von der Inhaberin nicht verkauft werden; jedoch dürfen die Erben das Ehrenzeichen gegen eine jeweilig nach den Kosten der Herstellung zu bestimmende Vergütung zurückgeben. – Die Verleihung erfolgt mit Genehmigung Ihrer Königlichen Hoheit der Frau Großherzogin und wird durch ein Besitzzeugnis [...] beurkundet.* Letzteres wurde vom Departement des Innern ausgegeben.[248]

Zum Hebammen-Ehrenzeichen sind keine weiteren Unterlagen vorhanden; ebenso konnten keine Hinweise auf Verleihungszahlen gefunden werden.

Hersteller war die Firma Th. Müller, Weimar.

Das Ehrenzeichen ist eine achteckige silberne Brosche mit einem erhöhten, teilweise mit Perlspitzen verzierten Rand. In deren Zentrum befindet sich auf gekörntem, mit Zierlinien unterlegtem Grund die gespiegelte Namenschiffre F für Großherzogin Feodora, darüber eine Krone. Unter der Chiffre ist die Zahl 25 platziert. Auf der glatten Rückseite befindet sich eine waagerechte Nadel.

Der Durchmesser beträgt 32.4 x 32,4 mm, das Gewicht 14,5 g.

Die Brosche wurde in einem spezielles Schmucketui mit einem Besitzzeugnis übergeben.

Konkordanzen: HuS Nr. 1631a, Nimmergut DOE Nr. 3292.

35   Das Ehrenzeichen für Frauenverdienst im Kriege 1915
        Silberne Medaille (KM vs.)

Mit der Fortdauer des Weltkrieges traten besonders die Frauenvereine im Großherzogtum durch soziales Engagement hervor, das mit ihrem unermüdlichen Einsatz in der Kriegsfürsorge zunehmende Bedeutung erlangte. Soziale Tätigkeiten von Frauen wurden in Friedenszeiten bisher durch das 1899 gestiftete Ehrenzeichen für Frauen sowie zuweilen durch das Allgemeine Ehrenzeichen gewürdigt. Ein spezielles weimarisches Ehrenzeichen, das ausschließlich für soziale Verdienste während des Krieges vergeben werden konnte, existierte bisher nur einmal in Form des Ehrenzeichens Für rühmliche Tätigkeit 1870/71. Dieses kam jedoch für eine Erneuerung nicht in Frage.

Um dem wachsenden Bedürfnis nach Auszeichnung solcher Leistungen entgegenzukommen, stiftete Wilhelm Ernst am 15. August 1915 gemeinsam mit der Großherzogin als der Obervorsteherin der Sachsen-Weimarischen Frauenvereine *in dankbarer Anerkennung der unermüdlichen und hingebungsvollen Tätigkeit, welche das Patriotische Institut der Frauenvereine im Großherzogtum Sachsen im Verein mit selbstloser Frauenhülfe aus allen Kreisen Unseres Volkes während des jetzigen Krieges im Dienste des Vaterlandes und der Nächstenliebe entfaltet hat, [...] ein Ehrenzeichen für Frauenverdienst im Kriege.*[249]

Die Stiftung erfolgte im Jahr des hundertjährigen Bestehens der Frau-

envereine. Das Zentraldirektorium des Patriotischen Instituts der Frauenvereine im Großherzogtum wurde durch Satzung formal erst am 3. Juni 1817 gegründet. Es trat auf Anregung der damaligen Erbgroßherzogin Maria Pawlowna als Dachorganisation der seit 1814 in mehreren Orten des Herzogtums gegründeten Frauenvereine ins Leben. Das Ziel dieser Frauenvereine war zunächst die Pflege und Unterstützung verwundeter und kranker Soldaten aus den Befreiungskriegen sowie Hilfeleistung für verarmte Familien. Die sieben Hauptvereine bildeten später das Zentraldirektorium. Obervorsteherin war die jeweilige Großherzogin, mit Ausnahme der Jahre 1897 bis 1901, in denen Großherzog Carl Alexander für seine verstorbene Frau Sophie das Protektorat ausübte.

Empfangsberechtigt waren *Frauen und Jungfrauen, welche auf dem Gebiete der Kriegsfürsorge dauernd tätig gewesen sind und sich durch besondere Opferwilligkeit und hervorragende Leistungen ausgezeichnet haben.*

Das neu geschaffene Ehrenzeichen ergänzte das Ehrenzeichen für Frauen von 1899, das überwiegend für lange Dienstleistungen vergeben und auch während des Krieges weiter verliehen wurde. Verleihungen beider Auszeichnungen an eine Person waren daher üblich. Die Verleihungspraxis der preußischen Rote-Kreuz-Medaille und des Verdienstkreuzes für Kriegshilfe an Weimarer Staatsangehörige, die weiterhin für Verdienste auf sozialem Gebiet verliehen wurden, blieben hiervon unberührt. Ähnliche Ehrenzeichen wurden auch in anderen deutschen Staaten gestiftet, so beispielsweise im Herzogtum Anhalt das Marienkreuz oder das Frauenverdienstkreuz des Herzogtums Braunschweig.

Maria Pawlowna, geborene Großfürstin von Russland (1786–1859) und Gemahlin des seit 1828 regierenden Großherzogs Carl Friedrich, war die Mitgründerin und Obervorsteherin des Zentraldirektoriums.

Das Ehrenzeichen für Frauenverdienst im Kriege, As. und Rs. Geringfügig verkleinert.

Verleihungsurkunde zum
Ehrenzeichen für Frauen-
verdienst im Kriege.

Nach ihrem Tod übernahm Großherzogin Sophie die Leitung des
Direktoriums, danach Großherzogin Feodora.[250]

Die ursprünglich vorgesehene Prägung des Ehrenzeichens in Silber
konnte wegen der Rationierung
von Edelmetallen nicht mehr ver-
wirklicht werden.[251] Die Prägung
und die Anfertigung des Stempels
erfolgten aus heute unbekannten
Gründen erst zweieinhalb Jahre
nach der Stiftung im Frühjahr
1918 nach einer Vorlage des
Münchner Bildhauers Prof. Rö-
mer durch die Firma Th. Müller
und die Kunstprägeanstalt A.
Werner & Söhne in Berlin. Wer
den Stempel zu diesem Ehrenzeichen angefertigt hat, ist nicht bekannt.

Beide Firmen lieferten das Ehren-
zeichen zum selben Preis von 3,20
Mark sowie zu 1,75 M für die
Schleife.[252]

Müller übersandte im Frühjahr
1918 insgesamt 530 Exemplare
des Ehrenzeichens an das Staatsministerium, wovon ein Teil bereits am Tage des Geburtstages der
Großherzogin Feodora am 29.
Mai 1918 verliehen werden konnte. Die Verleihung erfolgte mit
einer vom Großherzog unterschriebenen Verleihungsurkunde.[253]

Nach der Abdankung Wilhelm Ernsts im November 1918 teilte das
Hofmarschallamt der Firma A. Werner & Söhne mit, dass man von
der Lieferung der in Auftrag gegebenen 500 Ehrenzeichen absehen
möchte, da man diese wegen der veränderten Lage nicht mehr benö-
tige. Die genannte Firma hatte jedoch bereits eine größere Anzahl
Exemplare fertig gestellt, so dass sich das Hofmarschallamt nochmals
zur Abnahme dieser Stücke entschloss. Werner & Söhne lieferten dann
im April und Mai 1919 noch einmal 324 Ehrenzeichen, die anschließend dem Zentraldirektorium des patriotischen Fraueninstituts zu
Weimar zur weiteren Verwendung übergeben wurden.[254] Ob danach
weitere Ehrenzeichen verliehen oder als Erinnerungsabzeichen vergeben wurden, ist nicht feststellbar. So sind genaue Verleihungzahlen
nicht bekannt. Nach der Anzahl der gelieferten Stücke dürften sie die
Zahl 900 nicht überstiegen haben.

Das Ehrenzeichen war nach dem Tode der Inhaberin zurückzugeben. Ursprünglich war vorgesehen, das Ehrenzeichen nach eingeholter Genehmigung der Familie der Inhaberin zur Erinnerung zu überlassen. Nach dem Krieg entfiel diese Bestimmung. Das Ehrenzeichen ist eine ovale Medaille, auf deren glatter Vorderseite sich innerhalb der Umschrift FEODORA – MCMXV – MARIA PAVLOWNA – MDCCCXV – GROSSHERZOGINNEN v. SACHSEN die nach rechts gewendeten Halbporträts der Großherzoginnen Feodora und Maria Pawlowna befinden.

Die Rückseite zeigt unter einer schwebenden Krone die verschlungenen Namenszüge WEF für Wilhelm Ernst und Feodora, darunter die Inschrift XV AVGVST / MCMXV mit der Umschrift FRAVEN – VERDIENST – IM KRIEGE. Oberhalb der Medaille befindet sich eine Agraffe mit einem länglichen flachen Ring für die Schleife.

Die Auszeichnung wurde an einem zu einer Doppelschleife gebundenen roten Band des Falkenordens mit grasgrünen und weißen Seitenstreifen an der linken Schulter getragen. Die grün-weißen Seitenstreifen weisen auf die Sächsischen Landesfarben hin. Das Tragen der Schleife ohne Ehrenzeichen war nicht gestattet.

Die Medaille war aus versilbertem Kriegsmetall gefertigt, die Maße betrugen 37 x 52,4 mm, das Gewicht 28,3 g.

Konkordanzen: HuS Nr. 1611, Nimmergut OEK Nr. 2418 und DOE Nr. 3326.

Frau Martha Balke, Trägerin des Ehrenzeichens für Frauenverdienst im Kriege. Foto aus dem Jahre 1918.

36   Das Wilhelm-Ernst-Kriegskreuz 1915

Wilhelm Ernst stiftete das Ehrenzeichen am 10. Juni 1915
1. für Angehörige des Infanterie-Regiments Großherzog von Sachsen (5. Thüringisches) Nr. 94 sowie für Offiziere, Unteroffiziere und Mannschaften dieses Regiments, die während der Mobilmachung zu anderen Truppenteilen übergetreten sind, 2. für Staatsangehörige des Großherzogtums, die als Offiziere, Unteroffiziere oder Mannschaften anderen Teilen der deutschen bewaffneten Macht angehören, sofern sie das Eiserne Kreuz I. Klasse erhalten haben.[255]

Das Ehrenzeichen ist dem Falkenorden angeschlossen, der 10. Statutennachtrag enthält die entsprechenden Bestimmungen.

Die ersten fünf Kreuze expedierte Th. Müller bereits am 29. März 1915. Weitere 19 Stück wurden Anfang April ins Feld geliefert, also noch vor der offiziellen Stiftung.[256] Auf Vorschlag der Hersteller wurden seit Januar 1918 wegen des allgemeinen Mangels an Edelmetallen, Schwerter und Medaillon nur noch in vergoldetem Silber angefertigt.[257]

Erster Träger des Ehrenzeichens wurde der Kommandeur des Infanterie-Regiments Nr. 94 Oberstleutnant v. Thaysen, ihm folgten die Bataillonskommandeure des Regiments, die Majore Frh. v. Wangenheim und v. Uechtritz und Steinkirch sowie Oberst Frh. v. Beaulieu-Marconnay, Kommandeur des Reserve-Infanterie-Regiments 239.[258] Der Führer der 1. Kompanie des Infanterie-Regiments Nr. 94 erhielt am 11. August 1915 das Ehrenzeichen, obwohl er zu diesem Zeitpunkt noch nicht das Eiserne Kreuz 1. Klasse besaß.[259] Diese Verleihung ist im Nachweis nicht angegeben. Auch Kaiser Wilhelm II. erhielt das Kreuz noch im Stiftungsjahr.

Von den insgesamt 368 Verleihungen erfolgten noch sechs im Jahr 1919 und sieben im März 1920.[260]

Das Wilhelm-Ernst-Kriegskreuz mit Brillanten ist auf der Vorderseite mit Brillanten verziert. Wie aus den Nachweisen[261] hervorgeht, wurde es im Jahr 1918 als einzigem dem Kommandeur der 43. Ersatzbrigade Oberst v. Thaysen verliehen, dem ersten Träger des Kreuzes. Von Thaysen er-

Oberstleutnant Friedrich von Thaysen, zur Zeit der Aufnahme Kommandeur des IR 94, erster Träger des Wilhelm-Ernst-Kriegskreuzes 1915, als Einziger 1918 mit demselben Ehrenzeichen in Brillanten geehrt. Fotografie Ende 1916.

hielt am 6. Januar 1918 den höchsten preußischen Militärorden Pour le Mérite und dürfte – seine speziellen Verdienste für das weimarische Militär einbezogen – auch als Folge dieser hohen Auszeichnung das Kriegskreuz in dieser Sonderform erhalten haben.

Ein Parallelfall ist aus dem Großherzogtum Oldenburg bekannt. Dort wurde für Pour-le-Mérite-Träger ein zusätzlicher Lorbeerkranz zu den verschiedenen Stufen des Hausordens gestiftet. Während für Olden-

Das Wilhelm-Ernst-Kriegskreuz, As. und Rs.

burg jedoch die entsprechenden Verfügungen vorliegen, können im Fall des Wilhelm-Ernst-Kriegskreuzes nur Vermutungen angestellt werden. Im Übrigen wies es, was seine Ausgestaltung mit Brillanten angeht, Ähnlichkeiten mit dem Carl-Eduard-Kriegs- kreuz des Herzogtums Sachsen-Coburg-Gotha auf, von dem ebenfalls eine Ausführung in Brillanten existiert.

Das silberne, weiß emaillierte Kreuz vom Georgstyp ist auf der Vorderseite von einem goldenen oder silbervergoldeten, grün emaillierten, aufgelöteten Lorbeerkranz umgeben und von goldenen oder vergoldeten Schwertern durchkreuzt. Dem goldenen bzw. silbervergoldeten und mit Strahlen ausgelegten Medaillon ist der weiß und golden gezeichnete Falke des Hausordens aufgelegt. Die Rückseite ist matt silbern und trägt im unteren Kreuzarm das Stiftungsjahr 1915. Im blau emaillierten Medaillon befindet sich die goldene bekrönte Namenschiffre WE. Auf einer senkrecht stehenden Scharniernadel und auf dem Nadelbock oder über dem Medaillon befindet sich zuweilen ein Silberstempel.

Das Kreuz misst in verschiedenen Fertigungsvarianten 45–49 mm zwischen den äußeren Kanten der Arme. Es wiegt zwischen 32,6 und 36,6 g mit goldenen oder silbervergoldeten Schwertern, Kranzteilen und Medaillons.

An der Uniform wird das Kreuz auf der linken Brust neben dem preußischen Eisernen Kreuz 1. Klasse getragen.

Verleihungsurkunde zum Wilhelm-Ernst-Kriegskreuz aus dem Jahre 1916 für Alfred Jahn.

Konkordanzen: HuS Nr. 1611, Nimmergut OEK Nr. 2418 und DOE Nr. 3237–3239.

37   Das Ehrenkreuz für Heimatverdienst 1918

Für Frauenverdienst im Kriege war 1915 im Großherzogtum ein besonderes Ehrenzeichen gestiftet worden (s. Ehrenzeichen Nr. 35). Verdienste männlicher Personen, die sich in der Krankenfürsorge, im Heimatschutz etc. ausgezeichnet haben, konnten bis Anfang 1918 nicht mit einem vergleichbaren weimarischen Ehrenzeichen bedacht werden. Die zivilen und sozialen Verdienste in Kriegszeiten wurden in Weimar in der Regel mit dem Allgemeinen Ehrenzeichen Dem Ver-

Papiersiegel auf dem Kuvert des Übersendungsschreibens.

Das Ehrenkreuz für
Heimatverdienst, As.
im Etui sowie Rs.

DIENSTE 1914, mit dem preußischen Verdienstkreuz für Kriegshilfe oder der preußischen Rote-Kreuz-Medaille gewürdigt. Deshalb stiftete Großherzog Wilhelm Ernst am 27. Januar 1918, dem Geburtstag des Kaisers, das Ehrenkreuz für Heimatverdienst.

Nach der Stiftungsverordnung konnte das Ehrenzeichen an *Männer ohne Unterschied des Ranges und Standes im Großherzogtum, die während des Krieges mittelbar oder unmittelbar im Interesse der Kriegsführung und in der Förderung gemeinnütziger Bestrebungen hervorragendes geleistet haben,* verliehen werden. *Ferner kann es solchen verliehen werden, die sich während des Krieges in der Heimat um Uns und Unser Land besonders verdient gemacht haben.* Wilhelm Ernst bestimmte in der Verordnung, dass er das Kreuz selbst anzulegen gedenkt.[262]

Da die preußischen Auszeichnungen für Verdienste um das Rote Kreuz und das Verdienstkreuz für Kriegshilfe auch weiterhin an weimarische Staatsangehörige verliehen wurden, spezifizierte das Großherzogliche Staatsministerium, Departement des Innern im Februar 1918 die Grundsätze, nach denen eine Verleihung zu erfolgen hatte.[263] Voraussetzung für die Verleihung des einklassigen Kreuzes war in jedem Fall eine *mehrjährige dienstliche oder freiwillige verdienstvolle Tätigkeit.* Die Auszeichnung kam insbesondere für Personen in Betracht, die sich bei *Behörden, behördlichen Einrichtungen, in der Kriegsindustrie und Kriegswirtschaft auf dem gesamten Gebiete des Kriegshilfsdienstes bei den Ersatztruppenteilen [...], militärischen Behörden, Lazaretten im Großherzogtum ausgezeichnet oder um das Großherzogtum verdient gemacht hatten. [...] Ferner kann es verliehen werden für persönliche erfolgreiche Betätigung im gemeinnützigen Interesse (z.B. Jugendpflege) und besondere Opferwilligkeit zur Förderung gemeinnütziger Bestrebungen.* Das galt auch für weimarische Staatsangehörige, die außerhalb des Großherzogtums wirkten. War eine Person zur Auszeichnung für Verdienste um das Rote Kreuz vorgesehen, so sollte zunächst die preußische Rote-Kreuz-Medaille beantragt und erst nach Vorliegen weiterer Verdienste das Ehrenkreuz verliehen werden.

Soweit eine Person für ihr Wirken in der militärischen Vorbereitung der Jugend mit dem Ehrenkreuz ausgezeichnet werden sollte, musste diese zunächst seit mindestens sechs Monaten im Besitz des weimarischen Kriegervereins-Ehrenzeichens sein.

Verleihungen des preußischen Verdienstkreuzes für Kriegshilfe, das laut Statuten vom September 1916 für *Verdienste im vaterländischen Kriegshilfsdienst* verliehen wurde, blieben hiervon unberührt. Die spätere Verleihung des Ehrenkreuzes an Inhaber dieser Auszeichnung war jedoch möglich.

Wurde zuvor bereits eine großherzoglich sächsische Auszeichnung, etwa das Allgemeine Ehrenzeichen, das Verdienstkreuz oder der Hausorden für Kriegsverdienste in der Heimat vergeben, konnte das Ehrenkreuz nur *in besonders begründeten Fällen* verliehen werden.[264]

Verleihungsurkunde zum Ehrenkreuz für Heimatverdienst aus dem Jahre 1918.

Wie begehrt diese Auszeichnung war, belegt eine Vielzahl von Eingaben an das Staatsministerium, die von Bürgern in staatlichen oder privaten Einrichtungen und Vereinen eingingen, die um die Auszeich- nung mit dem Ehrenkreuz nachsuchten. Die überwiegende Zahl dieser Anträge wurde jedoch abschlägig beschieden, da meist die Voraussetzungen für die Verleihung fehlten.[265] Obwohl der Kreis der Verleihungsberechtigten durchaus weit gefasst war, erfolgten die meisten Verleihungen an mittlere und höhere Staatsbeamte, Fabrikanten sowie kommunale Honoratioren. Besonders regelmäßig wurden Bürgermeister und andere Beamte mit dieser Auszeichnung bedacht. Landwirte, Handwerker, untere Beamte oder einfache Bürger finden sich unter den Ausgezeichneten nur wenige.

Dass man sich noch im vierten Kriegsjahr die Zeit für scheinbar nebensächliche Dinge nahm, zeigt ein Stimmungsbericht des Jenaer Gemeindevorstandes an den Bezirksdirektor in Jena, die Verleihung des Ehrenkreuzes betreffend. Darin heißt es: *Wie Weimar in der Lebensmittelversorgung besser bedacht wird als Jena, so geschieht dies auch in an-*

derer Hinsicht. Nach der Weimarischen Zeitung sind in Weimar 51 Eh-
renkreuze als Heimatdank verliehen worden, in Jena dagegen sage und
schreibe nur zwei Stück. Kleinere Orte wie Vacha usw. erhielten die dop-
pelte Anzahl. Es wird dies in Jena als eine Mißachtung empfunden und
diese Handlungsweise ist nicht geeignet, die Arbeitsfreudigkeit derjeni-
gen zu heben, die Kriegshilfe ehrenamtlich verrichten. Auch die Zeitun-
gen empfinden es als eine Zurücksetzung, daß nicht ein Zeitungs- verleger
oder Redakteur mit bedacht worden ist. Von den Zeitungen wird jetzt
alles mögliche verlangt, aber Dank ernten sie nicht.[266] Die Antwort des
Staatsministeriums hierauf ist nicht überliefert.

Viele Verleihungen lassen sich anhand von Aktenfragmenten nachweisen. Eine Liste, in der alle Träger der Auszeichnung verzeichnet
wären, ist nicht vorhanden. Soweit nachweisbar, wurden in der von
der Stiftung 1918 bis zur Abdankung des Großherzogs im November
1918 insgesamt 348 Ehrenkreuze verliehen, davon allein 170 im Mai
und Juni *aus Anlaß der höchsteigenen Geburtstagsfestes* des Großherzogs am 25. Mai 1918. *Anläßlich der 100. Wiederkehr des Geburtstages*
weiland seiner königlichen Hoheit des Großherzogs Carl Alexander am
8. Juli 1918 sind weitere 150 Verleihungen zu registrieren. Zusätzliche
72 Ehrenkreuze wurden im August und November 1918 vergeben.
Verleihungen an Offiziere in Diensten anderer deutscher Staaten sind
vereinzelt dokumentiert. Sie gingen überwiegend an das Personal verschiedener Artilleriedepots und Bekleidungsämter.[267]

Nach seiner Abdankung genehmigte Wilhelm Ernst von seinem Exil
aus zumindest bis zum Jahre 1920 noch weitere 18 Verleihungen, d. h.
ein Exemplar am 6. Februar, 15 Kreuze am 19. Februar sowie zwei am
8. März 1920. Für das Jahr 1919 lassen sich keine Verleihungen nachweisen.[268] Die Anzahl der nachweisbaren Verleihungen beträgt demnach 366 Exemplare.

Aus gegebenem Anlass teilte das Sachsen-Weimarische Staatsministerium des Innern im April 1920 dem Prozessbevollmächtigten des
Großherzogs mit, dass er zu weiteren Verleihungen des Ehrenkreuzes
nicht mehr befugt sei und diese einzustellen hätte.[269] Möglicherweise
wurden aus dem vorhandenen Bestand – ähnlich wie z. B. im Falle des
Allgemeinen Ehrenzeichens oder des Kriegervereins-Ehrenkreuzes –
weitere Kreuze als *Erinnerungszeichen* vergeben.

Wegen der Edelmetallknappheit – Silber wurde nur noch für Aus-
landslieferungen freigegeben – konnte die Auszeichnung nur noch in
dunkelgrau getönter Zinklegierung hergestellt werden. Auf eine Versilberung, ähnlich wie beim Ehrenzeichen für Frauenverdienst im
Kriege, wurde verzichtet.[270]

Die Auszeichnung stellte die Firma Th. Müller her, die dem Hofmarschallamt für das Kreuz 4 Mark berechnete. Wie viele Ehrenkreuze
hergestellt wurden, ist nicht feststellbar.[271]

Die Bänder lieferte Hoflieferant Hugo Werner für zunächst 4,50 Mark
je Meter, vom Juli 1918 an für 5,10 Mark.[272]

Das Ehrenzeichen ist ein lateinisches Kreuz mit abgerundeten, ge-
körnten Armen. Das von einem geperlten Zierrand umlegte Vorderseitenmedaillon zeigt das nach links gewendete Porträt von

Großherzog Wilhelm Ernst. Das ebenfalls mit einem Perlrand einge-
fasste Rückseitenmedaillon enthält die Inschrift FÜR / HEIMAT- /
VERDIENST mit einer Rosette. Am unteren Kreuzarm ist das Stiftungsjahr 1918 angebracht. Das Kreuz wird von einer offenen Krone
überhöht, die beweglich mit dem Kreuz verbunden ist.
Die Maße betragen für das Kreuz 42,1 x 69 mm, für die Krone 24 x
20,7 mm, es wiegt 24 g.
Das Kreuz wurde an einem 31 mm breiten schwarz-gelb-grün einge-
fassten roten Band getragen – an der Spange vor allen anderen zivilen
großherzoglichen Auszeichnungen. Es wurde mit einem vom Großherzog unterschriebenen Besitzzeugnis verausgabt.
Das Ehrenzeichen war nicht rückgabepflichtig.[273]

Konkordanzen: HuS Nr.1612, Nimmergut OEK Nr. 2416 und DOE
Nr 3325.

*

Bei der Beschreibung von 37 großherzoglichen Ehrenzeichen – gegliedert noch in zahlreiche Klassen, Abteilungen und zeitliche Formen, unterschieden oft nach zivilen und militärischen Varianten –
wurden auch Hunderte von Trägern dieser Auszeichnungen erwähnt,
z. T. auch charakterisiert und abgebildet.
Das aus heutiger Sicht Erstaunliche und zugleich emotional Bewe-
gende besteht darin, dass man sich damals offenbar gern mit diesen
Ehrenzeichen zeigte und Wert darauf legte, sich mit diesen Distinktionen auch abbilden zu lassen. Das gilt für den Höfling, den Wissenschaftler, den Künstler und den Offizier wie auch für den *einfachen
Menschen*.
Der Sammler von Fotos und Bildpostkarten kennt das. Selbst in privaten Situationen, etwa zur Hochzeit oder einem Ehejubiläum, stellte

Ella Schellhorn im 85. und
Bertha Schellhorn im 88.
Lebensjahr, u. a. mit dem
Ehrenzeichen Für rühmli-
che Tätigkeit. Fotopost-
karte aus dem Jahre 1919.

man sich dem Fotografen in der Uniform oder im guten Anzug mit seinen Orden und Ehrenzeichen. Dabei war es unerheblich, ob mit einer hohen Auszeichnung oder mit einem häufig verliehenen Ehrenzeichen – etwa dem Eisernen Kreuz 2. Klasse. Die Träger waren offenbar stolz auf diese Zeichen der Ehre und die Taten, die dahinter standen.

Der heutige Betrachter, der solches nicht mehr tut, schaut verwundert und oft mit gemischten Gefühlen auf solche Fotos. Wenn es sich aber um Träger humanitärer Auszeichnungen handelt, neigt er häufiger dazu, Anerkennung oder gar Bewunderung zu empfinden.

So sei am Ende ein Foto dargeboten, das zwei leibliche Schwestern zeigt, nämlich Ella im 85. und Bertha Schellhorn im 88. Lebensjahr. Dieses Foto ist nahezu ein halbes Jahrhundert nach ihrem Einsatz als Krankenschwestern im Deutsch-Französischen-Krieg und damit auch nach ihrer Ehrung, nämlich 1919, angefertigt worden. Und sie haben dieses Foto als Postkartengruß an ihre lieben Verwandten geschickt. Der Anlass, sich fotografieren zu lassen, war übrigens der erste Frauenwahltag in Weimar am 19. Januar 1919, was darauf schließen lässt, das die beiden Damen nicht nur in ihrer Vergangenheit lebten, sondern der neuen Zeit durchaus aufgeschlossen gegenüber standen.

So wird die Beschäftigung mit Orden und Ehrenzeichen direkt zur Beschäftigung mit dokumentierter Geschichte.

Die Ehrenzeichen im Überblick

Die unter Herzog Carl August (1782–1815) ausgegebenen Medaillen

E 0.1   Preismedaille der Zeichenschule, As. Kopf CA, Rs. Allegorie des Fleißes, 1782, Si., nt.

E 0.2   Preismedaille dto., As. Kopf CA, Rs. Fähigen und Fleissigen, 1782 (1784), nt.
E 0.2.1 Goldene Medaille (ab 1784)
E 0.2.2 Silberne Medaille

E 0.3   Preismedaille dto., As. Allegorie des Fleißes, Rs. Fähigen und Fleissigen, 1782, Si., nt.

E 0.4   Schulprämienmedaille, As. dto., Rs.: Zur Nachahmung, 1782, nt.
E 0.4.1 Goldene Medaille
E 0.4.2 Silberne Medaille

Die von Grossherzog Carl August (1814–1828) gestifteten Medaillen

E 1   Größere Zivilverdienstmedaille Carolus Augustus Magnus Dux Saxoniae, 1816
E 1.1   Goldene Medaille
E 1.2   Silberne Medaille
E 1.3   Bronzene Medaille

E 2   Große Zivilverdienstmedaille Mitescunt Aspera Saecla, 1816
E 2.1   Goldene Medaille
E 2.2   Silberne Medaille
E 2.3   Bronzene Medaille

E 3   Preismedaille der Zeichenschule Mitescunt Aspera Saecla, Rs. mit der Inschrift von E 1
E 3.1   Silberne Medaille
E 3.2   Bronzene Medaille
E 3.3   Silberne Medaille, Rs. leer bzw. mit Namensgravur des Empfängers

E 4   Kleinere Zivilverdienstmedaille Doctarum Frontium Praemia, 1822
E 4.1   Goldene Medaille
E 4.2   Bronzene Medaille

E 5   Militärverdienstmedaille Treuen Kriegern, 1815
E 5.1   Silberne Medaille
E 5.2   Bronzene Medaille

Die von Grossherzog Carl Friedrich (1828–1853) gestifteten Ehrenzeichen

E 6   Kleinere Zivilverdienstmedaille Meritis Nobilis, 1829
E 6.1   Silberne Medaille
E 6.2   Bronzene Medaille

E 7   Zivilverdienstmedaille, 1833
E 7.1   Goldene Medaille
E 7.2   Silberne Medaille
E 7.3   Bronzene Medaille

E 8.1   Dienst-Ehrenzeichen für XX Jahre, 1834, Eisen und Si.
E 8.2   Dienst-Ehrenzeichen für X Jahre, 1834, Eisen

DIE VON GROSSHERZOG CARL ALEXANDER (1853–1901) GESTIFTETEN EHRENZEICHEN

E 9.1   Zivilverdienstmedaille mit dem jüngeren Bild Carl Alexanders, 1857
E 9.1   Goldene Medaille
E 9.2   Silberne Medaille
E 9.3   Bronzene Medaille

E 10.1   Silberne Zivilverdienstmedaille 1870 mit dem jüngeren Bild Carl Alexanders
E 10.2   Silberne Zivilverdienstmedaille 1870, desgl. mit Schwertern

E 11.1   Silberne Zivilverdienstmedaille 1870, 1895, mit dem älteren Bild Carl Alexanders
E 11.2   Silberne Zivilverdienstmedaille 1870, 1895, desgl. mit Schwertern, Si.

E 12   Ehrenzeichen FÜR RÜHMLICHE TÄTIGKEIT 1870/1871, Si.

E 13   Dienstauszeichnung, 1872
E 13.1   Schnalle für 21 Jahre mit silbervergoldeter Spange
E 13.2   Schnalle für 15 Jahre mit silberner Spange
E 13.3   Schnalle für 9 Jahre mit silbergerahmter schwarzer Spange

E 14   Verdienstkreuz des Hausordens, 1878, Si.

E 15   Lebensrettungsmedaille, 1881, Si.

E 16   Verdienstmedaille für Wissenschaft und Kunst, 1889, Go.
E 16.1   Ovale Medaille
E 16.2   Runde Medaille

E 17.1   Großes Feuerwehr-Ehrenzeichen, 1890, Schnalle, Auflage Si. vg.
E 17.2   Kleines Feuerwehr-Ehrenzeichen, Schnalle, Auflage mit der Zahl 25, Si. teilw. vg.

E 18   Verdienstmedaille, 1892
E 18.1   Goldene Medaille
E 18.2   Silberne Medaille
E 18.3   Silberne Medaille mit Schwertern
E 18.4   Bronzene Medaille

E 19   Anerkennungsmedaille, 1892
E 19.1   Goldene Medaille
E 19.2   Silberne Medaille
E 19.3   Bronzene Medaille

E 20   Jubiläumsmedaille zur Goldenen Hochzeit, 1892
E 20.1   Goldene Medaille mit der Krone, Go. oder Si. vg.
E 20.2   Goldene Medaille, Go. oder Si. vg.
E 20.3   Silberne Medaille, Si.
E 20.4   Bronzene Medaille, Br.

E 21   Medaille DEM VERDIENSTE IN DER KUNST, 1896, Si.

E 22   Ehrenzeichen für Frauen, 1899
E 22.1   Ehrenzeichen III. Abteilung, Go. u. Si.
E 22.2   Ehrenzeichen II. Abteilung, Si., teilw. vg.
E 22.3   Ehrenzeichen für Frauen I. Abteilung, Si.

DIE VON GROSSHERZOG WILHELM ERNST (1901–1918) GESTIFTETEN EHRENZEICHEN

E 23.1   Dienstauszeichnung, 1901
E 23.1   Schnalle für 21 Jahre mit silbervergoldeter Spange
E 23.2   Schnalle für 15 Jahre mit silberner Spange
E 23.3   Schnalle für 9 Jahre mit silbergerahmter schwarzer Spange

E 24   Verdienstkreuz des Hausordens, 1902
E 24.1   Goldenes Verdienstkreuz, Si. vg. oder KM vg.
E 24.2   Goldenes Verdienstkreuz mit Schwertern, Si. vg. oder KM vg.
E 24.3   Silbernes Verdienstkreuz, Si. oder KM vs.
E 24.4   Silbernes Verdienstkreuz, mit Schwertern, Si. oder KM vs.

E 25   Allgemeines Ehrenzeichen DEM VERDIENSTE, 1902
E 25.1   Goldene Medaille, Si. vg.
E 25.2   Silberne Medaille, Si.
E 25.3   Silberne Medaille mit Schwertern, Si.
E 25.4   Bronzene Medaille, Br.

E 26   Allgemeines Ehrenzeichen FÜR TREUE DIENSTE, 1902
E 26.1   Goldene Medaille, Si. vg.
E 26.2   Silberne Medaille, Si.
E 26.3   Bronzene Medaille, Br.

E 27   Allgemeines Ehrenzeichen FÜR TREUE ARBEIT, 1902
E 27.1   Goldene Medaille, Si. vg.
E 27.2   Silberne Medaille, Si.
E 27.3   Bronzene Medaille, Br.

E 28   Allgemeines Ehrenzeichen mit der Chiffre WE, für Ausländer, 1902
E 28.1   Goldene Medaille, Si. vg.
E 28.2   Silberne Medaille, Si.
E 28.3   Bronzene Medaille, Br.

E 29   Medaille für Kunst und Wissenschaft, 1902
E 29.1   Goldene ovale Medaille, Go.
E 29.2   Goldene runde Medaille, Go.
E 29.3   Silberne runde Medaille, Si.

E 30   Ehrenkreuz für Krieger- und Militärvereine, Fahnenkreuz, 1902, Br.

E 31   Kriegervereins-Ehrenkreuz für Mitglieder, 1909, Br. oder KM

E 32   Dienstauszeichnung, 1913
E 32.1   Kreuz für 15 Jahre, Br. vg.
E 32.2   Medaille für 12 Jahre, Neusilber vg.
E 32.3   Medaille für 9 Jahre, Neusilber

E 33   Allgemeines Ehrenzeichen DEM VERDIENSTE 1914
E 33.1   Goldene Medaille, Si. vg. oder KM vg.
E 33.2   Goldene Medaille mit Schwertern, Si. vg. oder KM vg.
E 33.3   Silberne Medaille, Si. oder KM vs.
E 33.4   Silberne Medaille mit Schwertern, Si. oder KM vs.
E 33.5   Bronzene Medaille, Br. oder KM bronziert
E 33.6   Bronzene Medaille mit Schwertern, Br. oder KM bronziert

E 34   Hebammen-Ehrenzeichen, 1914, Si.

E 35   Ehrenzeichen für Frauenverdienst im Kriege, 1915, KM vs.

E 36   Wilhelm-Ernst-Kriegskreuz, 1915, Si. u. Go. oder Si. teilw. vg.

E 37   Ehrenkreuz für Heimatverdienst, 1918, Zinklegierung

Anmerkungen zum Kapitel DIE EHRENZEICHEN

[1] Waldemar Hesse Edler von Hessenthal und Georg Schreiber: Die tragbaren Ehrenzeichen des Deutschen Reiches. Berlin 1940. Reprint: Luxemburg 1990.

[2] Jörg Nimmergut: Deutsche Orden und Ehrenzeichen bis 1945. 3. Bd. München 1999.

[3] Ders.: Deutschland-Katalog Orden & Ehrenzeichen 1800–1945. München. Aktualisierte Ausgaben erscheinen alle zwei Jahre.

[4] WA IV, 4.

[5] Konrad Paul: Die ersten hundert Jahre 1773–1873. Zur Geschichte der Weimarer Mal- und Zeichenschule. Weimar 1996. Sow.: Kerrin Klinger: Kunst und Handwerk in Weimar. Von der Fürstl. Freyen Zeichenschule zum Bauhaus. Weimar 2009.

[6] Konrad Paul, ebenda.

[7] Frede, S. 74. Johann Leonhard Stockmar war der Sohn des Hofmedailleurs Johann Heinrich Wolfgang Stockmar.

[8] Verzeichniß sämtlicher Denk- und Gelegenheitsmünzen... Berlin 1830.

[9] ThHStAW, A 11718.b.

[10] Ebenda, und: A 11719 a.

[11] C. W. H. Frhr. v. Lyncker: Ich diente am Weimarer Hof. Köln 1997, S. 72.

[12] ThHStAW, A 11746 und A 11719 a.

[13] Carl August war General der Kavallerie und Chef des Preussischen Kürassier-Regiments Nr. 6 in Aschersleben.

[14] Schnauß an Kammerassessor von Thodtenwarth am 11.11.1788, Frede, S. 47. Schnauß war u. a. mit der Aufsicht über die Eisenacher und Weimarer Zeichenschule betraut.

[15] Schatullrechnungen A 1123, A 1127 und A 1167.

[16] ThHStAW, A 11750.

[17] Ebenda, A 11718 b und A 11761

[18] Ebenda, A 11790.

[19] Ebenda, A 11761.

[20] Vorliegendes Exemplar aus Goethes Besitz, Nr. 15/85. In: Klauß: Die Medaillensammlung Goethes.

[21] ThHStAW, A 11750. In dieser Form auch noch 1834 vergeben.

[22] ThHStAW, B 14815, sowie in: H. v. Egloffstein: Carl August im niederländischen Feldzug 1814. Weimar 1927.

[23] ThHStAW, B 14815.

[24] Ebenda.

[25] Ebenda.

[26] Ebenda.

[27] Mild werden die rauen Zeiten. Nach Horaz.

[28] ThHStAW, B 14815.

[29] Ebenda.

[30] Ebenda.

[31] ThHStAW, A 1332 Schatullrechnung Nr. 734–736, *Kunstsachen, Gemälde u. dergl.*

[32] Staatshandbücher, div. Jahrgänge.

[33] Zu Deutsch: *äußerst gut gelungen.* ThHStAW, B 14815.

[34] ThHStAW, A 1329 und 1332, Nr. 528 u. 531, *Außerordentliche Präsente.*

[35] ThHStAW, B 24714.

[36] Ebenda, und: Biographie Nouvelle des Contemporains... Paris 1824.

[37] ThHStAW, B 24714, und: Reg.-Bl. Nr. 21 vom 16.11.1824. Erst 1834 erhielt eine weitere Frau die goldene ZVM, nun von Großherzog Carl Friedrich.

[38] ThHStAW, B 24714.

[39] Ebenda.

[40] ThHStAW, HMA 2914..

[41] Neue Schriften der Großherzoglich Sächs. Societät für die gesammte Mineralogie in Jena. Hg. von J. G. Lenz, 1.

Bd. Neustadt/Orla 1823.

42 Vgl. Frede, S. 55 und 60–61.

43 ThHStAW, 9514 und B 24714.

44 Ebenda, HMA 2909, so 1852 für die goldene Medaille des Kirchenrates.

45 ThHStAW, B 24714.

46 Reg.-Bl. Nr. 9 vom 30.01.1820.

47 Ebenda.

48 Reg.-Bl. Nr. 6 vom 20.03.1829.

49 ThHStAW, A 11750.

50 ThHStAW, B 24714, und: WA IV 33.

51 ThHStAW, HMA 9514.

52 Goethe erwähnte dies in einem Brief an Prof. Göttling 1829.

53 ThHStAW, A 11750.

54 WA IV 41, S. 175. Goethe an Hofrat Meyer am 27.09.1826.

55 ThHStAW, B 14815. Die ZVM mit dem Bildnis Carl Augusts wurde unter seinem Nachfolger bis 1834 weiter verliehen. Vermerk Goethes vom Januar 1832, ebenda in B 2665.

56 WA III 8, S. 39 u. 52.

57 Zit. nach Horaz, Carminia 1,29. Darin heißt es: *Doctarum hederae praemia frontium* (Mich reiht Efeu, der Preis denkender Stirnen, ein).

58 In: Goethe-Jahrbuch 1901, S. 40, und: WA IV 34, S. 242. Zur Medaille von Andrieu s. a. Ehrenzeichen Nr. 2 und 3.

59 WA IV 35, S. 214.

60 ThHStAW, B 24714, und Klauß Nr. 1396. In der Goethe-Sammlung befindet eine weitere Medaille in Bronze. S. Klauß Nr. 1397.

61 WA IV 35, S. 270. und ThHStAW, B 24714.

62 Friedrich Wilhelm Riemer (1774–1845), Altphilologe.

63 Staatshandbuch, versch. Jgg.; ThHStAW, B 24714, und: Reg.-Bl. Jgg. 1829 ff.

64 Reg.-Bl. Nr. 3 vom 04.04.1826.

65 Reg.-Bl. Nr. 17 vom 24.09.1824.

66 Nach Frede, S. 64.

67 ThHStAW, B 9514.

68 ThHStAW, B 24714. Am 18.10.1822 waren noch eine silberne und eine bronzene Größere Zivilverdienstmedaille mit Tragevorrichtung vorrätig.

69 Reg.-Bl. Nr. 21/1829 und Nr. 9/1830.

70 ThHStAW, B 9514. Die goldene Medaille des Superintendenten Bertram zu Stadtbürgel wurde 1827 von den Erben an das Ordenssekretariat zurückgeliefert, das den Metallwert von 12 Talern erstattete. – ThHStAW, HMA 2912, wegen der Fortdauer des Erlasses, Reg.-Bl. Nr. 9 vom 30.06.1820.

71 Reg.-Bl. Nr. 11 v. 11.06.1829, Nr. 21 v. 23.10.1829 und Nr. 9 v. 30.03.1830.

72 Weimarisches Wochenblatt Nr. 6 vom 19.01.1816.

73 ThHStAW, H 2152 und H 2219, Krieg und Frieden. Und: Weimarisches Wochenblatt Nr. 4 vom 14.01.1817.

74 ThHStAW, H 2219, zur Verteilung der Militär-Verdienst-Medaillen und der dazu eingesetzten Kommission 1816–1867. Sow.: Weimarisches Wochenblatt a. a. O., darin: Ordre Carl Augusts vom 17.12.1816.

75 Pfannenberg, S. 167.

76 Geheime Akten der Staatskanzlei, H 2151, sow.: Hof- und Staatshandbuch Jgg. 1823 ff.

77 Pfannenberg, S. 168. – C. Geisler: Denkwürdigkeiten aus dem Feldzuge in Spanien in den Jahren 1810 und 1811 mit dem Herzogl.-Sachsen-Weimar. Kontingent. Leipzig 1830. – V. Seebach: Geschichte der Feldzüge des Herzogl. Sachsen-Weimarischen Scharfschützen-Bataillons im Jahre 1806 und des Infanterie-Regiments Herzöge von Sachsen... 1807, 1809, 1810 und 1811. Weimar 1838. – C. Geisler: Geschichte des Regiments der Herzöge von Sachsen im russischen Feldzuge 1812. Jena 1840. – F. J. A. Schneidawind: Das Regiment der Herzöge von

Sachsen in den blutigen Tagen des 4. und 5. August 1809 bei Ober- und Unter-As im Kriege gegen Tirol. Aschaffenburg 1852. – H. Pfister: Geschichte der thüringischen Truppen in den Feldzügen 1810 und 1811 in Catalonien, Berlin 1866.

[78] Weimarisches Wochenblatt Nr. 6 vom 19.01.1816, *Bekanntmachung der Immidiat=Commission*.

[79] Frede schreibt unter Hinweis auf den eigenwilligen Schnitt und die Größe der Medaille die Arbeit F. W. Facius (1764–1843) zu.

[80] Verzeichnis sämmtlicher Denk- und Gelegenheitsmünzen, Berlin 1830, S. 94, Nr. 6: als *Grossherzogl. Weimarsche Kriegs-Ehren-Medaille 1815*.

[81] ThHStAW, A 1329, Rechnung *über die Einnahme und Ausgabe bey des regierenden... Grossherzogs zu Sachsen-Weimar-Eisenach, Königl. Hoheit Scatulle*.

[82] Nach v. Heyden sollen damit einige höhere Offiziere ausgezeichnet worden sein. S. v. Heyden und ThHStAW, HMA 2910. – Schreiber bezeichnet in einem Brief an das Hofmarschallamt die silberne Medaille als Auszeichnung für Offiziere. – Frede erwähnt die Verleihung silberner Medaillen ohne nähere Angaben.

[83] ThHStAW, Familiennachlass Voigt. Träger der bronzenen Medaille war z. B. Graf (ab 1822 Fürst) Hermann v. Pückler-Muskau (1785–1871), während des Feldzuges 1813 Adjutant des Herzogs Carl August und Verbindungsoffizier zum Zaren, später Militärgouverneur von Brügge. Er nahm die Militärverdienstmedaille später an herausgehobener Stelle in sein fürstliches Wappen auf.

[84] Weimarische Zeitung von 1834 und 1835, darin je drei Verleihungen, sowie: Weimarische Zeitung von 1837 mit einer Verleihung.

[85] Reg.-Bl. Nr. 9 vom 30.06.1820.

[86] ThHStAW, Präs. 8, Nr. 2, nach Frede S.67. Die Akten, aus denen Frede zitierte, sind im Krieg teilweise vernichtet worden.

[87] Carl Emil Helbig (1777–1855), Sekretär des Falkenordens 1826–1853.

[88] WA IV 46.

[89] WA IV 45.

[90] ThHStAW, Präs. 8, Nr. 2. Vgl. auch Frede S. 68.

[91] Reg.-Bl. 1829 ff.

[92] Reg.-Bl., Jgg. 1828–1833, insbes. Reg.-Bl. Nr. 26 vom 29.12.1829, sow.: Weimarische Zeitung 1833. Verleihungen am Band des Falkenordens erfolgten nur noch 1828. Die Bekanntmachung einer solchen Verleihung im Jahr 1830 ist anzuzweifeln. S. Reg.-Bl. Nr. 21 vom 23.11.1830.

[93] WA IV 49, S. 157 und B 26605, früher: *Akten des Kulturdepartements*, Tot. 26 Nr. 2 (nach Frede S. 76). Posch fertigte auch das Modell für die ZVM 1816 an.

[94] F. W: Facius (1764–1843), 1829 zum Weimarer Hofmedailleur ernannt.

[95] Nach Frede, S. 76, mit Hinweis auf die Akte B 26605, früher: *Akten des Kulturdepartements*, Tot. 26 Nr. 2.

[96] Frede, a. a. O.

[97] ThHStAW, HMA 2909 und 2912.

[98] ThHStAW, 2635 und 2909 i.

[99] Reg.-Bl., Jgg. 1828–1833 sowie Weimarische Zeitung.

[100] Reg.-Bl. Nr. 22 vom 29.11.1834.

[101] Ebenda.

[102] Grundzüge der deutschen Militärgeschichte. Militärgeschichtliches Forschungsamt. Freiburg 1993.

[103] Weimarische Zeitung, Jgg. 1853–1857. Die Zahl enthält auch mögliche Verleihungen Carl Alexanders 1853. Nach der Lieferung der neuen Medaillen von Helfricht im Oktober 1857 wurden in diesem Jahr keine Medaillen mehr verliehen.

[104] ThHStAW, HMA 2912.

[105] Reg.-Bl. Nr. 38 vom 21.12.1889.

[106] ThHStAW, HMA 2912, und: Reg.-Bl. Nr. 23 vom 10.09.1892.

[107] Weimarische Zeitung versch. Jgg. Sowie: ThHStAW, HMA 2912, mit einer Aufstellung der von Juni 1865 bis Ende 1866 verliehenen Medaillen; in dieser Zeit wurden je zwei goldene, silberne und bronzene Medaillen verliehen.

[108] Ebenda.

[109] Ebenda.
[110] Die Veröffentlichungen unterscheiden nicht zwischen den Verleihungen der ZVM mit und ohne Jahreszahl. Zur ZVM 1870 s. a. Ehrenzeichen Nr. 10.
[111] ThHStAW, HMA 2915 b. Zur Lebensrettungsmedaille s. a. Ehrenz. Nr. 15.
[112] ThHStAW, HMA 2915 c, Mitteilung Helfrichts an das Staatsministerium am 12.12.1887. Und: ThHStAW, HMA 2915 c, Helfricht übernimmt am 25.01.1868 zwei Medaillenstempel sowie zwei Medaillen in Gold und Silber zum Umprägen.
[113] ThHStAW, HMA 2915.
[114] ThHStAW, HMA 2912.
[115] Dritter Nachtrag zu den Statuten des Hausordens vom 22.09.1870.
[116] Pick, Nr. 105.
[117] Nach Pfannenberg, S. 511.
[118] Weimarische Zeitung, Jgg. 1871–1880.
[119] Weimarische Zeitung, ebenda.
[120] Angaben nach HuS Nr. 1574–1575, sie sind nicht nachprüfbar.
[121] Reg.-Bl. Nr. 18 vom 10.08.1871, Verordnung über die Stiftung des Ehrenzeichens Für rühmliche Tätigkeit 1870/1871.
[122] Ebenda.
[123] Pick, Nr. 108–109.
[124] Carl Koch war Juwelier, Gold- und Silberarbeiter in Weimar. Die Firma war am Markt 41 ansässig und existiert unter gleichem Namen heute noch.
[125] Pick, a. a. O.
[126] Weimarische Zeitung, Jgg. 1872/73, sow.: Staatshandbücher der Jgg. 1872 ff.
[127] Ebenda.
[128] Pick, a. a. O.
[129] Bis Mitte 1868 schlossen alle norddeutschen Staaten ausser Braunschweig Militärkonventionen mit Preußen ab.
[130] Militär-Konvention zwischen Preußen und Sachsen-Weimar-Eisenach vom 26.06.1867 sow. Nachtrag vom 15.09.1873. Nach: Grundzüge der deutschen Militärgeschichte.
[131] Reg.-Bl. Nr. 17 vom 16.04.1872, Anordnung über das Statut der Dienstauszeichnung für Unteroffiziere und Gemeine.
[132] Reg.-Bl. Nr. 17 vom 16.04 1872, mit Muster eines Beglaubigungsscheines.
[133] Reg.-Bl. Nr. 19 vom 19.07.1878.
[134] Weimarische Zeitung, Jgg. 1878–1913, und: ThHStAW, HMA 2957 a.
[135] Reg.-Bl. Nr. 19, a. a. O. .
[136] Pick, Nr. 123.
[137] ThHStAW, HMA 2909.
[138] Reg.-Bl. Nr. 12 vom 21.02.1776, und: Reg.-Bl. Nr. 8 vom 25.07.1823, *Gesetz über die Rettung verunglückter Personen und damit verbundener Auszeichnung.*
[139] Ebenda, §§ 7 und 9 des Patents.
[140] Reg.-Bl. Nr. 1 vom 03.01.1822.
[141] Reg.-Bl. Nr 10 vom 27.04.1830.
[142] ThHStAW, HMA 2915 b.
[143] Reg.-Bl. Nr. 13 vom 12.07.1881.
[144] ThHStAW, HMA 2957a, und: Weimarer Zeitung, Jgg. 1881–1912. Die Angaben differieren.
[145] ThHStAW, Staatsministerium, Departement des Innern Nr. 15.
[146] ThHStAW, HMA 2910.
[147] Ebenda, 2909. 33 Medaillen wurden 1891 an Soldaten des IR 94 für Hilfeleistung beim Saalehochwasser im November 1891 verliehen.
[148] Pick, Nr. 132.

[149] ThHStAW, HMA 2909.
[150] Ebenda, 2910.
[151] Reg.-Bl. Nr. 38 vom 21.12.1889, *Verordnung, die Verleihung von Verdienstmedaillen einschließlich der Medaillen für Wissenschaft und Kunst.* Die Verordnung wurde nochmals am 25.08.1892 und am 25.01.1896 publiziert.
[152] Carl Alexander schätze Hildebrand und traf mit ihm öfter zusammen. S. a. Carl Alexander, Tagebuchblätter von einer Reise nach München und Tirol, sowie: G. D. Ulferts: Plastische Kunst im nachklassischen Weimar. In: Jb. der KSW 2010.
[153] Pick, Nr. 158 und 160, sow.: ThHStAW, HMA 2909.
[154] Die Angaben in der Weimarischen Zeitung differieren z. T. mit denen der Verleihungsliste aus HMA. HuS geben gar 12 Verleihungen für die 1. Kl. und 39 für die 2. Kl. an.
[155] Reg.-Bl. Nr. 38 vom 21.12.1889.
[156] Diese Gestaltung steht der Verordnung entgegen, die für die Rückseite einen Eichenlaubkranz vorschreibt. Verordnung a. a. O., Ziffer.1. Ebenso die Verordnungen vom 25.08.1892 und 25.01.1896.
[157] Weimar-Lexikon, S. 117–118.
[158] Reg.-Bl. Nr. 27 vom 16.12.1890, *Verordnung über die Stiftung des Ehrenzeichens für Mitglieder der Feuerwehren.*
[159] Weimarische Zeitung von 1890–1913, und: ThHStAW, HMA 2957 a.
[160] ThHStAW, Staatsministerium, Departement des Innern Nr. 15. Und: Akten des fürstl. Schwarzburgischen Ministeriums, I. Abt. und Abt. des Innern.
[161] ThHStAW, HMA 2910.
[162] Artikel III und IV der Verordnung.
[163] ThHStAW, Departement des Innern Nr. 13.
[164] Akten des fürstl. Schwarzburgischen Ministeriums, a. a. O.
[165] ThHStAW, HMA.
[166] Reg.-Bl. Nr. 23 vom 10.09.1892, und: ThHStAW, HMA, 2912.
[167] Reg.-Bl. Nr. 25 vom 8.10.1892.
[168] Pick, S. 79–80.
[169] Weimarer Zeitung, Jgg. 1892–1900.
[170] Weimarer Zeitung, versch. Jgg.
[171] Reg.-Bl. Nr. 23 vom 10.09.1892, *Verordnung über die Verleihung der großherzoglich Sächsischen Medaillen.* Und: Reg.-Bl. Nr. 25 vom 8.10.1892, *Siebenter Nachtrag zu den Statuten des Falkenordens.*
[172] Zur Verleihung der Verdienstmedaille an Ausländer s. a. Medaille Nr. 19.
[173] ThHStAW, HMA 2915 a und 2909.
[174] Pick, a. a. O.
[175] Weimarische Zeitung 1900 und 1901.
[176] ThHStAW, HMA.
[177] Reg.-Bl. Nr. 23 vom 10.09.1892.
[178] ThHStAW, HMA 2922.
[179] Weimarische Zeitung Nr. 238 vom 09.10.1892.
[180] ThHStAW, HMA 2922. Hier finden sich erstmals auch Hinweise über die Verleihung von silbernen und bronzenen Medaillen im Großherzogtum.
[181] ThHStAW, HMA 2922. Die Verleihung erfolgte 1893.
[182] So 1908 etwa dem Krieger- und Militärverein Flurstedt-Obertreba, der nach Auflösung des Kriegervereins Wickerstedt aus diesem hervorgegangen ist.
[183] Pfannenberg, S. 557, sow.: ThHStAW, HMA 2921 und 2922.
[184] ThHStAW, HMA 2922.
[185] Ebenda.
[186] Weimarische Zeitung vom 06.10.1892.
[187] Reg.-Bl. Nr. 2 vom 01.02.1896, *Verleihung der Großherzogl. Sächs. Medaillen.*
[188] ThHStAW, HMA 2909. Angaben zur Anzahl und zu Preisen etc. fehlen.
[189] Reg.-Bl. a. a. O.

[190] Reg.-Bl. Nr. 50 vom 31.12.1899.

[191] Gräbner, S. 253–254 (in der Ausgabe von 1836).

[192] Frédéric Soret an Etienne Dumont. Soret war von 1822 bis 1834 der Erzieher des Erbprinzen Carl Alexander.

[193] Gräbner, a. a. O.

[194] ThHStAW, Zentraldirektorium des Patriotischen Instituts der Frauenvereine im Großherzogtum Sachsen Nr. 185. Und: Gesetzliche Bestimmungen für das patriotische Institut der Frauenvereine, Weimar 1817. Sowie: R. Burkhardt: Die Frauenvereine in Jena im Spannungsfeld zwischen höfischen Impulsen durch Maria Pawlowna und der städtischen Gesellschaft. Jena 2009.

[195] ThHStAW a. a. O., *Ergänzung der Verordnung über das Ehrenzeichen für Frauen.*

[196] Ebenda, Nr. 188, Schreiben des Zentraldirektoriums an die Hauptvereine vom 17.07.1916.

[197] Ebenda, Nr. 188 und 189.

[198] § 6 der Statuten, Reg.-Bl. Nr. 50; Geburtstage der Großherzoginnen Sophie am 08.04.1824, Caroline am 13.07.1884 sow. Feodora am 29.05.1890.

[199] ThHStAW, ebenda, Nr. 189, sow.: Weimarer Zeitung, Jgg. 1899–1902.

[200] ThHStAW, HMA 2909. Preisliste Müllers vom Okt. 1902 und Febr. 1919.

[201] Nachtrag zu den Verordnungen über Dienstauszeichnungen für Unteroffiziere und Gemeine von 1872, sow.: Reg.-Bl. Nr. 7 vom 27.02.1901.

[202] Reg.-Bl. Nr. 15 vom 30.04.1902.

[203] TStA Altenburg, Akten der Hzgl. Sächs. Ministerialkanzlei, Vol. I., 1884–1909, Loc. 49, Nr. 25.

[204] ThHStAW, HMA 2912.

[205] Ebenda, 2957, und: Weimarische Zeitung, Jgg. 1901–1913.

[206] ThHStAW, HMA 2957 a.

[207] Ebenda, 2912.

[208] Ebenda, 2957 a.

[209] Ebenda, 2957 a und 2957 d–f.

[210] Ebenda, 2909 und 2910.

[211] Ebenda.

[212] 9. Nachtrag zu den Statuten des Hausordens vom 22.12.1909.

[213] Weimarer Zeitung, versch. Jgg.

[214] Weimarer Zeitung, div. Jgg.

[215] TStA Altenburg, Akten der Hzgl. Sächs. Ministerialkanzlei, Vol. I., 1884-1909, Loc. 49, Nr. 25.

[216] ThHStAW, HMA. 2909.

[217] Ebenda 2919, Aufstellungen vom 06.12.1902 und 19.12.1907.

[218] Ebenda, Mitteilung Th. Müllers an das Hofmarschallamt vom 21.02.1918.

[219] Weimarische Zeitung, Jgg. 1901 und 1902.

[220] ThHStAW, Staatsministerium, Departement des Innern Nr. 15.

[221] Reg.-Bl. Nr. 15 vom 30.04.1902.

[222] ThHStAW, HMA 2957 c.

[223] Ebenda, 2909, Bd. I.

[224] ThHStAW, Weimarischer Krieger- und Militärvereinsbund 205, Schreiben vom 16.06.1898.

[225] Reg.-Bl. Nr. 31 vom 25.11.1902, *Patent über die Stiftung eines Ehrenkreuzes für die Krieger- und Militärverein* und *Ministerial-Bekanntmachung.*

[226] Ebenda, *Ministerial-Bekanntmachung* vom 15.11.1902.

[227] ThHStAW, Weimarischer Krieger- und Militärvereinsbund 205.

[228] ThHStAW, HMA 2957 a.

[229] Ebenda, 2910. Die Preise beziehen sich auf eine Liste der Firma Müller vom Februar 1919.

[230] Reg.-Bl. Nr.31 vom 25.11.1902, *Höchstes Patent* vom 28.10.1902.

[231] Reg.-Bl. Nr. 20 a vom 31.12.1909, *Erlaß zum Ehrenkreuz für Krieger- und Militärvereine.*

[232] ThHSTAW, Weimarischer Krieger- und Militärvereinsbund, 205.

[233] Ebenda, 205 und 219.

[234] ThHStAW, HMA 2957 a.

[235] Reg.-Bl. Nr. 30 vom 08.07.1916.

[236] ThHStAW, HMA 2957 a.

[237] ThHStAW, Staatsministerium, Departement des Innern Nr. 15.

[238] ThHStAW, Weimarischer Krieger- und Militärvereinsbund, 219.

[239] Reg.-Bl. Nr. 41 vom 12.01.1914, *Verordnung über die Dienstauszeichnung für Unteroffiziere und Gemeine.*

[240] Dieselbe Bestimmung galt auch für das goldene und silberne Verdienstkreuz.

[241] ThHStAW, HMA 2957 b.

[242] Ebenda, 2910.

[243] Ebenda, Verleihungsnachweise für die Zeit bis 1923 liegen nicht vor.

[244] Ebenda, 2909.

[245] C. M. Grießl: Hebammen in Sachsen-Weimar-Eisenach zur Zeit des deutschen Kaiserreichs und der Weimarer Republik. Diss. Fr.-Schiller-Univ. Jena, 2011. Sow.: I. E. Kloke: Erkenntnisse zur Säuglingssterblichkeit in Deutschland im 18. und 19. Jh. Diss. FU Berlin o. J.

[246] Reg.-Bl. Nr. 2 vom 21.01.1914, *Ministerialverordnung über die Verleihung eines Hebammen-Ehrenzeichens.*

[247] Weimarer und Weimarische Zeitung, Jgg. bis 1913. Und: Deutscher Hebammen-Kalender 1916.

[248] Das Reg.-Bl. Nr. 5 enthält das Muster hierzu.

[249] Reg.-Bl. Nr. 144 vom 15.08.1915, *Verordnung über die Stiftung eines Ehrenzeichens für Frauenverdienst im Kriege,* sow.: ThHStAW, *Zentraldirektorium des Patriotischen Instituts der Frauenvereine im Großherzogthum,* Nr. 330.

[250] Staatshandbuch für das Großherzogtum Sachsen-Weimar, versch. Jgg.

[251] ThHStAW, HMA 2909.

[252] Ebenda, 2909 und 2910.

[253] Ebenda.

[254] ThHStAW, HMA 2910. Am 26.04.1919 wurden 121 Ehrenzeichen und am 04.05.1919 weitere 203 Stück geliefert.

[255] Reg.-Bl. 1915, S. 158 f, und: 10. Nachtrag zu den Statuten des Falkenordens.

[256] ThHStAW, HMA 2912.

[257] Aktenvermerk vom 24.01.1918, ThHStAW, HMA 2902, Bd. I.

[258] ThHStAW, HMA 2957 a, Verleihungsnachweis.

[259] Hartmann, S. 140.

[260] ThHStAW, HMA 2957 a und d.

[261] Ebenda, 2957 a.

[262] Reg.-Bl. Nr. 8 vom 07.02.1918, *Verordnung über die Stiftung eines Ehrenkreuzes für Heimatverdienst.*

[263] ThHStAW, Staatsministerium, Departement des Innern Nr. 15, und: HMA 2912 mit den Verleihungsgrundsätzen.

[264] ThHStAW, HMA 2957 a.

[265] Ebenda, 2957 g, sow.: Staatsministerium, Departement des Innern Nr. 16–20.

[266] ThHStAW, Staatsministerium des Innern Nr. 15.

[267] Ebenda.

[268] ThHStAW, HMA 2957 d und g.

[269] ThHStAW, Staatsministerium, Departement des Innern Nr. 15, Protokoll der Gesamtsitzung der Staatsregierung, Weimar am 03.04.1920.

[270] ThHStAW, HMA 2909, Schreiben des Großherzogl. Sächs. Staatsministeriums vom 21.02.1918.

[271] Ebenda.

[272] Ebenda, Schreiben A. Werners an die Ordenskommission vom 09.10.1918.

[273] § 4 der Verordnung.

Literatur und Quellen (für alle Teile des Buches)

(Kursiv: Siglen.)

Ackermann, Gustav Adolph: Ordensbuch sämmtlicher in Europa blühender und erloschener Orden und Ehrenzeichen. Annaberg 1855. – *Ackermann.*
Allgemeine Deutsche Biographie. 56 Bde. Leipzig 1875–1912. – *ADB.*
Allgemeines Lexikon der bildenden Künstler des 20. Jahrhunderts. Hg. v. Hans Vollmer. 4 Bde. Leipzig 1953–1956. – *Vollmer*
Allgemeines Lexikon der bildenden Künstler von der Antike bis zur Gegenwart. Hg. v. Ulrich Thieme und Felix Becker (später Hans Vollmer). 37 Bde. Leipzig 1907–1950 (Neudruck Leipzig 1970). – *Thieme/Becker*
Andreas, Willy: Carl August von Weimar. Ein Leben mit Goethe. 1757–1783. Stuttgart 1958.
Ders. (Hg.): Politischer Briefwechsel des Herzogs und Großherzogs Carl August von Weimar. Bearb. von Hans Tümmler, Bd. 1–3. Stuttgart 1953/1973.
Beaulieu-Marconnay, Carl Frhr. v.: Anna Amalia, Carl August und der Minister v. Fritsch. Weimar 1874.
Ders.: Ernst August, Herzog von Sachsen-Weimar-Eisenach (1688–1748). Kulturgeschichtlicher Versuch. Leipzig 1872.
Biedenfeld, Ferdinand Frhr. v.: Geschichte und Verfassung aller geistlichen und weltlichen erloschenen und blühenden Ritterorden. Weimar 1841. – *Biedenfeld*
Biedrzynski, Effi: Goethes Weimar. Das Lexikon der Personen und Schauplätze. Zürich 1992.
Bojanowski, Paul v.: Großherzog Karl Alexander von Sachsen. München 1901.
Ders.: Hundert und vierzig Jahre Weimarischer Geschichte in Medaillen (1756–1898). Weimar 1889. – *Bojanowski*
Ders.: Sophie. Großherzogin von Sachsen. Braunschweig 1898.
Ders.: Carl August, Erbgroßherzog von Sachsen-Weimar. Weimar 1895.
Buchland, Gustav Wilhelm (Hg.): Handbuch der Verwaltung im Großherzogtum Sachsen-Weimar-Eisenach. Neustadt (Orla) 1844.
Crämer, Ulrich: Carl August von Weimar und der Deutsche Fürstenbund. 1783–1790. Wiesbaden 1961.
Der Fruchtbringenden Gesellschaft geöffneter Erzschrein – das Köthener Gesellschaftsbuch

Fürst Ludwigs I. von Anhalt-Köthen 1617–1650. Hg. v. K. Conermann. Weinheim 1985. Reprint.
Ebersbach, Volker: Carl August von Sachsen-Weimar-Eisenach. Goethes Herzog und Freund. Köln, Weimar, Wien 1998.
Egloffstein, Hermann Frhr. v.: Carl August auf dem Wiener Kongreß. Jena 1915.
Ders.: Das Weimar von Carl Alexander und Wilhelm Ernst. Berlin 1934.
Fengler, Heinz, Gerhard Gierow, Willy Unger: Lexikon der Numismatik. 3. Aufl. Berlin 1982.
Feuerstein-Praßer, Karin: Die deutschen Kaiserinnen 1871–1918. Regensburg 1997.
Franke, O.: Das 5. Thüringische Infanterie-Regiment Nr. 94 (Großherzog von Sachsen) 22. Division im Feldzuge gegen Frankreich.1870 und 1871. Weimar 1872.
Frede, Lothar: Das klassische Weimar in Medaillen. O. O. (Leipzig) 1959. – *Frede.*
Gelbke, Carl H. v., Ritterorden und Ehrenzeichen des Königreichs, des Großherzogtums und der Herzogtümer Sachsen. Weimar 1838. – *Gelbke*
Geschichte der Stadt Weimar. Hg. von Gitta Günther und Lothar Wallraf. Weimar 1975.
Geschichte Thüringens. Hg. von H. Patze und W. Schlesinger. 5. Bd. 1. Teil, Köln, Wien 1982 u. 1984 sowie 2. Teil, das. 1978. Desgl. 6. Bd., das. 1979.
Goethes Werke. Hg. im Auftrag der Großherzogin Sophie v. Sachsen. Weimarer Ausgabe 1893. – *Goethe – WA*
Gottschalg, Johann Gottlieb: Geschichte des Herzoglichen Fürstenhauses Sachsen-Weimar und Eisenach. Weißenfels u. Leipzig 1797.
Gräbner, Karl: Die großherzogliche Haupt- und Residenz-Stadt Weimar. Erfurt 1830. – *Gräbner*
Gritzner, Maximilian: Handbuch der Ritter- und Verdienstorden aller Kulturstaaten der Welt. Leipzig 1893. – Div. Reprints, zul. Leipzig 2000.
Ders.: Handbuch der Damen-Stifter. Frankfurt a. M. 1893.
Grundzüge der deutschen Militärgeschichte. Militärgeschichtliches Forschungsamt Freiburg. 1993.
Günther, Gitta: Weimar. Eine Chronik. Leipzig 1996.
Günzel, Klaus: Das Weimarer Fürstenhaus. Eine Dynastie schreibt Kulturgeschichte. München u. Zürich 2009.

Hansche, Erhardt: Johann Friedrich Röhr und der theologische Rationalismus. 4. Aufl. Berlin 2011.

Hartmann, Alexander v.: Das Infanterie-Regiment Großherzog von Sachsen (5. Thüringisches) Nr. 94 im Weltkrieg. Berlin 1921.

Hellfeld, B. G. H. v.: Leben Johann Ernst des Jüngeren, Herzogs zu Sachsen-Weimar etc., aus Urkunden und gleichzeitigen Schriften entworfen. Jena 1784.

Henning, Eckart und Dietrich Herfurth: Orden und Ehrenzeichen. Handbuch der Phaleristik. Köln, Weimar, Wien 2010.

Herfurth, Dietrich: Die Hersteller des großherzoglich-sächsischen Ordens der Wachsamkeit oder vom Weißen Falken. In: *Orden und Ehrenzeichen*, Jahrbuch 2003. S. 79 ff.

Ders.: Die Hersteller der Ehrenzeichen des Großherzogtums Sachsen-Weimar-Eisenach. In: *Orden und Ehrenzeichen*, Jahrbuch 2007. S. 87 ff.

Ders. und Jochen Klauß: Weiße Falken in Weimar. In: *Orden-Militaria-Magazin* Nr. 56 (Oktober 1993).

Hessenthal, Waldemar Hesse Edler v., und Georg Schreiber: Die tragbaren Ehrenzeichen des Deutschen Reiches. Berlin 1940. Reprint: 1993. – *Hessenthal/Schreiber* sow. *HuS.*

Heyden, Hermann v.: Ehren-Zeichen (Kriegs-Denkzeichen, Verdienst- und Dienstalters-Zeichen) der erloschenen und blühenden Staaten Deutschlands und Österreich-Ungarns. Meiningen 1897. – *v. Heyden*

Heyne, Eduard v.: Geschichte des 5. Thüringischen Infanterie-Regimentes Nr. 94 (Großherzog von Sachsen), vormaligen Großherzoglich Sächsischen Bundes-Contingentes und seiner Stämme. Weimar 1869 – *Heyne*

Hoffmeister, Hans u. Volker Wahl (Hg.): Die Wettiner in Thüringen. Geschichte und Kultur in Deutschlands Mitte. Arnstadt & Weimar 1999.

Keubke, Klaus-Ulrich (Hg.): Mit Gott für Fürst und Vaterland. Das Militär der mitteldeutschen Kleinstaaten 1815–1918. Begleitbuch zur Ausstellung im Gothaer Schloss Friedenstein. Schwerin 2005.

Klauß, Jochen: Carl August von Sachsen-Weimar-Eisenach. Fürst und Mensch. Sieben Versuche einer Annäherung. Weimar 1991.

Ders.: Goethe als Medaillensammler. Weimar, Köln, Wien 1994.

Ders.: Weimar. Stadt der Dichter, Denker und Mäzene. Von den Anfängen bis zu Goethes Tod. Düsseldorf; Zürich 1999.

Ders.: Die Medaillensammlung Goethes. 2 Bde. Weimar 2000.

Klein, Sven Michael: Das Haus Sachsen-Weimar-Eisenach. Werl (Westf.) 2008.

Klingbeil, Karsten: Orden 1700–2000. Bd. 2. Teil: Großhzgtm. Sachsen-Weimar, S. 250 ff.

Koppe, Lothar: Die Münzen des Hauses Sachsen-Weimar 1573–1918. Regenstauf 2007.

Krause, Andreas: Verwaltungsdienst im Schatten des Weimarer Musensitzes. Beamte in Sachsen-Weimar-Eisenach zwischen 1776 und 1830. Neue Ausg. Jena 2010.

Lucke, Hans: Großherzog Carl Alexander von Sachsen-Weimar. Ein deutscher Fürst zwischen Goethe und Wilhelm II. Limburg 1999.

Lundström, Richard, Daniel Krause: Verleihungen von militärischen Orden und Ehrenzeichen des Großherzogtums Sachsen(-Weimar) im Ersten Weltkrieg 1914–1918, Konstanz 2008.

Lyncker, Carl Wilhelm Heinrich Freiherr v.: Ich diente am Weimarer Hof. Köln 1997.

Ders.: Am Weimarischen Hofe unter Amalien und Karl August. Berlin 1912.

Mentz, G.: Weimarische Staats- und Regentengeschichte vom Westfälischen Frieden bis zum Regierungsantritt Carl Augusts. Jena 1936

Milde, Nathalie v.: Maria Pawlowna. Ein Gedenkblatt zum 9. November 1904. Hamburg 1904.

Muthesius, Karl: Goethe und Karl Alexander. Weimar 1910.

Neue Deutsche Biographie. – *NDB*

Nimmergut, Jörg: Deutschland-Katalog Orden & Ehrenzeichen 1800–1945. Regenstauf. Neue Ausgaben alle zwei Jahre. – *Nimmergut OEK*

Ders.: Handbuch Deutsche Orden und Ehrenzeichen bis 1945. 3. Bd. Sachsen bis Württemberg I. München 1999. – *Nimmergut, DOE*

Ders.: Bibliographie zur deutschen Phaleristik. Regenstauf 2010.

Pfannenberg, Leo v.: Geschichte des Infanterie-Regiments *Großherzog von Sachsen* (5. Thüringisches) Nr. 94 und seiner Stammtruppen 1702–1912. Berlin 1912. – *Pfannenberg*

Pick, Behrendt: Die Arbeiten des Gothaer Stempelschneiders Ferdinand Helfricht. Gotha 1916.

Post, Bernhard u. Dietrich Werner: Herrscher in der Zeitenwende. Wilhelm Ernst von Sachsen-Weimar-Eisenach 1876–1923. Jena 2006.

Pöthe, Angelika: Carl Alexander, Mäzen in Weimars *Silberner Zeit*. Köln, Weimar, Wien 1998.

Preller, Ludwig: Ernst August Constantin und Anna Amalia 1756–1758. Ein in Weimar gehaltener Vortrag. Zeitschrift II. Jena 1857

Salentin, U.: Anna Amalia, Wegbereiterin der Weimarer Klassik. Köln, Weimar, Wien 1996.

Scharfenberg, Gerd und Günter Thiede: Lexikon der Ordenskunde. Regenstauf 2010.

Scheffler, Wolfgang: Goldschmiede Hessens. Daten, Werke, Zeichen. Berlin u. NY 1976.

Schmidt-Möbus, Friederike und Frank Möbus: Kleine Kulturgeschichte Weimars. Köln Weimar Wien 1998.

Schorn, Adelheid v.: Das nachklassische Weimar unter der Regierungszeit Karl Friedrichs und Maria Pawlownas. 1. Teil. Weimar 1911. 2. Teil: ... unter der Regierungszeit von Karl Alexander und Sophie. Weimar 1912.

Seemann, Th. Hellmut und Thorsten Valk (Hg.): Das Zeitalter der Enkel. Kulturpolitik und Klassikrezeption unter Carl Alexander. Jahrbuch der Klassik Stiftung Weimar 2010.

Seifert, Rita: Maria Pawlowna. Weimar 2012.

Sengle, Friedrich: Das Genie und sein Fürst. Die Geschichte der Lebensgemeinschaft Goethes mit dem Herzog Carl August von Sachsen-Weimar-Eisenach. Stuttgart 1993.

Sommer, Klaus: Die Medaillen des königlich preußischen Hof-Medailleurs Daniel Friedrich Loos und seines Ateliers. Osnabrück 1981. – *Sommer*

Stadtmuseum Weimar. Ausstellung zu Johann Christian Stark. Weimar 2012.

Steiger R. und A. Reimann: Goethes Leben von Tag zu Tag. Zürich und München 1993.

Tümmler, Hans: Carl August von Weimar, Goethes Freund. Eine vorwiegend politische Biographie. Stuttgart 1978.

Valmy, Marcel: Die Freimaurer. München 1988

Vehse, Carl Eduard: Der Hof zu Weimar. Leipzig, Weimar 1854. Bearb. Neuausgabe von Wolfgang Schneider. Leipzig, Weimar 1991.

Verzeichniß sämmtlicher Denk- und Gelegenheitsmünzen, welche aus der Berliner Medaillen-Münze von G. Loos seit der Gründung dieser Anstalt durch den Hof-Medailleur Daniel Friedrich Loos hervorgegangen sind. Berlin 1830. – *Medaillenverzeichnis G. Loos.*

Wahl, Hans (Hg.): Carl August von Weimar. Ein Leben in Briefen. Weimar 1925.

Ders.: Die Bildnisse Carl Augusts von Weimar. Verlag der Goethe-Gesellschaft. Weimar 1925.

Weimar. Lexikon zur Stadtgeschichte. Hg. v. Gitta Günther, Wolfram Huschke und Walter Steiner. Weimar 1993. – *Weimar-Lexikon.*

Weniger, Erich: Goethe und die Generale. Leipzig 1942.

Werner, Charlotte Marlo: Goethes Herzogin Anna Amalia. Fürstin zwischen Rokoko und Revolution. Düsseldorf 1996.

Wette, Gottfried Albin de: Kurzgefaßte Lebensgeschichte der Herzöge von Sachsen, welche vom Churfürst Johann Friedrich bis auf den Herzog Ernst August Constantin zu Weimar regiert haben. Weimar 1770.

Wildenbruch, Ernst v.: Großherzog Carl Alexander. Ein Gedenkblatt zum 5. Jan. 1901. Weimar 1901.

Periodika

Gedruckte Quellen:

Adreßbuch der Haupt- und Residenzstadt Weimar. Versch. Jgg.

Großherzoglich Sachsen-Weimarisches Regierungs-Blatt, versch. Jgg. Und: Regierungsblatt für das Großherzgthum Sachsen-Weimar-Eisenach, versch. Jgg. – *Reg.-Bl.*

Großherzogliches Sachsen-Weimar-Eisenachisches Hof- und Staats-Handbuch. Versch. Jgg. Und: Staatshandbuch für das Großherzogtum Sachsen (-Weimar-Eisenach). Versch. Jgg. – *Staatshandbuch SWE.*

Hochfürstl. Sachsen-Weimar- und Eisenachischer Hof- und AdreßCalender. Versch. Jgg.

Jenaische Allgemeine Literatur-Zeitung, versch. Jgg.

Nachrichtenblatt des Vereins ehemaliger Offiziere des Regiments 94, Nr. 1 ff. Weimar 1920 ff. (Mit einem Mitgliederverzeichnis).

Weimarische Landeszeitung „Deutschland“, versch. Jgg.

Weimarische Zeitung (1832–1933) Versch. Jgg.

Weimarisches officielles Wochenblatt. Versch. Jgg.

Weimarisches Wochenblatt (1801–1832) Versch. Jgg.

Ungedruckte Quellen:

HEROLD-Archiv, Bestand Dr. Klietmann, Abteilung Sachsen-Weimar-Eisenach.

Thüringisches Hauptstaatsarchiv (Weimar). – *ThHStAW:*

Akten des großherzoglichen Hofmarschallamtes (HMA), insbes. 2575b, 2682b, 2877a, 2878a, 2883c, 2884-2888, 2909, 2910, 2912, 2915a, 2916a, 2921, 2923, 2957a und d–g sow. 3348 und Akten des großherzoglichen Staatsministeriums, Departement des Innern Nr. 14 u. 15.

Statuten und Mitgliederlisten weimarischer Orden und Ehrenzeichen.

Stiftungsdokumente.

Zeittafeln

Zeittafel zur Landes- und Militärgeschichte

1547	Schlacht bei Mühlberg/Elbe (24.04.), Niederlage der (protestantischen) Ernestiner. Verlust der Kurwürde an die Albertiner. Verlust des Kurkreises mit der Universität Wittenberg. Verlust von ca. zwei Dritteln des Territoriums des Landes
1547–1552	Gefangenschaft des *geborenen* Kurfürsten Johann Friedrich I. (*des Großmütigen*), Weimar wird Hauptresidenz des Restgebietes
1554	Tod Johann Friedrichs I.
1557	Gründung der Universität Jena (Salana) als Ersatz für die verlorene Wittenberger Hohe Schule
1567	Grumbachsche Händel und kaiserliche Gefangenschaft Johann Friedrichs des Mittleren (bis 1595). Schleifen der Festung Grimmenstein bei Gotha – Tiefpunkt der Geschichte der Ernestiner
1572	Johann Wilhelm wird Haupt der Ernestiner, jedoch bald wieder abgelöst
1603	Teilung der Weimarer Linie in Weimar und Altenburg (erloschen 1672) Johann, regierender Herzog in Weimar (bis 1605)
1605	gemeinsame Regierung der Söhne Johanns unter Dominanz des erstgeborenen (bis 1615 unmündigen) Sohnes Johann Ernst, zunächst unter kursächsischer Vormundschaft
1618/1619	verheerender Brand des Weimarer Schlosses, Beginn des Wiederaufbaus mit dem Ziel einer völligen Neugestaltung als *Wilhelmsburg*
1620ff.	Teilnahme der Herzöge Wilhelm, Friedrich und Bernhard – Brüder des zu der Zeit regierenden Herzogs Johann Ernst – mit angeworbenen Truppenkontingenten am Dreißigjährigen Krieg auf Seiten der Protestanten
1621–1626	und 1631–1635 Regentschaft Herzog Ernsts
1626–1631	und 1640–1662 nach Teilung unter seinen Brüdern – Regentschaft Herzog Wilhelms
1662	Tod Herzog Wilhelms. Aufteilung des Landes in Weimar, Eisenach, Marksuhl (1671 an Eisenach) und Jena unter seinen Söhnen
	Johann Ernst I. regierender Fürst in Weimar – bis 1683
1683	Wilhelm Ernst regierender Fürst in Weimar – bis 1728
	Johann Ernst II. Mitregent in Kapellendorf – bis 1707
1688	Geburt des Erbprinzen Ernst August – 19.04.
1690	Erlöschen der Linie Jena, aufgeteilt an Weimar und Eisenach
1702	Gründung zweier Gardekompanien, Keimzellen des späteren Infanterie-Regts. Nr. 94 Schaffung eines Geheimen Rats durch Herzog Wilhelm Ernst
1707	Tod des Herzogs Johann Ernst III., Mitregent Wilhelm Ernsts
1709	Auflösung des Geheimen Rates
	Herzog Ernst August I. Mitregent
1716	Vermählung Ernst Augusts mit Eleonore Wilhelmine von Anhalt-Köthen (1696–1726), acht Kinder, nur vier überleben das Kindesalter
1727	Reise Ernst Augusts nach Österreich, Ungarn und Serbien – Begegnung mit Kaiser Karl VI. und Prinz Eugen von Savoyen in Wien (August 1727) weckt in ihm militärische Ambitionen
1728	Tod Wilhelm Ernsts, Ernst August I. Alleinregent in Weimar – 26.08.
1729	Geheime Hofkanzlei
	Ernennung Ernst Augusts zum Kaiserlichen Feldmarschall-Leutnant
1730	Einrichtung seines Hofstaates im Lustschloss auf der Eichenleite – später Schloss Belvedere, abgeschottet seit 1732 durch die Falkenburg
1734	Vermählung Ernst Augusts mit Sophie Charlotte Albertine von Brandenburg-Bayreuth (1713–1747), 4 Kinder
1737	Geburt des Thronfolgers Ernst August Constantin – 18.12.
1741	Einführung der Primogenitur zur Vermeidung künftiger Teilungen;

	Tod des Eisenacher Regenten Wilhelm Heinrich (26.07.), damit Erlöschen der Linie und Rückfall Eisenachs an das Haus Weimar
1743	Verlegung von Hofstaat und -kanzlei nach Eisenach, Familie und Thronfolger bleiben in Weimar
1747/1748	akuter Geldmangel im Lande, Einstellung der Gehaltszahlungen an die Beamten, über 370 000 Taler Staatsschulden
1748	Tod Ernst Augusts I. in Eisenach (18.01.), Erbprinz Ernst August II. Constantin ist erst 10 Jahre alt
1749	Vormundschaft Herzog Friedrichs III. von Sachsen-Gotha-Altenburg über den Erbprinzen (Sept.) und Regierungsantritt im Fürstentum Eisenach, Vormundschaft Herzog Franz Josias von Sachsen-Coburg-Saalfeld über die Prinzessin Ernestine Auguste und Regierungsantritt im Fürstentum Weimar
1755	Kaiser Franz I. erteilt dem Erbprinzen die *venia aetatis* – 18.12. Regierungsübernahme durch Ernst August II. Constantin – 29.12.
1756	Schaffung des Geheimen Consiliums – 31.01. Vermählung des Herzogs mit der 16jährigen braunschweigischen Prinzessin Anna Amalia, Nichte Friedrichs II., *des Großen*, von Preußen – 16.03.
1757	Geburt des Erbprinzen Carl August – 03.09.
1758	Tod Ernst August II. Constantins – 28.05.
1759	Vormundschaftliche Regierung Anna Amalias für ihren Sohn Carl August – 09.07.
1761–1766	Umbau des Grünen Schlosses zum Bibliotheksgebäude, das die Herzogliche Bibliothek aufnahm, seit den 20er Jahren Thüringische Landesbibliothek, seit 1991 Herzogin Anna Amalia Bibliothek
1770–1772	Hungerjahre in Weimar
1772	Berufung C. M. Wielands zum Prinzenerzieher (Aug.), lebt fortan in Weimar
1774	verheerender Schlossbrand (06.05.) – die Wilhelmsburg, für die barocke Schlossbaukunst Thüringens beispielgebend, brennt fast völlig nieder
1775	Regierungsübernahme durch Carl August – 03.09. Vermählung Carl Augusts mit Louise von Hessen-Darmstadt – 03.10. Eintreffen Goethes in Weimar – 07.11.
1776	Goethe erwirbt das Weimarer Bürgerrecht Berufung Johann Gottfried Herders als Generalsuperintendent nach Weimar Berufung Goethes in das Geheime Consilium – 11.06.
1779/1780	Schweizreise Carl Augusts und Goethes
1782	Einzug Goethes in das Haus am Frauenplan, das er erst als Mieter, ab 1791 als Besitzer mit geringen Unterbrechungen bewohnt
1783	Geburt des Erbprinzen Carl Friedrich – 02.02.
1783–1788	Fürstenbundpolitik Carl Augusts
1786	Geburt der späteren Großherzogin Maria Pawlowna – 16.02.
1786–1788	Goethes Italienreise
1789–1803	Wiederaufbau des Schlosses durch Arens, Thouret und Gentz
1791	Berufung Christian Gottlob Voigts in das Geheime Consilium Gründung des Weimarer Hoftheaters, Goethe wird erster Intendant
1792/1793	Teilnahme Carl Augusts als Chef des Kürassierregiments Nr. 6 *Herzog von Weimar* an der Campagne nach Frankreich sowie an den Kämpfen um Mainz
1795–1806	*Friede des klassischen Weimars*, insbes. durch den Waffenstillstand zwischen Frankreich und dem Obersächsischen Reichskreis, zu dem Sachsen-Weimar gehört
1802	Einzug Schillers in das Haus an der Esplanade, das er bis zu seinem Tode bewohnt
1803	Tod Herders in Weimar – 18.12.
1804	Vermählung des Erbprinzen Carl Friedrich mit der Großfürstin Maria Pawlowna, der Tochter des russischen Zaren Paul I. – 03.08.
1805	Tod Schillers in Weimar – 09.05.
1806	*Souveränität* Sachsen-Weimars durch die Auflösung des Heiligen Römischen Reiches Deutscher Nation – Juli/August

	Offizieller Landesname nunmehr: Sachsen-Weimar-Eisenach
	Carl August im Krieg gegen Napoleon als preußischer General – Okt.
	Friedensschluss zw. Frankreich und Sachsen-Weimar in Posen – 15.12.
	Beitritt des Herzogtums zum Rheinbund – bisherige Kontributionszahlungen (2,2 Mio. Livres) werden *freiwillige* Pflicht, Stellung eines Truppenkontingents
1807	erste (frostige) Begegnung Carl Augusts mit Napoleon – 18.07.
1808	Erfurter Fürstentag – 27.09.–14.10.
1809	Niederlage des Regiments *Herzöge von Sachsen* gegen Speckbachers Tiroler
	Ausarbeitung einer *ständischen Verfassung* und weitere Reformschritte
1811/1812	Einrichtung einer französischen Gesandtschaft in Weimar
1812	ausführliche Unterredung Napoleons mit Carl August (Mai); ein großer Teil des Weimarer Regiments gerät in russische Gefangenschaft – Dezember
1813	Tod Wielands – 20.01.
	nach der Leipziger Völkerschlacht (Okt.): Übertritt Sachsen-Weimars auf die Seite der Verbündeten
1814/1815	Teilnahme Carl Augusts am Wiener Kongress; Weimar wird Großherzogtum mit einem Gebietszuwachs von 36 auf 66 Quadratmeilen und einer Erhöhung der Einwohnerzahl von 110 000 auf 190 000
1815	Carl August nimmt den Titel eines *Großherzogs von Sachsen-Weimar-Eisenach* mit dem Prädikat *Königliche Hoheit* an – 21.04.
	Gründung der Jenaer Urburschenschaft – 12.07.
	Umwandlung des *Geheimen Consiliums* in das Staatsministerium (Nov.) mit klarer Ressorttrennung und Verantwortlichkeit der Minister vor Fürst und Landständen
1816	Erlass des Grundgesetzes über die Landständische Verfassung des Großherzogtums Sachsen-Weimar-Eisenach – 06.05.
1817	Wartburgfest der deutschen Studentenschaft – 18. u. 19.10.
1818	Geburt des Erbprinzen Carl Alexander – 24.06.
1819	Ermordung des Dramatikers August von Kotzebue durch den Jenaer Studenten Karl Ludwig Sand – 23.03.
1819	Karlsbader Beschlüsse zur Unterdrückung oppositioneller Kräfte – Sept.
	Aufhebung der Verfassung nach intensiver Betätigung der Opposition
1820	Annahme einer neuen Verfassung
1828	Tod Carl Augusts auf Schloss Graditz bei Torgau (14.06.), Übernahme der Regierung durch Carl Friedrich
1829	Vermählung der Prinzessin Augusta, Enkelin Carl Augusts, mit dem Prinzen Wilhelm von Preußen, dem nachmaligen deutschen Kaiser – 11.06.
1830	Tod der verwitweten Großherzogin Louise – 14.02.
1832	Goethes Tod – 22.03.
1833	Zoll- und Handelsverein der Thüringischen Staaten – 10.05.
	Anschluss an den Deutschen Zollverein – 11.05.
1840	Einführung der Landgemeindeordnung
	Thüringischer Eisenbahnverein – Aug.
1841	erstes Auftreten Franz Liszts in Weimar
1842–1861	Ernennung Liszts zum Kapellmeister in außerordentlichen Diensten; durch Liszts Wirken wird Weimar zu einem bedeutenden europäischen Musikzentrum Mitte des 19. Jh.
1842	Vermählung des Erbprinzen Carl Alexander mit der niederländischen Prinzessin Sophie Wilhelmine Maria – 08.10.
1844–1849	Bau der Thüringer Eisenbahn von Halle bis Eisenach
1848	Revolutionäre erstürmen das Schloss; Entlassung aller Minister – bis auf den populären v. Watzdorf, Berufung des März-Ministeriums – März
	militärische Besetzung Weimars und Jenas – 06.10.
	(vergebliche) Bemühungen v. Watzdorfs zur Bildung eines Königreiches Thüringen; auch der Zusammenschluss aller sächsisch-thüringischen Staaten scheitert

1849	geheimer Aufenthalt des steckbrieflich gesuchten Richard Wagner in Weimar (13. – 21.03.), erfährt Unterstützung u. a. durch Franz Liszt
1850	revidiertes Grundgesetz – 15.10.
1851	Schulgesetz
1853	Tod Carl Friedrichs und Regierungsantritt Carl Alexanders – 08.07.
1859	Tod Maria Pawlownas in Weimar – 23.06.
1861	Gründung des Allg. Dt. Musikvereins (07.08.) in Weimar, Liszt wird Ehrenpräsident
1862	Gewerbeordnung
1864–1869	Bau des Landesmuseums, des ersten Zweckbaus für museale Nutzung in Thüringen durch Josef Zitek, Eröffnung als Großherzogliches Museum
1866	Neutralität Sachsen-Weimar-Eisenachs im preußisch-österreichischen Krieg durch energischen Einsatz Carl Alexanders gegen Bismarck
	Beitritt zum Norddeutschen Bund, Aufgabe von Souveränitätsrechten
1867	Inkrafttreten der Verfassung des Norddeutschen Bundes – 01.07.
	Einrichtung der Bundespost
	Eintritt des sachsen-weimarischen Militärs in den preußischen Heeresverband – dadurch preußische Militärhoheit im Lande – 01.10.
1870	Deutsch-Französischer Krieg. Aufenthalt Carl Alexanders in Frankreich, ohne an Kämpfen teilzunehmen, vor allem humanitäre Aktivitäten
1871	Beitritt Sachsen-Weimars zum Deutschen Reich (gegründet am 1. Jan.) als 11. Bundesstaat (der Fläche nach) bzw. 13. (der Einwohnerzahl nach)
1876	Geburt des späteren Großherzogs Wilhelm Ernst – 10.06.
1885	Gründung der Goethe-Gesellschaft in Weimar – 20./21.06.
	Gründung des Goethe-Nationalmuseums und des Goethe-Archivs (ab 1889 Goethe- und Schiller-Archiv), heute Direktionen der Klassik Stiftung Weimar
1887	Gründung des Liszt-Museums in der früheren Hofgärtnerei, die Liszt von 1869 bis zu seinem Tode (1886) alljährlich für mehrere Monate bewohnt
1892	Goldene Hochzeit des Herrscherpaares Carl Alexander und Sophie – 08.10.
1897	Tod der Großherzogin Sophie in Weimar – 23.03.
1901	Tod Carl Alexanders, Regierungsantritt Wilhelm Ernsts – 05.01.
1903	Offizieller Landesname nunmehr Großherzogtum Sachsen;
	Vermählung Wilhelm Ernsts mit Caroline, Prinzessin Reuß ä. L. – 30.04.
	Gründung des Allgemeinen Deutschen Künstlerbundes in Weimar – 15.12.
1905	Tod der Großherzogin Caroline in Weimar – 17.01.
1908	Einweihung des neuen Hoftheaters, später: Deutsches Nationaltheater – 11.01.
1910	Vermählung Wilhelm Ernsts mit Feodora, Prinzessin v. Sachsen-Meiningen – 04.01.
1913–1915	Vollendung des Schlossbaus in seiner heutigen Gestalt
1914–1918	1. Weltkrieg. Teilnahme des Infanterie-Regiments *Großherzog von Sachsen* (5. Thüringisches) Nr. 94 sowie Wilhelm Ernsts als kgl. preußischer General der Infanterie
1918	Novemberrevolution in Deutschland; Abdankung Wilhelm Ernsts – 09.11.
	Ende des 1. Weltkrieges – 11.11.
	Bildung des Freistaates Sachsen-Weimar-Eisenach – 12.11.
1920	blutige Auseinandersetzungen in der Folge des Kapp-Putsches
1921	Gründung des Freistaates Thüringen aus den ehemal. Staaten Sachsen-Weimar-Eisenach, Sachsen-Meiningen, Sachsen-Gotha, Sachsen-Altenburg, Schwarzburg-Sondershausen und -Rudolstadt sow. Volksstaat Reuß, vorm. Fürstentümer Reuß ä. und j. Linie
1923	Tod Wilhelm Ernsts auf Schloss Heinrichau (Schlesien) – 24.04.
1972	Tod Feodoras in Freiburg im Breisgau – 12.03.

Zeittafel zur Geschichte der Orden und Ehrenzeichen des Landes

1590   Stiftung des herzogl. sächs. Ordens gegen die Untugend des Fluchens durch Herzog Friedrich
        Wilhelm I. und dessen Bruder Herzog Johann – 11.06.
1617   Gründung des Ordens der fruchtbringenden Gesellschaft zur Pflege und Reinerhaltung der
        deutschen Muttersprache, auch Palmorden genannt, im Weimarer Schloss (24.08.) auf Vor-
        schlag von Herzog Johann Ernst; der Orden bestand bis 1680
1621   Stiftung des Ordens der Beständigkeit durch Herzog Wilhelm
1732   Stiftung des Ordre de la vigilance (Orden der Wachsamkeit oder vom Weißen Falken) durch
        Ernst August I.
1764   Gründung der Johannis-Freimaurer-Loge Anna Amalia zu den drei Rosen; Mitglieder u. a.
        Goethe, Wieland, Carl August; erlosch 1935, 1990 erneuert
1782   Vorlage von Mustern für die Preismünze der Freien Zeichenschule
1814   Auftrag zur Herstellung der Zivilverdienstmedaille (mit verschiedenen Inschriften) an die Pa-
        riser Münze
1815   Erneuerung des Ordens der Wachsamkeit oder vom Weißen Falken – 18.10.
        Stiftung der Militärverdienstmedaille Treuen Kriegern – 04.12.
1816   Feier der Erstverleihung des Falkenordens, dabei auch Verleihung des Großkreuzes an Goethe
        – 30.01.
1821   Stiftung der Verdienstmedaille Doctarum Frontium Praemia
1828   Stiftung der Zivilverdienstmedaille Meritis nobilis – Dezember
1834   Zivilverdienstmedaille nun mit dem Bilde Carl Friedrichs
        Stiftung der Dienstauszeichnungskreuze für X und XX Jahre – 14.11.
1840   Stiftung des Komturs 1. Klasse des Falkenordens sowie des dazugehörenden Komtursterns
        und Stiftung des Ritterkreuzes 2. Abteilung – 16.02.
1857   Zivilverdienstmedaille nun mit dem (jüngeren) Bilde Carl Alexanders
1858   Gründung des Carl-Friedrich-Damenstifts zu Großcromsdorf – 29.09.
1870   Stiftung der Schwerter zum Falkenorden, so *vor dem Feinde erworben* – 22.09.
        Stiftung der Schwerter zur Verdienstmedaille – 22.09.
1871   Stiftung des Ehrenzeichens Für rühmliche Tätigkeit – 19.07.
1872   Stiftung der Dienstauszeichnungsspangen (mit der Chiffre CA) – 09.03.
1878   Stiftung des dem Hausorden angeschlossenen Verdienstkreuzes – 08.07.
1881   Stiftung der Medaille Für Lebensrettung – 24.06.
1889   Stiftung der Verdienstmedaille 1. und 2. Klasse für Kunst und Wissenschaft (mit dem jünge-
        ren Bilde Carl Alexanders) – 07.12.
1890   Stiftung des Ehrenzeichens für die Feuerwehr – 22.11.
1892   Verdienstmedaille nunmehr mit dem älteren Bilde Carl Alexanders – 25.08.
        Stiftung der Anerkennungsmedaille – 25.08.
        Stiftung der Goldenen Medaille für Wissenschaft und Kunst 1. Kl. (mit dem älteren Bilde
        Carl Alexanders) – 25.08.
        Stiftung der Ordensinsignien für allgemeine Verdienste – 08.10.
        Stiftung der Jubiläumsmedaille zur Erinnerung an die Goldene Hochzeit des großherzogli-
        chen Paares – 08.10.
1892   Ersatzprägung der Verdienstmedaille mit dem älteren Bildnis Carl Alexanders mit Schwertern
        und der Jahreszahl 1870
1896   Stiftung der Medaille Dem Verdienste in der Kunst – 25.01.
1899   Stiftung des Ehrenzeichens für Frauen – 31.12.
1901   Dienstauszeichnungsschnallen nunmehr mit der Chiffre WE – 23.02.
1902   Angleichung der Gestalt des Ritterkreuzes 2. Abteilung des Falkenordens an die Form der üb-
        rigen Ordensinsignien – 15.04.
        Verleihung des Verdienstkreuzes zum Hausorden nun in zwei Klassen – 15.04.
        Aufhebung der Insignien des Falkenordens für allgemeine Verdienste – 15.04.
        Stiftung der Medaille für Kunst und Wissenschaft in drei Klassen – 15.04.
        Stiftung der Allgemeinen Ehrenzeichen Dem Verdienste, Für treue Dienste, Für treue Arbeit

und des Allgem. Ehrenzeichens mit der Chiffre WE, jew. in 3 Klassen – 25.07.
Stiftung des Ehrenkreuzes für Krieger- und Militärvereine – Fahnenkreuz – 28.10.

1909 Stiftung des Ehrenzeichens für Kriegervereine – 04.07.
Veränderung des Bandes zum Verdienstkreuz – statt bisher am landesfarbenen Bande nun am roten Bande des Ritterkreuzes des Falkenordens – 22.12.

1913 Veränderung der Gestalt der Dienstauszeichnungen, statt Spangen nun Kreuz und Medaillen – 20.12.

1914 Stiftung des Hebammen-Ehrenzeichens – 06.01.
Allgemeines Ehrenzeichen Dem Verdienste – nun mit dem Zusatz *1914*

1915 Stiftung des Wilhelm-Ernst-Kriegskreuzes – 10.06.
Stiftung des Ehrenzeichens für Frauenverdienst im Kriege – 15.08.

1918 Stiftung des Verdienstkreuzes für Heimatverdienste – 27.01.
Durch Abdankung Wilhelm Ernsts und der nachfolgenden Bildung des Freistaates Sachsen-Weimar-Eisenach verlieren der Hausorden und die großherzoglichen Ehrenzeichen in ihrer Mehrzahl den Charakter staatlicher Auszeichnungen und dürfen nicht mehr verliehen werden (später werden einige wenige Ausnahmen zugelassen) – 09.11.

Dokumente zu den Orden

Stiftungsbriefe, Statuten, Nachträge, Listen von Trägern und Beamten

Die Dokumente sind weitgehend originalgetreu wiedergegeben, d. h. unter Beibehaltung der in der Zeit ihrer Veröffentlichung verwendeten Orthographie, Interpunktion, Bezifferung, der Hervorhebungen usf. Bei Vorliegen mehrerer zeitgenössischer Dokumente wurde dem Wortlaut in den Regierungsblättern der Vorzug gegeben. Falls typografisch erforderlich, wurden die in originalen Dokumenten vorhandenen Absätze fortgelassen, jedoch durch Schräg- (/) oder Gedankenstriche (–) gekennzeichnet. Andere typografische Akzidenzen wurden vereinfacht.

Dokument 1:

Stiftungsbrief des **Ordens gegen die Untugend des Fluchens**:

Demnach von Gottes Genaden Wier Friedrich Wilhelm, Herzog zu Sachsen, Landgraff in Düringen und Marggraff zu Meissen, und aus Gottes Wort erinnern, wie ernstlich darinnen seine göttliche Allmacht verboten, bei seinem allerheiligsten Nahmen nicht zu fluchen, noch zu schweren, oder denselben unmüglich zu führen, dass er auch durch diese schwere Sünde hefftig beleidiget, erzürnet, und zu zeitlicher und ewiger Straff, wo man dieselbe von Herzen nicht erkennet, und bereuet, verursacht und bewogen wirdet, dessgleichen dass auch sonst einem Christen schambare Wortt und Narrenteidunge zu treiben in keinem Wege geziemen noch wohl anstehen, dadurch die heiligen Engel betrübet, und verjaget, der Mensch auch am jüngsten Gericht vor ein jedes unnüzes Wortt Rechenschafft wird geben müssen, eines Jeden Heills und Seligkeit höchste Nothdurfft erfordert, dergleichen Sünde zu fliehen und zu meiden, auch den Allerhöchsten hierzu umb seinen Gnaden-Geist allezeit von Herzen anzuruffen und zu flehen,
Und Wier dann ob dergleichen gottlosen und leichtfertigen Wesen kein Gefallen, sondern wie billig eine Abscheu und Missfallens haben und tragen, Auch nicht alleine Uns darfür mit Göttlicher Gnaden-Verleihunge, so viel in dieser menschlichen Schwachheit geschehen kan, sondern auch andere mit einem guten Exempel vorleuchten und darzu gute Anleitunge und Erinnerunge zu geben gemeinet:
Alles haben Wier aus sonderbarem Christlichem Gemüthe, für bequem und nützlichen erachtet, hierzu eine Brüderschaft aufzurichten, und exlichen unseren vertraut Herren und Freunden, sowohl auch denen jenigen, welchen wir sonst mit Gnaden gewogen, zu einer stetigen Erinnerunge und Angedächtniss einen sonderlich hierzu verfertigten Groschen zu geben, und solle mit solcher Brüderschaft volgender masen gehalten werden, Und
Erstlich, Solle sich ein jeder hüten, bei Gottes Nahmen, auch unsers Erlösers und Seeligmachers, des Herrn Jesu Christi, Marter, Leiden, Wunden und Sacramenten, zu fluchen und zu schweren; dessgleichen den bösen Feind ohne Noth mit Nahmen zu nennen,
Zum Andern, Solle sich ein jeder aller leichtfertigen, schambaren, unzüchtigen und ärgerlichen Wortt und Reden gänzlichen enthalten; Da aber einer oder der ander hier wider mit fluchen, schweren, und unzüchtigen Reden handeln würde, der oder dieselben sollen, so offt es von ihnen geschiehet, jedesmahl sechs Groschen in die Büchsen, Armen und Nothleidenden zum Besten, geben,
Zum Dritten, Solle ein jeder obgedachtes Denkzeichen des Tages über bey sich am Halse tragen, Do aber einer angetroffen würde, der solches nicht bey sich hätte, der soll jedesmahl zweene Thaler zur Straff geben, als den einen in die Büchsen, und den andern demjenigen, welcher mit in dieser Brüderschaft, auch es an ihm inne würde.
Zum Vierdten, Do euch einer solch Denkzeichen muthwillig verlieren, wegschenken, oder sons-

ten ablegen würde, derselbe soll zwanzig Gülden zur Straff in die Büchsen geben.

Zum Fünfften, Solle ein jeder stetigs an Gelde vier Ort eines Thalers bey sich tragen, oder do solche bey einem oder dem andern nicht befunden würden, der oder dieselben sollen einen halben Thaler zur Straff in die Büchsen geben,

Vors Sechste und Letzte, Wann auch einer von uns in diese Brüderschaft aufgenommen wirdet, soll er sich alsobald in dieses Büchlein mit eigner Hand einschreiben, und dabey verpflichten, diesen obberührten Punkten (immassen denn auch von uns mit Göttlicher Verleihung geschehen solle) gebürlichen und unweigerlich zu geloben und nachzukommen.

Actum Weymar am 11. Junii Anno Domini 1590.

Dokumentiert von Wilhelm Ernst Tenzel in den von ihm herausgegebenen *Monatlichen Unterredungen* 1697 auf S. 991 ff., zitiert nach Biedenfeld, a. a. O., S. 139 ff.

Dokument 2:

Stiftungsdokument des **Ordens der Beständigkeit**

Wier vonn Gottes Gnaden Wilhelm Hertzog zue Sachsen, Gulich, Cleve und Bergk, Landgraff inn Düringen, Marggraf zu Meißen, Graff zue der Mark und Rauensprungk, Herr zue Rauenstein etc. Obrister. Haben aus sonderbahren bewegnüß auch tragender Affection gegen den Unterschriebenen Ordens-Rittern. Dießen Orden der Bestendigkeit angefangen undt Ausgeben, denen Jenigen so Wier vormeinen Ihnen Meritirt zu haben, undt sollen alle die Jenigen die solchen tragen obligiert unndt verbunden sein, Nachfolgende Articul steht undt fest zuhalten, Wie denn auf vorbrechung deßen, die Ordensherrn sambt den tragenden Ordens-Rittern darüber zu erkennen haben sollen, Haben deßwegen Unßere Fürstliche, Gräffliche und Adeliche Insiegell unterdruckt, unndt mit eigenen Handen unterschrieben.

Erstlichen soll ein Jeder der dießen Orden tregt obligrt sein, dem Krieg so viel müglichen, nachzufolgen, Unndt Alßo Profession von einem Soldaten machen, Oder den Orden quittirenn.

Zum Andern. Do auch einer oder der Ander unter den Ordensbrüdern eine Nott anstöße, Alßo das er beweißen könte, das er zu seiner höchsten Notturfft geldes von nöthen, soll er sich von den Ordensherrn anmelden, Soll der Ordensherr sambt den Ordens-Rittern Ihme Obligirt sein solche Summa-Geldes vorzustrecken.

Zum Dritten, Do auch einer oder der ander von seinen Ordensbrüdern Unrechtmeßiger weiße würde reden hören, Soll er Obligiert seyn solches, als wans seine eigene Sache wehre, inn allen Rechtmäßigen Occasionen zu Defendiren.

Zum Vierdten. Da auch einer oder der Ander gefangen würde, unndt einer oder viell von den Ordensbrüdern zur stelle, Sollen Sie obligiert seyn, mit euersten Ihren Vermögen zue Rantzioniren oder Loß zu machen.

Zum Fünfften Sollen alle die Jenigen, so dießen Orden tragen, einig, vertraulich undt Brüderlich miteinander Leben, Alßo auch das keiner dem andern nicht vorübell halten soll, Do auch einer oder der Ander miteinander Uneins würden, Sollen sie durch den Ordensherrn oder Ordens-Rittern, wiederumb gütlichen vortragen werden, Undt keinesweges einander Reuffen, Inn Vorbrechung deßen soll von den OrdensRittern darüber erkanndt werden.

Actum inn Feldlager vor Weidthaußen den 21. Monatstag Julij Ao. 1621.
   LS   Wilhelm H. zu S. mppria.

Dieser Stiftungsbrief trägt – im unteren Teil – die Siegel und die nachfolgend wiedergegebenen, teilweise schwer lesbaren Unterschriften der ersten Ordensmitglieder:

Franz Carl Herzog zu Sachsen; Friedrich Herzog zu Sachsen, der ältere; Ludwig Philip, Pfalzgraf;

Johann Conrad, Rheingraf; Albrecht Herzog zu Sachsen; Friedrich Herzog zu Sachsen, Altenburger Linie; E. Gray (Comte de Gray ?); Joachim Ernst Herzog zu Holstein; Joachim Carpzo, Obrister; Heinrich Graf zu Ortenburg; Claus Linstov; Joh. Siegmund Worm zu Fräncklig; Friedrich Wilhelm Vizthum von Eckstädt; Jiörg von Uslar; Ach. Albrecht von Uslar, des Obersten sel. Sohn; Eusebius von Lawich, Leutenant; Hans Wolf von Grießheim; Balthasar Jacob von Schlammersdorf; James Ramsay; Georg Philipp von Zehmen; Hermann Balthasar von Buttlar; Hauboldt von Starschedel; Georg Heinrich von Chakofsky; Johann Esken; Wolf Joachim von Albersreit; Magnus Laurwalt; (General-Quartier) Ernst Ernreitter; (vom Hofe) Bernhold von Crailsheim.

Stiftungsbrief und Ordensritter zitiert nach: Urkunden zum Leben J. Ernsts des Jüngeren, Herzogs zu Weimar.

Dokument 3:

Statuta des Fürstl. Sächß. Weimarischen **Ritter-Ordens von der Wachsamkeit**.

Nachdem der Durchlauchtigste Fürst und Herr, Herr Ernst August, Herzog zu Sachsen, Jülich, Cleve und Berg, auch Engern und Westphalen, Landgraf in Thüringen, Marggraf zu Meißen, gefürsteter Graf zu Henneberg, Graf zu der Marck und Ravensberg, Herr zu Ravenstein, Ihro Röm. Kayserl. Majestät würcklicher commandirender General von der sämtlichen Kayserl. Cavallerie und Obrister über ein Regiment Cuirassiers, nach dem Exempel vieler Könige, Fürsten und Republiquen Sich schon zu der Zeit als Dieselben in Ihro Kayserlichen Majestät Dienste als General-Feld-Marschall-Lieutenant getreten, zu Ehren allerhöchst-besagter Ihro Kayserl. Majestät vorgenommen, einen Ritter-Orden zu stiften, so sind Dieselben hauptsächlich durch zweyerley Ursachen darzu bewogen worden:
I. Daß alle Ordens-Ritter zu Ausübung der Tugend und Meidung derer Laster, welches das Haupt- Absehen bey allen dergleichen Stifftungen ist, angerichtet, und denn
II. Daß Dieselben zu beständiger Treue und Ehrerbietigkeit gegen Ihro Röm. Kayserl. Majestät als das Haupt des Römischen Reichs, welchen zu Ehren vornehmlich gestifftet worden, angewiesen werden möchten, maßen denn keiner, so nicht recht patriotisch gesinnet und vor allerhöchstbesagte Ihro Röm. Kayserl. Majestät Carl den IV. Guth und Blut aufzuopffern gesonnen, in diesen Orden aufgenommen werden soll.
Das Ordens-Zeichen ist ein acht-eckichter goldenen und grün-émallirter Stern, oben darauf ist ein goldener weiß-émallirter Falcke, dessen Schnabel und Fänge golden, zwischen dem acht-eckichten grün-émallirten Stern aber ein viereckicht rother etwas kleinerer Stern, dessen Spitzen weiß émalliret, befindlich, an dem Falcken stehen 4 Diamante, als einer über dessen Kopff, der andere zu seinen Füßen, und der 3te und 4te an denen beyden Flügeln, auf der andern Seite ist der acht-eckichte grüne Stern, weiß, der vier-eckichte rothe aber grün émalliret, in der Mitte stehet der Nahme des Durchl. Stiffters mit denen beyden Anfangs-Buchstaben E und A doppelt in einander geschlungen, in einem goldenen Felde, blau verschmeltzt, worüber ein roth- und weisser Fürsten-Hut, unten aber 2 über einander liegende Degen zu sehen.
Der Orden wird in einem mit Diamanten versetzten Ringe, durch welchen ein ponceau-rothes mit gedoppelten goldenen Streiffen gerändertes Band gezogen, über das Camisole und beyde Achseln biß an die Helffte der Brust herunter hangend getragen, und zwischen dem vergoldeten acht-eckichten Stern stehet die Benennung des Ordens: l`ordre de la vigilance, der Orden von der Wachsamkeit, und das darzu beliebte Symbolum: vigilando ascendimus, durch Wachen oder Wachsamkeit steigen wir in die Höhe.
Die Ursache, warum der Falcke zum Ordens-Zeichen genommen worden, bestehet darinnen, daß der Durchlauchtigste Stiffter in Erwählung solches Zeichens sein Absehen auf den Adler, als

das Kayserliche Wappen gerichtet und dadurch Seine und aller Ordens-Glieder Begierde dem Kayserlichen Adler, gleich wie die natürlichen Falcken sich jederzeit zu denen Adlern halten und denenselben nachzugehen pflegen, in seinem Fluge nachzufolgen, und durch getreue und willigste Dienste sich Ihro Kayserlichen Majestät eigen zu machen, anzeigen wollen. Die Weisse des Falckens aber bedeutet die Aufrichtigkeit, welche die Ordens-Glieder gegen den Durchlauchtigsten Stiffter und unter sich in aller Gelegenheit zeigen sollen. Was den Nahmen und das Symbolum betrifft, so ist dasselbe daher genommen, weiln der Falcke nicht nur vor sich ein sehr wachsamer und aufmerckender Vogel, sondern auch, weiln sowohl jedwedem Christen und Ehrliebenden Manne stets zu wachen gebühret, damit er nicht in Sünd und Laster fallen oder an seiner Ehre und gutem Nahmen Schaden leiden, oder auch an der nach seinem Amte und Stande ihm obliegende Pflicht und Schuldigkeit ermangeln möge.

Die vornehmste Pflicht derer Ordens-Ritter soll in nachfolgenden Regeln bestehen, daß

1.) Jedweder Gott getreu seyn.

2.) So viel an ihm ist, die Tugend ausüben, und die Laster meiden.

3.) Ihro Kayserl. Majestät gloire und Nutzen, wie schon gedacht, und nach Erforderung der Umstände Guth und Blut vor Dieselben aufzusetzen bereit seyn.

4.) Daß alle Ritter in Liebe, Einigkeit und beständigem Vertrauen, ohne alle List und Falschheit mit einander leben, und einer dem andern in allen Nöthen und erforderlichen Gelegenheiten beystehen, auch

5.) Sich der Noth aller Armen und Bedrängten, absonderlich aber aller Officierer und Soldaten, nach äuserstem Vermögen annehmen sollen.

Die Anzahl der Ordens-Ritter erstreckt sich auf 24 theils Fürstliche, theils andere vornehme Standes-Personen und Cavalliers, welche in hohen Civil- und Militair-Chargen stehen, und zu Schild und Helm gebohren oder von Tournier und Stifftmäßigem Adel sind.

Und damit dieser Orden auch nach Ableben des Durchlauchtigsten Stiffters, welches doch GOTT noch lange entfernet seyn lassen wolle, fortgeführet und in beständiger Hochachtung erhalten werden möge, so soll selbiger von Ihro Hoch-Fürstl. Durchl. Nachkommen, so lange die Weimarische Linie bestehen wird, auf vorgeschriebene Weise und mit eben diesen Ordens-Regeln, ohne das geringste darunter zu ändern, fortgeführet und ausgegeben werden;

Solte aber nach GOttes Willen, die Fürstliche Weimarische Linie, so doch GOtt verhüten wolle, gar ausgehen, und das Land an einen andern Hertzog des Sächs. Hauses oder weiter hinaus fallen, so wird derselbe auf das verbindlichste als es immer geschehen kann oder mag, ersucht, diesen zu Beförderung der Tugend, auch Ehren und Besten Ihro Röm. Kayserlichen Majestät gestiffteten Orden ebenfalls jederzeit aufrecht zu erhalten, und die dabey gesetzte Ordens-Regeln beständig in acht zu nehmen.

Das Ordens-Fest soll alle Jahre auf den den Geburths-Tag Ihro Röm. Kayserl. Majestät celebriret, und von jedwedem Ritter, wenn er auch nicht bey dem Ordens=??? Meist sich befände, durch Ausübung löblicher Verrichtungen und guter Wercke begangen werden.

So bald als einer von denen Ordens-Rittern verstirbet, soll solches von dessen Erben an den Fürstlichen Herrn Ordens-Stiffter notificiret, und der Orden, damit solcher einer andern tüchtigen Person conferiret werden könne, zugleich mit zurücke geschicket werden.

Und damit endlich bey diesem Orden alles ordentlich zugehe, so soll ein Ordens-Cantzler und Ordens-Sekretarius dabey vorhanden seyn, welche alles dabey fleißig notiren und aufzeichnen, und die Ordens-Acta in richtigem Stande halten lassen, und soll der Canzler jedesmahl aus dem Fürstl. Sachsen-Weimarischen Premier-Ministre bestehen, wenn derselbe ein Cavallier und sich seiner Geburth wegen den Orden selbst zu erlangen legitimieren kan.

Weimar den 2. Augusti 1732.

Zeitgenössischer Statutendruck o. O. und o. J.

Dokument 4:

Verzeichniß Derer Durchlauchtigster und anderer Herren **Ordens-Ritter des** Sachsen-Weimarischen **Ritter-Ordens de la Vigilance**, 1732, den 2. Augusti.

1. Ihro Hoch-Fürstl. Durchl., der Herr Herzog Ernst August zu Sachsen Weimar und Eisenach
als Ordens-Stiffter. Ao. 1732, den 2. Aug.
2. Ihro Hochfürstl. Durchl., der Herr Erb-Printz Johann Wilhelm zu Sachsen-Weimar. † den VI.
Decembr: 1732.
3. Ihro Hochgeborne Excell.der König-Kayserl. Geheimter-Rath, General-Feld-Marschall und
Plenipotentiarius am Königl. Prinsl. Hoffe und NiederSächs., Herr Graf Friedrich Heinrich von
Teckendorf, ward Ritter den 28. Augusti 1732.
4. Ihro Hochwohlgeborne Excell., der Sachsen Weimar. Premier-Ministre, Geheimter Raths
Praesident und Ordens-Cantzlar Herr Georg Wilhelm von Reinbaben, den 20. January 1733
5. Ihro Hochfürstl. Durchl. der Regierende Herr Herzog Wilhelm Heinrich zu Sachsen Eisenach, den 24. January 1733. † den 26. July 1741.
6. Ihro Hochfürstl. Durchl. der Regierende Herr Herzog Frantz Josias zu Coburg-Saalfeld, den
9. February 1933.
7. Der Königl. Schwedische Obriste, Herr von Scheiding, den 12. May 1733.
8. Ihro weyl. Königl. Kayserl. Majth.General-Feld-Wachtmeister und Commandant zu Alt-Brey-
sach, Herr von Müfling, den 12. Septembr: 1733. † in Ungarn an denen bey Bajaluncka (?) —
- erlangenen Blessuren.
9. Der Königl. Kayserl. General-Feldmarschall-Lieutenant Herr von Wuttgenau. mortuus.
10. Ihro Durchl. der Regierende Fürst Günther zu Schwarzburg-Sondershausen, den 22. Octobr:
1733. † 1740.
11. Der Geheimte und KriegsRath General-Major Herr Otto von Romod, den 10. Decembr.:
1733. † den 13. Septembr: 1734.
12. Der Geheimte CammerRath und OberJägerMeister allhier Herr Ernst Dietrich von Voigs-
taedt, den 19. April: 1734.
13. Der Hiesige HofMarschall Herr Friedrich Wilhelm von Bodlar, den 24. Novembr: 1734.
14. Der Sachsen Weimar. OberSchenk und LandRath , Herr Hanns Ludwig von Gleichen, den
28. Novembr: 1734. † 1740.
15. Der Sachsen Eisenach. OberHofMarschall und OberJägerMeister Herr Christian Heinrich
von Stutterheim, den 6. Dec: 1735.
16. Der Sachsen Weimarische Obriste Herr Georg Albrecht von Kann, den 23. Decembr: 1735.
† den 9. April 1738 als General-Major.
17. Der Durchl. Prinz Ernst Ludwig von Sachsen Gotha, den 25. Decembr: 1735.
18. Der Königl. Pohlnische und ChurSächs. Obrister Herr Balthasar ReichsGraf von Promnitz,
den 24. July 1736.
19. Der Sachsen Eisenach. General-Major Herr von Steinsdorff, den 25. July 1736. † 1740.
20. Der Sachsen Merseburg. OberJägerMeister Herr von Schoenfeld, den 21.Octobr 1736.
21. Der Königl. Kayserl. Majth. Cammer-Herr Herr Wilhelm Ludwig, BurgGraf zu Kirchberg,
Graf zu Sayn und Wittgenstein, Herr zu Farnwerda, den 13. Feruary 1737.
22. Der Sachsen Eisenach. Geheimte Legations-Rath, auch Ober-Berg-Hauptmann und jetzi-
ger Königl. Dänischer und wirkl. Geheimter Rath, Herr von Beust, den 26. April: 1737.
23. Ihro Hochfürstl. Durchl. der Fürst Herr Friedrich Anton zu Schwarzburg-Rudolstadt, den
15. January 1738.
24. Der Marggräfl. Bayreuth. Geheimter-Rath, Herr von Benckendorff, den 8. Marty 1738.
25. Der Herr Ober-StallMeister Hanns Georg Wilhelm von Troyff, den 27. Marty 1738.

26. Der Durchlauchtigste Prinz Christian Wilhelm von Sachsen-Gotha, den 12. April: 1738.

27. Herr Heinrich XXV. Reus, Graf und Herr zu Plauen, den 10. April 1739.

28. Herr Arnold Franz Freyherr von Tornaco, Kayserl. Obrister und Commandant zu Rheinfeld, den 12. July 1739.

29. Der Sachsen Weimar. geheime Rath und Gesandte zu Regensburg , Herr Johann Caspar Freyherr von Pogarell, den 2. Octobr: 1739.

30. Der Königl. Pohlnische und ChurSächs. Cammer-Juncker und OberForstMeister Herr von Osterhausen, den 30. April: 1740.

31. Der Königl. Pohlnische und ChurSächs. Geheime Cammer-Rath Herr Damian von Pflug, den 30. April 1740. † den 10. April: 1741.

32. Der Königl. Pohlnische und ChurSächs. OberForstMeister Herr Dietrich von Pflug, den 22. Dec: 1740.

33. Ihro Durchl. der Erb:Prinz Ernst August Constantin zu Sachsen Weimar, den 1. January 1741.

34. Der Sachsen Eisenach. Ober-Schenk, Herr von Schardt, den 26. February 1741.

35. Der Brandenburg. Anspachische Geheimte Rath und LandschaftsDirector, Herr Voigt von Salzburg, den 8. Marty 1741.

36. Der Königl. Pohlnische und ChurSächs. Füsilier-Obriste Herr von Schoenberg, den 12. Marty 1841.

37. Der Sachsen Weimar. Geh. Rath Herr Anton Carl von Griesheim, den 5. May 1741.

38. Der Sachsen Weimarische und Eisenach. Geh. Rath und Cammer-Direktor, Herr von Herda, den 1. Aug. 1741.

39. Der Brandenburg. Anspachische Geh. Rath und LandschaftsDirector, Herr von Nostiz, den 28. Augs: 1741.

40. Der Fürstl. Sachsen Gothaische Geh. Rath, Herr von Uffel, den 6. January 1742.

41. Der Fürstl. Sachsen Gothaische General-Major Herr von Sebach, den 25. January 1743.

42. Ihro Durchl. der Erb-Printz Joh. Friedr. zu Schwarzburg Rudolstadt, den 21. April: 1743.

43. Der Königl. Pohlnische und ChurSächs. Obristlieutenant Herr Graf Georg Ludwig von Oynhausen, den 28. April: 1743.

44. Der Fürstl. Marggräffl Anspachische Geh. Rath und OberStallMeister Herr Christoph Ehrenfried von Poelnitz, den 3. Juny 1743.

45. Der ChurSächs. Obriste Exc. Nicolaus Dolieslau von Pirch, den 24. May 1744. † .

46. Der Fürstl. Sachsen Weimar. Geh. Rath Freyherr von Zigesar, den 6. Jul. 1744. † .

47. Der Fürstl. Schwarzburg. Geh. Rath Herr von Hertenberg, den 2. Aug. 1744.

48. Der Fürstl. S. Weimar. Geh. KriegsRath Exc. von Bindoff, den 25. März 1745.

49. Der Königl. Polnische und ChurSächs. Cammer Herr und Cammern Rath von Nimptsch, den 17. Jan. 1745.

50. Der Königl. Preußische General Major und Chef eines Husaren Regiments Exc. von Bronikowsky, den 4. März 1746.

51. Der Fürstl. Schwarzburg. Cammer Juncker Exc. Joh. Wilhelm Ernst von Neßelrodt, den 15. Jan. 1746.

52. Der Königl. Polnische und ChurSächs. Cammer Herr und Ober-Commandant der Parforce Jagd, Herr von Feuler

53. Der Königl. Schwedische und Hochfürstl. Heßischer Ober-Steuer Einnehmer Herr von Buttlar, den 13. Aug. 1746. † .

54. Der Hochfürstl. Heßische Ober-Vorsteher des Adlichen Stiffts Kaufungen Exc. von Boyneburg, den 13. Aug. 1746.

gez. G. M. Ludecus, geheimer und Ordens Secretarius

Von Serenissimo regente E. A.- Const.:

55. (1) Ihrem Statthalter und Premier-Ministre Herrn Heinrichs Grafen von Buenau Excell., den 11. Jan. 1756 – Ordens Canzler.

56. (2) des Prinzen Friedrich August von Braunschweig

57. (3) des Prinzen Albrecht Heinrich Wolfenbüttel Hoff

58. (4) des Prinzen Wilhelm Adolph den 13. März 1756

59. (5) der Hochfürstl. Braunschweig. General Major und Chef eines Regiments Infanterie Herrn G. Lebrecht von Stammer, den 16. März 1756

60. (6) der Herr Graff Philipp Ernst v. Schaumburg Lippe-Alverdyßen, den 7. May 1756.

61. (7) der Prinzessin Carolina von Braunschweig, den 10. August 1756

62. (8) des Erbprinzen Carl von Braunschweig, den 10. August 1756

63. (9) des Prinzen Christian Günther von Schwarzburg Sondershausen, den 10. Aug. 1756

64. (10) des Prinzen August von S. Sondershausen, den 10. August 1756

65. (11) der F. S. OberSchenk und Vice Ober StallMeister Exc. Hartmann Friedrich von Witzleben, den 8. März 1757.

66. (12) des reg. Fürsten Heinrich v. Schwarzburg Sondershausen, Durchl., den 19. Jan. 1757.
                                       von Fritsch p. t. Ordens Secretarius

Post Opitum Serenissimi Reg. Ernesti Augusti Constantini:

67. Der Chur Pfälzische Staats Ministre Frhr. von Wrede, neunte Jul. 1758.

68. Se. Excell. der Fürstl. S. Weimar. und Eisenach. wirklicher Geheimer Rath und Comitial Gesandte Herr Heinrich Graf von Bünau auf Domten. 1762.

69. Ihro des Hh. Erbprinzen Herrn Carl August zu S. Weimar und Eisenach, Hochfürstl. Durchl., 1764.

70. Ihro des Prinzen Hh. Friedrich Ferdinand Constantin zu S. Weimar u. Eisenach, Hochfürstl. Durchl., 1764.

71. Se. Excell. der Fürstl Fuldaische Geheime Conferenz-Minister und Ober Hofmarschall Hh. Christian Adam Ludwig Frhr. von Stein zu Altenstein. Ao. 1764.

72. Ihro des Erbprinzen Hh. August Friedrich Carl Wilhelms zu S. Meiningen, Hochfürstl. Durchl., 1768. † 21. Jul. 1782

73. Ihro des Prinzen Hh. Georg Friedrich Carls zu S. Meiningen, Hochfürstl. Durchl., 1768.

74. Se. Excell. der Fürstl. S. Meining. Geheime Rath und Oberhofmeister, Hh. Franz Christian Eckbrecht Frhr. von Dürkheim, 1770.

Von Serenissimo Regente Carlo Augusto:

75. Der Landgräfl. Heß. Darmstädt. Geheime Rath und Ober Jäger Meister Hh. Vollbrecht Frhr. von Riedesel zu Eisenach; auch des durchl. Kaiserl. St. Annen Ordens Ritter. 1775.

76. der Königl. Französ. Obriste und Commandant des Regimentes Royal-Suederis Hh. von Sinclair, Ritter des Militair Ordens . 1775.

77. der Fürstl. Heßen Darmstädt. Hh. Ober Schenk Frhr. von Ponikau. Den 20. Febr. 1788.

Nach verschiedenen, handschriftlich ausgefertigten Listen der Ordensmitglieder, beigebunden den Statutendrucken, ausgehändigt den Ordensrittern, die von 1743 bis 1788 in den Orden aufgenommen wurden.

Dokument 5:

Statuten des großherzoglichen **Ordens der Wachsamkeit oder vom Weißen Falken:**

Wir Carl August / von Gottes Gnaden Großherzog zu Sachsen-Weimar Eisenach... etc.
Eingedenk der, durch die Gnade der göttlichen Vorsehung und durch Teutsche Kraft und Tugend dem gesammten Reiche Teutscher Nation wiedergewonnenen, und jetzt auf das Neue ge-

sicherten Unabhängigkeit, und um auch Unserer Seits Männern, welche durch Rath oder That zu diesem großen Werke ausgezeichnet beigetragen haben, ein Zeichen der Würdigung ihrer Verdienste, deren Folgen sich auch Unserm Großherzoglichen Hause und Unseren Landen vorzüglich wohlthätig erwiesen haben, zu widmen, haben Wir beschlossen, den von Unserm in Gott ruhenden Vorfahren und Großherrn-Vater, dem Durchlauchtigsten Fürsten, Herrn Ernst August, Herzog zu Sachsen u. s. w. zur Ermunterung der Treue und zur Belohnung der patriotischen Gesinnungen für das Teutsche Reich und dessen Oberhaupt mit Genehmigung der damals regierenden Römisch-Kaiserlichen Majestät, den 2. August 1732 gestifteten und seit jener Zeit von mehreren Fürsten und hohen Standespersonen getragenen *Orden der Wachsamkeit oder weißen Falkenorden* in seiner wesentlichen Beziehung, doch mit den durch die veränderten Zeitverhältnisse nöthig gewordenen Modifikationen zu erneuern; erneuern denselben hiermit und fügen der ihm ursprünglich ertheilten Bedeutung noch die Bestimmung hinzu, daß derselbe besonders auch denjenigen Unserer Staatsdiener und Unterthanen zur Ermunterung und Belohnung ihrer durch Treue, Talent und gesetzmäßige Amtsthätigkeit geleisteten Dienste soll ertheilt werden, welche Wir durch die erwähnten Eigenschaften ausgezeichnet erachten, oder in Zukunft erachten werden.

Dem zu Folge verordnen Wir, wie nachstehet:

1. Der im Jahre 1732 den 2. August gestiftete Herzoglich Sachsen-Weimarische Orden der Wachsamkeit, oder Orden vom weißen Falken, wird von heute an erneuert.

2. Er ist und bleibt der einzige Großherzoglich Sachsen-Weimarische Orden.

3. Er besteht in drei Classen.

4. Die erste Classe wird gebildet von dem Großmeister, dem jedesmaligen regierenden Großherzog zu Sachsen-Weimar, den Prinzen Unseres Großherzoglichen Hauses und zwölf Großkreuzen.

5. In Unseren Landen vermag Niemand das Großkreuz des Ordens zu erhalten, der nicht den Rang eines wirklichen Geheimenrathes oder eines General-Majors hat.

6. Die zweite Classe besteht aus fünf und zwanzig Commandeurkreuzen.

7. In Unseren Landen vermag Niemand das Commandeurkreuz zu erhalten, der nicht den Rang eines Geheimen Regierungs-, Staats-, Justiz-, Kammer-Raths u. s. w. hat, oder den Grad eines Majors in Militärdiensten bekleidet.

8. Die dritte Classe besteht aus fünfzig Ritterkreuzen.

9. Die Hauptpflichten der Ordensritter aller Classen sind:

1) Treue und Ergebenheit gegen das gemeinsame Teutsche Vaterland und gegen die jedesmalige rechtmäßige höchste National-Behörde.

2) Ein jedes Mitglied des Ordens soll, nach Maasgabe seines Standpunktes, dahin wirken, daß vaterländische Gesinnung, daß Teutsche Art und Kunst, Vervollkommnung der gesellschaftlichen Einrichtungen in Gesetzgebung, Verwaltung, Staats-Verfassung und Rechtspflege sich immer weiter entwickle, und daß auf eine gründliche und des Enstes des Teutschen National-Charakters würdige Weise sich Licht und Wahrheit verbreiten.

3) Jedes Mitglied des Ordens hat die Verbindlichkeit, sich seinen bedrängten und durch den Krieg in Nothstand versetzten Mitbürger, besonders aber der im Streite für das Vaterland Verwundeten und der Hinterlassenen der, im Kampfe für dasselbe gefallenen, Krieger werkthätig anzunehmen

10. Als ein den gegenwärtigen Zeiten angemessenes Symbol, welches zur Erfüllung dieser Obliegenheiten und zur Wachsamkeit für das Wohl der Teutschen auffordert, und allen Scharfsinn hierzu aufreget, ist das Ordenszeichen: ein goldener, weiß emaillirter Falke mit goldenem Schnabel und Fängen, auf einem achteckigen goldenen, grün emaillirten Sterne, zwischen diesem Stern ein viereckiger rother, etwas kleinerer Stern, dessen Spitzen weiß emaillirt sind. Ueber dem Sterne befindet sich eine goldene Königliche Krone, und auf der Rückseite der achteckige grüne Stern weiß, der viereckige rothe aber grün emaillirt. In der Mitte ist ein blau emaillirtes Schild mit dem

Wahlspruch: *vigilando ascendimus*. Dieses Schild ist mit einem goldenen Lorbeerkranze, und für die Militärs mit Armatur, eingefaßt, welches eine goldene Königliche Krone bedeckt. Der zu diesem Ordenszeichen gehörige, auf der linken Brust zu tragende, silberne Stern hat in der Mitte einen weißen fliegenden Falken auf goldenem Grunde. Ihn umgiebt der Wahlspruch *vigilando ascendimus* in blauem Email. Dieser goldene eingefaßte Kreis liegt auf dem grün emallirten Sterne, und dieser auf dem silbernen größeren Ordenssterne.

11. Dieses Ordenszeichen wird von der ersten Classe für die Großkreuze an einem breiten hochrothen gewässerten Bande über die rechte Achsel getragen. Der Ordensstern wird auf die linke Brust geheftet.
Die zweite Classe für die Commandeurs trägt das Ordenszeichen an einem schmalen rothen Bande, woran es um den Hals auf die Brust herunterhängt.
Die Ritter der dritten Classe führen ein ähnliches kleines Ordenszeichen an einem rothen Bande im Knopfloche.

12. Das Fest des erneuerten Ordens der Wachsamkeit soll alle Jahre am 18. October, als dem National-Feste der Befreiung Teutschlands von der Schmach ausländischer Herrschaft, gefeiert werden.

13. Jeder Ordensritter soll an diesem Tage sich durch Handlungen im Sinne der dritten seiner Ordenspflichten thätig zeigen.

14. Der Orden hat einen Kanzler und einen Ordens-Sekretär.

15. Zum Kanzler des Ordens ist der jedesmalige, im Großherzoglichen Staats-Ministerium zu Weimar dirigirende oder den Vorsitz führende Staats-Minister bestimmt.

16. An den Kanzler des Ordens ist, alsbald nach erfolgtem Ableben eines Ordensritters, das Ordenszeichen von dessen Erben zurück zu senden.

Urkundlich haben wir gegenwärtige Verordnung als ein erneuertes Statut des Ordens, mit Unserer Unterschrift und Großherzoglichem Insiegel vollzogen, zu dem Archive des Ordens beilegen lassen.
So geschehen und gegeben / Weimar, den 18. October 1815.
        LS   Carl August

Statutendruck der Weimarer Hof-Buchdruckerei, o. J. (1816). Der Druck enthält über diesen Text hinaus eine Reihe instruktiver Musterzeichnungen der Ordensinsignien.

Dokument 6:

Bericht von der **ersten großen Ordensverleihung** am 30. Januar 1816

Tagesfeier
Am vorigen Dienstag dem 30. Januar hatte unsere verehrteste Frau Großherzogin Kgl. Hoheit ihren Geburtstag in höchsterfreulichem Wohlseyn erlebt. Wegen eingefallener Trauer des Großherzogl. Hauses fanden die gewöhnlichen Hoffeste diesmal nicht statt.
Eine andere Feier bezeichnete indessen glänzend den Tag.
Se. Kgl. Hoheit der Großherzog bestimmte ihn zu einer öffentlichen Staatshandlung zur Weihe des erneuerten Ritterordens der Wachsamkeit, oder zum weißen Falken, und bemerkte durch dessen Vertheilung an mehrere Personen das wohlgefällige Verdienst um Fürst und Land.
Es erhielten nemlich: das Ordens-Großkreuz
Herr Staats-Minister von Goethe, Exc.
Herr Staats-Minister von Fritsch, Exc. Herr Staats=Minister und Cammer=Präsident Freyherr von Gersdorff, Exc.
Herr General Major von Egloffstein

Comthur-Kreuze erhielten:
Herrn Staats-Minister und Ober-Marschall Graf v. Edling, Exc.
Herr Ober-Hof-Meister GeheimerRath von Einsiedel, Exc.
Herr GeheimerRath von Schardt, Exc.
Herr Freyherr von Riedesel auf Eisenbach und Neuhof.
Ritterkreuze erhielten: (beym Militair)
Herr   General-Major Ober-Stallmeister von Seebach
  „   Obrister von Germar
  „   Obristlieutenant von Linker
  „   Major von Wolffskeel
  „   Major von Beulwitz
(beym Civil-Etat)
Herr   Ober-Cammer-Herr GeheimerRath Freyherr Wolffskeel v. Reichenberg
  „   GeheimerRath von Goechhausen zu Eisenach
  „   GeheimerRath und Ober-Consistorial-Director Thon das.
  „   Canclar Thon das.
  „   Canclar von Müller, allhier
  „   Präsident Freyherr von Ziegesar
  „   Vice-Präsident Weyland
  „   Geheimer Cammerrath Ridel
  „   Ober-Jäger-Meister Riem
  „   Ober-Jäger-Meister von Staff zu Eisenach
  „   Ober-Forst-Meister Freyherr v. Fritsch allhier
  „   Ober-Landrath Obrister von Lyncker auf Fluhrstedt
  „   Geheimen Hof-Rath Kirms allhier
  „   Ober-Consistorialrath Günther
  „   Hof-Rath und Leib-Medicus D. Huschke
  „   Hof-Rath und Prof. D. Starck in Jena
  „   Hof-Rath und Prof. D. Schweitzer, das.
  „   Legations-Rath Bertuch, allhier
  „   Land-Cammer-Rath Röse zu Eisenach
  „   Legations-Rath Falk, allhier.

Weimarisches officielles Wochenblatt auf's Jahr 1816. Nr. 11, den 6. Febr. 1816.

Dokument 7:

Goethes Rede bei der Feierlichkeit der Stiftung des weißen Falkenordens
am 30. Januar 1816

Durchlauchtigster Großherzog! Gnädigster Fürst und Herr!
Ew. Königl. Hoheit haben in diesen Neusten Zeiten Ihre sämmtlichen Angehörigen mit soviel
Huld und Gnaden überrascht, daß es besser schien, stillschweigend das mannichfaltige Gute zu
verehren als die reinen, heiligen Empfindungen des Dankes durch Wiederholung zu erschöpfen
oder abzustumpfen. Wie verlegen muß ich mich daher fühlen, wenn ich mich berufen sehe, in
Ew. Königl. Hoheit Gegenwart die Empfindungen gleichfalls gegenwärtiger, aufs neue höchst be-
günstigter Männer anständig auszudrücken.
Glücklicherweise kommt mir zu statten, daß ich nur dasjenige wiederholen darf, was seit mehr
als vierzig Jahren ein jeder, dem beschieden war, in Ew. Königl. Hoheit Kreise zu wirken, sodann

jeder Deutsche, jeder Weltbürger mit Überzeugung und Vergnügen ausspricht, daß Höchstdieselben mehr für andere als für sich selbst gelebt, für andere gewirkt, gestritten und keinen Genuß gekannt, als zu dessen Theilnahme zahlreiche Gäste geladen wurden, so daß, wenn die Geschichte für Höchstdieselben einen Beinamen zu wählen hat, der Ehrenname des Mittheilenden gleich zur Hand ist.

Und auch gegenwärtig befinden wir uns in demselben Falle; denn kaum haben Ihro Königl. Hoheit nach langem Dulden und Kämpfen sich neubelebten Ruhmes, erhöhter Würde, vermehrten Besitzes zu erfreuen, so ist Ihro erste Handlung, einem jeden der Ihrigen daran freigebig seinen Theil zu gönnen. Älteren und neueren Kriegsgefährten erlauben Sie, sich mit der hohen Purpurfarbe zu bezeichnen, und aus denen sorgsam und weislich erworbenen Schätzen sieht ein jeder sein häusliches Glück begünstigt.

Nun aber machen Sie eine Anzahl der Ihrigen und Verbundenen Ihrer höchsten Würde theilhaftig, indem ein Zeichen verliehen wird, durch welches alle sich an Höchstdieselben herangehoben fühlen. Diese dreifach ausgespendeten Gaben sind mehr als hinreichend, um unvergeßlich scheinende Übel auf einmal auszulöschen, allen in dem Winkel des Herzens noch allenfalls verborgenen Mißmut aufzulösen und die ganze Kraft der Menschen, die sich bisher in Unglauben verzehrte, an neue lebendige Thätigkeit sogleich heranzuwenden. Jede Pause, die das Geschäft, jede Stockung, die das Leben noch aufhalten möchte, wird auf einmal zu Schritt und Gang, und alles bewegt sich in einer neuen fröhlichen Schöpfung.

Betrachten wir nun wieder den gegenwärtigen Augenblick, so erfreut uns das hohe Zeichen der Gnade, welches vom Ahnherrn geerbt, Ew. Königl. Hoheit in der Jugend schmückte. Gesinnungen, Ereignisse, Unbilden der Zeit hatten es dem Auge entrückt, damit es auf's neue zur rechten Stunde glänzend hervorträte. Nun bei seiner Wiedererscheinung dürfen wir das darin enthaltene Symbol nicht unbeachtet lassen.

Man nennt den Adler den König der Vögel; ein Naturforscher jedoch glaubt ihn zu ehren, wenn er ihm den Titel eines Falken ertheilt. Die Glieder dieser großen Familie mögen sich mit noch so vielerlei Namen unterscheiden: der weiß gefiederte, der uns gegenwärtig als Muster aufgestellt ist, wird allein der Edle genannt. Und doch wohl deßwegen, weil er nicht auf grenzenlosen Raub ausgeht, um sich und die Seinigen begierig zu nähren, sondern weil er zu bändigen ist, gelehrig dem kunstreichen Menschen gehorcht, der nach dem Ebenbilde Gottes alles zu Zweck und Nutzen hinleitet. Und so steigt das schöne, edle Geschöpf von der Hand seines Meisters himmelauf, bekämpft und bezwingt die ihm angewiesene Beute und setzt durch wiederholt glücklichen Fang Herrn und Herrin in den Stand, das Haupt mit der schönsten Federzierde zu schmücken.

Und so dürfen wir denn schließlich den hohen Sinn unseres Fürsten nicht verkennen, daß er zu dieser Feier den friedlichsten Tag gewählt, als einen, der uns schon solange heilig ist und welchen seit so vielen Jahren die Künste ihren mannichfaltigen Schmuck, so viel sie nur vermochten, anzueignen und zu widmen suchten. Wir begehen diesen Tag mit ernsten Betrachtungen, die doch nur immer dorthin führen können, daß wir mehr als jemals auf Blick und Wink des Herrn zu achten haben, dessen Absichten ganz und gar auf unser Wohl gerichtet sind. Möge das Glück einem gemeinsamen Bestreben günstig bleiben und wir zunächst die Früchte eifriger Bemühungen dem höchsten Paare und dessen erlauchten Hause als bescheidenen aufrichtigen Dank getrost entgegenbringen und so den Wahlspruch kühn bethätigen: *Vigilando ascendimus!*

Goethe – WA. 36. Bd. S. 375–378.

Dokument 8:

Erster Nachtrag zu den Statuten des Falkenordens:

Wir Carl Friedrich / von Gottes Gnaden Grossherzog zu Sachsen-Weimar-Eisenach... etc.
In derselben wohlwollenden Absicht, welche Unsern, nun in Gott ruhenden, Herrn Vater den
Grossherzog Carl August, Königliche Hoheit und Liebden, bei der Erneuerung des Ordens der
Wachsamkeit oder vom weissen Falken, geleitet hat, und unter ausdrücklicher Wiederholung
dessen, was in den Statuten des erneuerten Ordens über den Zweck und die Bedeutung des Ordens ausgesprochen worden ist, bestimmen und verordnen wir zu jenen Statuten:
1. Den Rittern des zweiten Klasse (Komthuren), welche das Ordenszeichen an einem drei Fin-
ger breiten Bande um den Hals zu tragen haben, kann hierzu, als besondere Auszeichnung, noch
ein Stern nach der beigefügten Zeichnung A verliehen werden. Dieser Stern ist auf der linken
Seite der Brust zu tragen.
2. Befähigt zu dem Empfange dieses Sterns ist in der Regel nur derjenige, welcher im Civil-
Staatsdienst mit dem Range eines Geheimenrathes, Präsidenten oder Kollegial-Direktors bekleidet ist oder im Militär-Dienst wenigstens den Rang eines Obristen erlangt hat.
3. Die dritte Klasse der Ritter zerfällt in zwei Abtheilungen. Für die erste Abtheilung besteht das
Ordenszeichen unverändert, für die zweite Abtheilung soll dasselbe ein Ehrenkreuz seyn, welches
nach der beigefügten Zeichnung B im Mittelschilde auf der einen Seite das Bild des weissen Falken, auf der andern Seite den Nahmenszug des regierenden Grossherzogs und Verleihers darstellt und an schmalem rothen Ordensbande im Knopfloche zu befestigen ist.
4. Dieses Ehrenkreuz soll nur an Unterthanen des Grossherzogtums verliehen werden. Es hat
ebenfalls die gesetzliche Bestimmung, als öffentliches Anerkenntniss für bewiesene treue, der
Verfassung entsprechende Gesinnungen und ausgezeichnete verdienstliche Leistungen in der
Amtsthätigkeit oder sonst zu belohnen.
Urkundlich haben wir gegenwärtigen Nachtrag zu den Statuten Unseres Hausordens mit Unserer Nahmensunterschrift und dem Grossherzoglichen Staatsinsiegel vollzogen, auch befohlen,
dass derselbe in dem Archiv des Ordens niedergelegt und durch einen Abdruck im Regierungs-
blatte bekannt gemacht werde.
So geschehen und gegeben Weimar den 16. Februar 1840.
      LS   Carl Friedrich   /   C. W. Freiherr von Fritsch.   /   vdt. E. Helbig

Statuten des Großherzogl. Sachsen-Weimar. Hausorden der Wachsamkeit oder vom Weißen Falken. Weimar
1840/1842 m. Zeichnungen der Ordensinsignien. Reg.-Bl. Nr. 26 v. 12. Nov. 1842, S. 250–252.

Dokument 9:

Ministerial-Bekanntmachung

Nachdem Se. Königliche Hoheit, der Großherzog, zum bleibendem Andenken an das frohe Er-
eigniß des glücklichen Einzugs Sr. Königlichen Hoheit, des Erbgroßherzogs Carl Alexander August Johann mit seiner Gemahlin, Ihrer Königlichen Hoheit, der Erbgroßherzogin Wilhelmine
Marie Sophie Louise, geborene Prinzessin der Niederlande, in die Haupt- und Residenzstadt
Weimar zu beschließen gnädigst geruhet haben, den schon am 16. Februar 1840 sanktionierten
Nachtrag zu den am 18. Oktober 1815 erneuerten Statuten des Großherzoglichen Hausordens
der Wachsamkeit oder vom weißen Falken nunmehr in Kraft und Vollzug treten zu lassen: als

wird auf höchsten Befehl Sr. Königlichen Hoheit, des Großherzogs, gedachter Nachtrag gemäß dem Schlußsatze desselben im Nachstehenden zur öffentlichen Kenntnis und zur Nachachtung hiermit gebracht.
Weimar den 22. Oktober 1842 / Großherzoglich Sächsisches Staats-Ministerium.
C. W. Freihr. von Fritsch   Freihr. von Gersdorf   Schweitzer. / vdt. Ernst Müller.

Regierungsblatt auf das Jahr 1842, 26. Jg., S. 250.

Dokument 10:

Zweiter Nachtrag zu den Statuten des Falkenordens:

Wir Carl Alexander / von Gottes Gnaden Großherzog zu Sachsen-Weimar-Eisenach...
verordnen nachträglich zu § 16, Absatz 1 der Statuten Unseres Hausordens der Wachsamkeit oder vom weißen Falken vom 18. October 1815, wie folgt:
Jeder Ordensritter, welcher in eine höhere Ordensclasse eintritt, hat alsbald, nachdem er deren Insignien empfangen, das ihm bisher verliehen gewesene Ordenszeichen der niederen Classe an den Kanzler des Ordens zurückzusenden.
So geschehen und gegeben Weimar am 24. Dezember 1868.
        LS   Carl Alexander   / von Watzdorf.

Regierungsblatt Nr. 1 vom 15. Februar 1869, S. 1.

Dokument 11:

Dritter Nachtrag zu den Statuten des Falkenordens:

Wir Carl Alexander / von Gottes Gnaden Großherzog zu Sachsen-Weimar-Eisenach...
In Veranlassung der von den deutschen Heeren im Kriege gegen Frankreich jüngst erfochtenen glorreichen Siege haben Wir beschlossen, eine Erweiterung der Statuten Unseres Hausordens vom 18. October 1915 eintreten zu lassen und verordnen danach, wie folgt:
Die verschiedenen Classen des Ordens sollen, wenn der Betreffende denselben vor dem   Feinde erworben, mit einer Decoration von zwei kreuzweis übereinander liegenden goldenen Schwertern vergeben werden. Im Uebrigen bleiben die Ordensstatuten unverändert.
So geschehen und gegeben im Hauptquartier des Bundesfeldherrn zu Lagny vor Paris den 22. September 1870.
        LS   Carl Alexander   /   Stichling.

Regierungsblatt Nr. ? vom 22. September 1870, S. 83.

Dokument 12:

Vierter Nachtrag zu den Statuten des Falkenordens:

Wir Carl Alexander / von Gottes Gnaden Großherzog zu Sachsen-Weimar-Eisenach... etc.
verordnen nachträglich zu den Statuten Unseres Hausordens der Wachsamkeit oder vom weißen Falken vom 18. Oktober 1815, wie folgt:

Im Falle der Orden vor dem Feinde erworben und deshalb in Gemäßheit des dritten Statut-Nachtrags vom 22. September 1870 mit Schwertern verliehen worden ist, wird derselbe auch bei dem Eintritt in eine höhere Ordensclasse, wenn deren Dekoration ohne Schwerter verliehen ist, neben dieser fortgetragen und es ist daher in diesem Falle das Ordenszeichen der früheren Classe nicht, wie gemäß dem zweiten Statut-Nachtrage vom 24. Dezember 1868 regelmäßig zu geschehen hat, an den Kanzler des Ordens zurückzusenden.

So geschehen und gegeben Weimar am 15. Januar 1873.

     LS   Carl Alexander.   /   G. Thon.

Regierungsblatt Nr. 2 vom 11. Februar 1873, S. 5.

Dokument 13:

Fünfter Nachtrag zu den Statuten des Falkenordens:

Wir Carl Alexander / von Gottes Gnaden Großherzog zu Sachsen Weimar-Eisenach... etc. haben beschlossen, am heutigen Tage, an welchem fünfundzwanzig Jahre Unserer Regierung sich vollenden, im Anschluß an Unseren Hausorden der Wachsamkeit oder vom weißen Falken ein Verdienstkreuz zu stiften, und verordnen darüber nachträglich zu den Statuten Unseres Hausordens vom 18. October 1815, wie folgt:

§ 1. Das Verdienstkreuz besteht in einem silbernen Kreuze, welches auf der vorderen Seite Unseren Namenszug, umgeben von der Devise des Falkenordens *Vigilando ascendimus*, auf der Rückseite die Worte *Dem Verdienste* zeigt und am landesfarbenen Bande im Knopfloch zu tragen ist.

§ 2. Die Inhaber des Verdienstkreuzes hören auf, dasselbe zu tragen, wenn sie zu Ordensrittern ernannt werden. In diesem Falle und ebenso nach dem Ableben eines Inhabers ist die Dekoration an die Ordenskanzlei zurückzugeben.

§ 3. Die Verleihung geschieht durch Diplome, welche entweder von Uns selbst oder auf Unseren Befehl von Unserem Ordenskanzler vollzogen werden.

So geschehen Weimar am 8. Juli 1878.

     LS   Carl Alexander   /   G. Thon.

Regierungsblatt Nr. 19 vom 9. Juli 1878, S. 149.

Dokument 14:

Sechster Nachtrag zu den Statuten des Falkenordens:

Wir Carl Alexander / von Gottes Gnaden Großherzog von Sachsen-Weimar-Eisenach... etc. verordnen nachträglich zu den Statuten Unseres Hausordens der Wachsamkeit oder vom weißen Falken vom 18. October 1815, wie folgt:

Die Bestimmung unter 4 des Statutennachtrages vom 16. Februar 1840, wonach das Ritterkreuz zweiter Abtheilung nur an Unterthanen des Großherzogthums verliehen werden soll, wird aufgehoben.

So geschehen und gegeben Schloß Wartburg am 10. September 1889.

     LS   Carl Alexander   /   Stichling.

Regierungsblatt Nr. 36 vom 13. Dezember 1889, S. 239.

Dokument 15:

Siebenter Nachtrag zu den Statuten des Falkenordens:

Wir Carl Alexander / von Gottes Gnaden Großherzog von Sachsen-Weimar-Eisenach...
verordnen zusätzlich zu § 10 der Statuten Unseres Hausordens der Wachsamkeit oder vom weißen Falken vom 18. October 1815, wie folgt:
Die Ordenszeichen werden künftighin in zweifacher Form verliehen und zwar dergestalt, daß die
in § 10 der Statuten bestimmte (ältere) Form der Ordenszeichen künftighin der Regel nach für
Verdienste, die um das Großherzogliche Haus oder das Wohl des Landes erworben worden sind,
gewählt werden soll. Die für andere Auszeichnungen zu wählende, neuere Form unterscheidet
sich dadurch, daß in allen drei Ordensklassen der viereckige, roth und grün emaillirte Stern und,
was den zum Großkreuz gehörigen Stern anlangt, die grün emaillirten Kreuzflügel weggelassen
werden.
So geschehen und gegeben Weimar, den 8. October 1892.
         LS   Carl Alexander.   /   v. Groß.

Regierungsblatt Nr. 25 vom 8. Oktober 1892, S. 203-204.

Dokument 16:

Achter Nachtrag zu den Statuten des Falkenordens:

Wir Wilhelm Ernst / von Gottes Gnaden Großherzog von Sachsen-Weimar-Eisenach... etc.
verordnen hiermit in weiterer Ausgestaltung und theilweiser Abänderung der Statuten Unseres
Hausordens der Wachsamkeit oder vom weißen Falken das Folgende:
I. Zu Ziffer 10 des Statuts vom 18. October 1815 und zu Ziffer 3 des Nachtrags vom 16. Feb-
ruar 1840.
Das Ritterkreuz wird wie bisher in zwei Abtheilungen verliehen. Für die erste Abtheilung besteht
das goldene Ordenszeichen unverändert fort; für die zweite Abtheilung ist dasselbe Ordenszei-
chen, jedoch in Silber, im Uebrigen aber mit den gleichen Verzierungen bestimmt.
II. Zum Statuten-Nachtrag vom 8. Juli 1878.
Das Verdienstkreuz Unseres Hausordens wird in zwei Abtheilungen verliehen.
Das Kreuz erster Abtheilung ist golden, das Kreuz zweiter Abtheilung silbern.
Für beide Abtheilungen bleiben im Uebrigen die bisherigen Vorschriften maßgebend.
Inhaber des silbernen Verdienstkreuzes haben dieses an die Ordenskanzlei zurückzugeben, wenn
ihnen das goldene Verdienstkreuz verliehen wird.
Wenn das Kreuz vor dem Feinde erworben ist, wird es mit zwei kreuzweis übereinander liegen-
den Schwertern aus dem gleichen Metalle wie das Verdienstkreuz versehen.
Die Vorschrift in dem Statuten-Nachtrag vom 15. Januar 1873 kommt in diesem Falle entspre-
chend zur Anwendung.
III. Der Statuten-Nachtrag vom 8. October 1892 wird aufgehoben.
So geschehen und gegeben Weimar den 15. April 1902
         LS   Wilhelm Ernst   /   Rothe.

Regierungsblatt Nr. 15 vom 30. April 1902, S. 87.

Dokument 17:

Grundsätze der Verleihung des Ordens der Wachsamkeit oder vom Weißen Falken

Seine Königliche Hoheit der Großherzog haben gnädigst genehmigt, daß künftig bei Vorschlä-
gen für Verleihung des Großherzoglichen Hausordens der Wachsamkeit oder vom weißen Falken nach folgenden Grundsätzen verfahren werde:
I. Hinsichtlich der Königlich Preußischen Offiziere und Zivilbeamten bewendet es bei den Vereinbarungen, welche in den Jahren 1877, 1885 und 1890 getroffen worden sind. Auch im übrigen soll Ausländern in der Regel diejenige Ordensklasse verliehen werden, welche nach den in
ihrem Heimatstaate hierfür maßgebenden Grundsätzen Militär- und Zivil-Personen ihrer Rangklasse verliehen zu werden pflegt.
II. a) Bei Angehörigen des Großherzogtums soll in der Regel mit dem Ritterkreuz II. Abteilung
begonnen werden und die Verleihung höherer Ordensgrade erst im Falle weiterer Anlasses zu
einer Auszeichnung nach Ablauf eines entsprechenden Zeitraumes je nach Rang und Dienstalter erfolgen.
Für die Wahl der vorzuschlagenden Ordensklassen für Hof- und Staatsbeamte, Geistliche und
Lehrer sowie für Gemeindebeamte und titulierte Privatpersonen sollen die Bestimmungen der
Hofrangordnung dergestalt maßgebend sein, daß für die
Klasse I das Großkreuz, / II das Komturkreuz mit dem Stern, / III das Komturkreuz, / IV und
V das Ritterkreuz I. Abteilung, / VI das Ritterkreuz II. Abteilung
als zulässige höchste Auszeichnung anzusehen ist. Ausnahmsweise soll jedoch als weitere Auszeichnung für Beamte der Klasse VI das Ritterkreuz I. Abteilung und für Beamte der Klasse IV
das Komturkreuz in Vorschlag gebracht werden dürfen.
c) Inwieweit Inhaber des goldenen Verdienstkreuzes bei dem Anlaß zu nochmaliger Auszeichnung für die Verleihung des Ritterkreuzes II. Abteilung vorgeschlagen werden können, ist nach
den Umständen des einzelnen Falles zu entscheiden.
d) Hinsichtlich der in der Hofrangordnung nicht aufgeführten Hof-, Staats-, Gemeindebeam-
ten, Lehrer usw. sowie für Privatpersonen sollen die Bestimmungen maßgebend sein, die für Angehörige derjenigen Rangklasse gelten, denen die betreffenden Personen nach ihrem Amt oder
Beruf oder nach ihrer gesellschaftlichen Stellung gleichstehen.
III. Die Grundsätze unter II. sollen hinsichtlich der Angehörigen der Universität Jena sowie der
Mitglieder des gemeinschaftlichen Thüringischen Oberlandesgerichts und der Oberstaatsan-
waltschaft in Jena, sowie hinsichtlich der sonstigen gemeinschaftlichen Beamten maßgebend
sein, und es sollen hierüber die beteiligten Regierungen verständigt werden.
Indem wir dem Großherzoglich Sächsischen Staatsministerium, Departement des Großher-
zoglichen Hauses, von diesen höchsten Bestimmungen Kenntnis geben, stellen wir ergebenst
anheim, innerhalb seines Geschäftsbereichs das Geeignete wahrzunehmen und anzuordnen.
Zu Ziffer II. wird von hier aus das weitere verfügt werden.
Präsidium des Großherzogl. Staatsministeriums, Weimar, den 2. Februar 1904
                                        (gez.) Rothe   /   R.

ThHStAW, Akten des Großherzoglichen Hauses 0.437 (?)

Dokument 18:

Neunter Nachtrag zu den Statuten des Falkenordens:

Wir Wilhelm Ernst / von Gottes Gnaden Großherzog von Sachsen-Weimar-Eisenach... etc.
verordnen in Abänderung des § 1 des fünften und der Ziffer II des achten Nachtrags zu den Statuten Unseres Hausordens der Wachsamkeit oder vom weißen Falken, vom 8. Juli 1878 und 15.
April 1902, das Folgende:
Das Verdienstkreuz Unseres Hausordens wird am Bande des Ritterkreuzes getragen.
So geschehen und gegeben Weimar, den 22. Dezember 1909.
       LS   Wilhelm Ernst   /   Rothe.

Regierungsblatt Nr. 37 vom 31. Dezember 1909, S. 507-508.

Dokument 19:

Zehnter Nachtrag zu den Statuten des Falkenordens:

Wir Wilhelm Ernst / von Gottes Gnaden Großherzog von Sachsen-Weimar-Eisenach... etc.
haben in dankbarer Anerkennung der ruhmvollen Beteiligung Unserer Landeskinder an den
Kämpfen in dem gegenwärtigen Kriege beschlossen, unter dem Namen *Wilhelm-Ernst-Kriegskreuz* ein zu unserem Hausorden der Wachsamkeit oder vom weißen Falken gehöriges besonderes
Ordenszeichen, das wir HöchstSelbst anlegen werden, zu verleihen.
Diese Auszeichnung ist, vorbehaltlich Unserer Entschließung für besondere Fälle, bestimmt
1. für Angehörige des Infanterie-Regiments Großherzog von Sachsen (5. Thüringisches) Nr.
94, sowie für Offiziere, Unteroffiziere und Mannschaften dieses Regiments, die während der
Mobilmachung zu anderen Truppenteilen übergetreten sind,
2. für Staatsangehörige des Großherzogtums, die als Offiziere, Unteroffiziere oder Mannschaften anderen Teilen der deutschen bewaffneten Macht angehören, sofern sie das Eiserne Kreuz I.
Klasse erhalten haben.
Nach dem Tode des Beliehenen verbleibt das Ordenszeichen den Hinterbliebenen.
Das Ordenszeichen besteht aus einem silbernen, weißemaillierten Kreuz mit einem offenen Lorbeerkranz und zwei gekreuzten goldenen Schwertern. Auf dem goldenen Mittelschild der Vorderseite ist der weiße Falke Unseres Hausordens angebracht, auf der Rückseite Unser Namenszug
und die Jahreszahl 1915.
Das Ordenszeichen wird auf der linken Brust neben dem Eisernen Kreuz I. Klasse getragen.
So geschehen und gegeben Weimar, den 10. Juni 1915.
       LS   Wilhelm Ernst   /   Rothe.

Regierungsblatt Nr. 30 1915, S. 158.

Dokument 20:

Chronologie der Großmeister, Ordenskanzler und Ordenssekretäre des
großherzoglichen Ordens der Wachsamkeit oder vom Weißen Falken:

Großherzog/Großmeister des Ordens:	Lebensdaten:	Reg.-Zeiten:
Carl August	1757–1828	1775–1828
Carl Friedrich	1783–1853	1828–1853
Carl Alexander	1818–1901	1853–1901
Wilhelm Ernst	1800–1923	1901–1918

Premierminister/Ordenskanzler:	Lebensdaten:	Amtszeiten:
Dr. jur. Christian Gottlob v. Voigt	1743–1819	1815–1819
Dr. jur. Carl Wilhelm Frhr. v. Fritsch	1769–1853	1819–1843
Dr. jur. Ernst Christian Aug. Frhr v. Gersdorff	1781–1852	1843–1849
Dr. jur. Christian Bernhard Frhr. v. Watzdorf	1804–1870	1849–1870
Dr. jur. Gustav Thon	1805–1882	1870–1882
Dr. jur. Gottfried Theodor Stichling	1814–1891	1882–1891
Dr. jur. et. med. Rudolf Gabriel Frhr. v. Groß	1822–1907	1891–1899
Dr. jur. et phil. Karl Rothe	1848–1921	1899–1918

Ordenssekretäre:	Lebensdaten:	Amtszeiten:
Carl Vogel		1815–1820
Emil Friedrich Ackermann		1820–1826
Carl Emil Helbig		1826–1853
Ludecus		1853–1866
Dr. jur. Adolph Guyet		1866–1882
Dr. jur. Karl Rothe	1848–921	1882–1895
Dr. med. h. c. et phil. h. c. Max Vollert	1851–935	1895–1905
Kühn		1905–1910
Dr. Ernst Wuttig		1910–1918

Dokumente zu den Ehrenzeichen

Statuten, Verordnungen, Stiftungserlasse, Bestimmungen...

Dokument 21:

Verordnung über die **Verleihung der Militärverdienstmedaille** *Treuen Kriegern*

Das Reglement vom 4. December 1815 über die Austheilung dieser Verdienstmedaille setzt das Nachfolgende fest:

1. Dass in Ansehung der Austheilung derselben eine eigene Commission niedergesetzt werde, die zu entscheiden hat, welcher von den Militairs würdig ist, diese Medaille zu erhalten.

2. Diese Commission soll bestehen aus dem General-Major v. Egloffstein, als Präsident, dann dem Oberforstmeister v. Seebach, als Chef des bestehenden obligaten Jäger-Corps und der Freiwilligen vom Jahre 1813, dem ältesten Capitain, Premier.Lieutenant, Seconde-Lieutenant und zweien der besten Feldwebel beider Bataillone. Diese Letzteren sind vom Präsidio und denen drei Officieren zu trennen. Ferner aus einem Scribenten des Landschafts-Collegii zum Protocolliren.

3. Nur diejenigen Militairs sollen diese Ehrenauszeichnung erhalten und auf selbige Anspruch zu machen haben, welche in denen Feldzügen seit 1809 sich durch Bravour und Treue, ihrer Schuldigkeit gemäss, hervorgethan, und sich dabei eines groben Excesses oder Verbrechens nicht schuldig gemacht haben.

4. Einem jeden Militair, welcher die Medaille erhält, soll zugleich ein, von dem Präsidio der Commission vollzogenes Certificat zugestellt werden, in welchem die Ursache der Belohnung dessen Verdienste bemerkt ist, das demselben zur Legitimation und zur Vorbeugung etwaigen Missverständnisses und Unordnung dienen kann.

5. Nach dem Ableben eines Militairs, welcher diese Verdienstmedaille getragen, hat die Commission zur Verhinderung einigen Missbrauchs für die Wiederaushändigung derselben von den Hinterlassenen des Verstorbenen zu sorgen.

6. Bei... schlechter Aufführung eines mit der Medaille gezierten Individui, hat die Commission das Recht, sie ihm wieder abzusprechen und Bericht an Mich deswegen zu erstatten.

7. In zweifelhaften Fällen hat der General-Major v. Egloffstein über die Austheilung, als Vorsitzender der Commission, die Entscheidung zu führen, oder von Mir die Entschliessung mittelst Rapports einzuholen, und zu gewärtigen.

Wornach sich zu achten.

Signatum Weimar 4. December 1815.

Carl August

Nach Gelbke, S. 14-15.

Dokument 22:

Zusatzbestimmung zur **Militärverdienstmedaille** *Treuen Kriegern*

Wie es mit dem Verluste oder ferneren Tragen der Militair-Ehren-Medaillen in Straffällen zu halten sei, besagt eine Ordre vom 17. December 1816 das Nachfolgende:

1. Wem grober Vergehen halber Zuchthausstrafe als Kriminalstrafe zuerkannt worden, ist des ferneren Tragens der Medaille für immer unwürdig zu achten.

2. Wer mit Gefängnisstrafe Verbrechen halber (Polizeivergehen ausgeschlossen) belegt wird, ist des Tragens für ein Jahr verlustig, die Strafzeit ungerechnet.
Indem Ich dieses dem Herrn General-Major v. Egloffstein hier eröffne, ertheile Ich demselben die Ordre, solches dem Militair bekannt machen zu lassen.
Weimar, den 20. September 1816.

Carl August

Nach Gelbke, a. a. O.

Dokument 23:

Bekanntmachung zur **Rückgabe der Verdienstmedaillen**

I. Es haben Se. Königl. Hoheit, im Betreff der Verdienst-Medaillen, welche von Höchstdemselben, mit der [...] Erlaubniß zum Tragen am Bande des Großherzoglichen Hausordens vom weißen Falken, verliehen worden, folgende Bestimmungen, wie es damit nach dem Tode des Inhabers gehalten werden soll, festzusetzen geruhet:
1) die Medaillen, goldene, silberne, bronzene, bleiben, nach dem Ableben ihrer Inhaber, ein Eigenthum ihrer Familie und Erben.
2) Würde jedoch die Familie die Absicht hegen, eine solche Medaille zu veräußern, so soll dieselbe kein Gegenstand des Handels und Wandels werden, sondern, gegen Erstattung des innern Metallwerths, an das Ordens-Secretariat, welches das Weitere zu besorgen hat, abgegeben werden.
Nachrichtlich wird dieses hiermit zur öffentlichen Kunde gebracht.
Weimar, den 20. Junius 1820.
Der Großhzgl. Sächs. wirkliche Geheime-Rat und Staats-Minister, auch Ordenskanzlar.
C. W. Frhr. v. Fritsch   /   vdt. Ackermann, Ordens-Sekretär.

Regierungsblatt Nr. 9 vom 30. Juni 1820, S. 1.

Dokument 24:

Über die **Rettung verunglückter Personen** und damit verbundener Auszeichnung

Wir Carl August, von Gottes Gnaden Großherzog von Sachsen-Weimar-Eisenach...
finden Wir... nun Folgendes zu verordnen: [...]
§ 7. Dagegen soll zu desto wirksamerer Anregung der Achtsamkeit und Belebung des Eifers und Muthes, hinsichtlich der bey Lebensrettung eines Verunglückten etwa zu überwindenden außerordentlichen Gefahren, denjenigen, welche zum Behuf einer solchen Rettung, nach den im Anhange enthaltenen Vorschriften, die erste wesentliche Handlung vollbracht z. B. einen Erhängten, so bald sie ihn gefunden, abgeschnitten, einen in das Wasser Gerathenen herausgezogen haben etc., deshalb eine öffentliche Belobung, auch im Falle einer bewiesenen vorzüglichen Entschlossenheit mit Zweckmäßigkeit des Verfahrens und eines dadurch bewirkten glücklichen Erfolges eine besondere Ehrenauszeichnung, oder wenn sie ausdrücklich darum nachsuchen, eine Prämie in Geld und zwar, nach Maßgabe der von ihnen bethätigten Anstrengung und Aufopferung, im Betrage von drey bis zehen Thalern ertheilt werden.
Es versteht sich jedoch von selbst, daß die... ausgesprochenen Zusicherungen auf diejenigen, welche gegen die Personen, für deren Lebensrettung sie sich bemüht haben, außer der allgemeinen

Menschenpflicht und gesetzlichen Verbindlichkeit, noch in einem besonderen Pflichtverhält-
nisse stehen, wie Ehegatten, Aeltern, Kinder und Geschwister, sich nicht erstrecken...
§ 9. Die hiernach verwilligten Prämien sind aus dem Vermögen oder dem Nachlasse desjenigen,
zu dessen Lebensrettung die Bemühung angewendet worden ist, zu entnehmen. Bey Ermange-
lung diesfallsiger Mittel aber werden jene Prämien aus der Staatskasse gewährt.
So geschehen Weimar den 19ten Juny 1823.
      L.S.   Carl August
  C. W. Freyh. v. Fritsch. Freyh. v. Gersdorff. D. Schweitzer. / vdt. Ernst Müller.

Regierungsblatt Nr. 8 vom 25. Juli 1823, S. 77-81.

Dokument 25:

Verordnung über die Stiftung einer **Dienstauszeichnung** und deren Statuten

Bekanntmachung
In der Folge einer, dem unterzeichneten Militär-Kommando ertheilten höchsten Ordre, werden die nachstehenden Statuten über das von Sr. Königl. Hoheit, dem Großherzoge, gestiftete
Kreuz zur Auszeichnung für langjährige treu und vorwurfsfrey geleistete Dienste in Höchstihrem Militär, sowie über die Stiftung einer Prämien-Zulage für achtzehn der ältesten und quali-
fiziertesten Unter-Offiziere der Großherzoglichen Infanterie, hiermit zur öffentlichen Kenntnis
gebracht.
Weimar am 14. November 1834. / Großherzoglich-Sächsisches Militär-Kommando.
Der General-Adjutant Sr. Königl. Hoheit, des Großherzogs etc. / Obrist von Beulwitz

Statuten
Se. Königliche Hoheit, der Großherzog, haben, um Höchstihrem Militär einen Beweiß der
höchsten Gnade und Zufriedenheit für lange und treue Dienste zu geben, sowie zur Aufmunte-
rung und Förderung des Diensteifers und der militärischen Disziplin die Stiftung einer Dienstauszeichnung gnädigst zu befehlen geruhet, welche in der nachstehend beschriebenen Weise und
unter folgenden Bedingungen an die Offiziere, Unter-Offiziere und Soldaten des Großherzoglichen Militärs verliehen werden soll.
§ 1. Die Dienstauszeichnung für Offiziere, Unter-Offiziere und Soldaten soll aus einem schwarzen Kreuze bestehen, auf dessen Mittelschild auf der Vorderseite der verschlungene Nahmenszug Sr. Königlichen Hoheit, des Großherzogs, und darüber die Königliche Krone, auf der
Rückseite aber in einem Eichenkranze die Zahl der Dienstjahre angebracht, sich befindet, deren
treue und vorwurfsfreye Ableistung zur Verleihung dieser Dienstauszeichnung als Bedingung
festgesetzt ist.
§ 2. Dieses Kreuz soll in zwey Klassen bestehen, deren erstere am Rande eine silberne Einfassung
zur Unterscheidung erhält. Die Kreuze beyder Klassen werden an dem landesfarbigen Bande auf
der linken Seite der Brust getragen.
§ 3. Auf die erste Klasse gibt eine vollendete zwanzigjährige und auf die zweyte Klasse eine vollendete zehnjährige treu und vorwurfsfrey geleistete Dienstzeit Anspruch.
Der Inhaber des Kreuzes zweyter Klasse, welcher nach zwanzigjähriger Dienstzeit für würdig
erachtet wird, das Kreuz erster Klasse zu tragen, hat bei dem Empfange des letzteren jenes zurückzugeben.
Den Officieren werden die Jahre, welche sie als Unter-Offiziere oder als Soldaten gedient haben,
nicht aber die in Bildungsanstalten zugebrachten Jahre mit angerechnet.
Jedes Kriegsjahr, d. h. jeder während eines Jahres wirklich mitgemachte Feldzug wird den Offi-

zieren, Unter-Offizieren und Soldaten für zwey Dienstjahre gerechnet.

In der Regel wird die Zeit der Kriegsgefangenschaft bey Berechnung der Dienstzeit nicht mit-gezählt. Ausnahmen werden jedoch für besondere Fälle vorbehalten; z. B. wenn die Gefangen-schaft Folge einer Verwundung war.

§ 4. Als Bedingung zur Verleihung wird wirkliche Dienstleistung bey dem aktiven Bestande, die nicht durch Austritt aus dem Dienste, und bey Unter-Offizieren überdieß auch nicht durch mehr als einjährigen Urlaub unterbrochen seyn darf, vorausgesetzt.

§ 5. Ist daher die Dienstzeit eines Militärs durch Abschied oder durch längern Urlaub unter-brochen worden: so zählen die früheren Dienstjahre in der Regel nicht; es werden hierbey jedoch in besonderen Fällen und bey besonderer Qualifikation des Betheiligten, vorzugsweise bey der gegenwärtigen ersten Verleihung nach billigen Rücksichten, Ausnahmen von dieser Bedingung vorbehalten.

§ 6. Bey Bestimmung der Dienstzeit kommen nur die Dienstjahre in Aufrechnung, welche in den Großherzoglichen, nicht aber diejenigen, welche in auswärtigen Militär-Diensten zugebracht worden sind; denjenigen Militärs jedoch, welche aus anderen Diensten übernommen oder be-rufen werden, wird auch ihre frühere Dienstzeit angerechnet.

§ 7. Nächstdem wird zur Verleihung des Dienstauszeichnungs-Kreuzes treue und vorwurfsfreye Dienstleistung durchaus erfordert. Daher machen Verletzung der Treue, sowie jede entehrende Handlung zur Erlangung dieses Ehrenzeichens unfähig.

Offiziere, die zur Festungsstrafe verurtheilt waren, verlieren während der Dauer ihres Arrestes das Recht zum Tragen des Dienstauszeichnungs-Kreuzes, auch wird der Zeitraum ihres Arrestes bei Berechnung der Dienstzeit nicht mit gezählt. Militärs, welche Festungsarbeit oder körperliche Strafen erlitten haben, oder durch eine kriegs- oder Bataillonsgerichtliche Sentenz mit einer, das Disziplinar-Maaß übersteigenden Strafe belegt worden sind, desgleichen diejenigen, welche wegen Insubordination eine vierzehentägige Arrest-Strafe, oder wegen anderer Vergehen eine mehr als vierwöchige Arrest-Strafe, sowie überhaupt mehr als drey Disziplinar-Strafen erhalten haben, können des Dienstauszeichnungs-Kreuzes nicht theilhaftig werden.

§ 8. Dieselben Gründe, welche unfähig machen zur Erlangung der Dienstauszeichnung, führen auch den Verlust des bereits verliehenen Ehrenzeichens herbey, und es ist hierauf in allen Fällen bey Straferkenntnissen mit zu sprechen.

§ 9. In solchen Fällen, wo ein Soldat, ohne Verlust der Dienstauszeichnung, zur Festungsstrafe kondemnirt oder in die zweyte Klasse des Soldatenstandes versetzt ist, kann die Dienstaus-zeichnung nicht getragen, auch der Anspruch darauf nicht geltend gemacht werden.

Ueber Wiederverleihung des Dienstauszeichnungs-Kreuzes sollen die gegebenen Bestimmun-gen wegen Zurückversetzung in die erste Klasse des Soldatenstandes Anwendung finden.

Endlich verliert jeder Offizier, dessen Entlassung durch ein vorkommenden Falles zu berufendes Ehrengericht verfügt worden ist, das Dienstauszeichnungs-Kreuz.

§ 10. Die Besitzer des Dienst-Ehrenzeichens sind, so lange sie sich dessen nicht unwürdig ma-chen (§ 8), berechtigt, solches auch nach erfolgtem Austritte aus dem Militär-Dienste fortzu-tragen. Nach dem Ableben eines derselben muß indessen das Kreuz jedes Mahl an die oberste Militärbehörde zurückgegeben werden.

§ 11. Zur näheren Prüfung der Ansprüche und Würdigkeit in zweifelhaften Fällen sollen unter Leitung der obersten Militär-Behörde der Bataillons-Kommandeur und die beyden ältesten Ka-pitaine des Bataillons zusammentreten und die geneigten Anträge stellen; die Meldungen, worin die Verhältnisse genau angegeben und die Anträge motivirt seyn müssen, werden auf dem Dienst-wege an das Großherzogliche Staats-Ministerium eingeschickt und die Entscheidung dem höch-sten Ermessen Sr. Königlichen Hoheit, des Großherzogs, anheim gestellt.

§ 12. Auch die nicht Streitbaren haben auf die Ertheilung des Dienstauszeichnungs-Kreuzes unter den vorstehenden Bedingungen Anspruch.

Bestimmungen über die Prämien-Zulage

§ 13. Einen Anspruch auf die Prämien-Zulage kann lediglich die in dem § 7. bedingte tadellose Aufführung und das Dienstalter begründen, indem ausschlüssig der Feldwebel, jedoch ein-schlüssig der Stabs-Furiere, die sechs am längsten dienenden Unter-Offiziere beyder Bataillons monathlich einen Thaler acht Groschen, und die darauf folgenden zwölf am längsten dienenden sechzehn Groschen zu ihrem monathlichen Gehalte als Extra-Zulage empfangen sollen, wenn der vorerwähnte § in Bezug auf ihre Würdigkeit Anwendung findet.

§ 14. Die Ermittelung und Auswahl unter den Unter-Offizieren für die Ertheilung der Prämien-Zulage soll gleichfalls unter Leitung der obersten Militär-Behörde von der im § 11 bemerkten Kommission bewerkstelligt werden, und es ist als Regel anzunehmen, daß nicht das Dienstalter in der Charge, sondern die abgeleistete ganze Dienstzeit als Soldat und Unter-Offizier die Rei-henfolge zum Eintritt in den Genuß der fraglichen Zulage bestimmen soll.

§ 15. Dienstjahre eines Stellvertreters können nur dann Anspruch auf Verleihung der Prämien-Zulage gewähren, wenn von Seiten der im § 11 erwähnten Kommission ein bevorwortender An-trag deshalb gestellt wird.

Sobald jedoch einer der Unter-Offiziere, welcher vermöge seines Dienstalters und seiner tadel-losen Aufführung auf den Genuß der Prämien-Zulage Anspruch zu machen hätte, zum Polizey-Ordonnanzdienst kommandirt sich befindet oder auf irgend eine andere Weise einen Extra-Zuschuß aus der Kriegskasse genießt, dessen Betrag die Prämien-Zulage übersteigt: so kann der-selbe so lange auf deren Auszahlung keinen weiteren Anspruch machen, als er sich in dem Ge-nusse des Extra-Zuschusses befindet, und an dessen Stelle rückt sodann derjenige, welcher im Dienstalter am nächsten auf ihn folgt.

Sollten jedoch ohne Verschulden Einzelne den Genuß des vorerwähnten Extra-Zuschusses ver-lieren: so bleibt ihnen der Anspruch auf Zahlung der Prämien-Zulage deshalb unbenommen und treten dieselben bey der ersten Vakanz in die fragliche Berechtigung ein.

§ 16. Mit dem Verlust des Dienstauszeichnungs-Kreuzes ist derjenige der Prämien-Zulage un-abänderlich verknüpft und es ist daher bey den dießfalls abzufassenden kriegs- und Bataillons-gerichtlichen Sentenzen stets darauf Rücksicht zu nehmen.

Regierungsblatt Nr. 22 vom 29. November 1834, S. 119–124.

Dokument 26:

Verordnung zur Stiftung des **Ehrenzeichens Für rühmliche Tätigkeit 1870/1871**

Wir Carl Alexander / von Gottes Gnaden Großherzog von Sachsen-Weimar-Eisenach... etc.
Um Unserer dankbaren Anerkennung der verdienstlichen Thätigkeit, mit welcher Männer, Frauen und Jungfrauen während des Krieges gegen Frankreich in den Jahren 1870 und 1871 für die Sache des Vaterlandes gewirkt haben, einen äußeren Ausdruck zu verleihen, haben Wir im Verein mit Unserer vielgeliebten Frau Gemahlin, Königliche Hoheit, ein Ehrenzeichen für rühmliche Thätigkeit während des Krieges 1870 und 1871 gestiftet.

§ 1. Dieses Ehrenzeichen besteht aus einer silbernen Dekoration, deren Vorderseite einen Lor-beerkranz zeigt, welcher die Worte: „Für rühmliche Thätigkeit 1870. 1871." umschließt.
Auf der Rückseite befindet sich Unsere Namenschiffre CA, verschlungen mit der Chiffre S Un-serer Frau Gemahlin, der Großherzogin.
Die Dekoration wird an einem landesfarbigen Bande getragen.

§ 2. Das Ehrenzeichen wird von uns an Männer, Frauen und Jungfrauen verliehen, welche wäh-rend des Krieges gegen Frankreich durch pflichteifrige Erfüllung dienstlicher Obliegenheiten oder durch freiwillige Aufopferung sich ein besonderes Verdienst erworben haben.

An Frauen und Jungfrauen erfolgt die Verleihung auf den Vorschlag Ihrer Königlichen Hoheit der Frau Großherzogin.

§ 3. Der Regel nach soll das Ehrenzeichen nur an Angehörige des Großherzogthums und an Solche, welche während des Krieges Ihren Aufenthalt im Großherzogthum gehabt haben, verliehen werden.

§ 4. Nach Ableben des Inhabers... verbleibt das Ehrenzeichen den Hinterbliebenen.

§ 5. Mit dem Vollzug der vorstehenden Bestimmungen ist Unser Staatsminister und Ordenskanzler beauftragt.

Urkundlich haben Wir gegenwärtiges Statut mit Unserer Namensunterschrift und dem Großherzogl. Staatsinsiegel vollzogen.

So geschehen und gegeben: Wilhelmsthal den 19. Juli 1871.

      LS   Carl Alexander   /   Stichling.

Regierungsblatt Nr. 18 vom 10. August 1871, S. 131–132.

Dokument 27:

Anordnung über das Statut der **Dienstauszeichnung** für Unteroffiziere und Gemeine

Wir Carl Alexander / von Gottes Gnaden Großherzog von Sachsen-Weimar-Eisenach... etc. haben Uns in Folge der, durch die Verfassung des Norddeutschen Bundes und die mit dem Königreiche Preußen unterm 26. Juni 1867 abgeschlossene Militär-Konvention eingetretenen Verhältnisse Unseres Kontingents bewogen gefunden, auch in Ansehung der Dienstauszeichnung für Unteroffiziere und Gemeine dieses Kontingents, eine den bezügigen Königlich Preußischen Bestimmungen entsprechende Aenderung eintreten zu lassen und verordnen daher, unter Aufhebung des von Uns bestätigten und von Unserem vormaligen Militär-Kommando unterm 14. November 1834 publicirten Statuts über das Dienstauszeichnungskreuz und über die Prämienzulage bei Unserer Infanterie hierdurch das Folgende:

§ 1. Die Dienstauszeichnung ist bestimmt für Unterofficiere und Gemeine, welche in Unserem Kontingente mit Einschluß der Landwehrstamm-Kommandos und in Unserem Gendarmeriekorps dienen, dieselben mögen Unserem Großherzogthume oder einem anderen Deutschen Bundesstaate angehören, wenn sie die nachstehend bestimmten aktiven Dienstzeiten mit Pflichttreue und guter moralischer Führung vollbracht haben.

§ 2. Die Dienstauszeichnung wird in drei Klassen verliehen,

die erste Klasse nach vollendeter 21jähriger Dienstzeit,

die zweite Klasse nach vollendeter 15jähriger Dienstzeit,

die dritte Klasse nach vollendeter 9jähriger Dienstzeit.

§ 3. Bei Bemessung der, mit dem Eintritte in das stehende Deutsche Bundesheer beginnenden, Dienstzeiten kommen gleichmäßig diejenigen Dienstjahre in Betracht, welche in einem anderen Truppentheile des... Heeres geleistet worden sind. Kriegsjahre werden doppelt gerechnet.

§ 4. Die Dienstauszeichnung besteht in einer auf dem landesfarbigen Bande zu tragenden Schnalle, in welcher sich Unser Namenszug eingeprägt findet, und zwar ist die Schnalle in der ersten Klasse von Gold, in der zweiten Klasse von Silber und in der dritten Klasse von Eisen. Diese wird auf der linken Brust so getragen, daß die Verlängerung des Namenszuges auf den dritten oberen Knopf trifft. / An dem Mantel wird nur das Band in gleicher Höhe getragen.

§ 5. Wer nach erlangter Dienstauszeichnung das Dienstkreuz im Offiziersstande erwirbt, legt die Dienstauszeichnung ab; ebenso hebt eine höhere Klasse der Dienstauszeichnung die früher erworbene niedere Klasse auf. Das Letztere tritt auch ein, wenn die niedere Klasse der Dienstauszeichnung bei einem anderen Truppentheile des Deutschen Bundes erworben sein sollte.

§ 6. Den verabschiedeten Militär-Personen ist gestattet, die im aktiven Militär-Dienste erworbene Dienstauszeichnung auch in den nachherigen Civilverhältnissen fortzutragen.

§ 7. Die Verleihung dieser Dienstauszeichnung erfolgt durch das Königliche Regiments-Kommando, bezüglich durch die Königlichen Landwehr-Bezirks-Kommandos und durch Unser Gendarmerie-Kommando in Unserem Auftrage auf Grund Unserer, durch Unser Staats-Ministerium, Departement des Innern, zu vermittelnden speciellen Entschließung.

§ 8. Ueber jede Verleihung wird von den gedachten Kommandos ein Beglaubigungsschein nach Maßgabe des unter A angeschlossenen Schemas ausgefertigt.

§ 9. Am 24. Juni und am 24. Dez. jeden Jahres werden die Dienstauszeichnungen ausgegeben und sind die gedachten Kommandos daher zu veranlassen, am 1. Juni und am 1. Dez. jeden Jahres bei dem Departement des Innern Unseres Staats-Ministeriums die diesfallsigen Liquidationen nach dem unter B angeschlossenen Formulare mit einer summarischen Nachweisung über den Bedarf und den Bestand der Dienstauszeichnungsschnallen zu überreichen.

§ 10. Die durch das Ableben der Besitzer der Dienstauszeichnung oder durch Verlust des Rechts zum Tragen, oder durch Erwerb einer höheren Klasse erledigten Dienstauszeichnungen sind an die betreffenden Kommandos zurückzugeben, werden bei den Letzteren auch aufbewahrt und bei der nach § 9 einzureichenden Nachweisung mit in Rechnung gebracht.

§ 11 Die im Dienste verloren gegangenen Dienstauszeichnungen werden von Unserem Staats-Ministerium, Departement des Innern, gegen Bescheinigung des bezügigen Kommandos, daß dieselben wirklich im Dienste verloren gegangen seien, ersetzt.

§ 12. In den Nationalen über Unteroffiziere und Gemeine ist der Besitz der Dienstauszeichnung, unter Bezeichnung der Klasse, anzugeben.

§ 13. Die Zeit der Gefangenschaft wird nicht als Dienstzeit berechnet; nur in solchen Fällen, wo die Gefangenschaft Folge einer schweren Verwundung war, behalten Wir Uns vor, in einzelnen Fällen eine Ausnahme eintreten zu lassen.

§ 14. So lange der Soldat Festungsstrafe erleidet, oder in der zweiten Klasse steht, kann von ihm die Dienstauszeichnung weder getragen, noch der Anspruch auf eine solche geltend gemacht werden; auch ist die Verbüßung der Festungsstrafe und in der zweiten Klasse verbrachte Dienstzeit bei Erwerbung der Dienstauszeichnung, mit Ausnahme einzelner außerordentlicher Fälle, in welchen Unsere Entscheidung einzuholen ist, nicht in Anrechnung zu bringen.

Bei Vergehen, welche den theilweisen oder gänzlichen Verlust der staatsbürgerlichen Ehrenrechte zur Folge haben, geht sowohl der Anspruch auf die Dienstauszeichnung als der Besitz derselben, verloren.

§ 15. Wegen Wiederverleihung der Dienstauszeichnung finden die wegen Zurückversetzung in die erste Klasse des Soldatenstandes gegebenen Bestimmungen Anwendung.

Übergangsbestimmung

§ 16. Bei Ausführung dieses Statuts ist so zu verfahren, als wenn dasselbe bereits am 1. Oktober 1867 ertheilt worden wäre und sind deshalb die seit dieser Zeit nach den Grundsätzen desselben verdienten Dienstauszeichnungen, mit Ausnahme des am Schlusse des nachstehenden Paragraphen erwähnten Falles, nachträglich zu gewähren.

§ 17. Diejenigen Unteroffiziere, welche sich auf Grund der früheren Statuten am 1. Oktober 1867 im Besitze des Dienstauszeichnungskreuzes zweiter Klasse für zehnjährige Dienstzeit befanden, erwerben sich auf Grund gegenwärtiger Statuten durch respektive 15 und 21jährige Dienstzeit die Dienstauszeichnung zweiter resp. erster Klasse und sind die betreffenden silbernen und goldenen Dienstauszeichnungsschnallen neben dem früher erworbenen Dienstauszeichnungskreuz zweiter Klasse zu tragen.

Der auf Grund der früheren Statuten erlangte Besitz des Dienstauszeichnungskreuzes 1. Klasse für 20jährige Dienstzeit schließt dagegen die Verleihung der auf Grund gegenwärtiger Statuten durch 21jährige Dienstzeit zu erwerbenden Dienstauszeichnungs-Schnalle aus.

Urkundlich haben Wir dieses Statut Höchsteigenhändig vollzogen und Unser Großherzogliches Staatsinsiegel demselben beidrucken lassen.
Weimar am 9. März 1872.
    LS   Carl Alexander   /   G. Thon   Stichling   von Groß

Regierungsblatt Nr. 17 vom 16. April 1872, S. 93-97.

Die Bestimmungen über das **Verdienstkreuz des Falkenordens** vom 8. Juli 1878 befinden sich im 5. Nachtrag zu den Statuten des Falkenordens.

Siehe Dokument 13.

Dokument 28:

Verordnung über die Stiftung der **Lebensrettungsmedaille**

Wir Carl Alexander / von Gottes Gnaden Großherzog von Sachsen-Weimar-Eisenach... etc. haben zur weiteren Ausführung der Bestimmung im § 7 des Gesetzes vom 19. Juni 1823, welche „für Fälle einer bei der Lebensrettung eines Verunglückten bewiesenen vorzüglichen Entschlossenheit mit Zweckmäßigkeit des Verfahrens und eines dadurch bewirkten glücklichen Erfolges" dem Retter eine besondere Ehrenauszeichnung in Aussicht stellt, beschlossen, für solche, zugleich mit Lebensgefahr für den Retter verbundene Fälle eine einzige, für alle Rangstufen gleiche, besondere silberne Lebensrettungs-Medaille zu stiften und im Großherzogthum zur Einführung zu bringen. / Dieselbe soll bestehen aus einer silbernen Schaumünze in ovaler Form. Die Vorderseite zeigt das Großherzoglich Sächsische Wappen mit der Umschrift *Vigilando Ascendimus*. Die Rückseite enthält die Inschrift *Für Rettung aus Lebensgefahr*, umrahmt mit dem Rautenkranz.
Die Medaille wird an einem dazu vorgeschriebenen landesfarbigen Bande getragen.
Die Verleihung erfolgt durch Uns auf Vorschlag Unseres Staats-Ministeriums.
Die Medaille bleibt nach dem Ableben der Inhaber Eigenthum ihrer Familie und Erben.
Würde die Familie die Absicht haben, eine solche Medaille zu veräußern, so soll dieselbe gegen Erstattung des Metallwerthes an das Ordenssekretariat abgegeben werden.
So geschehen und gegeben Dornburg, den 24. Juni 1881.
    LS   Carl Alexander   /   G. Thon

Regierungsblatt Nr. 13 vom 12. Juli 1881, S. 101-102.

Dokument 29:

Verordnung über die **Verleihung der Verdienstmedaillen** einschließlich der Medaillen für Wissenschaft und Kunst

Wir Carl Alexander / von Gottes Gnaden Großherzog von Sachsen-Weimar-Eisenach... etc. verordnen in Betreff der Verleihung der Verdienst-Medaille, wie folgt:
1. Die Verdienst-Medaille besteht aus einer runden Schaumünze, deren Vorderseite Unser Bildniß zeigt, während die Rückseite die Inschrift *Dem Verdienste* enthält, umrahmt von einem aus Eichenlaub geflochtenen Kranze.
2. Die Verdienst-Medaille wird in Gold, Silber oder Bronze verliehen und am landesfarbigen Bande getragen.

3. Für hervorragende Verdienste auf dem Gebiete der Wissenschaften oder der Künste behalten Wir Uns vor, die goldene Medaille zum Tragen am Bande Unseres Hausordens der Wachsamkeit oder vom weißen Falken zu verleihen und zwar in zwei Klassen, nämlich: die erste Klasse in ovaler Form mit dem Bande des Komthurkreuzes zum Tragen um den Hals, / die zweite Klasse in der gewöhnlichen Form mit dem Bande des Ritterkreuzes zum Tragen auf der Brust.

Der Inhaber der Medaille zweiter Klasse hat dieselbe, wenn ihm später die höhere Klasse verliehen werden sollte, an den Ordenskanzler zurückzusenden.

4. Die Verleihung der Verdienst-Medaille erfolgt durch Uns auf den Vorschlag Unseres Staats-Ministeriums.

5. Die Verdienst-Medaille verbleibt nach dem Ableben des Inhabers Eigenthum seiner Familie und Erben.

Würde die Familie die Absicht haben, eine solche Medaille zu veräußern, so kann dies nur auf dem Wege geschehen, daß dieselbe gegen Erstattung des Metallwerthes an das Ordenssekretariat abgegeben wird.

So geschehen und gegeben Weimar, den 7. Dezember 1889.

   LS   Carl Alexander. /   Stichling.

Regierungsblatt Nr. 38 vom 21. Dezember 1889. S. ??

Dokument 30:

Verordnung über die Stiftung des **Ehrenzeichens für Mitglieder der Feuerwehren**

Wir Carl Alexander / von Gottes Gnaden Großherzog von Sachsen-Weimar-Eisenach... etc. haben beschlossen, ein Ehrenzeichen für die Mitglieder der im Großherzogthume bestehenden Feuerwehren zu stiften, und verordnen zu diesem Zwecke Folgendes:

I. Das Ehrenzeichen ist für solche Feuerwehr-Mannschaften bestimmt, welche sich im Feuerwehrdienste durch treue und nützliche Dienste oder auf der Brandstätte durch eine besonders hervorragende Leistung ausgezeichnet haben.

II. Das Ehrenzeichen besteht in einer mit landesfarbigem Bande auf der linken Seite der Brust zu tragenden silbernen Schnalle, welche in der Mitte das Großherzoglich Sächsische Wappen in vergoldetem Silber und neben demselben Embleme des Feuerwehr-Dienstes zeigt.

III. Die Inhaber des Ehrenzeichens sind berechtigt, dasselbe sowohl in als außer dem Dienste und nach Austritt aus demselben zu tragen.

Das Tragen des Bandes ohne das Ehrenzeichen ist nicht gestattet.

Eine Rückgabe des Ehrenzeichens nach dem Tode des Inhabers findet nicht statt; jedoch dürfen die Erben ebensowenig als der Inhaber selbst das Ehrenzeichen an Jemand anders verkaufen, als an die Staatsverwaltung gegen einen, jeweilig nach den Kosten der Herstellung vom Ordenskanzler zu bestimmenden mäßigen Betrag.

IV. Die Ertheilung des Ehrenzeichens und die Ausstellung des darüber auszufertigenden Diploms erfolgt auf Grund Unsere Entschließung durch das Großherzogliche Staats-Ministerium.

So geschehen und gegeben Weimar, den 22. November 1890.

   LS   Carl Alexander.   /   v. Groß.

Regierungsblatt Nr. 27 vom 16. Dezember 1890, S. 203-204.

Dokument 31:

Verordnung über die **Verleihung der Großherzoglich Sächsischen Medaillen**

Wir Carl Alexander / von Gottes Gnaden Großherzog von Sachsen-Weimar-Eisenach... etc. verordnen in Betreff der von Uns zu verleihenden Medaillen, unter Aufhebung der Verordnung vom 25. August 1892, wie folgt:

1. Die für Verdienste, welche durch eine Wirksamkeit in Angelegenheiten des Großherzogthums Sachsen und des deutschen Reiches erworben sind, von uns zu verleihenden Medaille (Verdienst-Medaille) besteht aus einer runden Schaumünze, deren Vorderseite unser Bildniß zeigt, während die Rückseite die Inschrift Dem Verdienste enthält, umrahmt von einem aus Eichenlaub geflochtenen Kranze.

2. Die zur Anerkennung für sonstige löbliche Leistungen, oder gute Dienste von Uns zu verleihende Medaille (Anerkennungs-Medaille) besteht aus einer runden Schaumünze, deren Vorderseite Unser Bildniß zeigt, während die Rückseite Unseren Namenszug mit darüber schwebender Krone ohne sonstige Inschrift oder Umkränzung trägt.

3. Die unter 1 und 2 gedachten Medaillen werden in Gold, Silber oder Bronze verliehen und am landesfarbigen Band getragen.

4. Für hervorragende Verdienste auf dem Gebiet der Wissenschaft und Kunst von Uns zu verleihende Medaille besteht aus Gold entspricht sonst bezüglich der Vorder- und Rückseite der Vorschrift unter Ziffer 1 und zerfällt in zwei Klassen, nämlich
die erste Klasse hat ovale Form und wird am Bande des Komthurkreuzes um den Hals getragen,
die zweite Klasse hat die gewöhnliche Form und wird am Bande des Ritterkreuzes auf der Brust getragen.
Der Inhaber einer Medaille zweiter Klasse hat dieselbe, wenn ihm später die höhere Klasse verliehen werden sollte, an den Ordenskanzler zurückzusenden.

5. Die zur Anerkennung rühmlichen Wirkens, gemeinnütziger Thätigkeit und anderer löblicher Leistungen und Dienste auf dem Gebiete der Kunst von Uns verliehene Medaille besteht aus einer am landesfarbigen Bande auf der Brust zu tragenden silbernen Schaumünze mit geflochtenem Rand, deren Vorderseite Unser Bildniß zeigt, während die Rückseite die Inschrift Dem Verdienste in der Kunst trägt, die ein mit einem Band umwundener Lorbeerkranz einschließt.

6. Die Verleihung der unter 1 bis 5 gedachten Medaillen erfolgt durch Uns auf den Vorschlag Unseres Staats-Ministeriums.

7. Die unter 1 bis 5 gedachten Medaillen verbleiben nach dem Ableben des Inhabers Eigenthum seiner Familie und Erben.
Würde die Familie die Absicht haben, eine solche Medaille zu veräußern, so kann dies nur auf dem Wege geschehen, daß dieselbe gegen Erstattung des Metallwerthes an das Ordenssekretariat abgegeben wird.
So geschehen und gegeben Weimar, den 25. Januar 1896.
     LS   Carl Alexander   /   v. Groß

Regierungsblatt Nr. 2 vom 1. Februar 1896, S. 9–11.

Dokument 32:

Verordnung über die Stiftung eines **Ehrenzeichens für Frauen**

Wir Carl Alexander / von Gottes Gnaden Großherzog von Sachsen-Weimar-Eisenach... etc.
haben zum bleibenden Gedächtniß Unserer in Gott ruhenden Frau Mutter, weiland Ihrer Kaiserlichen und Königlichen Hoheit der Großherzogin Maria Paulowna, Großfürstin von Rußland, und Unserer gleichfalls in Gott ruhenden Gemahlin, Ihrer Königlichen Hoheit der
Großherzogin Sophie, Königlichen Prinzessin der Niederlande, und in dankbarer Würdigung
der bisherigen segensreichen Thätigkeit des Patriotischen Instituts der Frauenvereine im Goß-
herzogthum Sachsen für Verdienste, welche Frauen durch hingebende Wirksamkeit im Dienste
der Vaterlands- und Nächstenliebe erworben haben, beschlossen, ein besonderes Ehrenzeichen
für Frauen zu stiften und nachstehende Statuten zu ertheilen:
1. Das Ehrenzeichen ist zur Anerkennung von Verdiensten bestimmt, welche sich Frauen durch
ihre Thätigkeit im Dienste der Vaterlands- und Nächstenliebe erworben haben.
2. Es wird in drei Abtheilungen verliehen. Die erste Abtheilung besteht aus einer länglich-run-
den silbernen Denkmünze, welche auf der Vorderseite das Bildniß und den Namen Unserer
hochseligen Frau Mutter, als Stifterin des Patriotischen Instituts der Frauenvereine im Großherzogthum Sachsen, auf der Rückseite die verschlungenen Anfangsbuchstaben Unseres Namens und des Namens unserer hochseligen Frau Gemahlin mit der Krone und mit der Umschrift
Für Frauen-Verdienst zeigt.
In der zweiten Abtheilung wird der Denkmünze eine goldene Krone, in der dritten Abtheilung
außerdem ein Kranz aus goldenen Ölbaumzweigen hinzugefügt.
Das Ehrenzeichen wird an einer Schleife des an beiden Seiten mit einem Orange-Streifen eingefaßten Bandes Unseres Hausordens auf der linken Schulter getragen. Das Tragen der zum Ehrenzeichen gehörenden Schleife ohne das erstere ist nicht gestattet.
3. Das Ehrenzeichen wird an Frauen und Jungfrauen verliehen, welche sich im Dienste der Va-
terlands- und Nächstenliebe, insbesondere auf dem Gebiete der Kranken-, Armen- und Gemeindepflege, in Bezug auf Kinderbewahranstalten, Industrie-, Koch- und Haushaltungsschulen
und dergleichen, sei es als Mitglieder der Frauenvereine des Großherzogthums, oder sonst ausgezeichnet haben.
Die Verleihung der ersten Abtheilung setzt regelmäßig eine 20 jährige, die der zweiten eine 30
jährige, die der dritten eine 40 jährige Thätigkeit voraus.
4. Die Verleihung erfolgt durch Uns und Unsere Nachfolger in der Regierung auf Vorschlag der
jeweiligen Obervorsteherin des Patriotischen Instituts der Frauenvereine im Großherzogthum
Sachsen. Die Verwaltung erfolgt durch den Ordenskanzler.
5. Bei der Verleihung des Ehrenzeichens der höheren Abtheilung ist das Ehrenzeichen der niederen Abtheilung an die Ordenskanzlei zurückzugeben.
Ebenso ist das Ehrenzeichen nach dem Tode der Inhaberin zurückzugeben; mit Unserer Genehmigung kann es jedoch der Familie der Inhaberin zur Aufbewahrung in der Kirche ihres
Wohnortes überlassen werden.
6. Über die Verleihung des Ehrenzeichens wird ein von Uns gezeichnetes Diplom ausgefertigt,
welchem ein Abdruck der Statuten beigefügt wird.
Urkundlich haben Wir diese Verordnung Höchsteigenhändig vollzogen und mit Unserem Staatsinsiegel bedrucken lassen.
So geschehen und gegeben Weimar, den 31. Dezember 1899.
     LS Carl Alexander   /   Rothe   von Pawel   von Wurmb

Regierungsblatt Nr. 50 vom 31. Dezember 1899, S. 817–819.

Dokument 33:

Nachtrag zu den **Verordnungen über Dienstauszeichnungen**

Wir, Wilhelm Ernst / von Gottes Gnaden Großherzog von Sachsen-Weimar-Eisenach... etc. verordnen in theilweiser Abänderung der §§ 4 und 9 des Statuts vom 9. März 1872, die Dienstauszeichnung für Unteroffiziere und Gemeine beim Großherzoglichen Bundeskontingent betreffend (Reg.-Bl. S. 93), Folgendes:
Die Dienstauszeichnungen, in denen sich Unser Namenszug eingeprägt findet, werden am 10. Juni und am 24. Dezember ausgegeben und es sind die in den §§ 7 und 8 des Statuts bezeichneten Kommandos zu veranlassen, am 20. Mai und am 1. Dezember jeden Jahres die in § 9 erwähnten Liquidationen bei dem Dept. des Innern Unseres Staats-Ministeriums einzureichen.
Weimar, den 23. Februar 1901.
    LS   Wilhelm Ernst   /   Rothe   v. Pawel   v. Wurmb

Regierungsblatt Nr. 7 vom 27. Februar 1901, S. 29 u. 30.

Die Bestimmungen zum **Verdienstkreuz des Hausordens** vom 15. April 1902 befinden sich im 8. Nachtrag zu den Statuten des Falkenordens.

Siehe Dokument 16.

Dokument 34:

Verordnung über die **Medaillen für Kunst und Wissenschaft**

Wir Wilhelm Ernst / von Gottes Gnaden Großherzog von Sachsen-Weimar-Eisenach... etc. verordnen hiermit, in Abänderung der in der Verordnung vom 25. Januar 1896 gegebenen Vorschriften, was folgt:
I. Zur Anerkennung hervorragender Leistungen auf dem Gebiete von Kunst und Wissenschaft wollen Wir Medaillen verleihen, die am Bande Unseres Hausordens der Wachsamkeit oder vom weißen Falken getragen werden.
Die Medaillen sind von einem geflochtenen Lorbeerkranz umrahmt und zeigen auf der Vorderseite Unser Bildniß mit der Umschrift: *Wilhelm Ernst, Großherzog von Sachsen* und auf der Rückseite die Aufschrift *Für Kunst und Wissenschaft*.
II. Die Medaillen werden in drei Klassen verliehen.
Die Medaille erster Klasse ist länglich gerundet und golden und wird am Bande des Komthurkreuzes um den Hals getragen.
Die Medaille zweiter Klasse ist rund und golden.
Die Medaille dritter Klasse ist rund und silbern.
Die Medaillen zweiter und dritter Klasse werden am Bande des Ritterkreuzes auf der Brust getragen.
III. Mit der Medaille erhält der Empfänger eine von Uns vollzogene Verleihungsurkunde nebst einem Abdruck dieser Verordnung durch Unseren Ordenskanzler.
So geschehen und gegeben Weimar, den 16. April 1902.
    LS   Wilhelm Ernst   /   v. Groß

Regierungsblatt Nr. 15 vom 30. April 1902, S. 89 f.

Dokument 35:

Patent über die Stiftung eines **Ehrenkreuzes für die Krieger- und Militärvereine**

Wir Wilhelm Ernst / von Gottes Gnaden Großherzog von Sachsen-Weimar-Eisenach... etc.
haben beschlossen, an dem Tage, an welchem Unser Regiment den zweihundertjährigen Ge-
dächtnißtag seiner Stiftung feiert, als Protektor des Großherzoglich Sächsischen Krieger- und Militär-Vereins-Bundes, auch den Krieger- und Militärvereinen Unseres Landes ein Zeichen Unseres
Wohlwollens und Unserer Anerkennung zu geben. Zu diesem Behufe wollen Wir ein besonderes Ehrenkreuz für solche dem Bunde angehörenden Krieger- und Militär-Vereine stiften, welche sich durch langjährige Mitarbeit an der Erhaltung und Pflege patriotischen und kameradschaftlichen Geistes besondere Verdienste erworben haben.
Dieses Ehrenkreuz soll aus Bronze bestehen, im Mittelschilde auf der Vorderseite Unseren Na-
menszug mit der Königlichen Krone, auf der Rückseite aber einen Eichenkranz und die Worte
„Für deutsche Treue" tragen und an einem landesfarbigen Bande an der Fahne oder Standarte des
Vereins befestigt werden.
So geschehen und gegeben Weimar, den 28. Oktober 1902.
     LS   Wilhelm Ernst.   /   Rothe.

Ministerial-Bekanntmachung
Im Anschluß an das Höchste Patent vom 28. Oktober 1902, die Stiftung eines Ehrenkreuzes für
die Krieger- und Militär-Vereine des Großherzogthums Sachsen betreffend, werden folgende
Höchsten Orts genehmigte Bestimmungen über die Verleihung des Ehrenkreuzes bekannt gegeben:
1. Die Verleihung erfolgt durch Seine Königliche Hoheit den Großherzog auf Vorschlag des
Großherzoglichen Staats-Ministeriums nach Gehör des Vorstands des Großherzoglich Sächsischen Krieger- und Militär-Vereins-Bundes.
Gesuche um Verleihung des Ehrenkreuzes sind unstatthaft und bleiben unberücksichtigt.
2. Nur solche Krieger- und Militär-Vereine sollen vorgeschlagen werden, welche seit 25 Jahren
bestehen, dem Großherzoglich Sächsischen Krieger- und Militär-Vereins-Bunde mindestens 10
Jahre angehören und sich besondere Verdienste um die Erhaltung und Pflege patriotischen und
kameradschaftlichen Geistes erworben haben.
3. Dem beliehenen Verein wird von dem Ordenskanzler ein Besitzzeugniß ausgefertigt.
4. Das Ehrenkreuz ist an den Ordenskanzler zurückzugeben, wenn der beliehene Verein sich
auflöst oder aus dem Großherzoglich Sächsischen Krieger- und Militär-Vereins-Bunde aus-
scheidet.
5. Seiner Königlichen Hoheit dem Großherzog bleibt vorbehalten, dem Verein das Ehrenkreuz
zu entziehen, wenn sich der Verein der ihm verliehenen Auszeichnung unwürdig macht.
Weimar, den 15. November 1902.
Großherzoglich Sächsisches Staats-Ministerium   Rothe

Regierungsblatt Nr. 31 vom 25. November 1902, S. 215–217.

Dokument 36:

Verordnung zum großherzoglich sächsischen **Allgemeinen Ehrenzeichen**

Wir Wilhelm Ernst / von Gottes Gnaden Großherzog von Sachsen-Weimar-Eisenach... etc.
verordnen hiermit unter Aufhebung der in der Verordnung vom 25. Januar 1896 gegebenen Vorschriften, was folgt:
I. Zur Anerkennung ausgezeichneter Verdienste, insbesondere langjähriger vorbildlicher Pflichterfüllung und treuer Arbeit, sowie zur Verleihung als Zeichen Unserer Wohlgeneigtheit wird
hierdurch ein Allgemeines Ehrenzeichen gestiftet.
II. Das Allgemeine Ehrenzeichen besteht aus einer goldenen, silbernen oder bronzenen Medaille, die auf der Vorderseite Unser Bildnis mit der Umschrift: „Wilhelm Ernst, Großherzog
von Sachsen" und auf der Rückseite eine die Veranlassung der Verleihung ausdrückende Inschrift
oder unseren Namenszug zeigt und am landesfarbigen Bande auf der Brust, von Frauen auf der
linken Schulter getragen wird.
III. Zur Anerkennung des Verhaltens vor dem Feinde wird das Ehrenzeichen mit zwei über der
Medaille gekreuzten Schwertern aus gleichem Metall verliehen.
IV. Mit dem Ehrenzeichen erhält der Empfänger eine in Unserem Namen von dem Ordens-
kanzler ausgestellte Verleihungsurkunde nebst einem Abdruck dieser Verordnung.
V. Inhaber einer niederen Klasse des Ehrenzeichens haben dies bei Verleihung einer höheren
Klasse nicht zurückzugeben. Inhaber verschiedener Klassen des Ehrenzeichens tragen diese ne-
beneinander.
VI. Nach dem Tode des Inhabers verbleibt das Ehrenzeichen den Erben, sofern es nicht gegen
Ersatz des Wertes an den Ordensschatz zurückgegeben wird.
Die Veräußerung des Ehrenzeichens ist unstatthaft.
VII. Wir behalten uns vor, die Einziehung des Ehrenzeichens zu verfügen, wenn sich der Inha-
ber eines unwürdigen Verhaltens schuldig machen sollte.
So geschehen und gegeben Ettersburg, den 25. Juni 1902.
    LS   Wilhelm Ernst.   /   Rothe.

Sonderdruck der Weimarer Hof-Buchdruckerei o. J. (1902)

Dokument 37:

Grundsätze der Verleihung des **Allgemeinen Ehrenzeichens** und des **Verdienstkreuzes**

Höchster Anordnung Seiner Königlichen Hoheit des Großherzogs zufolge sollen bei Vorschlä-
gen wegen Verleihung des Grhzgl. Sächs. Allgemeinen Ehrenzeichens und des Verdienstkreuzes
des Grhzgl. Sächs. Hausordens der Wachsamkeit oder vom weißen Falken nachstehende Grundsätze beachtet werden:
1. Das Allgemeine Ehrenzeichen soll hauptsächlich zur Auszeichnung von unteren Hof-, Staats-
, Kirchen-, Gemeinde- und Schul-Beamten und Bediensteten, von Inhabern minder bedeutender Ehrenämter sowie von männlichen Dienstboten und Arbeitern Verwendung finden.
2. Ausländern soll [...] das Ehrenzeichen mit dem Höchsten Namenszug verliehen werden.
3. Zur Auszeichnung von Angehörigen des Großherzogtums soll regelmäßig das Ehrenzeichen
mit der Inschrift gewählt werden.

4. Je nach dem Grunde der Auszeichnung soll die Inschrift lauten:
Dem Verdienste, Für treue Dienste, Für treue Arbeit. Die Ehrenzeichen mit den zwei letzten Inschriften sind für Dienstboten und Arbeiter bestimmt.
5. Abgesehen von den Fällen der Pensionierung sollen Beamte und andere im öffentlichen Dienste des Großherzogtums stehende Personen, sofern überhaupt Anlaß zu deren Auszeichnung vorliegt, der Regel nach nicht vor Vollendung einer Dienstzeit von 30 Jahren für das Ehrenzeichen in Vorschlag gebracht werden.
6. Männliche Dienstboten und Arbeiter sollen für das Ehrenzeichen vorgeschlagen werden dürfen, wenn sie bei demselben Dienstherren oder Arbeitgeber wenigstens 30 Jahre lang unausgesetzt im Dienst- oder Arbeitsverhältnis gestanden haben.
Der Wechsel des Dienstherren oder Arbeitgebers soll dann ohne Einfluß sein, wenn der Dienstbote oder Arbeiter das Dienst- oder Arbeitsverhältnis bei derselben Familie, in demselben Betrieb oder auf demselben Gut fortgesetzt hat.
Diese Bestimmung soll namentlich auch auf Arbeiter in den Staatsforsten sowie für Dienstboten und Arbeiter auf den Kammergütern Anwendung finden.
7. Für die Wahl der Klassen des Ehrenzeichens soll neben der bisherigen Übung die dienstliche und bürgerliche Stellung des Empfängers maßgebend sein.
Im allgemeinen soll für Choradjuvanten, Altarmänner, Calkanten und dergleichen niedere Kirchendiener, Dienstboten und Arbeiter das bronzene, für untere Hofdiener, Beamte der Besoldungsklassen XIV (mit Ausnahme der Thierärzte), XV und XVI, Gerichtsvollzieher, Forstaufseher, Rechnungsamtsdiener, Diener der Universität und der höheren Lehranstalten; ferner Bürgermeister, Friedensrichter, Standesbeamte, Würderungsgewerken und Ortstaxatoren in mittleren und kleinen Orten, sowie für Kirchenrechnungsführer und Mitglieder der Kirchgemeinde oder Schulvorstände das silberne Ehrenzeichen in Betracht kommen.
8. Bei erstmaliger Auszeichnung soll das goldene Ehrenzeichen nur bei dem Vorhandensein ganz besonderer Umstände, insbesondere außergewöhnlich hervorragender Verdienste oder besonders langer und pflichtreuer Dienstführung verliehen werden.
9. In der Regel soll die wiederholte Auszeichnung einer und derselben Person nicht statthaben. Erscheint ausnahmsweise eine nochmalige Auszeichnung als angebracht, so soll als Regel gelten, daß die nächsthöhere Klasse in Vorschlag gebracht wird.
Inwieweit Inhaber des Ehrenzeichens bei dem Anlaß zu nochmaliger Auszeichnung für die Verleihung des Verdienstkreuzes in Vorschlag gebracht werden können, ist nach den Umständen des einzelnen Falles zu entscheiden.
10. Im allgemeinen soll das Verdienstkreuz zur Auszeichnung nicht akademisch vorgebildeter mittlerer Beamter und gleichstehender Personen des öffentl. Dienstes Verwendung finden.
11. Wie das Ehrenzeichen soll auch das Verdienstkreuz, soweit es nicht bei dem Ausscheiden aus dem Dienst verliehen wird, regelmäßig nicht vor Vollendung einer 30jährigen Dienstzeit in Vorschlag gebracht werden.
12. Für die Hofoffizianten und Beamten der Besoldungsklassen XI bis XIII, für Volksschullehrer und andere nicht akademisch vorgebildete Lehrer; ferner für Bürgermeister, Friedensrichter, Standesbeamte, Würderungszwecken und Ortstaxatoren in den größeren Orten sowie für Inhaber anderer etwa gleichwertiger Stellungen des öffentlichen Dienstes soll das silberne, für Beamte der Klassen IX und X b, Rektoren von Volksschulen und Inhaber etwa gleichwertiger Stellungen des öffentlichen Dienstes neben dem silbernen auch das goldene Verdienstkreuz in Betracht kommen.
13. Erscheint eine nochmalige Auszeichnung eines Inhabers des silbernen Verdienstkreuzes als angebracht, so soll ihm regelmäßig das goldene Verdienstkreuz verliehen werden.
14. Inwieweit Inhaber des goldenen Verdienstkreuzes bei dem Anlaß zu nochmaliger Auszeichnung für die Verleihung des Ritterkreuzes zweiter Abteilung des Großherzoglichen Haus-

ordens sollen vorgeschlagen werden können, ist nach den Umständen des einzelnen Falles zu
entscheiden.
15. Hinsichtlich der Verleihung der Dienstauszeichnung für Unteroffiziere und Gemeine sowie
Gendarmen bewendet es bei den Bestimmungen des Statuts vom 9. März 1872.

ThStA Altenburg, Akten der Hzgl. Sächs. Ministerialkanzlei. Vol. I., 1884-1909, Loc. 49. Nr. 25, Bl. 14 f.

Dokument 38:

Erlaß zum **Ehrenkreuz für Krieger- und Militärvereine**

Wir Wilhelm Ernst, / von Gottes Gnaden Großherzog von Sachsen-Weimar-Eisenach... etc.
haben beschlossen, um den Krieger- und Militärvereinen des Landes ein weiteres Zeichen Unseres Wohlwollens und Unserer Anerkennung zu geben, das Höchste Patent, die Stiftung eines
Ehrenkreuzes für die Krieger- und Militärvereine betreffend, vom 28. Oktober 1902 dahin zu
ergänzen, daß von jetzt ab das von Uns für Krieger- und Militärvereine gestiftete Fahnen-Eh-
renkreuz in verkleinerter Form als ein am Bande zu tragendes Ehrenkreuz an Personen verliehen
werden soll, welche sich hervorragende Verdienste um die Pflege des Krieger- und Militärver-
einswesens und der damit in Zusammenhang stehenden gemeinnützigen Bestrebungen erworben haben.
So geschehen und gegeben Eisenach, den 4. Juli 1909.
        LS   Wilhelm Ernst.   /   Rothe.

Regierungsblatt Nr. 20 a und 20 b vom 31. Dezember 1909, S. ??.

Dokument 39:

Verordnung über die **Dienstauszeichnung** für Unteroffiziere und Gemeine

Wir Wilhelm Ernst / von Gottes Gnaden Großherzog von Sachsen-Weimar-Eisenach... etc.
verordnen in teilweiser Abänderung des Statuts, die Dienstauszeichnung für Unteroffiziere und
Gemeine beim Großherzoglichen Bundeskontingent betreffend, vom 9. März 1872 (Reg.- Bl. S.
93) und des Nachtrags dazu vom 23. Februar 1901 (Reg.-Bl. S. 29), was folgt:
1. Auf die Dienstauszeichnung 1. Klasse gibt die vollendete 15jährige, auf die 2. Klasse die vollendete 12jährige und auf die 3. Klasse, wie bisher, die vollendete 9jährige Dienstzeit Anspruch.
2. Die Dienstauszeichnungen bestehen künftig:
a) für die erste Klasse aus einem Kreuz von Kupfer,
b) für die zweite Klasse aus einer Medaille von Bronze,
c) für die dritte Klasse aus einer Medaille von Argentan.
Die erste Klasse führt im Mittelschild auf der Vorderseite Unsern Namenszug mit der Krone, auf
der Rückseite die Zahl XV, Höhe und Breite 35 mm,
die zweite Klasse auf der Vorderseite Unsern Namenszug mit der Krone mit der Umschrift *Treue
Dienste bei der Fahne*, auf der Rückseite die Zahl XII, Durchmesser 30 mm,
die dritte Klasse auf der Vorderseite Unsern Namenszug mit der Krone mit der Umschrift *Treue
Dienste bei der Fahne*, auf der Rückseite die Zahl IX, Durchmesser 30 mm. Die Dienstauszeichnungen werden am landesfarbigen Bande an der Ordensschnalle getragen.
3. Die Personen des Soldatenstandes. die am Tage der Veröffentlichung dieses Statutnachtrags
noch dem stehenden Heer angehören, sowie die im Dienste befindlichen Gendarmen erwerben
die Dienstauszeichnung nach der neuen Bestimmung. Von ihnen schon erworbene Auszeich-

nungen sind gegen solche neuer Art umzutauschen.
Andere Personen können die erworbenen Dienstauszeichnungen in der neuen Form auf eigene
Kosten anlegen. Die verkürzten Tragezeiten haben jedoch hierbei keine rückwirkende Kraft.
Weimar, den 20. Dezember 1913.
    LS   Wilhelm Ernst   /   Rothe   Hunnius   Unteutsch

Regierungsblatt Nr. 41/1913, S. 297-298.

Ergänzende Bestimmungen über das **Verdienstkreuz des Hausordens** vom 22. 12. 1909 befinden sich im 9. Nachtrag zu den Statuten des Falkenordens.

Siehe Dokument 18.

Dokument 40:

Ministerialverordnung über die Verleihung eines **Hebammen-Ehrenzeichens**

Mit Höchster Genehmigung verordnen wir, nachdem Ihre Königliche Hoheit die Frau Großherzogin die gnädigste Entschließung gefaßt haben, für die im Großherzogtume tätigen Hebammen ein Ehrenzeichen in Gestalt einer silbernen Brosche zu stiften..., folgendes:
§ 1. Die Brosche ist für solche Hebammen bestimmt, die ihren Beruf 25 Jahre lang in einwandfreier Weise erfüllt haben.
§ 2. Die Brosche trägt auf der Vorderseite zwei verschlungene F, darüber eine Krone und darunter die Zahl 25. Die Rückseite ist flach.
§ 3. Die Inhaberinnen sind berechtigt, das Ehrenzeichen sowohl in als außer dem Dienste zu tragen.
Das Ehrenzeichen darf von der Inhaberin nicht verkauft werden; jedoch dürfen die Erben das
Ehrenzeichen gegen eine jeweilig nach Kosten der Herstellung zu bestimmende Vergütung zurückgeben.
§ 4. Die Verleihung erfolgt mit Genehmigung Ihrer Königlichen Hoheit der Frau Großherzogin und wird durch ein Besitzzeugnis nach anliegendem Muster beurkundet.
Weimar, den 6. Januar 1914.
Großherzogl. Sächs. Staatsministerium, Departement des Innern   Unteutsch
Formblatt: Besitzzeugnis für das Hebammen-Ehrenzeichen:
Der Hebamme ....zu ....
ist als Ehrenzeichen die von Ihrer Königlichen Hoheit der Frau Großherzogin Feodora für 25-
jährige einwandfreie Berufserfüllung als Hebamme im Großherzogtum Sachsen gestiftete Bro-
sche verliehen worden.
Weimar, den .... 19 ...
Großherzoglich Sächsisches Staats-Ministerium   Departement des Innern

Regierungsblatt Nr. 2/1914, S. 18 u. 19.

Die Bestimmungen über das **Wilhelm-Ernst-Kriegskreuz** vom 10. Juni 1915 befinden sich im
10. Nachtrag zu den Statuten des Falkenordens.

Siehe Dokument 19.

Dokument 41:

Verordnung über die Stiftung eines **Ehrenzeichens für Frauenverdienst im Kriege**

Wir Wilhelm Ernst / von Gottes Gnaden Großherzog von Sachsen-Weimar-Eisenach... etc. haben in dankbarer Anerkennung der unermüdlichen und hingebenden Tätigkeit, welche das Patriotische Institut der Frauenvereine im Großherzogtum Sachsen im Verein mit selbstloser Frauenhülfe aus allen Kreisen Unseres Volkes während des jetzigen Krieges im Dienste des Vaterlandes und der Nächstenliebe entfaltet hat, in Gemeinschaft mit Unserer vielgeliebten Frau Gemahlin, der Großherzogin, Königliche Hoheit und Liebden, ein Ehrenzeichen für Frauenverdienst im Kriege zu stiften beschlossen.

§1. Das Ehrenzeichen besteht aus einer silbernen Schaumünze von ovaler Form. Die Vorderseite trägt das Doppelbildnis weiland Ihrer Kaiserlichen und Königlichen Hoheit der Großherzogin Maria Paulowna als der unvergeßlichen Stifterin und Unserer Frau Gemahlin als der derzeitigen Obervorsteherin der Frauenvereine in Unserem Lande; auf der Rückseite befindet sich unter der Königlichen Krone Unser Namenszug und der Namenszug Unserer Frau Gemahlin, außerdem die Umschrift: *Für Frauenverdienst im Kriege*, sowie, zur Erinnerung an die heutige Jahrhundertfeier des Bestehens der Frauenvereine Unseres Landes, der Stiftungstag des Ehrenzeichens.

§ 2. Das Ehrenzeichen wird an einer Schleife des an beiden Seiten mit weiß-grünen Streifen eingefaßten Bandes Unseres Hausordens auf der linken Schulter getragen.
Das Tragen der Schleife ohne das Ehrenzeichen ist nicht gestattet.

§ 3. Das Ehrenzeichen ist bestimmt für Frauen und Jungfrauen, welche auf dem Gebiet der Kriegsfürsorge dauernd tätig gewesen sind und sich durch besondere Opferwilligkeit und hervorragende Leistungen ausgezeichnet haben.

§4. Die Verleihung erfolgt durch Uns auf Vorschlag Unserer Frau Gemahlin als Obervorsteherin des Patriotischen Instituts der Frauenvereine im Großherzogtum Sachsen.

§ 5. Nach dem Tode der Inhaberin ist das Ehrenzeichen an die Ordenskanzlei zurückzugeben. Mit Unserer Genehmigung kann es jedoch der Familie der Inhaberin überlassen werden.

§ 6. Über die Verleihung des Ehrenzeichens wird eine von Uns gezeichnete, von dem Ordenskanzler gegengezeichnete Urkunde ausgefertigt, welcher ein Abdruck dieser Verordnung beigefügt wird.

Urkundlich haben Wir diese Verordnung Höchsteigenhändig vollzogen und mit Unserem Staatsinsiegel versehen lassen.

So geschehen und gegeben Weimar, den 15. August 1915.
    LS   Wilhelm Ernst.   /   Rothe.

Regierungsblatt Nr. 39/1915, S. 205-207. Und: Sonderdruck der Weimarer Hof-Buchdruckerei o. J.

Dokument 42:

Ergänzung der Verordnung über das **Ehrenzeichen für Frauen** (s. a. Dokument 32)

Bei der Verleihung des Großherzoglich Sachsen-Weimarischen Ehrenzeichens für Frauen in seinen 3 Abteilungen wird nach Ziffer 3 der Statuten vom 31. Dezember 1899 regelmäßig eine 20- bez. 30- und 40jährige Tätigkeit im Dienste der Vaterlands- und Nächstenliebe vorausgesetzt.

Mit Rücksicht auf die... steigende Inanspruchnahme der weiblichen Mitarbeit auf den Arbeitsgebieten des Patriotischen Instituts der Frauenvereine im Großherzogtum..., die auch ihrerseits
in dem letzten Jahrzehnt eine wesentliche Erweiterung erfahren haben, haben seine Königliche
Hoheit der Großherzog gnädigst genehmigt, daß Anträge auf Verleihung des Ehrenzeichens für
Frauen in geeigneten Fällen auch schon vor Ablauf des satzungsmäßig bestimmten Zeitraums ein-
gereicht werden. Bezüglich des Ehrenzeichens erster Abteilung soll dies jedoch nur dann zulässig sein, wenn wenigstens 15 Jahre im Dienst der Frauenvereinssache zurückgelegt sind.
Weimar, den 26. April 1916
Präsidium des Großherzogl. Sächs. Staatsministeriums   Rothe

ThHStAW, Akten des Großherzoglich Sächsischen Staatsministeriums.

Dokument 43:

Verordnung über die Stiftung eines **Ehrenkreuzes für Heimatverdienst**

Wir Wilhelm Ernst / von Gottes Gnaden Großherzog von Sachsen-Weimar-Eisenach... etc.
haben Uns entschlossen, in Anerkennung der in allen Kreisen Unseres Volkes zur erfolgreichen
Durchführung des Krieges geleisteten unermüdlichen Arbeit ein besonderes Ehrenzeichen unter
dem Namen *Ehrenkreuz für Heimatverdienst* zu stiften. Wir gedenken, dieses Ehrenkreuz
Höchstselbst anzulegen, und bestimmen darüber wie folgt:
1. Das Ehrenkreuz für Heimatverdienst besteht aus Kriegsmetall. Auf dem Mittelschild der Vorderseite trägt es Unser Bild: über dem oberen Rand befindet sich die Krone Unseres Hausordens in Kriegsmetall. Das Kreuz wird an dem mit den Landesfarben eingefaßten Bande Unseres
Hausordens auf der linken Brustseite getragen.
Es hat seinen Platz hinter den Großherzoglich Sächsischen Schwerterorden, jedoch vor allen
anderen Großherzoglich Sächsischen Auszeichnungen.
2. Das Ehrenkreuz für Heimatverdienst ist bestimmt für Männer ohne Unterschied des Ranges
und Standes im Großherzogtum, die während des Krieges mittelbar oder unmittelbar im Interesse der Kriegführung und in der Förderung gemeinnütziger Bestrebungen Hervorragendes geleistet haben. Ferner kann es solchen verliehen werden, die sich während des Krieges in der
Heimat um Uns und Unser Land im besonderen Maße verdient gemacht haben.
3. Was die Auszeichnung für Frauenverdienste im Kriege und für Verdienste um die militärische Vorbereitung der Jugend anlangt, so bewendet es bei Unseren Verordnungen vom 15. August 1915 und 14. Juni 1914.
Mehrjährige besonders erfolgreiche Tätigkeit auf dem Gebiet der militärischen Jugendvorbe-
reitung wollen Wir jedoch außerdem durch Verleihung des Ehrenkreuzes für Heimatverdienst
würdigen, sofern der Betreffende mindestens 6 Monate im Besitze des Ehrenkreuzes für Krieger-
und Militärvereine ist.
4. Es wird von Unserem Staatsministerium ein Besitzzeugnis ausgestellt.
5. Das Ehrenkreuz [...] verbleibt nach dem Tode des Besitzers den Angehörigen.
Urkundlich haben Wir diese Verordnung Höchsteigenhändig vollzogen und mit Unserem Staatsinsiegel versehen lassen.
So geschehen und gegeben Weimar, den 27. Januar 1918.
     LS   Wilhelm Ernst   /   Rothe

Regierungsblatt Nr. 8/1918, S. 19/20.

Dokument 44:

Verordnung über die **Weiterverleihung der Feuerwehr-Ehrenzeichen**

Die Staatsregierung (des Freistaates Sachsen-Weimar-Eisenach) hat beschlossen, das sogen. kleine Ehrenzeichen für Feuerwehrleute, die in einer Feuerwehr vorwurfsfrei 25 Jahre gedient haben, und das sogen. große Ehrenzeichen für Feuerwehr-Mannschaften, die sich im Feuerwehrdienst durch treue und nützliche Dienste oder auf der Brandstätte durch eine besonders hervorragende Leistung ausgezeichnet haben, auch weiterhin zu verleihen. Die Verleihung des kleinen Ehrenzeichens erfolgt durch die Ministerialabteilung des Innern, während über die Verleihung des großen Ehrenzeichens die Staatsregierung in der Gesamtsitzung entscheidet.
Weimar, den 2. Juli 1917

In Vertretung: gez. Kromayer

Akten des fürstlich Schwarzburgischen Ministeriums, I. Abt. und Abt. des Innern

Dokument 45:

Der Artikel 109 (Gleichheit) der Weimarer Verfassung mit dem Verbot der Verleihung und der Annahme von Orden und Ehrenzeichen

Alle Deutschen sind vor dem Gesetze gleich.
Männer und Frauen haben grundsätzlich dieselben staatsbürgerlichen Rechte und Pflichten. Öffentlich-rechtliche Vorrechte oder Nachteile der Geburt oder des Standes sind aufzuheben. Adelsbezeichnungen gelten nur als Teil des Namens und dürfen nicht mehr verliehen werden. Titel dürfen nur verliehen werden, wenn sie ein Amt oder einen Beruf bezeichnen; akademische Grade sind hierdurch nicht betroffen.
Orden und Ehrenzeichen dürfen vom deutschen Staate nicht verliehen werden.
Kein Deutscher darf von einer ausländischen Regierung Titel oder Orden annehmen.
Schwarzburg, den 11. August 1919

Der Reichspräsident   Das Reichsministerium

Verfassung des Deutschen Reiches

Dokument 46:

Das Reichskabinett über die **Weiterverleihung bestimmter Ehrenzeichen**

Das Reichskabinett hat dahin Beschluß gefaßt, daß bis auf weiteres nichts dagegen eingewendet werden solle, wenn die einzelnen Landesregierungen ihrerseits die Rettungsmedaille, das Feuerwehrabzeichen, die Rote-Kreuz-Medaille und die Auszeichnungen für langjährige treue Dienste an Arbeiter, Dienstboten usw. weiter verleihen wollten. Ich darf die weitere Entschließung daher ergebenst anheimstellen.
Berlin, den 6. Januar 1920

Der Reichsminister

Staatsministerium des Innern (Nr. 15)

Dokument 47:

Ermahnung der Staatsregierung gegenüber dem Großherzog bezüglich der **Weiterverleihung des Ehrenkreuzes für Heimatverdienste**

Es ist bekannt geworden, daß der vormalige Großherzog Anfang März d. J. verschiedenen Personen das Ehrenkreuz für Heimatverdienste verliehen hat. Es soll ihm durch seinen Prozeßbevollmächtigten mitgeteilt werden, daß er zu diesen Verleihungen nicht befugt sei. Außerdem soll hierauf in einer Pressenotiz hingewiesen werden.
Weimar, den 3. April 1920

Gesamtsitzung der Staatsregierung

Abbildungsnachweis:

Die Abbildungen in diesem Buch zeigen Realien, Dokumente und Bildwerke aus folgenden Sammlungen und Beständen:

Bismarck-Gedenkstätte Friedrichsruh, S. 136 (2),
Deutsches Historisches Museum, Berlin, S. 48, 49, 52, 135, 169,
Ernst-Haeckel-Haus, Jena, S. 138,
Klassik Stiftung Weimar, S. 11, 12, 14, 18, 19, 20 (2), 24, 26, 27, 29, 30, 35, 37, 43, 50, 51, 73, 75, 79, 80 (2), 82 (3), 83 (3), 93, 94, 97, 98 (2), 103, 104 (2), 105, 106, 107 (2), 108, 112, 128 (2), 129, 130, 134 (2), 145, 155, 203, 207, 208, 210, 235, 247, 269,
Münzkabinett Dresden SKD, S. 65, 135, 139, 189, 190, 191,
Paleis Het Loo Nationaal Museum, Apeldoorn, (Niederlande), S. 246 (2),
Schloss- und Spielkartenmuseum, Altenburg (Thür.), S. 114,
Stadtmuseum Jena, S. 124,
Stadtmuseum Neustrelitz, S. 102, 132, 157,
Stadtmuseum Weimar im Bertuchhaus, S. 22, 23, 53, 54, 55, 100, 102,
Thüringer Landesmuseum Heidecksburg, Rudolstadt, S. 81 (2),
Thüringisches Hauptstaatsarchiv, Weimar, S. 176,

der Firmen Uwe Bretzendorfer, Ludwigsburg, S. 99, Gisela Bury-Kaiser, Hanau, S. 102 (2), 168, Carsten Zeige, Hamburg,

aus Privatsammlungen und -archiven (zur Zeit der Aufnahmen der Objekte) von Friedhelm Beyreiß †, Cleverns, Gerd H. Becker †, Bremen, Thomas Frhr. v. Fritsch-Seerhausen †, Schwäbisch Gmünd, Peter Groch, Berlin, Erhardt Hansche, Berlin, Dr. Dietrich Herfurth, Berlin, Werner Hoffmann, Dresden, Jörg Kebbel, Altenburg, Jürgen Klee, Koblenz, Klaus-Peter Merta †, Berlin, Werner Nickel, Gudensberg, Dr. Bernhard Post, Weimar, Dietmar Raksch, Neumünster, Dr. Alf Rößner, Weimar, Werner Sauer †, Steinau a. d. Str., Detlev Schade, Altenburg, Ingo Strunz, Wersdorf, Hans Eberhard Suck, Bad Berka, Prof. Dr. Dr. Gustav Andreas Tammann, Basel, Ekkehard Wand †, Bielefeld, Horst Westphal, Goslar, Sascha Zimmermann, München.

Autoren der Fotos, Reprofotos und Scans:

Uwe Bretzendörfer, Ludwigsburg (2), Helmut Caspar, Berlin (3), Roland Dreßler, Weimar (46), H. Fritz, Greiz (1), Sigrid Geske, Weimar (12), Gimm, Gotha (1), Louis Held, Weimar (8), Jörg Kebbel, Altenburg (10), Jürgen Klee, Koblenz (1), Ferencz Kòzmata, Pest (1), Eduard Lösche, Rudolstadt (1), Werner Nickel, Gudensberg (1), H. Noack, Berlin (1), Roger Paul, Dresden (8), Dietmar Raksch, Neumünster (1), Detlev Schade, Altenburg (3), O. Schlechtweg, Weimar (1), A. Spieler, Weimar (1), Franz Vältl, Weimar (1), Carsten Zeige, Hamburg (6), Sascha Zimmermann, München (6); alle übrigen Fotos und Scans haben Christian und Dietrich Herfurth angefertigt.

Sollte trotz aller Sorgfalt beim Ermitteln der Bildautoren sowie beim Einholen der Veröffentlichungsrechte ein Autor oder Rechteinhaber nicht genannt worden sein, bitten wir darum, uns dies mitzuteilen, damit wir bei einer eventuellen nächsten Auflage den Fehler korrigieren können. Werden in diesem Zusammenhang Autoren- oder andere Ansprüche glaubhaft geltend gemacht, sind wir bereit, diese unverzüglich zu befriedigen.